中国图书文化史

主编　曹之

湖北省学术著作出版专项资金资助项目

中国古书编例史

马刘凤　曹之　著

武汉大学出版社
WUHAN UNIVERSITY PRESS

图书在版编目(CIP)数据

中国古书编例史/马刘凤,曹之著.—武汉:武汉大学出版社,2015.1
(中国图书文化史/曹之主编)
ISBN 978-7-307-12363-2

Ⅰ.中…　Ⅱ.①马…　②曹…　Ⅲ.古籍—编辑工作—图书史—中国
Ⅳ.G256.1

中国版本图书馆 CIP 数据核字(2013)第 312969 号

责任编辑:朱凌云　　责任校对:鄢春梅　　版式设计:马　佳

出版发行:**武汉大学出版社**　(430072　武昌　珞珈山)
(电子邮件:cbs22@ whu. edu. cn　网址:www. wdp. com. cn)
印刷:武汉中远印务有限公司
开本:720×1000　1/16　印张:21.5　字数:369 千字　插页:2
版次:2015 年 1 月第 1 版　2015 年 1 月第 1 次印刷
ISBN 978-7-307-12363-2　定价:65.00 元

总　序

我是一个不好写序的人，尤其不喜欢写代序。鲁迅先生曾经说过："代序却一开卷就看见一大番颂扬，仿佛名角一登场，满场就大喝一声采，何等有趣。倘是戏子，就得先买许多留声机，自己将'好'叫进去，待到上台时候，一面一齐开起来。"(《准风月谈·序的解放》)为了回避"吹鼓手"、"戏子"之嫌，我决意不为"代序"，因此得罪了一大批人，包括我指导过的几位博士生。不过，经过解释，博士生们已经理解了我的初衷。导师为博士生写序，似乎成为一种"专利"，我愿意放弃这种"专利"。这篇序言是不得已而为之。因为当了"主编"，总要讲几句话。

人们常用"图书大世界"形容图书之多。的确，世界充满图书，图书充塞世界，图书无处不在，无时不有，人类生活在图书的层层包围之中。人们常用书山、书海、汗牛充栋、恒河沙数、连窗委栋、擢发难数、积如丘山等词语形容图书之多，一点儿也不过分。自古以来，我国就是一个读书的大国，众多褒贬不一的"读书迷"，有五花八门的称号，清张培仁《妙香室丛话》卷六云：

> 汉世目郑康成为"经神"；何休为"学海"；晋杜预有"左传癖"，人目之曰"武库"，言胸中无所不有也。江祐目许懋为"经史笥"；梁世目任昉为"五经笥"。褚遂良目谷那律为"九经库"；又目虞世南为"行秘书"，皆美其淹识群书也。至晋傅迪好读书而不解其义，刘柳惟读《老子》，迪每轻之，柳曰："卿读书虽多，而无所解，可谓'书簏'矣。"唐李善淹贯古今，不能属辞，人号"书簏"；齐陆澄世称硕学，读《易》三年，不解文义，欲撰《宋书》不就，王俭戏之曰："陆公，'书厨'也。"似犹有讽焉。他如宋宜黄李郛，文学浩博，人号为"书厨"；福清郑格，博闻强记，时亦号"书厨"；莆田李纲，通诸史百家，人亦目为"书厨"；通州张大中，群经百氏，一览不忘，人目为"黑漆书厨"；邛州吴时敏，于为文未尝属稿，人目之为"立地书

厨”，明武进陈济，六经子史，无不究竟，时称为“两脚书厨”；南海唐奎，遍览诸书，称为“唐书柜”。或有过誉，要皆美词也。

随便打开一部词典，就会发现由“书”组成的关键词滚滚而来，如：书卷、书帙、书城、书籍、书笈、书筒、书香、书院、书袋、书钞、书桌、书台、书种、书影、书录、书虫、书囊、书楼、书厄、书跋、书口、书脊、书缝、书祸、书价、书史……由图书而命名的斋堂室名也很多，如读书堂（司马光）、细书阁（叶梦得）、万卷楼（尤袤）、野史亭（元好问）、汲古阁（毛晋）、赖古堂（周亮工）、士礼居（黄丕烈）、思适斋（顾广圻）、十驾斋（钱大昕）、积古斋（阮元）、四当斋（章钰）、双鉴楼（傅增湘）、瓜蒂庵（谢国祯）……甘桁《斋名集观》（汉语大词典出版社 2005 年版）著录的 1000 多个室名大多与图书有关。与图书有关的行业也很多，如书店、书铺、书局、书肆、书林、编撰、出版、发行、藏书、校勘、辨伪、辑佚……三百六十行生意，不少生意和图书有关。与图书有关的故事也很多，如囊萤、警枕、映雪、三余、三上、推敲、祭书、断织劝学、凿壁偷光、一字之师、著书自娱、露钞雪纂、断齑划粥、十年磨一剑、三年不窥园、头悬梁锥刺骨……詹文元等编《勤学成才故事 160 个》（中国青年出版社 1982 年版）讲的都是与图书有关的故事，该书第 76 则故事云：唐代武后年间，河阴有位叫郗珍的人，家贫如洗，但酷爱读书。晚上没有灯光，不能读书，非常苦闷。突然发现富户邻居的墙角有一线灯光，郗珍便仿照汉代匡衡“凿壁偷光”的故事，把透光的缝隙凿大，趴在地上读书，津津有味。后来，邻居发现了这个秘密，一纸诉状把郗珍告上官府，诬称郗珍意欲盗窃财物。郗珍实话实说，称自己为了借光读书，并无他意。县官康庭芝亲自审理此案。他经过调查研究之后，作出一审判决，在《对求邻壁光判》中说：

> 郗珍荷衣横带，缉柳编蒲，有贱赢金，将希片玉。南都自富，北郭实贫。殊谢梁鸿，不求因热。乃如苏季，愿借余光。已接武于匡衡，方齐踪于甯越。室仞非邃，未窥夫子之墙；纺绩可兼，辄凿邻人之壁。情非窃伏，事涉穿窬。抑有前闻，宜征故实。请从按记，不合论辜。（《全唐文》卷二百六十《康庭芝》）

这个故事发生的地点就在我的家乡：河南省荥阳市广武镇。广武，因在黄河南岸，唐称河阴县。与图书有关的学问更是多如牛毛，如周易学、尚书学、诗经学、三礼学、春秋学、史记学、汉书学、尔雅学、本草学、水经学、通鉴学、文选学、四库学、红学、经学、史学、子学、编撰学、版本学、传播学、校勘学、辨伪学、辑佚学、阅读学、目录学……随着时间的流逝，科学研究向细密发展，学中有学，学又有学，子又有孙，孙又有子，子子孙孙，无穷匮矣。

历代图书知多少？至今还没有一个确切的统计数字。就拿线装古籍来说，我在《中国古籍版本学》第二版（武汉大学出版社 2007 年版）中曾据下列数字进行过一次粗略统计：

（一）上海图书馆编《中国丛书综录》著录丛书 2797 部，子目 7 万种，去其重复，计有单种文献 38891 种；

（二）清代乾隆以前没有收入丛书的古籍单行本至少有 1 万种；

（三）清代乾隆以后没有收入丛书的古籍单行本，据孙殿起《贩书偶记》与《贩书偶记续编》著录，计有 1.6 万种；

（四）中国科学院北京天文台主编的《中国地方志联合目录》共著录方志 8200 种；

（五）佛经单种文献 4200 种；

（六）道藏单种文献 1500 种；

（七）据全国 59 个图书馆联合编制的《中医图书联合书目》著录，中医单种文献约有 7661 种；

（八）碑帖、舆图不少于 1 万种；

（九）少数民族语言图书不少于 1 万种；

（十）车锡伦编《中国宝卷总目》著录成代宝卷 1579 种；

（十一）中国社会科学院历史研究所等编《中国家谱综合目录》著录家谱 14719 种；

（十二）谢巍编《中国历代人物年谱考录》著录历代年谱 6259 种；

（十三）许保林编《中国兵书知见录》著录存世兵书 2308 种；

（十四）杨忠、李灵年编《清人别集总目》著录清人别集 4 万种；

（十五）王宝平等编《中国馆藏和刻本汉籍书目》著录和刻本 3063 种。

以上 15 个数字相加，共得线装书 174380 种，去其重复（还有少数现代著作、平装图书等），加上诸目漏收的线装古籍，总数当不少于15万种。如果加上复本，单是传世至今的古代线装书，当不会少于1000万册。历时15年编撰成功的《四库全书》收书3503种、79337卷，共计9.97亿字。18世纪中叶，法人狄德罗主编的《百科全书》共计2268万字，《四库全书》是它的44倍。若把《四库全书》约4000万页逐一摊开，首尾相接，可绕地球赤道1.34周，简直是一个天文数字。可见中国古代丰富的文化遗产，是世界上任何一个国家无法比拟的。实际上，古代图书可分两个大类：亡佚图书和传世图书。二者相比，由于自然老化、天灾人祸等原因，亡佚图书的数量当远远超过传世图书的数量，传世图书只是亡佚图书的若干分之一。历代许多文献学家试图计算出比较接近实际的图书数量，但是一个个大汗淋漓，无功而返。最后只好老老实实用“浩如烟海”四个字作为结论了。

图书是一个动态的概念，是一环紧接一环的锁链式运动过程，永远不会停留在某一环节上。每个环节的发展又与社会生态文化密切相关，没有“单干户”。现在，关于图书的学科很多，出版专业有“古籍编撰史”、“古籍出版史”等；图书馆学专业有“古籍分类”、“古籍编目”等；中国语言文学专业有“古籍校勘”、“古籍辨伪”……各种学科之间判若鸿沟，壁垒分明，“鸡犬之声相闻，老死不相往来”，大有中分天下、一决雌雄之势。静言思之，这些学科局于一隅，实则专科文献学，目前尚无真正海纳百川的广义文献学。对于各个专业来说，从微观上划分“势力范围”，固然需要，但从宏观上鸟瞰天下，也不可少。只讲微观，不讲宏观，容易一叶障目，不见泰山。中国有句俗话：“当局者迷，旁观者清。”为什么会这样呢？当局者“迷”在微观，旁观者“清”在宏观。从横的方面看，“当局者”没有看到大千世界，或者没有把大千世界看做一个不可分割的整体；从纵的方面看，“当局者”没有看到悠悠岁月，或者没有把悠悠岁月看做一个承前启后的系统。“当局者”跳不出一地、一时、一人、一书的狭小范围，不能耳听六路、眼观八方，不能“会通”地研究问题，因而迷惑不解。苏轼《题西林壁》诗云：“横看成岭侧成峰，远近高低各不同。不识庐山真面目，只缘身在此山中。”这首诗是“当局者迷”的形象写照。

古代图书发展的历史就是从图书编撰出发，经由图书出版、图书传播、图书收藏、图书阅读、图书变异、图书整理，进入新一轮的图书编撰。其中，“传播”包括书业中心、畅销书、中外交流等；“收藏”包括目录、分类、保护等；“阅读”包括标点、训诂、检索、翻译等；“变异”

包括伪书、散佚等；“整理”包括校勘、辨伪、辑佚等。一部图书史就是这样无限循环、环环相扣、周而复始、螺旋式上升、不断发展的历史，如下图所示：

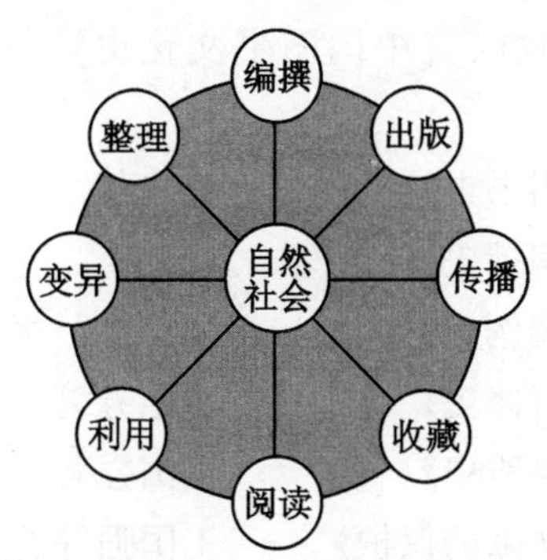

基于上述认识，我拟把中国图书文化的发展分为“中国图书编撰史”、“中国古书编例史”、“中国图书官修史”、“中国图书序跋史”、“中国图书抄写史”、“中国印刷术的起源”、“中国图书刻印史”、“中国图书版本学”、“中国图书装帧史”、“中国图书插图史”、“中国图书发行史”、“中国图书广告史”、“中国古代禁书史”、“中外图书交流史”、“中国古代聚书史”、“中国秘书省藏书史”、“中国图书散佚史”、“中国图书目录史”、“中国图书分类史”、“中国图书保护史”、“中国图书阅读史”、“中国图书训诂史”、“中国图书翻译史”、“中国图书整理史”、“中国图书校勘史”、“中国图书辨伪史”、“中国图书辑佚史”、“中国图书与生态文化史”等几十个大大小小的题目。

作为教师，我们的一生就是藏书、读书、著书、教书的一生。生活就是图书，图书就是生活。用“嗜书如命”四个字来形容，一点儿也不过分。除了文盲，每一个人都有终身难忘的与书有关的经历，每一个人都有刻骨铭心的与书有关的故事。一本书就是一位老师，一本书就是一个台阶。图书，打开了一扇透风的窗口；图书，改变了我们的命运。爱书吧，书是人类进步的阶梯。鲁迅先生也很爱书，他说：

> 该如爱打牌的一样，天天打，夜夜打，连续的去打，有时被公安局捉去了，放出来之后还是打。诸君要知道真打牌的人的目的并不在赢钱，而在有趣。牌有怎样的有趣呢，我是外行，不大明白。但听得爱赌的人说，它妙在一张一张的摸起来，永远变化无穷。我想，凡嗜

好的读书，能够手不释卷的原因也就是这样。他在每一叶每一叶里，都得着深厚的趣味。(《而已集·读书杂谈》)

早就想编一套关于图书文化的丛书，表达我们对于图书的无限感激之情。由于种种原因，这次收入《中国图书文化史》的暂时只有以下 13 种著作：

(一)《中国古代图书史》 曹之著
(二)《中国古籍编撰史》 曹之著
(三)《中国古书编例史》 马刘凤、曹之著
(四)《中国图书官修史》 霍艳芳著
(五)《中国古籍序跋史》 王国强著
(六)《中国古代文献的保护》 王国强等著
(七)《中国印刷术的起源》 曹之著
(八)《中国古籍版本学》 曹之著
(九)《中国图书发行史》 孙文杰著
(十)《中国秘书省藏书史》 郭伟玲著
(十一)《中国图书散佚史》 李玉安著
(十二)《中国古代的藏书印》 吴芹芳等著
(十三)《中国古籍校勘史》 罗积勇等著

其中，《中国古籍版本学》、《中国印刷术的起源》和《中国古籍编撰史》三书已于多年前出版，社会反映尚可。武汉大学出版社坚持要把三书纳入该丛书一并出版，我也只好遵命，十分感谢出版社的美意。该丛书作者大多从事古典文献学的科研和教学工作，具有硕士、博士学位，有的已是教授（研究馆员）或博士生导师，且已出版过多种著作，具有较好的专业知识和写作经验。2007 年年底，《中国图书文化史》初定书名、著者之后，立即投入了紧张的工作。几年来，作为主编，我做了以下事情：(一）草拟分册提纲。提交编务会议进行讨论，以期集思广益，统一认识。(二）编制《中国图书文化史资料索引》。把知见材料公布于众，按照内容发给著者参阅。(三）举办小型资料展览会。2008 年 3 月至 4 月 30 日，在武汉大学图书馆古籍部举办了一次小型资料展览会，我把自己的部分读书笔记《目耕录》42 册、剪报资料《刀耕录》40 册和私人藏书 97 册，面向《中国图书文化史》著者公开展出，读者可以抄写、复印或拍照。资料者，天下之公器也。这样做，是为了方便大家，资源共享。(详《图书情报知识》2008 年第 3 期卷首语）（四）互通情报。著者遇到什么

问题，可随时通过各种方式向主编反映；主编如有什么新的想法，或有什么新的“发现”，可随时向著者“通气”。（五）借阅图书。《中国图书文化史》著者随时可以向主编借阅有关资料，主编藏书犹如《中国图书文化史》的“资料室”、“图书室”，全天候面向各位著者。（六）从2007年年底到2011年，先后八次召开编务会，并印发会议简报。每次会议重点强调两个问题：一是抓紧时间，时不我待。既然我们已经签订合同，作出承诺，就要做到“言必信，行必果”，“一言既出，驷马难追”。二是创新意识，宁缺毋滥。大家认为，如果没有创新之处，宁可不写，不能徒灾梨枣。大家一致表示：要学习古人的传世意识和精品意识，珍惜这次机会，精心打造传世之作。否则，无法向读者交待，无脸见“江东父老”。此外，还就书名、编例具体问题展开讨论，统一认识。不过，还要说明两个问题：一是关于时间下限问题。《中国图书文化史》的时间下限一般定在辛亥革命（1911年）清代灭亡为止，由于种种原因，个别图书的内容或超越此界。二是关于《中国图书文化史》的整合问题。由于《中国图书文化史》内容较广，涉及问题较多，加上各位著者认识水平不一，各书之间或有重复，间有不大统一的地方，敬祈读者谅解。当然，有些问题本来就是聚讼纷纭，还没有形成共识，著者各抒己见，也算是“百家争鸣、百花齐放”吧！

现在，《中国图书文化史》终于出版了。我对各位著者的辛勤劳动表示感谢，没有各位著者的密切配合，编制这套丛书是不可能的。我要感谢武汉大学人文社会科学研究院、武汉大学信息管理学院、武汉大学出版社，没有它们的鼓励和支持，编制这套丛书也是不可能的。谢谢大家！

曹　之

2012年3月10日

自　序

图书编例，是存在于图书编撰中的共性，是图书编撰者写作过程中所遵循的原则和规范，也即图书编撰方法的运用和体现。其内容非常广泛丰富，它涉及图书编撰的方方面面，包括图书的书名、收录范围、选录标准、版本依据、编排方式、引书、人物称谓、书写形式、符号使用等。著作一旦形成，同时便具有了自身的编写方式。中国古代在几千年的发展过程中，形成了丰富的编撰经验，图书编撰的方法也不断创新、改进和发展，对古代图书的编例进行研究和总结，不仅有利于弘扬民族文化，继承文化遗产；而且能够借古鉴今，促进现代图书编撰事业及古籍整理工作的发展。21 世纪初，我国举全国之力纂修清史，这是一项巨大的文化工程。国家召集了海内外各个领域的专家学者对全书的体例进行讨论，各位专家学者借鉴以往修史的经验，认真研究过去史书的体裁和体例，经过长期多次的商讨和大量的调研，最终确定了“新综合体”的清史体例，以通记、典志、传记、史表、图录五大部分构成总体框架。其中，通纪分为清建立、入关、康熙之治、雍正改革、乾隆统一中国、清朝中衰、外国侵略和农民战争、清自强运动、最后衰亡 8 卷。典志分为天文历法、地理、人口、民族、法律、农业、手工业、商业、外贸、交通、财政、学术、西学、诗文小说、戏曲书画等 35 志 39 卷。传记分为 22 卷，记载有约 3000 人的传记。史表有 29 卷。图录部分有 10 卷，反映清朝的舆地、生产、商贸外贸、军事、民俗、建筑、艺术、宗教、历史人物肖像等情况，其中肖像包括画像和照片。可以看出，这是在继承借鉴了古代纪传体史书编写方法的基础之上，吸收其长处之后加以改造创新而成的新的编写形式。因此，对古书编例的研究具有理论和现实的双重意义。

攻读博士学位期间，我师从曹之教授。先生是古典文献学领域的专家，几十年来笔耕不辍，《中国古籍编撰史》是其著作之一，曾获多项殊荣，其中内容涉及古代图书的编例。先生在讲授该课程及平时交流时多次提到，古书编例是图书编撰学的重要组成部分，也是古人留给后人的一笔宝贵财富，希望学生们能够进行这方面的研究。因而在读博期间，我就开始了古书编例的初步研究。之后，曹之老师作为主持人，我作为主要参与者以古书编例为题共同申报了国家社科基金后期资助项目。项目获批后，曹老师不幸被检查出患有重疾，无法完成后续研究和写作任务。后续阶段在项目申报时期的成果上进行了较大幅度的修改，内容上有新的扩充和充实，大量古籍资料和数据需要一一核准落实，这些工作均由我负责完成。书稿完成之后，为了尊重客观的实际写作情况，也为了保护我的著作权益，曹之老师要求将我作为第一著者进行署名。武汉大学出版社将有关情况报告全国哲学社会科学规划办公室并得到了批准。

本书共分六章，其中第一、第二章是从宏观角度对古书编例所进行的理论探讨，第一章论述了古书编例的定义、内容、类型和价值作用，第二章分五个时期，纵向展示古书编例的发展历史。第三章从古书整体的角度对其编例进行研究，包括古书书名、著者题名、计量单位、著作方式、避讳五个方面。第四、第五章从微观角度对史部图书、集部图书的编例进行研究。第六章归纳了古书编例发展的四个特点，并分析了影响其发展的五个因素。本书写作之初，意欲对经、史、子、集四部图书的编例分别进行研究，但在搜集资料和写作的过程中发现，经部与子部图书的编例不像史部与集部图书的编例那样具有自身明显的特点，大多可以古书通例赅括。因而成书之时，经部与子部图书的编例没有单独成章，而在第三章“古书通例”部分进行了说明并予以体现，最后一章中亦有所涉及。本书第五章由曹之老师执笔撰写，其余各章均由本人执笔撰写。

书稿撰写过程中曾得到武汉大学信息管理学院图书馆学系诸位教授中肯有益的建议，在此深表谢意。武汉大学出版社对本书的编审颇费心力，朱凌云老师就许多细节问题不厌其烦多次商讨，在此深深致谢。

由于学识、精力所限，书中不当与漏误之处不能避免，因而心中常感不安。作者敬祈各位专家学者的批评指正，希望能与更多的同仁进行交流与探讨，不断改进完善将来的研究。

马刘凤

2015 年 1 月 16 日于上海大学

目　录

第一章　编例概述

一、编例释义

编例是“编辑在编辑过程中常用的一种应用文。编辑准备编一本多本稿的图书，或编辑部拟编辑出版一套丛书，在正式组织作者进行写作之前，需拟写一份‘编例’，把全套或一本多本稿的书的编辑意图、写作要求、体例规格要求等，都用文字说清楚，以便作者在写作时共同遵守”①。这是现代的编辑学辞典对“编例”所作的解释。其实，编例并不只是套书或丛书才具备，单种或单册书也具有，并且早已存在。在古代，编例多称“凡例”，亦有少数称为“略例”、“叙例(序例)”、“义例”、“总例”、“例言”等者。因此，本书对编例的研究以“凡例”为基本出发点，同时涉及“略例”、“叙例(序例)”、“义例”、“总例”、“例言”等。

从“凡例”说起

“凡例”源于晋杜预《春秋左氏传集解序》“其发凡以言例”之句。《左传》中有50处言“凡”者，来说明《春秋》在行文属辞上的规律，如《左传》隐公七年有云：

> 凡诸侯同盟，于是称名，故薨则赴以名，告终，称嗣也，以继好息民，谓之礼经。

隐公九年云：

---

① 孙树松，林人．中国现代编辑学辞典[M]．哈尔滨：黑龙江人民出版社，1991：64.

凡雨自三日以往为霖，平地尺为大雪。

桓公元年云：

凡平原出水为大水。

桓公二年云：

凡公行，告于宗庙；反行，饮至、舍爵、策勋焉，礼也。特相会，往来称地，让事也。自参以上，则往称地，来称会，成事也。

《左传》中像这样用“凡”之处还有多处。其实，“凡”字在先秦典籍中多有使用，“综《周官》五官之言凡，及《考工记》之言凡，不下六百条”①。《仪礼·士相见礼》中言凡者有6处，《曲礼》中则更多。

《说文解字》释“凡”曰：“最括而言也。”又云：“最者，积也，才句切。”又云：“括者，絜也。絜者，束也；絜者，麻一耑，束之成一耑也。”段注曰：

最括者，总聚而絜束之也。意内言外曰词，其意最括，其言凡也。《春秋繁露》曰：“号凡而略，名目而详。目者，遍辨其事也；凡者，独举其大也。享鬼神者号一曰祭，祭之散名，春曰祠，夏曰礿，秋曰尝，冬曰烝；猎禽兽者号一曰田，田之散名，春苗、秋蒐、冬狩。”按：《周礼》多言凡。六典，凡也。治典、教典、礼典、政典、刑典、事典，目也。郑注，言最目者，言其总数也。若其他言凡祭祀、凡宾客、凡礼事、凡邦之吊事，言师掌官承以治凡，亦皆聚括之谓。举其凡，则若网在纲。杜预之说《春秋》曰：“传之义例，总归诸凡。”凡之言氾也，包举泛滥一切之称。②

可见，“凡”指总括、聚括，犹如将众麻之多端聚而成束。将多物总括而言之，则所括者必然有其共性或相似之处，否则不可括言。无论是春之“祠”，夏之“礿”，秋之“尝”，冬之“烝”，都属于祭祀之事；无论是春

① 柳诒徵．国史要义[M]．上海：世纪出版集团；上海：上海古籍出版社，2007：186.
② (汉)许慎．说文解字注[M]．(清)段玉裁，注．上海：上海古籍出版社，1981：681.

之“苗”，秋之“蒐”、冬之“狩”，都属于田猎之事。“祭”与“田”乃其凡，是其共性的概括。

《说文解字》云：“例，比也。”《释名·释典艺》云：“事类相似谓之比。”①《春秋公羊传·僖公元年》云：“公何以不言即位？继弑君，子不言即位；此非子也，其称子何？臣子一例也。”②何休曰：“诸侯臣、诸父兄弟以臣之继君位，犹子之继父也，其服皆斩衰，故传称臣子一例。”③这里的“例”，即指诸侯或诸父兄弟继位称君，与子继父一样，其服装礼仪与诸侯子相似。古人云《诗》有六义，其中之一曰“比”，孔颖达疏云：

> 比见今之失，不敢斥言，取比类以言之。④

可见，“例”指事类相似，因为相似，所以能够以此类比，可以因此及彼。

那么，发凡言例，就是总括相似之物，说明其共性；凡例，简而言之，就是相类之物的共性；得其凡例，则同类者可推而知之。柳诒徵言凡例之缘起曰：

> 则必括其性质之相近者赅以一词，使知事物之相类者，一一依此措置，不必赘述。⑤

此语道出了凡例之特点与要义。

由上述对“凡”、“例”二字的解析，可以知道，任何类别的事物都有凡例。因为只要相类，则必有共性，此共性也必适用于同类事物，其凡例就是对同类事物共性的概括与说明。

---

① (汉)刘熙．释名：卷6[M].《四库全书》原文及全文检索版．上海：上海人民出版社；上海：迪志文化出版有限公司，1999. 以下章节所引古籍据此版本者，只标“《四库全书》原文及全文检索版”。

② (汉)何休．春秋公羊传注疏：卷10[M].（唐)徐彦，疏.《四库全书》原文及全文检索版。

③ (汉)何休．春秋公羊传注疏：卷10[M].（唐)徐彦，疏.《四库全书》原文及全文检索版．上海：上海人民出版社；上海：迪志文化出版有限公司，1999. 以下章节所引古籍据此版本者，只标“《四库全书》原文及全文检索版”。

④ (汉)郑玄．毛诗注疏：卷1[M].《四库全书》原文及全文检索版．

⑤ 柳诒徵．国史要义[M]．上海：世纪出版集团；上海：上海古籍出版社，2007：185.

图书编例

由于“凡例”二字首先由后人研究《春秋》引出，故后世所言凡例大都专指图书凡例。那么什么是图书凡例？

现在许多工具书都对“凡例”进行了界定，如《辞海》(1999年缩印本)解释说：

> 说明著作内容和编纂体例的文字。①

《简明古籍整理辞典》解释说：

> 说明著作内容和编纂体例的文字。②

《中国现代编辑学辞典》解释说：

> 书前说明出书的意图、写作的要求、全书的体例、编排的程序、符号的用法和含义等说明文字。③

《中国百科大辞典》解释说：

> 书前关于著作内容和编纂体例的说明文字。④

《新编文史地辞典》解释说：

> 一种说明图书内容和编纂体例的文字，一般放在书的前面，又称“发凡”、“例言”、“编辑大意”或“体例”。⑤

《中医文献学辞典》解释说：

---

① 音序，夏征农．辞海[M]．1999年缩印本．上海：上海辞书出版社，2002.

② 诸伟奇，贺友龄，赵锋等．简明古籍整理辞典[M]．哈尔滨：黑龙江人民出版社，1990：16.

③ 孙树松，林人．中国现代编辑学辞典[M]．哈尔滨：黑龙江人民出版社，1991：64.

④ 中国百科大辞典编委会．中国百科大辞典[M]．北京：华夏出版社，1990：413.

⑤ 王嘉良，张继定．新编文史地辞典[M]．杭州：浙江人民出版社，2001：335.

> 说明著作内容和编写体例的文字，置于正文之前，故又称例言、体例、发凡或使用说明。①

其他如《中国方志大辞典》、《汉语知识词典》、《写作艺术大辞典》、《汉语倒排词典》等解释也都与上述定义相近。由以上各工具书之解说，可以看出，它们的解释大同小异，主要有三点：其一，凡例的位置，位于书前或正文之前；其二，内容主要是关于著作内容和编写体例方面的；其三，是独立性的说明性文字。这些关于凡例的定义是以我们现在单本图书的凡例为说明对象得出的结论，但考察图书凡例的发展历史可以知道，初期的凡例并不是单独成文，也不是位于全书正文之前，而其内容也是非常广泛丰富的，故上述对于凡例的各种定义有欠准确和全面。从字源的角度分析，笔者认为，图书凡例就是客观存在于图书编撰中的各种共性。

由于杜预所言“发凡以言例”是指《左传》将《春秋》全书在行文属辞上的各种特点一一概括而出，即所谓的《春秋》笔法，它们是孔子编定《春秋》时编写各类历史事件中共同遵守的书写规律，故后世图书凡例多指图书编撰者编撰图书之时所遵循的各种编撰原则、规范或方法，包括作书意图、选录标准、编排体例、资料来源、遣词用字、符号使用等。因此，古代的图书编例也主要包括这些方面。唐代以后，图书编撰者常将本书编例列专文进行说明，编例由此成为专篇的说明性文字，只是当时以“凡例”冠名。本书即以这些“凡例”专文为切入口，以 1911 年之前的图书为对象，对古代图书的编例进行研究。本书研究之编例，既包括多以“凡例”为名的编例成文，也包括成文编例所包含的具体内容，即古籍编撰的各种规范或方法。现今论著中，所提较多的是“体例”。其实，体例主要指图书编写时在内容组织上所采用的格式、规则或技巧，尤其侧重于结构、层次方面的整体编排方式，也是编例的重要内容之一，本书根据使用习惯及需要，也有多处使用“体例”。

二、古书编例的内容

图书编例至宋代已发展成熟，到明清时期更加完备，其内容非常丰富，涉及了图书编撰的方方面面。现根据历代图书正文之前的成文凡例作

---

① 赵法新，胡永信，雷新强等．中医文献学辞典[M]．北京：中医古籍出版社，2000：15.

一归纳，主要是关于图书编撰经过、编撰内容与编撰形式三个方面的说明。

关于图书编撰经过的说明

关于图书编撰经过方面的说明不是编例内容的正宗，它显示了编例脱胎于序文的痕迹，主要包括著书缘起、作书目的、著书起讫时间以及成书过程等几个方面。如清陆廷灿《续茶经》“凡例”云：

> 《茶经》着自唐桑苎翁，迄今千有余载，不独制作各殊而烹饮迥异，即出产之处亦多不同。余性嗜茶，承乏崇安适系武夷产茶之地，值制府满公郑重进献究悉源流，每以茶事下询，查阅诸书于武夷之外，每多见闻，因思采集为《续茶经》之举。曩以簿书鞅掌，有志未遑，及蒙量移奉文赴部，以多病家居，翻阅旧稿，不忍委弃，爰为序次第，恐学术久荒，见闻疏漏，为识者所鄙，谨质之高明，幸有以教之，幸甚。①

作者性嗜茶叶，又因公至产茶之地，多有见闻，因思著之于书；又适病家居，便整理旧稿成书，这是对著书缘起的说明。清胡渭《大学翼真》“凡例”云：

> 《翼真》一书本非欲为讲义而作，盖以古本出自《礼记》，多有错简，明道、伊川并有改本，尚未有定论。自朱子《章句》成，立于学官，始为不刊之书，而后人犹或非之，则以《大学》本无阙文，又不应作补传也。于是有崇信古本、以为不分经传者于本经亦无害，至有割圣经知止二节、合听讼章为格致传者，又有移淇澳章置诚意章之前、以明格致之义者，使大学之书如庐山之横看成岭侧看成峰，远近高低所见各异，而《大学》之真面目几不可识矣，是书之作欲为《大学》重开生面也。

为《大学》解说者甚多，但众说纷纭，各有见解，作者因作此书，欲人识“《大学》之真面目”，这是对作书目的的说明。清乾隆九年(1744 年)《秘殿珠林》“凡例”云：

---

① (清)陆廷灿．续茶经：凡例[M]．《四库全书》原文及全文检索版．

是书编始于乾隆八年十二月，成于九年五月。

此条凡例说明了写作的起讫时间。清沈炳巽《水经注集释定讹》"凡例"云：

是书经始于雍正三年，脱稿于雍正九年，其考索钩纂虽属炳巽一人，而助余不逮者，季弟劳山与有力焉，至于抄录成书则族弟霞绮一人手笔，故得附书。

此条凡例不但说明了写作的起讫时间，还特别交代了襄助其事的其他人员。清钱澄之《田间易学》有凡例 14 则，其中有 4 则详细叙述了其成书及付梓的艰辛过程(详见本章第四节)，这些记载是考察一书编撰过程的重要史料。

关于图书编撰内容的说明

图书编撰内容方面的说明主要包括对图书书名、卷数、选录标准、版本等几个方面的说明。具体有：

(一)有关书名的说明

书名的说明有对书名含义的阐释和对图书取名原因的解释。如清宫梦仁《读书纪数略》"凡例"云：

臣之辑是编也，曷以"纪数"名古圣人创制？前民名以命之数以纪之之义也。周礼九数列于六艺，保氏掌之，教国子而养之于道。《史律志》曰：纪于一协，于十长，于百大，于千衍，于万沿。汉及唐用以设科取士，不独小学所不废矣。特数之可纪，既数不胜数，而汗牛充栋之书更难尽读，兹不过就耳目所及见闻者。耳惧其略焉而弗详，故名之曰"略"。

此条凡例将书名中"纪"、"数"、"略"三字分别加以解释，从而说明了书名的意义。乾隆十三年(1748 年)《钦定周官义疏》"凡例"云：

春秋传云，先君周公作《周礼》，其所称引则此经中无有也，盖周礼指当时上下所行，五礼之经曲以别于夏殷之礼，此则分职命官之籍，故揭于篇首，曰治典、教典、礼典、政典、刑典、事典，《汉志》本称“周官经”，“周官”传至唐以后乃更名“周礼”，朱子及郑樵辈曾辨之，今仍曰“周官”，从其始称，且按以五官之职事，于义为当也。

此条凡例说明了著述取名的理由，之所以称“周官”，不名“周礼”，是用其初始之名，于义为当。

(二)有关图书卷数的说明

主要包括总计卷数、卷数变化及图书各部分篇卷的说明。乾隆十三年(1748年)修纂《钦定礼记义疏》“凡例”云：

本朝崇尚经术……兹特命儒臣纂修三礼，钦定折衷于是，五经炳备，咸正无缺，惟《礼记》经文既多，注释繁富，故简帙逾旧，今勒成七十有七卷，图五卷，共八十二卷。

《钦定礼记义疏》全书文图共82卷，通过此条凡例，读者可以得知一书总体规模的大小。元滑寿《难经本义》“凡例”云：

《八十一难经》隋唐书经籍、艺文志俱云二卷，后人或厘而为三，或分而为五，今仍为二卷，以复书志之旧。

这条凡例说明了此书在流传过程中卷数变化的情况，前人记载均为2卷，而后人随意厘分，或3卷，或5卷，致使前后不一；故作者仍将其分为2卷，以符史志之记载。清陈厚耀《春秋战国异辞》“凡例”云：

谨广辑之以附孔门多闻多见之义，为通表两卷，异辞五十四卷，摭遗一卷。

此条凡例说明全书分为通表、异辞、摭遗三部分，每部分依次为2、54、1卷，这是全书组成及其卷数的说明。

（三）有关取材方面的说明

包括取材的时间范围、采录原因以及采录图书的具体名称等方面的说明。清徐乾学《读礼通考》“凡例”云：

> 是编之中，上自王朝，下迄民俗，前自三古，后迄于今，凡简籍中所载有及于丧礼者，无不采入，自知繁而鲜要，然意主备考，则其说不可不博云。

此条凡例说明了图书的采录范围，从古至今，无论雅俗，只要有关丧礼，悉行采入。又云：

> 《仪礼》十七篇，其全言丧礼者凡四篇，丧服、士丧礼、既夕、士虞礼；其不言丧礼而可为丧祭之用者一篇，特牲馈食礼；其言它礼而间有及于丧礼者一篇，聘礼也。《礼记》四十九篇，其全言丧礼者十三篇，檀弓上下、曾子问丧服、小记、杂记上下、丧大记、奔丧、问丧服、问间传、三年问、丧服四制也；其它曲礼、王制、礼器、玉藻、大传少仪诸篇有言及丧礼者复采之得数十百条。

此条凡例说明了《仪礼》、《礼记》中有关丧礼的特定篇目与内容，作者将这些内容作为材料来源采入自己所著之书中。明孙一奎《赤水元珠》“凡例”云：

> 采用经史国典群书诸杂家言统计二百六十五种。

此条凡例说明了该书采录图书的种数，共计265种之多。又云：

> 医家著辑汗牛充栋，不能一一购置，但取其书可宗法万世无弊者，一部中采数条，一门中采数法数方，以为嚆矢。

此条凡例说明了采录的原则和方法，由于医书众多，无法一一购获，故只于每一部经典著作中采摘数条，而每一门中只选录几种药方。乾隆三十二年（1767年）《钦定续通典》“凡例”云：

自各代正史之外，如《唐六典》、《唐会要》、《五代会要》、《册府元龟》、《太平御览》、《山堂考索》、《契丹国志》、《大金国志》、《元典章》、《明集礼》、《明会典》诸书皆参酌引用，以期无舛无漏。

此条凡例则将参考引用之11种书籍的具体名称一一罗列，尤为具体。

(四)有关图书版本的说明

包括对图书版本差异、流传情况、依据之本等方面的说明，如清徐大椿《神农本草经百种录》“凡例”云：

品第及字样俱依明重刻宋大观刊唐慎微本所载白字本经，考陶隐居本草有朱书墨书之别，朱书为神农本经，墨书为名医别录，开宝间复位印本于本经，易朱书为白字，大观本遵之，虽未必无传讹，而取其近古犹胜于近刻也。

此条凡例说明了此书宋大观本、唐慎微本、陶隐居本、唐开宝本各自的版式特点，这是从形式上对版本进行区别的标志。元胡炳文《四书通》“凡例”云：

祝氏以刊于兴国者为定本，今细考其文义，如为政以德，旧本作行道而有得于身，祝本作有得于心，后本又改作得于心而不失，祝未之见也。按桐原胡氏侍坐武夷亭先生执扇而曰：“德字须用不失训，如得人，此物可谓得矣，才失之则非得也。”此譬甚切。盖此句含两意，一谓得之于有生之初者不可失之于有生之后，一谓昨日得之者今日不可失之也。今必以祝本为定，未必先曰得于心而不失，然后改曰行道而有得于身，末又改曰行道而有得于心，故今不以祝本为定，详见为政以德注下。

此条凡例则说明了旧本、祝本、兴国本3种不同版本在具体字句上的细微差别，这是对不同版本在内容上所作的区别。清盛世佐《仪礼集编》“凡例”云：

宋人陈祥道、张淳、李如圭辈之讲说多不传，明国子监所刻十三经注疏，此经讹脱特甚，或欲据关中石经刊正之，不知唐之石经在当时已讥其芜累，又况碑板剥落，补字荒陋，恶可据为定本邪？张尔岐参校为正误，嘉惠后学不浅，惜其所据止石本、监本、吴澄本而已，未尝博考宋元人旧本及其论著，故从违容有未当，今更取朱子通解、杨氏图，敖氏集说诸本，辨其异同，务归至当。

此条凡例比较了国子监十三经注疏本、唐石经本、张尔岐本等各本的优劣，在此基础上，作者选取了自己所据之本。清沈炳巽《水经注集释订讹》“凡例”云：

是书宋本既不可得，今世所行惟明嘉靖间黄氏刊本，其它如朱郁仪、钟伯敬及休宁吴氏诸本，亦仅或有之。

此条凡例告知读者《水经注》现行有宋本、嘉靖黄氏本、朱郁仪、钟伯敬及休宁吴氏诸本，说明了其版本流传情况。山井鼎《七经孟子考文补遗》“凡例”中则说明了利用各种方法鉴定版本的具体方法（详见本章第四节）。

关于图书编撰形式的说明

图书编撰形式方面的说明主要有全书章节、编排体例、引书、人物称谓、书写形式、符号使用等方面的说明。

（一）有关全书章节的说明

清徐大椿《道德经注》“凡例”云：

《史记》只云老子著书上下篇，言道德之意五千余言，是时止有上下篇，而无分章之目，后世有分五十五、六十四、六十八、七十二、八十一之殊，并有每章各立名目如首章名体道，二章名养身之类，皆后人之所拟，俱无足取，而唐玄宗又分上篇为道经，下篇为德经，亦未为的论，今止分上下二篇为八十一章，以存假落指归而已。

《史记》所载老子《道德经》只上下两篇，并无章节分次，后人将其分章，有55、64、68、72、81章之别，并为其各立章名，此非《道德经》之本，故著者所注只分为上下两篇81章。此条凡例说明了图书章节划分的历史及本书所用的方法。

(二)有关全书编排体例的说明

清乾隆九年(1744 年)修纂《秘殿珠林》“凡例”云：

是书首载四朝宸翰，次载历代名人及无名氏以至古刻绣织，各书画以时代为序，册居前卷，轴居后，次编四朝御书刻本及钦定书籍，又次收贮供奉之本，又次臣工进呈之本，并按释道分编。

此条凡例告诉读者全书所收作品按照四朝宸翰、名人及无名氏以至古刻绣织、四朝御书刻本及钦定书籍、收贮供奉之本、臣工进呈之本分类排列，是全书编排次第的说明。又云：

各类书画分别册、卷轴，名人则各按朝代编列，字号每人分编一字，内有一人兼数种者即用此字依数顺编，无名氏书画亦按朝代每件分编一字，旧刻经典各按经名，每经各编一字，内有一经数部者，编次之法与名人同编号，字样子仿项氏天籁阁收藏款式，用周兴嗣千文排次。

此条凡例则又进一步说明了各类书画、名人作品、无名氏作品的具体编次规则。清乾隆四十年(1775 年)所修纂《天禄琳琅书目》凡例于全书的著录规则说明得十分细致具体。清官修《历代纪事年表》100 卷、《康熙字典》42 卷，其凡例中均多有对全书编排体例的说明。

(三)有关引书的说明

清钱澄之《田间诗学》“凡例”云：

是编多采先儒绪论，凡引据甚多者，则称某氏，其或间有引者则直著其名，毛郑孔三家则姓而不氏，朱子集传直称为注，集注之外又有他书所载朱子论诗之语则书朱子以别之。

《田间诗学》引用前人之说甚多，其引前人之说分称氏、称名、称姓等几种情况，此条凡例对引用称谓进行了说明。乾隆十三年(1748 年)《钦定礼记义疏》“凡例”云：

所引注疏或仍其全文或节其要义，有删无增亦无改。

此条凡例说明了引用书籍采用了全文引用或节录原文两种方法。

(四)有关书中人物称谓的说明

清宫梦仁《读书纪数略》“凡例”云：

古人以姓名传，有止称姓，如智赵魏韩及房李魏与周程张朱之属者；有止称名，如信越良平；止称字，如元直、幼宰之属者；有两字名止称一字，如皋益之属者；再以爵谥为荣，如燕公代公文成忠武之属；在君父而讳，如谈为同，桓为亘，恒为常，虎为武之属，诸本皆沿流至今，昭昭在人耳目间，不等于不知姓名录，故不加疏释。

此条凡例说明了古人称谓有姓、名、字、爵、谥、讳等多种情况，人皆知其所指，故本书不加解释。

(五)有关书写形式的说明

清徐乾学《读礼通考》“凡例”云：

是编之中，采列诸家之说，本以历代前后为次第，而说取类从，义贵条贯，不无前后错置者，程子、张子、朱子之说例用大字以别之，或其说有未尽合者，或义止训诂者亦用小字，诸家之说例用小字，间有事关典制者亦用大字，至于肤见臆说，敢用大字意取标显，极知僭妄，故低四格，以示贬抑，观者原之。

此条凡例说明了本书的书写格式，程子、张子、朱子之说用大字书写，其他人则用小字，而己见则更低四格。

(六)有关书中使用符号的说明

明查继佐《国寿录》“凡例”云：

原本有字体模糊及蛊残墨渍，皆空之。如年月地名科分，原虚以待考者，加〇以别；或为□者，则讳莫如深也。

此言书中○、□的符号使用和其代表的特定意义。

以上所列诸项内容是古书编例中涉及较多的方面，但具体图书编例的内容则是依据图书本身的性质而定的，图书性质不同，其编例包含的内容也有所侧重和差别。如纪传体史书编例多是关于全书本纪、表、志、世家、列传各种体裁中具体类目的设置、人物选录等方面的问题；文集类著作的编例多是关于全书编选范围、材料的选择及编次方式等方面的问题；书目类著作的编例则侧重全书著录方式的叙述；字书、韵书类著作的编例则主要是关于编选原则、词目构成、注音释义的规则、条目编排的说明等。一般而言，字书、韵书、丛书、方志等工具书性质的图书或大型图书，其编例内容较为细密，而一般性图书的编例则相对简略。

三、古书编例的类型

按照不同的标准划分，编例可以划分为不同的类型，本书按作者、位置、适用范围将图书编例划分为以下类型。

按作者划分

按照编例的作者划分，有自作编例和他作编例。自作编例是由著(编)者本人自己制定的编例，对一书的熟悉，莫过于著者(编者)本人，所以一般图书的编例都是由著者(编者)自己所作；他作编例是由著(编)者以外的其他人归纳写作的编例，有些书籍没有编例明文，后人重编或重刻之时，即归纳全书编写之例，并将其写作成文置于书中，他作编例在时间上一般要晚于原书成书的时间。如《此木轩四书说》9卷为清代焦袁熹所著，但生前未成定稿，后其子焦以敬、焦以恕整理其父旧稿成书，并撰写“凡例”6条于书前(见附图1)。现行宋薛居正《旧五代史》为四库馆臣从《永乐大典》中辑出，其“凡例”亦为四库馆臣所作。明孙鑛《书画跋跋》6卷，最初只有抄本，后其六世孙宗溥、宗濂刊版印行，并作“凡例”于前。其他如唐代孙思邈《备急千金药方》，其“凡例”为北宋高得衡、孙奇、林亿重新校订时所作；清梅文鼎《历算全书》60卷，其“凡例”为清代纂修《四库全书》时编写。有些图书既有著者自作之编例，亦有他人所作之编例。清冯武《书法正传》10卷，原有“凡例”8条为冯武自作，后来其侄孙冯鼎再为刊刻，又增编例一条于原书编例之后，说明刻板所据之本，这是原书编例与重刻编例兼具的例子(见附图2)。

按位置划分

(一)序文中编例

序文编例即寓含在图书序文中的编例，最先著于笔端的编例就是隐含在序文之中的，《史记》、《汉书》、《说文解字》、《论衡》等的序文中均有关于本书编例方面的说明。需要说明的是，除了全书序言之外，有些著作的类序或小序中也含有本书编例方面的内容。如《四库总目·史部总叙》云：

> 今总括群书分十五类，首曰正史，大纲也；次曰编年，曰别史，曰杂史，曰诏令、奏议，曰传记，曰史钞，曰载记，皆参考纪传者也；曰时令，曰地理，曰职官，曰政书，曰目录，皆参考诸志者也；曰史评，参考论赞者也。①

这一类叙将史部所分门类一一列出，是史部分类体例的阐述。纪事本末类小序又云：

> 凡一书备诸事之本末与一书具一事之本末者总汇于此，其不标纪事本末之名而实为纪事本末者亦并著录，若夫偶然记载篇帙无多，则仍隶诸杂史传记，不列于此焉。②

这一小序对纪事本末类所著录图书的范围作了说明。

(二)进书表中编例

封建社会，官修之书撰成上呈或私撰之书进献给朝廷的时候，一般都有进书表，此进书表中便有关于全书编例的内容，即进书表编例。六朝时宋裴松之作《三国志注》，在他给朝廷的进书表中就列叙了其注书之例，说明了其注书所依据的原则和方法。在进书表中，裴松之言其著书之由，《汉书》虽“铨叙可观，事多审正，诚游览之苑囿，近世之嘉史。然失在于

---

① (清)永瑢等. 四库全书总目：卷45[M].《四库全书》原文及全文检索版.

② (清)永瑢等. 四库全书总目：卷49[M].《四库全书》原文及全文检索版.

略时，有所脱漏”。① 其汇集材料“上搜旧闻，旁摭遗逸”②，其注释则按四种情况分别处理：

寿所不载、事宜存录者，则罔不毕取，以补其阙；或同说一事而辞有乖杂，或出事本异、疑不能判，并皆抄内以备异闻；若乃纰缪显然、言不附理，则随违矫正，以惩其妄；其时事当否，及寿之小失，颇以愚意有所论辩。③

此进书表将《三国志注》的注释体例分别条列，全书即依此对《三国志》进行注解。

(三) 正文中编例

有些著作未列出编例专文，而是在正文中逐事发凡，随文起例。宋欧阳修《新五代史》即属于此种编例。张舜徽说：

后世史家，自定义例，上法《春秋》，科条严明，一字无假，则欧阳修《五代史记》实为之最。其发凡之辞，既散见诸篇，又托为徐无党注，详述其属辞之例。④

可见，欧阳修《新五代史》之编例有“散见诸篇”者，此即随见于正文之编例。《四库总目 · 弇州史料》云：“是集皆采掇王世贞文集说部中有关朝野记载者，裒合成书，无所考证，非集非史，四库中无类可归，约略近似，姑存其目于传记中，实则古无此例也。”⑤这是《四库总目》于提要正文中对《弇州史料》之归类方式所作的说明，亦属于正文中编例。

(四) 注文中编例

一些作者在为前代著作作注时，为了避免同类情况的重复注释，往往在注文中随文起例，说明其注释之义例。唐李善注《文选》即采用此法。此书注文中编例有 20 多处，有说明编排体例的，有说明注文释义内容的，

---

① (晋)陈寿. 三国志[M]. (宋)裴松之，注.《四库全书》原文及全文检索版.
② (晋)陈寿. 三国志[M]. (宋)裴松之，注.《四库全书》原文及全文检索版.
③ (晋)陈寿. 三国志[M]. (宋)裴松之，注.《四库全书》原文及全文检索版.
④ 转引自：申非. 凡例源流初探[J]. 中国出版，1994(5)：20~21.
⑤ (清)永瑢等. 四库全书总目：卷 62[M].《四库全书》原文及全文检索版.

有表明加注用意的，不一而足。[①]《四库全书总目》提要之后的按语是另一种形式的注文，其中也含有编例内容。《四库全书总目·畿辅通志》提要后有案语云：

《通志》皆以总督巡抚董其事，然非所纂录，与总裁官之领修者有别，故今不题某撰，而题某监修，从其实也。监修每阅数官，惟题经进一人，唐宋以来之旧例也。谨于此书发其凡，后皆仿此。[②]

此案语不仅说明了《畿辅通志》著者著录的方法，而且告诉读者，《总目》中类似情况的著录一依此例，实是发凡起例之语。

（五）专文编例

唐宋之后，编例便开始作为专篇独立于序文之外，列于书籍之中。专篇的编例较多位于卷首，列于序文之后。但也有少数图书，其专篇编例不在卷首，或列于书籍正文之后，位于全书之末，如南宋萧常所编修《续后汉书》的编例即是如此；或与本书别行，不一同刊布，如北宋司马光修《资治通鉴》有手定编例，不附本书刊行，后其曾孙司马伋掇拾残稿，整理出《资治通鉴释例》1卷（见附图3）；或列于书籍各卷之首，这种情况比较少见，如清杜知耕撰《数学钥》，全书6卷，每卷之首均单列编例数则（见附图4）。

编例的位置大致有以上几种情况，作为专文出现以前，编例大多是隐含于序文、进书表、正文或注文中；作为专文出现以后，编例独立成篇，一般作为图书整体构成的一部分而列于卷首。但此时前四种形式的编例并没有消失，而是继续存在于不同的著作当中。有些著作则既具有卷首编例明文，亦有随文所发之例，如唐陆淳《春秋集传辨疑》10卷，书首冠以编例专文一篇，共17条，“但明所以删节经文传文之故”[③]，而其去取之义，则随文起例，“仍经文年月以次说之”[④]；南宋陈均《九朝编年备要》30卷，既有“正例、杂例凡十五条”[⑤]，而“其余变例有该括不尽者随事斟酌而书

① 申非. 凡例源流初探[J]. 中国出版，1994(5)：20~21.
② (清)永瑢等. 四库全书总目：卷68[M].《四库全书》原文及全文检索版.
③ (清)永瑢等. 四库全书总目：卷26[M].《四库全书》原文及全文检索版.
④ (清)永瑢等. 四库全书总目：卷26[M].《四库全书》原文及全文检索版.
⑤ (宋)陈均. 九朝编年备要：凡例[M].《四库全书》原文及全文检索版.

之"①，也是随文而起例。《四库全书总目》既有书首"凡例"20则，又有各类序、小序中编例，意有未尽者又在案语中说明，正文中也间有编例之语，编例存在于整部图书的各个位置。

按适用范围划分

按适用范围划分，编例可分为古书通例、一类书之编例、几种书之编例、一书之编例。古书通例是适用于所有古籍的编例，是就图书整体而言的(详见第三章)。一类书之编例是指适用于某一类图书的编例，明成祖朱棣于永乐十年(1412年)和十六年(1418年)分别颁布《修志凡例》和《纂修志书凡例》(见附录)，作为编修方志的原则和标准，这两部凡例就是适用于地方志这一类图书的编例。几种书之编例是指适用于几种图书的编例，元代顺帝至正三年(1343年)，诏修宋、辽、金三朝正史，就首先制定了"三史凡例"五条来统一编写规范，此凡例即是为宋、辽、金史三部史书所制定的编例。一书之编例就是只适用于一部书的编例，这是最常见的图书编例。

古书编例种类繁多，清江藩曾云：

> 凡一书必有本书之大例，有句例，有字例。学者读时，必先知其例之所存，斯解时不失其书之大体。如《易》明天道，《诗》尽人情，《书》道政事，《礼》详制度，《春秋》多微词，《尔雅》记言语异同，《论语》言治道不言治法之类，此各书之大例也。而《易》无虚象，《诗》无达诂，《书》有各代史笔之不同，《春秋》有三传记载之各别，《三礼》典制异而统同，《尔雅》训诂同而亦异，此句例字例之宜讲也。注家亦有例，如马、郑之《易》皆费氏古文，伏、孔《尚书》今古互异，毛公传《诗》亦守古本，郑注《三礼》则据金今文，何氏、范氏深通公、穀之义，贾逵、服虔乃得左氏之传，此注家之例之分也。至于诸子各史皆有大例，学者欲读其书，宜先知其例。书例既明，则其义可依类而得矣。②

可见，图书编例大至全书宗旨，小到行文字句，无可穷尽。以上编例类型是就"凡例"专文所作大而言之的划分，其他各种具体的编例则数不

① (宋)陈均. 九朝编年备要：凡例[M].《四库全书》原文及全文检索版.

② (清)江藩. 经解入门[M]. 影印本. 天津：天津市古籍书店，1990：163.

胜数，以下章节将有专文介绍。

四、古书编例的价值与作用

图书编撰的依据和原则

唐代刘知幾在《史通·序例》篇中指出编例对于史书的纲领性作用：

> 夫史之有例，犹国之有法。国无法，则上下靡定；史无例，则是非莫准。①

无论以何种形式呈现，无论是著之于文，或记之于心，行文运笔之时，编例必了然于著者之胸，这样整部书才能编排得当，浑然一体。古代官方修书，编撰之人往往数十，大型图书的编撰甚至有成百上千人，因此必须制定编例才能统一众人的修书标准，保证全书编写的整齐划一。清康熙时纂修《明史》，朱彝尊第一次向史馆总裁上书即提出建议：

> 作史者必先定其例，发其凡，而后一代之事可无纰缪。譬诸大匠作室，必先以规矩，然后引绳运斤，经营揆度，始可无失尺寸也矣。②

其后历任馆事者亦多于修史之例有所发明，如徐乾学兄弟成《修史条议》，汤斌成《明史凡例议》及《本纪条例》，施闳章、沈珩均上《修史议》，潘耒上《修明史议》，王鸿绪成《史例议》，汪由敦成《史裁蠡说》，《明史》修撰的第一步即是制定本书的编例。他们都纷纷强调编例的重要性，并从不同角度加以详细讨论和说明，或论整体，或论一纪一传一志之书法，或论一事之笔法，不一而足，其讨论过程伴随史稿修定始终，成为纂修《明史》的重要原则。正是由于《明史》体例严谨，编排精审，史评家赵翼在《廿二史劄记》中，曾将辽、宋、金、元诸史和《明史》作了比较，认为“未

① (唐)刘知幾．史通通释[M]．(清)浦起龙，释．上海：上海古籍出版社，1978：88.

② (清)朱彝尊．曝书亭集：卷32[M]．《四库全书》原文及全文检索版．

有如《明史》之完善者"①，可见编例直接关系一书的质量优劣。

北京大学古文献研究所编写、北京大学出版社出版的《全宋诗》是第一部宋代诗歌总集，全书约4000卷，分72册，共收两宋11万余位诗人的20余万诗作。其书虽然取材广泛，收罗宏富，但缺误亦时而有之。该书出版之后，相关学者深入研究，多有订误补漏之作，西北大学文学院的房日晰和房向莉根据《全宋诗》"凡例"第十一条，从各类文献中辑出华岳、张先、释道璨等7家共18首佚诗。《全宋诗》"凡例"第十一则云："凡旧籍中一诗互见数人集中或名下而难以确定归属者，一律重收，各于题下互注又见。凡可确证系他人之诗而误收或误题者，则移入存目，并说明原由。"②据此，二位研究者认为，"《全宋诗》的补遗可以在以下三个层面上进行：一、确系宋人诗作而《全宋诗》失录者；二、《全宋诗》已录，但旧籍又在另一作者名下出现，且无法判断究为谁诗，可以互见处理者；三、《全宋诗》已录，但旧籍又在另一作者名下出现，基本可以判定其误，仍作为存目，可供参考者"③。并根据"凡例"规定，辑录出符合《全宋诗》全书编例的18首佚诗。编例是著述者写作的矩矱，由此亦可见一斑。

读者的指南和向导

编例展示了作者写作的思路、编撰的方法以及全书的主旨思想，读者掌握了全书的编例，对于阅读图书具有很大的指导作用，能够提高利用本书的效率。对于一些大型的工具书来说，尤其如此。古代的字书、韵书、类书、政书、书目著作等一般都有编例，而且随着图书编撰的发展，编例愈来愈繁密详细，由于这些图书主要是供读者查考之用，因此其编例主要是向读者说明本书的收录范围、所分部类、编排次序及注音释义的体例。读者在使用这些工具书的时候，如果不先通过编例了解本书的编排，使用起来会非常困难耗时，甚至会不知所云，根本无法使用，因此通过阅读编例，读者能够执简驭繁，以少统多，达到事半功倍的效果。正基于此，张舜徽曾说，编例"施于初学，尤为切要"④。而语言学家王力则更为直接地指出，编例"是作者认为应该注意的地方"，读者"切勿忽略"。⑤ 他要求

① (清)赵翼．廿二史劄记校证[M]．王树民，校证．北京：中华书局，1984：721.

② 北京大学古文献研究所．全宋诗：凡例[M]．北京：北京大学出版社，1999.

③ 房日晰，房向莉．按《凡例》立意，何错之有：答张如安、傅璇琮先生兼谈《全宋诗》的补订[J]．新疆师范大学学报：哲学社会科学版，2005(1)：201~202.

④ 张舜徽．广校雠略[M]．武汉：华中师范大学出版社，2004：4.

⑤ 凡例[EB/OL]．[2007-08-18]．http://baike.baidu.com/view/131950.htm.

学生们重视编例的阅读，首先在总体上把握全书的特点和大致内容，然后再去具体阅读各个章节。

史料价值

编例的史料价值主要通过政书凡例的内容体现出来，政书是记载典章制度的书籍，其编例中也常常有关于某一制度沿革的记载，这些资料具有史料价值，可为历史研究者提供资料。如清乾隆五十二年(1787 年)所修《清文献通考》“凡例”载历代货币史：

> 自国家龙兴，东土创铸钱文以资民用，嗣是宝泉、宝源之设，轻重协宜，圜函精好。各省局炉座或设或停，随时调剂。迩者西陲底定，复颁钱式于回部各城，开铸乾隆通宝钱，俾荒服之氓，咸昭法守。按马《考》叙，钱币以刀布为下，则秦汉以后，皮、币、龟、贝皆滞于行；使两宋兼用楮币，其制起于交子、会子；元明则沿用宝钞，国家钱货充盈，无藉钞法之用，故顺治年间虽暂时行用，旋即停止，则有钱无币，实为我朝良法。若白金之用始于汉武之白选；六朝迄唐，交广之域，兼用金银；金时铸银名承安宝货，此以银为币之始；前明中叶始令税粮得收纳白金，其用益广；我朝银钱兼权，为上下通行之币。

此条凡例叙述了从先秦到清代各朝货币的使用情况，特别说明了白金的发展和使用历史。《清文献通考》是清代典章制度的记载，但“凡例”中对历代货币的情况都作了介绍，读者可以对货币历史有一个全面的了解。此书“凡例”中还有关于宗庙、州郡的历史发展情况；其他政书如《续文献通考》“凡例”中有历代职官的设置情况，也有钱币发展史的记载。政书编例中的史料是比较丰富的，具有重要的价值。

版本学价值

编例的版本学价值体现在以下几个方面。

(一)有利于考证一书的版本源流

古籍在流传的过程中，形成了不同的版本，同书异本现象大量存在，不同的版本在内容及编排上都存在差异。因此，阅读古籍之前，版本的选择非常重要，对读者尤其是研究人员来说，差之毫厘，就有可能谬之千里。考证图书的版本源流是一项十分必要的工作，它有利于我们鉴定版本的优劣，为学者提供较好的阅读底本。对图书版本一源十流的情况进行梳理，就要查阅大量的文献资料，寻找相关的内容记载，如前所述，古籍编例中经常会说明此书所依据的版本，如徐大椿《神农本草经百种录》品第及字样都依据明重刻宋大观本唐慎微本所载白字本经，元胡炳文《四书通》以宋祝洙本为定，清焦袁熹《此木轩四书说》以其父收录本为据，等等，这些记载和说明都有利于一书版本源流的考证。

(二)为版本鉴定提供依据

首先，图书本身的编排方式是版本鉴定的一个重要依据，而编排方式是编例的主要内容之一。任何一本图书，都有其特定的编排体例，因此可以根据图书的编排方法来鉴定版本。旧本《战国策注》题汉代高诱注，而《四库全书总目》通过考订，并结合其他条件认为，宋姚宏序中所言之编排体例一一与其书相合，故“其为宏校本无疑”①。

其次，编例提供版本鉴定的其他依据。曹之《中国古籍版本学》认为，除了编排方式，鉴定版本的依据还有图书的卷数、学术源流、名物制度、内容时限、篇目安排、内容文字等诸多方面。② 编例中含有卷数、内容时限、篇目安排等方面的内容，前面已经举例说明，这里不再赘述。学术源流、名物制度、内容文字方面的说明，编例中所载不多，但也有所述及。其实，编例中的各项内容，都可以作为鉴定此书此本的依据，因为每条编例都是对此书此本特点的具体描述，也只有此书此本才会具备这些特点。

再次，编例对一些同书异本的差异之处作了记载，这为我们鉴定版本提供了资料依据。元代胡炳文《四书通》凡例云：

> 祝氏以刊于兴国者为定本，今细考其文义，如“为政以德”旧本作“行道而有得于身”，祝本作“有得于心”，后本又改作“得于心而不失”。

根据这段记述，我们可以了解兴国本、祝本与后本三者在内容文字上的不同，从而对三本作出鉴定。

最后，编例专文中有鉴定版本的具体成例。山井鼎《七经孟子考文补

① (清)永瑢等．四库全书总目：卷51[M]．《四库全书》原文及全文检索版．

② 曹之．中国古籍版本学[M]．第2版．武汉：武汉大学出版社，2007：393.

遗》“凡例”(见附图5)云：

> 其所校诸本，有曰宋板者，乃足利学所藏《五经正义》一通，所以识其为宋板者，字体平稳如钱大，款格宽广，每行字数参差不齐，绝无明世诸刻轻佻务整齐者之态。且凡字遇宋诸帝讳辄缺其点画，如殷作殷，弘作弘，亂作亂，敦作敦，眩作眩，徵作徵，敬作敬，讓作讓，慎作慎之类，各避其所讳也。臣向得唐九成官石刻谷梁传残本，高祖讳渊作渊，太宗讳世民作世民，又尝阅唐玄宗八分书墨刻《孝经》亦尔唐宋之际避讳之例，可以见也，以此验之其为宋板无疑。

这段文字从字体、行款、避讳三个方面说明了学中所藏《五经正义》为宋版之书的根据。此书的其他诸条编例还从文句、跋文、落款、体例、字体等方面考订其他书籍为古博士家所藏之写本。总之，此书编例对古籍版本的鉴定兼顾了图书内容与形式，综合运用了版本鉴定的多种方法，为版本鉴定的学习者提供了一个很好的实例。

序言的作用

由编例的发展历史(详见第二章)，我们知道，早期的编例附载于序文之中，后来才渐渐脱离出来。编例独立成篇之后，并没有完全摆脱序文的影响，在内容上不可避免地带有序言的许多特征，留下了序言的种种痕迹。因此，编例或称“序例(叙例)”。虽然编例内容涉及了图书编撰的各个方面，但从图书编撰的发展历史来看，有关图书编刻经过的情况说明并非编例内容之正宗。一般而言，成书缘起、著书时间、著述过程、书名解释、版本情况等都应当是序言的内容，而其转置于编例之中，正说明了编例脱胎于序文，由序言演化而来，因此编例在一定程度上可以起到序言的作用，有些编例甚至可以代替序言。清钱澄之著有《田间易学》12卷，卷首有“凡例”14条，其中4条均是说明其著书刻书的缘起和经过的(见附图6)，其云：

> 一吾家自融堂先生以来，家世学《易》，先君子究心五十余年，临没之年乃有所得，口授意指，命不孝为之诠次，录诸简端，不孝亦间有已见，为先君子所首肯者，亦并载之，名曰《见易》。
>
> 一南渡时予罹党祸，变姓名逃诸吴市，遇漳浦黄先生舟过吴门，遥识之召使前，慰勉之余，教令学易，不数月，吴下大乱，家室丧

亡，窜身入闽，困闽山者三年，每念先生教，辄思读《易》，其《见易》旧解遗亡殆尽，又无书可借，唯记诵章句默寻经义时有所获，久之成帙，目曰《火传》。盖以家园屡经兵火，所藏故本应付灰烬矣；又以薪尽火传，即此犹是先君子之遗教也。既归里，诸集散失，而《见易》一编岿然独存，因取与《火传》证之，前后雷同居多，乃尽删后说，唯微有异者则存之。

一是书未脱稿即付儿子法祖藏诸笥中，初不意其能读也。戊申冬，儿陨于盗，藏书尘封，不忍捡视。久之，启其笥，则业已诠次成集，而又得其《问易堂私识》一编。问易堂者，法祖读书处也。间有可采，聊存十数则于集中，不忍没其苦心也。

一是书集既成，携至都门，为老友严颢亭所赏，留诸行笈，欲为付梓。予既归，颢亭病殁，其书遂不知所在，会昆山徐健庵昆仲要予谈易，既无副本，又老而善忘，乃取所存旧稿重加编辑。因考证诸书，凡吾昔所矜为创获而业为前人所已说者，皆削去已见，一归诸前人，宁为述者可也；或因读诸书偶有触发，出于《见易》、《火传》之外者，谓之今按；凡图象卦爻之义，觉今按尤详，其专书按者，皆系考详非已说也。

《田间易学》凝聚了钱澄之一家三代几十年的心血，书稿几经散聚，成书历经周折，编例将其成书的整个过程娓娓道来，作者的苦心与勤奋、著述的艰辛与不易，详备其中。加之其他内容的补充，此编例俨然是一篇完整的序文，正由于此，《田间易学》书前只有"凡例"，没有序文。

目录的作用

(一)单书目录的作用

汉代刘向奉诏校理国家藏书，"每一书已，向辄条其篇目，撮其旨意，录而奏之"①，其每校完一本书，就会写一篇叙录，其中往往条列全书篇目，《列子书录》云："天瑞第一，皇帝第二，周穆王第三，仲尼第四，汤问第五，力命第六，杨朱第七，说符第八。右《新书》定著八篇。"

① (汉)班固．汉书：卷30[M]．《四库全书》原文及全文检索版．

故余嘉锡说："何谓目录？目谓篇目，录则合篇目及叙言之也。"①可见，条列篇目是目录的基本内容之一。"篇目之体，条别全书，著其某篇第几。"②乾隆二十七年(1762 年)修成《钦定皇舆西域图志》"凡例"云：

> 是编恭录天章为卷首四帙，余自图考以下分门依类，次第编纂，得图考三卷，列表二卷，晷度二卷，疆域十二卷，山四卷，水五卷，官制二卷，兵防一卷，屯政二卷，贡赋一卷，钱法一卷，学校一卷，封爵二卷，风俗一卷，音乐一卷，服物二卷，土产一卷，藩属三卷，杂录二卷，门凡二十卷，凡四十有八。

这些文字在本质上与一书目录并没有什么区别，全书各篇目及其卷数一一条列，虽没有明著"某篇第几"，但"次第编撰"，即可依序推出。这无疑是详列一书篇目次第的单书目录，读此编例，即可知全书之结构与大要。

(二)推荐目录的作用

图书著者在编例中介绍本书内容及编撰的同时，也会向读者介绍和推荐其他类似或相关的书籍，起到导读的作用。如清朱鹤龄《尚书埤传》"凡例"(见附图 7)云：

> 《书》解自注疏而外，有苏文忠(轼)《书传》、黄宣宪(度)《书说》、吕成公(祖谦)《书说》；他如王介甫(安石)、林少颖(之奇)、叶少蕴(梦得)、郑渔仲(樵)、吴才老(棫)、晁以道(说之)、程泰之(大昌)、吴斗南(仁杰)、蔡季通(元定)诸家之说皆为朱子所称，蔡传既行，诸家尽废；又如章俊卿(如愚)、黄东发(震)、王伯厚(应麟)、吴幼清(澄)、金吉甫(履祥)、邹晋昭(季友)、王鲁斋(柏)；近代如王恭简(樵)、郑端简(晓)、袁坤仪(黄)诸家，皆能发明古义，为仲默功臣。余搜缉虽勤，仅存梗概，学者当求全本读之。

这份书单推荐了注解《尚书》的不少名人及其著述，读者因其所引，

---

① 余嘉锡．目录学发微[M]//余嘉锡．余嘉锡说文献学．上海：上海古籍出版社，2001：20.

② 余嘉锡．目录学发微[M]//余嘉锡．余嘉锡说文献学．上海：上海古籍出版社，2001：30.

可以进行相关阅读。清冯武《书法正传》“凡例”言，“古今书评皆所当留意，如庾肩吾李嗣真《书品》，张怀瓘《书断》，梁武、袁昂《书评》，朱长文《续书断》，皆不可不阅”，亦有此导读功用。

（三）参考书目和征引书目的作用

参考和引用文献是衡量一部著作质量高低的重要指标，特别是对于具有重要学术意义的历史名著，研究其参考和引用文献具有更大的学术价值和意义，古代注解经书的著作和史学著作的编例常常会列举本书的参考资料和引用文献，为读者提供方便。清吴任臣《十国春秋》不厌其详，于编例中大规模地列举了本书所采录正史、方志、笔记、文集等各类书籍157种（见附图8），其云：

是编所采古今书籍无虑数百余种，若《册府元龟》、《太平御览》、《资治通鉴》、《通鉴考异》、《文献通考》、《续文献通考》、《玉海》、《说郛》、《朝野杂记》、《津逮秘书》、《史纂左编》、新旧《唐书》、《唐会要》、薛氏《旧五代史》、欧阳《五代史》、王溥《五代会要》、陶岳《五代史补》、尹洙《五代春秋》、《五代史阙文》、《五代通史》、《梁编遗录》、《九国志》、《五国故事》、《十国纪年》、《宋史》、《东都事略》、李焘《续资治通鉴长编》、《吴录》、《稽神录》、《江淮异人录》、《妖乱志》、《淝上英雄录》、范成大《吴郡考》、马令《南唐书》、陆游《南唐书》、陈彭年《江南别录》、龙衮《江南野史》、郑文宝《南唐近事》、《唐余纪传》、《江表志》、《钓矶立谈》、《史外小录》、《耿先生传》、《南唐拾遗记》、《蜀梼杌》、《锦里耆旧传》、李昊《蜀书》、《蜀国春秋》、《全蜀艺文志》、《成都见闻录》、何光远《鉴戒录》、《北梦琐言》、《三楚新录》、《湖湘故事》、《楚纪》、《吴越备史》、《顺存录》、《钱氏家乘》、《葆光录》、《吴越改元辨》、《两朝贡奉录》、《家王故事》、《吴兴艺文志》、《两浙名贤录》、《武林旧事》、《枫窗小牍》、《闽王事迹》、何氏《闽书》、林谞《闽中记》、《晋安逸志》、《闽海丛书》、《榕阴新简》、陈鸣鹤《闽中考》、章仔钧《族谱》、《金凤外传》、《岭南文献》、吴莱《南海古迹记》、《江陵志余》、《晋阳见闻录》、《辽史》、《郡县释名》、欧阳忞《舆地广记》、乐史《太平寰宇记》、祝穆《方舆胜览》、《茅山志》、《洞霄宫志》、《两广名胜志》、《金陵志》、《一统志》、《广舆记》、《湖广通志》、《八闽通志》、梁克宽《三山志》、《广东通志》、《浙江通志》、《杭州府志》、

> 《西湖志余》、《绍兴府志》、《严州府志》、《淳安县志》、《肇庆府志》、《海盐图经》、《中都志》、《武林梵志》、《名山记》、《合璧事类》、《海录碎事》、《七修类稿》、《职官分纪》、《郑氏书目》、《国史经籍志》、《日涉编》、《天下碑记》、王象之《碑目》、《五灯会元》、《高僧传》、《列仙通鉴》、《剑侠传》、《图绘宝鉴》、《宣和画谱》、谭子《化书》、彭晓《参同契注》、《东国通鉴》、《驭交记》、《辍耕录》、《实宾录》、《容斋三录》、《太平广记》、《青箱杂记》、《二老堂杂志》、《玉壶清话》、《太平清话》、《广博物志》、《清异录》、《洪遵泉志》、《文苑英华》、《宋文鉴》、《宋文选》、计敏夫《唐诗纪事》、《金荃集》、《花间集》、《词品》、《花蕊夫人宫词》、《徐散骑集》、《徐寅集》、《黄滔集》、《罗昭谏集》、《韦庄集》、《杜光庭集》、《贯休集》、《齐己集》、《方蛟峰集》、《曾子固集》、《王荆公集》、《宋潜溪集》、《升庵外集》，愚辄会粹成书，都为一部，倘臆说杜撰，率尔无征，实所未敢。

古书编例在列举参考和引用文献时，形式不一，有的直接列举书名及其作者，《十国春秋》“凡例”即属于这种情况；有的则只列举著者姓氏(名)，如明翰林学士刘三吾等奉敕撰《书传会选》“凡例”云：

> 所引先儒姓氏：汉孔安国氏、夏侯胜氏、晋王辅嗣氏、郭景纯氏、唐孔颖达氏、宋张横渠氏、东坡苏氏、东莱吕氏、新安王氏、伯圭程氏、五峰胡氏、月卿许氏、之奇林氏、大猷陈氏、应麟王氏、补之邹氏、新安陈氏、仁山金氏、董氏胡氏。

这里并没有列举引用书籍的具体名称，而是列举了它们的著者姓名，略及其时代、籍贯，由于这些著者在本领域研究成就较高，其著述人尽皆知，读者一望其名，即知其书，所以不再列举。尽管这些参考和引用文献的格式不如我们现在的规范，但其作用却与我们今天的参考书目和征引书目是等同的。

书评的作用

书评是对图书的评论。中国古代，书评尚未形成独立的文体，文献中没有“书评”文字的正式记载，但带有书评性质的评论性文字却较多。“从古到今，形成了序(前言)、跋(后记)、提要(解题、序录)、书话评点等众多的书评形式。"①书评的研究者们并没有提到图书编例，但图书编例确是古代书评的一种存在形式，认识到编例的书评作用，可以使古代的书评内容更加丰实。古书编例中常常会提及同类或相关著作，并进行简洁的分析评价，发表作者的看法。如清朱鹤龄《尚书埤传》"凡例"云：

> 蔡氏训释义理诚迥出注疏之上，然稽古却疏，又一事而前后异解，往往有之。

这是从内容的不同方面对南宋蔡沈《书集传》注书质量的优劣高低进行了总体评价。清乾隆时修《四库全书》，从《永乐大典》中辑出《旧五代史》，其"凡例"云：

> 五代诸臣类多，历事数朝，首尾牵连，难于分析，欧阳修新史以始终从一者入梁唐晋汉周臣传，其兼涉数代者则创立杂传归之，褒贬谨严，于史法最合。薛史仅分代立传，而以专事一朝及更事数姓者参差错列，贤否混淆，殊乖史体，此即其不及欧史之一端。

这是关于薛居正《旧五代史》与欧阳修《新五代史》中史臣入传问题的比较，是从史书体例方面进行的评论。《康熙字典》"凡例"(见附图9)中的评论则涉及《字汇补》、《正字通》、《切韵》等书，其评论《字汇补》云：

> 《字汇补》一书考校各书，补诸家之所未载，颇称博雅，但有《字汇》所收误行增入者，亦有《正字通》所增仍为补缀者，其余则专从《海篇大成》、《文房心镜》、《五音篇海》、《龙龛手鉴》、《搜真玉镜》等书，或字不成楷，或音义无征，徒混心目，无当实用。

此条凡例既肯定了《字汇补》的优点，即扩大收录范围，补他书之未有，堪称博雅；又指出了其误增误补、盲从他书的阙误之处。其评述优失并举，短长兼述，较为全面而客观。其对《正字通》、《切韵》评论云：

> 《正字通》援引诸书不载篇名，考之古本，讹舛甚多。

① 吴平．书评理论研究[M]．呼和浩特：远方出版社，1999.

此条凡例对《正字通》引用书籍的形式进行了评价。

《切韵》有类隔，通广诸门最难猝辨；《正字通》欲率用音和，然于字母渊源茫然未解，以致帮滂莫辨，晓匣不分，贻误后学，为害匪浅。

此条凡例则指出了《切韵》和《正字通》二书各自的不足。另外，《康熙字典》"凡例"中还有一些对《说文解字》、《玉篇》的评述。

可见，从评论的对象来看，编例既有对一书的评述，又有对数书的评述；从评论的角度来看，既有关于编撰内容的评述，又有关于编撰形式的评述。这些以编例形式存在的书评文字，多是有关某一具体门类或专题图书的评价，读者通过阅读它们，可以对图书的质量优劣和价值高低等作出评判和鉴别，编例实际上发挥了书评的作用。后来的著述者们可以根据这些评论，取其优长，补其不足，写出更高质量的著作。清李清馥《闽中理学渊源考》、徐大椿《道德经注》等书籍的编例中亦均有相当于书评的评论性文字。我们应该重视编例所起到的书评作用，书评与书评学的研究也应该关注古书编例这一古代书评形式。

综述的作用

综述是具有综合性、概括性特点的文献形式，它是对一定时期内有关某一领域或专题的已有研究进行的整理、叙述、分析或评价。古籍编例在说明本书主旨、内容及结构、编排的时候，往往会对本门类图书的研究情况作一个概括性的叙述和分析，起到了研究综述的作用。清秦蕙田《五礼通考》"凡例"(见附图 10)云：

五礼之名肇自《虞书》五礼之目，著于《周官·大宗伯》，曰吉、凶、军、宾、嘉，小宗伯掌五礼之禁令，与其用等。孔子曰："周监于二代，郁郁乎文哉！吾从周。"所以经纬天地，宰制万物，大矣！至矣！自古礼散轶，汉儒掇拾于煨烬之余，其传于今者，惟《仪礼》十七篇，《周官》五篇，《考工记》一篇，文多残阙；《礼记》四十九篇，删自《小戴》及所存《大戴礼》，间有制度可考，而纯驳互见。附以注疏，及魏晋诸家，人自为说，益用纷岐。唐宋以来，惟杜氏佑《通典》、陈氏祥道《礼书》、朱子《仪礼经传通解》、马氏端临《文献通考》言礼颇详。今案《通解》所纂王朝邦国诸礼合三礼，诸经传记荟萃补辑，规模精密，第专录注疏，亦未及史乘，且属未成之书。《礼书》详于名物，略于传注，《通典》、《通考》虽网罗载籍，兼收令典，第五礼仅二书门类之一未克穷端竟委详说反约……近代昆山徐氏干学著《读礼通考》一百二十卷，古礼则仿《经传通解》兼采众说，详加折衷，历代则一本正史，参以《通典》、《通考》，广为搜集，庶几朱子遗意所关，经国善俗，厥功甚巨，惜乎吉嘉宾军四礼属草未就。

此段文字将先秦到清代有关礼制记载或研究的重要文献作了总结，一一叙述：先秦时期的《虞书》、《周官·大宗伯》、《仪礼》17 篇、《考工记》1 篇、《礼记》49 篇，魏晋时期的各家注疏，唐代杜佑的《通典》，宋代陈祥道的《礼书》、朱熹的《仪礼经传通解》，元代马端临的《文献通考》，清代徐乾学的《读礼通考》。叙述的同时又对这些文献进行了分析、评述：先秦时期的著作大多残阙，记录无全；魏晋诸家注解，人自成说，歧论纷纷；朱子《仪礼经传通解》规模精密，但专录注疏，搜集有限；陈祥道《礼书》之特点是详于名物，略于传注；杜佑《通典》、马端临《通考》网罗典籍较富，但嘉礼记述过略；徐乾学《读礼通考》搜罗富有，博采众长，可惜只具丧礼一门，吉、嘉、宾、军四礼未有论及。

此条编例有叙有评，叙评结合，按照现代综述的观点，应属于分析性综述文献。通过这些叙述和分析，读者能够了解从古至今礼制的研究主要有哪些著述，各自有何特点，存在哪些问题，以及以后的研究方向等，从总体上对古今礼制的研究状况有了一个概括而全面的初步性了解，有利于读者对礼制的学习和研究。明泰昌元年(1620 年)官修《礼部志稿》、清乾隆时期官修《钦定音韵述微》等书的编例中也有综述性质的内容。

此外，编例所载内容还具有考证的作用。南宋黄公绍著有《古今韵会》一书，元代熊忠“惜其编帙浩瀚，四方学士不能遍览”①，在其基础上撰成《古今韵会举要》。清乾隆修《四库全书》之时，旧本《古今韵会举要》题名为“黄公绍编辑，熊忠举要”，而其编例第一条却云：“今以《韵会》补收阙遗，增添注释，凡一万二千六百五十二字。”由此，《四库全书》的编修者认为，《古今韵会》与《古今韵会举要》是为两书，不能认为黄公绍为《古今韵会举要》的作者，因此在《四库全书》中，《古今韵会举要》的作者改题为熊忠。这是根据编例考证图书作者的例子。编例除了具有上述作用和价值外，还具有索引、辑佚等方面的作用，只是有关内容相对较少，或作用相对间接，有待于进一步深入挖掘和研究。

---

① (元)熊忠．古今韵会举要[M]．《四库全书》原文及全文检索版．

第二章　古书编例的发展历史

一、编例的起源

古代编例多称“凡例”，因此考察编例的起源需从凡例说起。“凡例”语出杜预《春秋左传集解序》：

> 其发凡以言例，皆经国之常制，周公之垂法，史书之旧章，仲尼从而修之，以成一经之通体。①

故后人每论著述之有编例，多以《春秋》为早。但是，“发凡以言例”乃“史书之旧章”，孔子仅是“从而修之”。也就是说，孔子只是遵循史书旧法而修《春秋》，其例并非孔子所创。其实，在《春秋》之前，图书编例就已经产生。

孔子《春秋》的编纂

关于《春秋》具体的编纂过程，《史记·孔子世家》云：

> 乃因史记，作《春秋》。上至隐公，下讫哀公十四年，十二公。据鲁、亲周、故殷，运之三代，约其文辞而指博。②

《史记·十二诸侯年表序》所记则更为详细：

---

① (晋)杜预．春秋左传注疏[M]．(唐)陆德明，音义．孔颖达，疏．《四库全书》原文及全文检索版．

② (汉)司马迁．史记：卷47[M]．《四库全书》原文及全文检索版．

孔子明王道，干七十余君莫能用，故西观周室，论史记旧闻，兴于鲁而次《春秋》，上记隐，下至哀之获麟，约其辞文，去其繁重，以制义法。①

徐彦《公羊传疏》引闵因《序》曰：

昔孔子受端门之命，制《春秋》之义，使子夏等十四人求周史记，得百二十国宝书。②

由以上记载可以看出：第一，孔子修《春秋》参考了众多资料，除鲁史外，还有其他诸侯国的文献史籍，即《孔子世家》所云之“史记”、《十二诸侯年表序》所云之“史记旧闻”、《公羊传疏》所云之“周史记”、“百二十国宝书”。清黄叔琳云：“《公羊传疏》云：‘昔孔子受端门之命，制《春秋》之义，使子夏等求周史记，得百二十国宝书。’则《墨子》言‘百国春秋’，当即是书也。”③这说明孔子编次《春秋》所参考之百二十国宝书即各国“春秋”，也就是当时各诸侯国之国史。对于这些史书与史料，除了其本身所包含的史实外，孔子不可能不借鉴这些史籍的编写原则、体例和方法，并运用到自己的撰述之中。因此，孔子《春秋》之编例很有可能是借鉴了先前史书的做法和成例，并非完全由其独创首发。

第二，《史记·孔子世家》与《史记·十二诸侯年表序》中关于孔子因旧史作《春秋》的记载，均只言“约其文辞”而已，并未提及其对旧史所作的其他整理和修改。清代史学家赵翼考证《春秋》删削旧文，曰：

孔子修《春秋》，鲁史旧文不可见，故无从参校圣人笔削之处。今以《汲冢纪年》书考之，其书“鲁隐公及邾庄公盟姑蔑”，即《春秋》“公及邾仪父盟于蔑”也；书“晋献公会虞师伐虢灭下阳”，即《春秋》“虞师灭夏阳”也。据此可见当时国史，其文法大概本与《春秋》相似，孔子特酌易数字，以寓褒贬耳。杜预所谓推此可以知古者国史策书之常也。而孔子删订《春秋》之处，亦即此可见。又鲁庄公七年星陨如雨，《公羊传》谓原本乃“雨星不及地尺而复”，孔子修《春秋》改曰

① (汉)司马迁．史记：卷14[M]．《四库全书》原文及全文检索版．

② (汉)何休．春秋公羊传注疏：原目[M]．(唐)徐彦，疏．《四库全书》原文及全文检索版．

③ (清)黄叔琳．史通训故补[M]．影印本．上海：上海古籍出版社，2006.

“星陨如雨”。是亦可见圣人改削之迹。①

这里赵翼根据《汲冢纪年》与《公羊传》记载，明确推断当时诸国国史“文法大概本与《春秋》相似”，孔子对旧史之笔削只是细加斟酌之后的改易数字，并无大变更。虽然孔子为拯“世衰道微、邪说暴行”之现实，惧而作《春秋》，其字寓褒贬，多所用心，于古史编例必有其特创之处；但既然《春秋》之文法与当时国史之文法相似，且《春秋》是因旧史而作，其文法也必有所因承，因而其编例乃“史书之旧章”，而非完全的自出机杼。由此，《春秋》之编例并非最早之编例。

其他各国的编年体史书

《春秋》记载了由鲁隐公元年(前722年)至鲁哀公十四年(前481年)止，共242年的鲁国历史，是一部以鲁国为中心的编年史，“自此以后，中国才算有了一部真正的历史书，同时也就有了第一种重要的历史体裁——编年体”②。每一种体裁的书籍都有其特定的编排体例，亦即全书的编例，编年体史书就是按时间顺序编排历史事件的历史书籍。作为我国现存最早的编年体史书，《春秋》在史学中的地位毋庸置疑，但它并不是我国历史上最早的编年体史书，先秦文献中多有记载，前代学者们也多有论及。

白寿彝曾说：

史书在中国开始出现，当不会晚于西周末叶。从《史记》所保存的材料来看，除鲁的纪年较早外，齐自献公以下，燕自惠侯以下，蔡自武侯以下，陈自幽公以下，杞自武公以下，卫自顷公以下，宋自僖公以下，晋自靖侯以下，楚自熊勇以下，才开始有了纪年。只有杞武公是周厉王以后的人，齐献公等七人都当厉王时期，而生卒略有迟早。周王朝在武王时即已一度有了纪年，但也是从厉王起，以后各王的纪年才都有了。编年史大概是史书最早的形式，也是官修史书的最早形式……所谓“春秋”，当时编年史的通称。③

① (清)赵翼．陔余丛考[M]．石家庄：河北人民出版社，1990：35.

② 白寿彝．中国历史体裁的演变：1946年9月在昆明五华书院学术演讲[M]//白寿彝．中国史学史论集．北京：中华书局，1999：425.

③ 白寿彝．史学概论[M]．银川：宁夏人民出版社，1983：73~74.

春秋时期，各诸侯国都有专门的史官记叙和编次本国的历史，其中有不少都称为“春秋”，这些史书也都是如孔子《春秋》一样的编年体，故《四库全书总目》云：“古之史策，编年而已，周以前无异轨也。”①而在现有文献中也可以得到佐证，《左传·昭公二年》载：

晋侯使韩宣子来聘，且告为政，而来见，礼也。观书于大史氏，见《易象》与鲁“春秋”。

其时孔子只有十二三岁，此“春秋”必非孔子所修之《春秋》。《国语·晋语》载：

司马侯曰：“羊舌肸习于春秋。”

《国语·楚语》载：

楚庄王问教太子之法于申叔时，对曰：“教之春秋。”

《管子·法法篇》载：

《春秋》之记，有弑君弑父者。

《权数篇》载：

《诗》者所以记物也，春秋所以记成败也。

羊舌肸、楚庄王、管子均是孔子之前人，此处所谓“春秋”亦必非孔子所修之鲁史。刘知幾《史通》论“春秋家”，提到《汲冢琐语》里记载过“夏殷春秋”记太丁时事，“晋春秋”记献公十七年事，时代亦都早于今天所传的《春秋》。②

由此可知，鲁国之外，周、齐、晋、楚诸国均有自己的国史。先秦时期，图书大多未有书名，“春秋”乃其时各国史书之通称，非如今日专指

① (清)永瑢等．四库全书总目：卷49[M]．《四库全书》原文及全文检索版．

② (唐)刘知幾．史通通释[M]．(清)浦起龙，释．上海：上海古籍出版社，1978：7.

一书。墨子曾云“吾见百国春秋”,[①] 正可与此互证。故三国韦昭说：“纪人事之善恶而目以天时，谓之‘春秋’，周史之法也。时孔子未作《春秋》。”[②]可见，在孔子《春秋》之前，以“春秋”称呼各国之史书，是周代通行的做法，“春秋”并非鲁国所独有。《隋书·李德林传》录李德林重答魏收书曰：“史者，编年也，故鲁号《纪年》，墨子又云‘吾见百国春秋’。”[③]这里，李德林明确指出古史即编年之史，百国春秋即此类之书。《孟子·离娄下》又云：

> 王者之迹熄而《诗》亡，《诗》亡然后《春秋》作。晋之《乘》、楚之《梼杌》、鲁之《春秋》，一也。其事则齐桓、晋文，其文则史，孔子曰：“其义则丘窃取之矣。”[④]

孔疏云：

> 乘，去声；梼，音逃；杌，音兀。乘义未详。赵氏以为，兴于田赋乘马之事，或曰取记载当时行事而名之也；梼杌，恶兽名，古者因以为凶人之号，取记恶垂戒之义也；春秋者，记事者必表年以首事，年有四时，故错举以为所记之名也。古者列国皆有史官掌记时事，此三者皆其所记册书之名也。[⑤]

可见，各国之“春秋”与孔子之《春秋》一样，均为按照时间顺序记载历史事件的编年体史书。由此我们可以推断，在孔子《春秋》之前，编年体史书已经产生并存在，图书编例在孔子《春秋》之前也已经产生。

《尚书》之编例

《尚书》是“中国最早的一部史学名著，而且也可说是中国第一部古书，中国还没有比《尚书》更早的书留到现在……孔子以前，春秋时代，贤大夫多读《诗》、《书》，在《左传》上可以看到”[⑥]。可见，《尚书》在孔

---

① 墨子．墨子：明鬼下[M]．高秀昌，注译．郑州：中州古籍出版社，2008：34.
② 国语：卷13[M]．(吴)韦昭，注．《四库全书》原文及全文检索版．
③ (唐)魏徵．隋书：卷42[M]．《四库全书》原文及全文检索版．
④ (宋)蔡模．孟子集疏：卷8[M]．《四库全书》原文及全文检索版．
⑤ (宋)蔡模．孟子集疏：卷8[M]．《四库全书》原文及全文检索版．
⑥ 钱穆．中国史学名著[M]．第2版．北京：三联书店，2005：16.

子之前就已经产生。那么,《尚书》有无编例?

《汉书·艺文志》云:

古之王者,世有史官,君举必书,所以慎言行,昭法式也。左史记言,右史记事,事为《春秋》,言为《尚书》,帝王靡不同之。①

王肃云:

上所言,下为史所书,故曰《尚书》也。②

唐刘知幾云:

古往今来,质文递变,诸史之作,不恒厥体。榷而为论,其流有六:一曰《尚书》家,二曰《春秋》家……③

清浦起龙注释曰:

史体尽此六家,六家各有原委……一,《尚书》,记言家也;二,《春秋》,记事家也……④

宋朱熹云:

古史之体可见者,《书》、《春秋》而已。⑤

可见,班固、刘知幾、朱熹都认为《尚书》为记言体裁的史书。

但是,清代乾嘉时期的史家并不赞同这种把上古书籍记言、记事截然分开的做法。浦起龙认为所谓记言和记事的说法,是汉代经学家的主观区分,而非《尚书》本身之实,他说:"王者因事而有言,有言必有事,理势本自相连,珥笔如何分记?况左右配属,班、荀之与郑、戴,又各抵牾。

① (汉)班固. 汉书:卷 30[M].《四库全书》原文及全文检索版.
② (汉)孔安国. 尚书注疏[M].(唐)孔颖达,疏.《四库全书》原文及全文检索版.
③ (唐)刘知幾. 史通通释[M].(清)浦起龙,释. 上海:上海古籍出版社,1978:1.
④ (唐)刘知幾. 史通通释[M].(清)浦起龙,释. 上海:上海古籍出版社,1978:1.
⑤ (宋)朱熹. 晦庵集:卷 81[M].《四库全书》原文及全文检索版.

此等皆出汉儒，难可偏据。”①章学诚亦不同意将记言记事严格划分开来，他说：

> 《记》曰：“左史记言，右史记动。”其职不见于《周官》，其书不传于后世。殆礼家之愆文欤？后儒不察，而以《尚书》分属记言，《春秋》分属记事，则失之甚也。夫《春秋》不能舍传而空存其事目，则左氏所记之言，不啻千万矣。《尚书》典、谟之篇，记事而言亦具焉；训、诰之篇，记言而事亦见焉。古人事见于言，言以为事，未尝分事言为二物也。②

章氏之所以认为《尚书》非记言体史书，是由于分记事言的左史、右史两官名未见于记载周代官制的《周官》之中，而两官也未有其他文献流传于世，故而《尚书》为记言之书无从说起。“左史”、“右史”两官产生于何时？其地位如何？主要职责是什么？这是史学界诸多学者长期研究而至今没有定论的问题。但是，《周官》中虽无左、右史的记载，先秦其他的文献中却屡有所见。《逸周书·史记》云：“维正月，王在成周，昧爽，召三公、左史戎夫曰：‘今夕朕寤，遂事惊予。’乃取遂事之要戒，俾戎夫言之朔望以闻。”③《竹书纪年》中有同样记载：“(周穆王)二十四年，王命左史戎夫作记。”④《国语·楚语下》云：“又有左史倚相，能道训典，以叙百物，以朝夕献善败于寡君，使寡君无忘先王之业。”⑤《文选·思玄赋》注引《古文周书》曰：“周穆王姜后昼寝而孕，越姬嬖，窃而育之，毙以玄鸟二七，涂以彘血，寘诸姜后，遽以告王，王恐，发书而占之，曰：蜉蝣之羽，飞集于户。鸿之戾止，弟弗克理。皇灵降诛，尚复其所。问左史氏，史豹曰：‘蟲飞集户，是日失所，惟彼小人，弗克以育君子。’史良曰：‘是谓阙亲，将留其身。归于母氏，而后获宁。册而藏之，厥休将振。’”⑥可见，戎夫、史豹、史良是周穆王时的左史之官。《左传》中也有不少左史的材料。右史之名不见于现在所知古籍中，但是有关学者将西周

---

① (唐)刘知幾. 史通通释[M]. (清)浦起龙, 释. 上海: 上海古籍出版社, 1978: 5.

② (清)章学诚. 文史通义新编新注[M]. 仓修良, 编注. 杭州: 浙江古籍出版社, 2005: 21.

③ 逸周书: 卷8[M].《四库全书》原文及全文检索版.

④ 竹书纪年: 卷下[M].《四库全书》原文及全文检索版.

⑤ 国语: 卷18[M]. (吴)韦昭, 注.《四库全书》原文及全文检索版.

⑥ (梁)萧统. 文选注: 卷15[M]. (唐)李善, 注.《四库全书》原文及全文检索版.

青铜器《利簋铭》中的“又事”释为“右史”①。可见，左史、右史之官确实存在。虽然他们的职责无法具体确定，但不能因此就否认没有记事记言的分工，因此，按记言、记事分别记录历史是有可能的，《尚书》专录记言文献也是有可能的。至于《尚书》中有记事之文，我们可以看做是刘知幾所认为的“体例不纯”，而不能完全否认它的记言性质。唐宋明清时期所编纂的总集、别集类作品，多有文体不分、乱入类目的情况，《四库全书总目》中批驳甚多。后代尚且如此，对文献甚为稀少的夏商周三代时期亦不能过分苛求。

《诗经》之编例

《诗经》是我国第一部诗歌总集，共收入自西周初期至春秋中叶约五百年间的诗歌三百零五篇(《小雅》中另有六篇“笙诗”，有目无辞，不计在内)，所以又称《诗三百》。最初称《诗》，后被汉代儒者奉为经典，乃称《诗经》。若要说明《诗经》有编例早于《春秋》，必须首先确定《诗经》的成书年代早于《春秋》。

关于《诗经》的编纂者，传说为孔子。这种说法起源于汉代。《史记·孔子世家》曰：

> 古者诗三千余篇，及至孔子，去其重，取可施于礼义，上采契、后稷，中述殷、周之盛，至幽、厉之缺……三百五篇，孔子皆弦歌之，以求合韶武雅颂之音。②

《汉书·艺文志》亦曰：

> 孔子纯取周诗。上采殷，下取鲁，凡三百五篇。③

他们都认为《诗经》篇目是由孔子选定的。但是，由司马迁首倡的孔子删诗之说并无确据，不太可信。其理由有：

第一，《史记》所言删诗，是在孔子自卫国返回鲁国之后，时年孔子近七十。而在此之前，孔子曾多次说过“诗三百”之类的话，如孔子曾说：

---

① 贾俊侠，赵静．左史、右史之名考辨[J]．唐都学刊，2006，22(3)：116~118.

② (汉)司马迁．史记：卷47[M]．《四库全书》原文及全文检索版．

③ (汉)班固．汉书：卷30[M]．《四库全书》原文及全文检索版．

“诵诗三百，授之以政，不达；使于四方，不能专对；虽多亦奚以为？”①《论语·为政》：“《诗》三百，一言以蔽之，曰：‘思无邪。’”这都证明孔子所见到的《诗》，已经是三百余篇的本子，那么《诗经》的结集当在孔子之前无疑。

第二，《左传·襄公二十九年》载，吴国公子季札在鲁国观赏周乐，乐工们先奏十五国风，再奏小雅、大雅，最后奏颂，其次序和内容基本上与今本《诗经》相同，可见当时《诗经》已基本定型，而其时孔子虚龄只有8岁。

第三，先秦文献多有引用《诗经》之文者，这些诗句大体都在现存《诗经》范围之内，这以外的所谓“逸诗”，数量极少。如果孔子以前还有如《史记》所言的三千多篇，照理应该不会出现这样的情况。

第四，周代各诸侯国之间邦交往来，常常赋《诗》言志。如《左传·定公四年》载，吴攻楚，楚败几亡，楚将申包胥到秦国朝廷请求援兵，痛哭七日七夜，秦哀公深为感动，赋《诗经·无衣》，表示决心相救，帮助楚国。如果当时《诗经》没有统一的篇目，赋《诗》言志就无法进行。其时孔子46岁，早于《史记》所说的孔子自卫返鲁之时。

以上诸例均说明《诗经》三百篇并非由孔子所删定，早在孔子之前就已存在。既然如此，《诗经》的成书自然早于孔子因各国历史所作的《春秋》。如果《诗经》具有编例，那么必定早于孔子《春秋》。那么，《诗经》有哪些编例呢？

“故诗有六义焉：一曰风，二曰赋，三曰比，四曰兴，五曰雅，六曰颂。”②赋、比、兴说的是《诗经》文学上的表现手法，这里我们暂且不论。风、雅、颂三者所说的则是《诗经》内容分类，关乎其编排体例。《诗经》全书录诗歌305篇，其排列并不是随意无序的，而是按内容分为风、雅、颂三大类，《诗·大序》曰：

> 上以风化下，下以风刺上，主文而谲谏，言之者无罪，闻之者足以戒，故曰“风”。言天下之事，形四方之风，谓之“雅”。“雅”者，正也，言王政之所由兴废也。“颂”者，美盛德之形容，以其成功告于神明者也。③

---

① （魏）何晏．论语集解义疏：卷7[M]．（梁）皇侃，疏．《四库全书》原文及全文检索版．
② （宋）朱熹．诗序[M]．《四库全书》原文及全文检索版．
③ （宋）朱熹．诗序[M]．《四库全书》原文及全文检索版．

可见，风、雅、颂的分类，编纂者是深有用心的，各类收录的内容也是各有重点、有所区别的。“风”，又称国风，是当时当地流行的歌曲，大多数是民歌，带有地方色彩，用以表现各地的风俗，共160篇；这160篇诗歌又按地区分为15国风，包括周南、召南、邶、鄘、卫、王、郑、桧、齐、魏、唐、秦、豳、陈、曹等地，就是15个地方的土风歌谣。“雅”是“王畿”之乐，多数是朝廷官吏及公卿大夫的作品，其内容几乎都是关于政治方面的，有赞颂好人好政的，有讽刺弊政的，共105篇。雅多言王政兴废，但政有大小，故又分为大雅和小雅，其中大雅31篇，小雅74篇。“颂”是专门用于宗庙祭祀行礼时的舞曲歌辞，多是歌功颂德之文，共40篇。《诗经》中的所有诗篇按照内容分为三种类型，每类都有其内在的收录范围和原则，每类收录的内容各不相同，由此可见《诗经》的汇编者对全书编排体例的用心。《诗经》风、雅、颂的分类即是全书的编排体例，也是全书编例的内容，这是早于《春秋》五十凡之例的。

《周易》之编例

《周易》是我国古代供占卜用的一部书，儒家尊奉它为“六经”之一，故又称《易经》。今本《周易》包括经、传两部分。《易传》是战国中后期到西汉时期之间的学者对《周易》经文进行研究解释的文字，犹如春秋三传对《春秋》的说明注释。《周易》编例与《周易》古经有关，我们需要论证《周易》古经的成书早于《春秋》，《易传》这里不作讨论。

经包含卦画、卦辞和爻辞三项内容。卦画指八卦及其推演而成的六十四卦。《周易》古经是成书于春秋之前的一部古书。关于六十四卦的形成时间，有四种说法：(一)认为六十四卦是伏羲将八卦上下两两相配排列而成的，此说以三国王弼为代表。(二)认为六十四卦由周代文王演绎八卦而成，此说以西汉司马迁为代表。(三)认为六十四卦由神农氏将八卦重复排演而成，此说以汉代郑玄为代表。(四)认为六十四卦由夏禹重复排演而成，此说以晋代孙盛为代表。

关于卦辞、爻辞的创作年代亦有四种说法：(一)商末说。即卦辞、爻辞的创作年代是商末周文王，此说以司马迁为代表。他在《报任安书》中说：“文王拘而演《周易》。”(二)周初说。持此说者较多，有顾颉刚、高亨、杨伯峻等。顾颉刚在1929年《周易卦爻辞中的故事》一文中，利用王国维对甲骨文的研究成果，详细考述了《周易》经文中王亥丧牛于易、高宗伐鬼方、帝乙归妹、箕子之明夷、康侯用锡马蕃庶等事迹，推定《周易》卦爻辞“著作年代当在西周初叶”。杨伯峻认为：“卦辞、爻辞作于西周初年。因为它所载的内容，有殷商祖先的故事，也有周代初年的史事，却没有夹杂后代的任何色彩。"①高亨在《周易古经今注·周易琐语·周易古经的作者与时代》中说："《周易》古经，大抵成于周初。其中故事，最晚者在文、武之世。"(三)西周末年说。此说以李镜池为代表，他认为卦辞、爻辞反映的阶级斗争情况相当激烈，略无周初成康时的生平景象，"在生产方面，说到懂得选用上好材料制弓，农业经验丰富，商业发达。在语言形式上，散文、韵文结合，引用和仿效民歌，都不是周初的水平，而应是西周末年的著作"②。(四)战国说。此说以郭沫若为代表。他在《周易之制作年代》一文中认为，《周易》非文王所作，孔子和《周易》也没有关系。他还根据《周易·复卦·六四》中"中行独复"和《周易·泰卦·九二》中"朋亡，得尚于中行"等语，推断卦辞、爻辞的作者应是战国中行氏荀林父。

《周易》的作者与年代是易学史上分歧较大的一个问题，诸学者各执其说，迄无定论。但综观以上几种观点，可以发现，无论是六十四卦的形成时间，还是卦辞、爻辞的创作年代，除了郭沫若的战国说外，其余诸家关于《周易》的成书都在《春秋》之前。其实，郭沫若的立说根据中，"中行"为中途之意，"中行独复"即商人出门，半路独自回来；"朋亡，得尚于中行"即丢失了朋贝，中途得到别人的帮助。这里"朋"指货币，如果是战国人作，货币不应用"朋"而应用"黄金"。③ 此说被推翻之后，《周易》古经的成书必定早于春秋末期孔子的《春秋》。近代学者根据《周易》古经中文字的使用，以及出土的甲骨文、钟铭文、简帛文献的记载，也都认为《周易》古经的成书要早于《春秋》。那么《周易》古经有何编例?

清顾炎武云：

> 古人著书，凡例即随事载之书中。《左传》中言"凡"者，皆凡例也，《易》乾、坤二卦用九、用六者，亦凡例也。④

《周易》全经六十四卦，每一卦都有自己的符号和名称。卦的符号就是卦画，由六划组成，每一划为一爻；爻又有阴阳之分，阳用"—"表示，阴用"--"表示，阳称"九"，阴称"六"，全书阴、阳各 192 爻，均是如

---

① 杨伯峻．经书浅谈[M]．北京：中华书局，2004：29.
② 李镜池．周易通义[M]．台南：中华出版社，1981.
③ 曹之．中国古籍编撰史[M]．武汉：武汉大学出版社，1999：11.
④ (清)顾炎武．日知录校注[M]．陈垣，校注．合肥：安徽大学出版社，2007：1138.

此，所以“九”、“六”之称为全书通用之例。此编例之一。爻辞是对每卦含义进行解释的文字，每卦之中的每一爻均有对应的爻辞，因此六十四卦中每卦都有6句爻辞。但乾卦中另有“用九，见群龙无首，吉”一条爻辞，坤卦中另有“用六，利永贞”一条爻辞。这二卦是六爻皆同的纯阳卦和纯阴卦，故“用九”、“用六”可以贯通于全卦各爻；乾、坤二卦的“用九”、“用六”之文道出了全书用阳、用阴之道，蕴含了六十四卦阴阳转化之理，也是适用全书的通例，故其余“六十二卦全体变者可推而知也”①。此全书编例之二。柳诒徵在《国史要义》中对《周易》凡例作了概括性的总结：

> 溯著作之有凡例，殆始于《易》之爻辞。《易》卦皆六爻，爻象阴阳，曰九曰六，此全书之通例也。而乾、坤二卦六爻之后，各加一则，以示用九、用六之例，此非群书凡例之始乎？且乾卦“用九，见群龙无首，吉”，而《文言》释之曰：“乾元用九，乃见天则。”天则者，天之大例，即后世所谓之则例也。坤卦“用六，利永贞”，《象》曰：“用六永贞，以大终也。”一书之体，有始有终，虽在开篇，必已包括。故吾以为著述之有凡例，始于《易》也。②

从以上分析可以看出，《春秋》之编例有对前代史书的承袭和借鉴，而成书年代早于《春秋》的《尚书》、《诗经》、《易经》等图书亦有自身编例，故图书编例不自《春秋》始，在其之前就已存在。

图书编例自产生之后就不断发展，至明清达到成熟。以下各节将编例的发展划分为五个时期，主要从四个方面反映各时期编例的发展情况。第一，图书的数量和种类。编例依附于图书而存在，图书是编例的载体，编例种类的多少首先反映在图书数量的大小上。图书数量多，则编例种类丰富。古书的分类有不同的标准，而无论以哪种标准划分，都或多或少地与图书的体裁或体例有关，体裁或体例本身就代表了图书的编例，因此图书的数量和种类可以反映编例的发展情况。本书对历代图书数量的统计多以各史艺文志及后人所补艺文志为据，各艺文志对图书的著录多以卷、种计，副本较少，这就能比较客观地反映各时期编例的发展情况。第二，编例的创新。每个时期的编例较之于前代都会有所创新，或是新图书类型的

---

① （宋）丁易东．易象义：卷1[M]．《四库全书》原文及全文检索版．

② 柳诒徵．国史要义[M]．上海：上海古籍出版社，2007：185.

产生，或是旧有编例的再发展，这些增加了图书编例的具体表现形式，使其更加丰富，因此每一时期编例的创新是编例发展和进步的表现。第三，编例的研究。图书编例受到历代学者的注意，对其进行研究的著作不断增加，研究范围也不断扩大。正是由于编例的发展，才会有学者的研究，因此对编例的研究情况也是编例发展的重要表现。第四，编例的特点。这是对编例存在形式而言的，编例最初隐含于正文之中，经过长期的演化，才有了对其进行说明的专文，这个过程贯穿于各个时期之中，成为各个时期编例的特点，同时也说明了各时期编例的发展情况。

二、先秦两汉——产生时期

图书的数量和种类

我国在夏代就产生了图书，到秦汉时期，图书编撰已经初具规模。曹之在《中国古籍编撰史》中对先秦到两汉编撰的图书数量进行了大致的统计：据《汉书·艺文志》著录，先秦到西汉建平四年(前3年)的著作总数是13000余卷；从建平四年到东汉光武帝建武元年(25年)28年间，编撰的图书大约有2000卷，则西汉著作总数为15000卷；从东汉初到东汉末，国家藏书共计45000卷左右，这是东汉著作的总数。① 在当时的生产力水平之下，这个数量已经相当可观，但与后代相比，其绝对数量还是非常小的，这就决定了这个时期的图书编例不可能太多，处于也只能处于产生与初步发展的阶段。

两汉时期的两部书目著作《七略》和《汉书·艺文志》对汉代所藏图书进行了著录，二者所分部类基本相同，《汉书·艺文志》是在《七略》的基础上增删改撰而成，今《七略》不存，我们可以从《汉书·艺文志》考见秦汉时期图书的分类情况，从而可以略窥此时图书的种类概况。《汉书·艺文志》将所有图书分为六艺略、诸子略、诗赋略、兵书略、数术略、方技略六类；每类之中又分小类，其中“六艺略”分易、书、诗、礼、乐、春秋、论语、孝经、小学九类，“诸子略”分儒家、道家、阴阳家、法家、名家、墨家、纵横家、杂家、农家、小说家十种，“诗赋略”分屈原赋之

① 曹之．中国古籍编撰史[M]．武汉：武汉大学出版社，1999：61．此章所涉其他朝代的图书编撰之数量均据此书相关数据。

属、陆贾赋之属、荀卿赋之属、杂赋、歌诗五种，“兵书略”分兵权谋、兵形势、兵阴阳、兵技巧四类，“数术略”分天文、历谱、五行、蓍龟、杂占、形法六类，“方技略”分医经、经方、房中、神仙四类，共计 38 小类。《汉书·艺文志》成书于西汉建平四年（前 3 年），但从建平四年至东汉末年只有一百二十多年的时间里，图书的数量和种类不会有特别显著的变化，因此《汉书·艺文志》基本可以反映秦汉时期的图书分类情况。从上述的列举中可知，《汉书·艺文志》6 大类 38 小类的分类体系基本包括了此时图书的所有类型，其类型总体还是比较少的，此时图书编例还处于初始的阶段。

编例的创新

先秦两汉时期，图书编例总体较少，这个时期编例的创新主要体现在几部具有开创性的著作上。

（一）字典、词典的产生

《尔雅》是我国第一部语义分类词典，成书于战国至秦汉之间，其作者不详。全书收录词语 4300 多个，分为 2091 个条目，这些条目按类别分为释诂、释言、释训、释亲、释宫、释器、释乐、释天、释地、释丘、释山、释水、释草、释木、释虫、释鱼、释鸟、释兽、释畜 19 篇。其中《释诂》解释古代的词汇；《释言》解释一些动词和形容词；《释训》解释连绵词和词组，以及形容词和副词；《释亲》解释亲属称谓；《释宫》解释宫室建筑名词；《释器》解释日常用具、饮食、衣服名词；《释乐》解释乐器名词；《释天》解释天文历法名词；《释地》解释行政区划名词；《释丘》解释丘陵、高地名词；《释山》解释山脉名词；《释水》解释河流名词；《释草》、《释木》二篇解释植物名词；《释虫》、《释鱼》、《释鸟》、《释兽》、《释畜》五篇解释动物名词。这 19 篇的前 3 篇与后 16 篇有显著的区别，可以分成两大类。前 3 篇，即《释诂》、《释言》、《释训》解释的是一般语词，类似后世的语文词典；后 16 篇是根据事物的类别来分篇解释各种事物的名称，类似后世的百科名词词典。《尔雅》是我国最早的一部解释词义的专著，也是第一部按照词义系统和事物分类来编纂的词典。除个别词语外，各类之间基本没有交叉重复现象，其编制体例比较严谨。

《说文解字》，简称《说文》，东汉的经学家、文字学家许慎所著，是中国第一部系统地分析汉字字形和考究字源的专著，也是我国第一部字典。许慎根据文字的形体，按照“分别部居，不相杂厕”的原则，把汉字正篆形体相同的形旁定为部首，归纳为540部，将9353字分别归入540部；此540部又按“据形系联”、“义近者相从”的方法归并为14大类，字典正文就按这14大类分为14篇。全书的部首按照形体相似或者意义相近的原则排列；释义体例是先列出小篆，如果古文和籀文不同，则在后面列出；然后解释这个字的本义，再揭示字形与字义或字音之间的关系。《说文解字》是我国第一部按部首编排的汉语字典，它开创了部首检字的先河，段玉裁称《说文》540部“可以统摄天下古今之字，此前古未有之书，许君之所独创。若网在纲，如裘挈领，讨原以纳流，执要以说详，与《史籀篇》、《仓颉篇》、《凡将篇》乱杂无章之体例，不可以道里计”①。清代著名学者、“说文”研究四大家之一的王筠在《说文句读》中称《说文》体例“独立千古，后世所宗”。《说文解字》对后世的影响很大，历代重要字书也都继承其分部方法，沿用至今。如晋吕忱的《字林》、梁顾野王的《玉篇》、清张玉书等编撰的《康熙字典》等，都属于《说文解字》系统。基于《说文》的开创之功，后世研究者代有其人，其中对其编例加以研讨者也相继不乏，清代段玉裁《说文解字注》是一部对《说文解字》进行注解的书籍，其中多有分析《说文》编例的内容；后来王筠著《说文释例》发展了段玉裁的“通例”说，专门探讨《说文》的编例，全书共20卷，分40多种条例来探索《说文》的体例和文字学规律，由此可见《说文解字》在编例上的开创之功。

（二）纪传体的创立

《史记》是中国历史上第一部纪传体通史，由西汉时期的司马迁所著，记载了从传说中的黄帝到汉武帝元狩元年（前122年）中国古代三千年左右的历史。全书130篇，有十二本纪、十表、八书、三十世家、七十列传。“本纪”是全书的提纲，以帝王为中心，按年月记述各时期的大事；“表”用表格来简列世系、人物和史事；“书”则记述制度发展，涉及礼乐制度、天文兵律、社会经济、河渠地理等诸方面内容；“世家”主要记述子孙世袭的王侯封国史迹；“列传”是帝王之外的重要人物传记。《史记》之前，纪、传、表、书各种体裁的书籍都已存在，但是像《史记》这样把各种体裁综合裁剪，创造出一种以人物为中心的新型史学体裁的做法，在中国历史上却还是第一次，清代学者赵翼《廿二史劄记》评价说：“司马迁参酌古今，发凡起例，创为全史，本纪以序帝王，世家以记侯国，十表以

① （汉）许慎．说文解字注[M]．（清）段玉裁，注．上海：上海古籍出版社，1981.

系时事，八书以详制度，列传以志人物，然后一代君臣政事贤否得失，总汇于一编之中。自此例一定，历代作史者，遂不能出其范围，信史家之极则也。”①

《汉书》，又称《前汉书》，东汉班固撰，我国第一部纪传体断代史，主要记述汉高祖元年(前206年)至王莽地皇四年(23年)共二百三十年的史事，是继《史记》之后我国古代又一部重要史书。《汉书》的体例是在《史记》基础上发展起来的，但比《史记》又有所创新：第一，《汉书》开创断代为史的编纂体例。班固认为，《史记》的通史体例，将西汉一代“编于百王之末，厕于秦项之列”②，既不利于宣扬“汉德”，又难以突出汉代的历史地位。于是，《汉书》“包举一代”，断限起自西汉建立，终于新朝的灭亡。这种断代为史的体例，受到后来封建史家的赞誉，并成为后世历代“正史”编纂的依据。第二，改造整齐《史记》首创的纪传史的编纂体裁。“本纪”省称为“纪“；“列传”省称为“传”；取消了“世家”，并入“列传”；改八“书”为十“志”；增设“艺文志”，开创了在正史中编艺文志的先例，《汉书·艺文志》是我国第一部史志目录，对后世正史的编撰影响深远；统一专传、合传的先后次序，《史记》专传、合传的先后次序比较混乱，《汉书》则以时代顺序为主，先专传，次类传，再次边疆各族传；统一各传标目，《史记》传名标目，或以姓，或以名，或以字，或以官，极不统一，《汉书》除诸王传外，概以姓或姓名标目，统一了称谓。自《汉书》以后，以纪、表、志、传为主要形式的断代史体例发展基本完成，后世修史者虽有小异，但大体以此为标准，沿袭不废。正如刘知幾所言：

> 如《汉书》者，究西都之首末，穷刘氏之废兴，包举一代，撰成一书。言皆精炼，事甚该密，故学者寻讨，易为其功。自尔迄今，无改斯道。③

(三)书目的创立

第一，单书目录的产生。远古时期的著作大多单篇流传，图书不需要有目录；后来著作日繁，内容日富，许多著作往往集合多篇而成，为了区

---

① (清)赵翼．廿二史劄记校证[M]．王树民，校证．北京：中华书局，1984：2.

② (汉)班固．汉书[M]．《四库全书》原文及全文检索版．

③ (唐)刘知幾．史通通释[M]．(清)浦起龙，释．上海：上海古籍出版社，1978：22.

别各篇，便产生了篇名。将全书篇名集中排列，就形成了一书之目录，这样，全书内容便可一目了然。原始的目录隐含在序言之中，所以余嘉锡说："目录之学，由来尚矣！《诗》《书》之序，即其萌芽。"①正式的目录大约出现在东汉，《后汉书·胡广传》云："初，扬雄依《虞箴》作《十二州二十五官箴》，其九箴亡佚，后涿郡崔骃及子瑗又临邑侯刘騊駼增补十六篇，广复继作四篇，文甚典美。乃悉撰次首目，为之解释，名曰《百官箴》，凡四十八篇。"②这里，"首目"当即《百官箴》的48篇目录。这是古代可考的最早单书目录之一。③

第二，提要目录、分类目录的创立。汉成帝河平三年(前26年)，刘向奉诏领校中秘藏书，历时十九年未竟而卒。哀帝又诏刘歆承父前业，用一年多的时间汇辑各书叙录，编成《别录》，又删减种别而成《七略》，编出我国目录学史上最早的综合性提要目录和分类目录。全书首为辑略，次六艺略，次诸子略，次诗赋略，次兵书略，次数术略，次方技略；后六略又将图书分为38种。《七略》六略三十八种的分类体系，基本上全面反映了秦汉时期的学术发展状况，其分类方法，奠定了我国整个封建社会时期图书分类法的基础。虽然随着学术的变化，图书数量的增减，后世出现了四分、七分、十二分等新的分类方法，但《七略》的许多分类原则被其继承、沿用和吸收，《七略》的分类体系影响深远。其中首篇"辑略"说明其他六略的意义与学术源流，阐述六略的相互关系和六略书籍的用途，是六略之总最，诸书之总要，相当于全书之总序。《七略》在中国目录学史上具有开创之功，它在校勘整理文化古籍的基础上创立了撰写叙录、总序、大序、小序等方法，后世书目编撰多有沿用。

第三，史志目录的开创。《汉书·艺文志》，简称《汉志》，开创了我国史志目录的先例。《艺文志》是《汉书》十志之一，其分类体系是在刘歆《七略》的基础上增删改撰而成，变化不大，但是它却开创了在纪传体史书中著录图书的先例，成为我国第一部史志目录。这一体例对后世目录学尤其是史志目录的发展影响极大，以后历代正史如《隋书》、《旧唐书》、《新唐书》、《明史》等均有著录国家藏书的经籍志或艺文志。

---

① 余嘉锡．目录学发微[M]//余嘉锡．余嘉锡说文献学．上海：上海古籍出版社，2001：5.

② (宋)范晔．后汉书：卷74[M].《四库全书》原文及全文检索版．

③ 曹之．中国古籍编撰史[M]．武汉：武汉大学出版社，1999：566.

(四)注释之作的出现

这个时期出现了对经书进行注解的著作方式，并颇为盛行，有注、章句、训、故、说、传等多种方式，据《汉书·艺文志》著录，《书》有《欧阳章句》、《大小夏侯章句》；《诗》有《鲁故》、《鲁说》、《齐后氏故》、《齐后氏传》、《毛氏故训传》、《韩说》等；《春秋》有《公羊传》、《縠梁传》、《左氏传》等。汉郑玄遍注群经，其书具有编例，张舜徽《郑氏经注释例》将其概括为沿用旧诂不标出处例、宗主旧注不为苟同例、循文立训例、订正衍讹例、诠次章句例、旁稽博征例、声训例、改读例、改字例、征古例、证今例、发凡例、阙疑例、考文例、尊经例、信纬例、注语详赡例、注语互异例等。其中“发凡例”就是释经之作中对注释体例的说明。

(五)自序的产生

这个时期的图书产生了自序，清赵翼指出：

> 孙炎云：序，端绪也，孔子作序卦及尚书序，子夏作诗序，其来尚矣。然何休、杜预之序左氏、公羊，乃传经者之自为序也；史迁、班固之序传，乃作史者之自为序也；刘向之叙录诸书，乃校书者之自为序也。①

《易》之《序卦》、《尚书》之序、《诗经》之序，其作者至今尚有争议，我们暂且不论。但西汉司马迁《史记》、东汉何休《春秋公羊传解诂》、东汉班固《汉书》、西晋杜预《春秋左氏经传集解》确有作者自作之序言。

此外，先秦两汉时期，还出现了书名(详见第三章第一节)、卷端著者题名(详见第三章第二节)、专科目录等图书编例。《汉书·艺文志》记载，“武帝时，军政杨仆捃摭遗逸，纪奏《兵录》”②，是现有文献记载中国最早的群书目录。总体而言，先秦两汉时期的图书编例还不多，不少图书编例还处于初生甚至萌芽时期。

编例的研究

自孔子《春秋》成书以后，就被认为“一字寓褒贬”，言约指博，具有

① (清)赵翼．陔余丛考[M]．石家庄：河北人民出版社，1990：348.

② (汉)班固．汉书：卷30[M]．《四库全书》原文及全文检索版．

微言大义，其书法一直是千年来历代学者深深致力的重要研究内容。对《春秋》进行注解的“三传”对其编例多有涉及，但这些都还不是编例专书。到汉代出现了研究《春秋》编例的专著。据《后汉书》本传及《隋书·经籍志》记载，贾逵(字景伯)著有《左氏条例》21篇；据《后汉书·儒林传》记载，颍容(字子严)著有《春秋左氏条例》五万余言，其书《隋书·经籍志》录作《春秋释例》10卷，今二书均佚；《隋书·经籍志》还著录汉郑众有《春秋左氏传条例》9卷。贾逵、颍容、郑众皆为东汉时人，三人所著之书均早于晋代杜预《春秋释例》，可见，汉代就已经出现了对编例进行研究的专著，只是此时的研究之作仅限于对《春秋》一书。

编例的特点

先秦两汉时期的编例基本还处于非常初级的阶段，作者并不明言其书之编例，编例多隐含在正文之中，读者只有“通贯全书”，才能“发明其例”①。张舜徽曾言：“古人著述不言例，而例自散见于全书之中，后人籀绎遗编，多为之方以穷得其例。”②《春秋》正文并没有关于编例的明文，其编例是后人分析研究发现的。杜预所谓的“发凡以言例”，是指《左传》中“凡……”的句式，这些是《左传》作者经过对《春秋》经文的分析而总结出来，而非孔子所述。如：宣公十六年，《春秋》经文记曰：“夏，成周宣榭，火。”《左传》在引述经文之后，起例曰：“……人火之也。凡火，人火曰火，天火曰灾。”《左传》中这种言凡发例共有五十处，除此之外，还有以“书曰……”或“君子曰……”为句式的变例，这些也都是隐寓在《春秋》正文之中的编例。汉代出现序文之后，作者会在序文中言及图书编例。司马迁《史记》最后一篇《太史公自序》，班固《汉书·叙传》里都有全书的写作旨趣和撰述要点。清经学家皮锡瑞因而说：“凡修史皆有例，《史记》、《汉书》自序，即其义例所在。”③冯友兰曾论之曰：

> 古之作者，于其主要著作完成之后，每别作一篇，述先世，叙经历，发凡例，明指意，附于书尾，如《史记》之《太史公自序》，《汉书》之《叙传》，《论衡》之《自纪》，皆其例也。④

---

① 吕思勉．史学四种[M]．上海：上海人民出版社，1981：110.

② 张舜徽．广校雠略：自序[M]．武汉：华中师范大学出版社，2004.

③ (清)皮锡瑞．经学通论．北京：华夏出版社，2011：432.

④ 冯友兰．冯友兰学术自传：自序．第2版．北京：中国人民大学出版社，2007.

此外，《史记》、《汉书》中的纪、表、书(志)、传多有小序，其中也含有编例的内容。

三、魏晋南北朝——初步发展时期

图书的数量和种类

关于魏晋南北朝时期各代著作数量，后代所补各艺文志均有著录，统计如下(见表2-1)：

表2-1　**魏晋南北朝时期著作数量统计表**

书　名	著者	著录部数	著录卷数
三国艺文志	姚振宗	1122	4562
补晋书艺文志	文廷式	2438	14887
补宋书艺文志	聂崇岐	660	6519
补南齐书艺文志	陈　述	232	3638

将以上数字相加，得4452部、29606卷。可见，魏晋南北朝时期图书又增加了29606卷。此数字并不是这个时期全部图书的总数，因为梁、陈、北朝诸代的著作数量由于资料缺乏并未统计在内。

魏晋南北朝时期朝代更换频繁，学术的兴衰变化也纷繁复杂，这个时期编制了不少目录著作，这些书目均已不存，我们无从细考。但根据《隋书·经籍志》所载，我们可以考见晋荀勖《中经新簿》和南朝齐王俭《七志》的分类体系；根据《广弘明集》所载，可以考见南朝梁阮孝绪《七录》的分类体系。现分列如下：

晋荀勖《中经新簿》分类体系：

一曰甲部：纪六艺及小学等书；
二曰乙部：有古诸子家、近世子家、兵书、兵家、术数；
三曰丙部：有史记、旧事、皇览簿、杂事；
四曰丁部：有诗赋、图赞、汲冢书。

南朝齐王俭《七志》的分类体系：

一曰经典志，纪六艺、小学、史记、杂传；
二曰诸子志，纪今古诸子；
三曰文翰志，纪诗赋；
四曰军书志，纪兵书；
五曰阴阳志，纪阴阳图纬；
六曰术艺志，纪方技；
七曰图谱志，纪地域及图书；
附见道经、佛经。

南朝梁阮孝绪《七录》的分类体系：

经典录内篇一：易、尚书、诗、礼、乐、春秋、论语、孝经、小学；

记传内篇二：国史、注历、旧事、职官、仪典、法制、伪史、杂传、鬼神、土地、谱状、簿录；

子兵录内篇三：儒、道、阴阳、法、名、墨、纵横、杂、农、小说、兵；

文集录内篇四：楚辞、别集、杂文；

术技录内篇五：天文、纬谶、历算、五行、卜筮、杂占、刑法、医经、经方、杂艺；

佛法录外篇一：戒律、禅定、智慧、疑似、论记；

仙道录外篇二：经戒、服饵、房中、符图。

从荀勖《中经新簿》和王俭《七志》的分类体系可以看出，其类目不如《七略》详细，分类不如《七略》之多，但仔细比较可以发现，《中经新簿》和《七志》类目已经包括了《七略》所分的各类图书，只是类目比较粗略，类名相对广泛而已。较之《七略》，《中经新簿》和《七志》对史书的立类更加重视。《中经新簿》丙部专记史书，且分为四类；《七志》虽没有为史书专门立类，仍附于"经典志"内，但史书已分为"史记"和"杂传"两类。而《七略》中，史书是附于"六艺略"春秋类之后的。与荀勖《中经新簿》和王俭《七志》相比，阮孝绪《七录》的分类要详备很多，其分类体系超过了《七略》。单从类目数量来说，《七录》仅内篇五录就有46个子目，加上外篇9

子目，共55小类，而《七略》仅有六略38种，大类小目均不及《七录》详细。《七录》纪传录对史书的分类则更加精细，分为12小类，这是史学分类的创举。

以上三部目录的分类体系是根据魏晋南北朝时期的学术发展和图书数量的增减而确立的，同时也反映了魏晋南北朝时期的学术发展和图书数量的情况，可以看出，魏晋南北朝时期图书的种类要多于秦汉时期，尤其是史学的发展使历史著作大量涌现。这一时期出现的史部著作数量很多，少数民族史著作如崔鸿《十六国春秋》、张铨《南燕录》、裴景仁《秦记》、段龟龙《凉记》、段国《吐谷浑记》等；典章制度史如《晋宋旧事》、《东宫典记》、王珪《齐仪》、《齐职仪》等；杂传如《海内先贤传》、苏林《陈留耆旧传》、阮孝绪《高隐传》、虞敬孝《高僧传》、师觉授《孝子传》、梁元帝《忠臣传》、刘昭《幼童传》、卢思道《知己传》、杜预《女记》等；地理著作如陆澄《地理书》、任昉《地记》、郦道元《水经注》、杨衒之《洛阳伽蓝记》等；谱牒如王俭《百家集谱》、王僧孺《百家谱》、《魏孝文列姓族谱》、《益州谱》等；志怪小说如张华《博物志》、干宝《搜神记》、王嘉《拾遗记》等。图书类型的增多必然会使图书编例增多。

编例的创新

（一）书目著作的创新

魏晋南北朝时期，官方和私人都修撰了不少书目著作，他们采用四分、七分、九分、五分等多种分类方法，但对书目体制影响深远的则是后世以为定则的四部分类法。四部法由魏郑默、晋荀勖首发其端。阮孝绪云：“魏晋之世，文籍愈广，皆藏在秘书中外三阁。魏秘书郎郑默删定旧文，时之论者谓为朱紫有别。晋领秘书监荀勖因魏《中经》，更著《新簿》，虽分为十有余卷，而总以四部别之。”①《隋书·经籍志》云：“魏秘书郎郑默始制《中经》，秘书监荀勖，又因《中经》更著《新簿》，分为四部，总括群书。”②郑默《中经》已佚失不可考，但据“时之论者谓为朱紫有别”的说法，可见是有分类的。荀勖《新簿》既因《中经》而成，则《中经》分类也应当是四部。据《隋书·经籍志》，荀勖《新簿》的分类情况为：一曰甲部，纪六艺及小学等书；二曰乙部，有古诸子家、近世子家、兵书、兵家、数

---

① （唐）释道宣. 广弘明集：卷3[M].《四库全书》原文及全文检索版.
② （唐）魏徵. 隋书：卷32[M].《四库全书》原文及全文检索版.

术；三曰丙部，有史记、旧事、皇览簿、杂事；四曰丁部，有诗赋、图赞、汲冢书。仔细分析可以看出，《新簿》甲部相当于后世的经部，乙部相当于后世的子部，丙部相当于后世的史部，丁部相当于后世的集部，只是史、子次序与后世有差。经、史、子、集四部次序的最后确定由东晋李充的《晋元帝四部书目》完成。东晋时期，李充对政府藏书进行整理，“以类相从，分作四部”①，因荀勖四部之法，将乙、丙两部次序互换，将荀勖经子史集之次序易为经史子集，从此以经史子集为序的四部分类法遂一定而不可移易。钱大昕因说：“自刘子骏校理秘文，分群书为六略……是时固无四部之名，而史家亦未别为一类也。晋荀勖撰《中经簿》，始分甲乙丙丁四部，而子犹先于史。至李充重分四部，五经为甲部，史记为乙部，诸子为丙部，诗赋为丁部，而经史子集之次定始。厥后王亮、谢朏、任昉、殷钧撰书目，皆循四部之名。虽王俭、阮孝绪析而为七，祖暅别而为五，然隋唐以来志经籍艺文者，大率用李充部叙而已。”②此后各代宫廷藏书目录均以此类分图书，成为“秘阁之永制”。

魏晋南北朝时期还出现了最早的传录体目录——南朝齐王俭所著《七志》。汉代刘向刘歆父子校书中秘时编制了《别录》、《七略》，创立叙录体提要，全面介绍图书的内容和形式。而王俭《七志》则创立了传录体提要，其书“不述作者之意，但于书名之下每立一传”③，着重介绍作者生平事迹。《文选·张翰〈杂诗〉》李善注引《七志》：“张翰，字季鹰，吴郡人也。文藻新丽，齐王冏辟为东曹掾，睹天下乱，东归，卒于家。”④此即《七志》传录体解题之一例。《七志》由此成为传录体提要目录的代表，对后来目录著作的编撰影响很大。

单书目录的编制有了很大的发展。有关学者通过对《汉志》与《隋志》的研究对比发现，《史记》、《尸子》、《曾子》、《新序》、《贾子》、《韩子》、《墨子》、《庄子》、《鲁连子》等书在先秦两汉时期均无目录，到魏晋南北朝时有人为其编制了目录。据统计，《隋志》著录的带有目录的图书有 395 种，其中集部目录最多，占 351 种。⑤

此外，这个时期还出现了个人著述目录、佛经目录、道经目录等多种专科目录。

---

① (唐)房玄龄．晋书：卷 92[M].《四库全书》原文及全文检索版．

② (清)钱大昕．补元史艺文志：序[M]．北京：中华书局，1985.

③ (唐)魏徵．隋书：卷 32[M].《四库全书》原文及全文检索版．

④ (梁)萧统．文选注：卷 92[M]．(唐)李善，注．《四库全书》原文及全文检索版．

⑤ 曹之．中国古籍编撰史[M]．武汉：武汉大学出版社，1999：566~567.

（二）类书的出现

类书是辑录各门类或某一门类的资料，并按照一定方式分门别类进行编排的图书，魏晋时期出现了我国历史上第一部类书——《皇览》，它是由魏文帝曹丕组织许多儒生编撰而成的，主要负责人有桓范、王象、缪袭等。阮孝绪《七录》、《隋书·经籍志》均有著录。此书早已散佚，后世虽有一些辑佚本，但所存不多，难以窥其全貌。据《三国志·魏志》记载，该书"撰集经传，随类相丛，凡千余篇"①。鱼豢《魏略》称："为部四十余，部有数十篇，通合八百余万字。"②可见，《皇览》在"经传"（即五经群书）的范围内，按照"随类相从"（即把同一类的内容编在一起）的编撰原则，分为四十部。"其书采集经传，以类相从，实为类书之权舆"③，开了我国编纂大型类书的先河。后世的各种类书，许多沿袭《皇览》的体例格局，如《艺文类聚》、《太平御览》等均是。

（三）多体总集的产生

先秦时期的《诗经》是我国最早的诗歌总集，所收作品限于一种文体，是一体总集。魏晋南北朝时期，出现了多体总集，即收录多种文体的总集。曹丕《与吴质书》云："昔年疾疫，亲故多离其灾，徐、陈、应、刘，一时俱逝……顷撰其遗文，都为一集。"④《建安七子集》编于建安二十三年(218年)，是古代最早的多体总集。晋代多体总集有挚虞《文章流别集》、杜预《善文》等；南北朝多体总集有梁萧统《文选》和徐陵《玉台新咏》等。其中《文选》是我国现存最早的一部诗文总集，《文选》序云："远自周室，迄于圣代，都为三十卷，名曰《文选》云尔。凡次文之体，各以汇聚；诗赋体既不一，又以类分；类分之中，各以时代相次。"⑤前言收录范围，后言编排次第。所收作品体裁包括诗歌和散文，具体有赋、诗、骚、七、诏、册、令、教、文、表、上书、启、弹事、笺、奏记、书移等38种文体。《文选》的编排方法对后世也产生了较大的影响（详见第五章第三节）。

---

① （晋）陈寿．魏志：卷2[M]．（宋）裴松之，注．《四库全书》原文及全文检索版．
② （晋）陈寿．魏志：卷23[M]．（宋）裴松之，注．《四库全书》原文及全文检索版．
③ 皇览[EB/OL]．(2010-07-19)[2008-11-17]．http：//baike. baidu. com/view/239109. htm.
④ （梁）萧统．文选注：卷42[M]．（唐）李善，注．《四库全书》原文及全文检索版．
⑤ （梁）萧统．文选注：序[M]．（唐）李善，注．《四库全书》原文及全文检索版．

（四）纪传体史书的新发展

北齐魏收撰《魏书》，124卷，其中本纪12卷，列传92卷，志20卷。因有些纪、列传和志篇幅过长，又分为上、下或上、中、下三卷，实共130卷。《魏书》有一个非常明显的特点，也是它的重要性之所在，即它是我国封建社会历代“正史”中第一部专记少数民族政权史事的著作。其他史书，如干宝《晋纪》、范晔《后汉书》、沈约《宋书》、萧子显《南齐书》等亦均有编例，并有较大的发展，对此，刘知幾云：“降及战国，迄乎有晋，年逾五百，史不乏才，虽其体屡变，而斯文终绝。惟令升（干宝字）先觉，远述丘明，重立凡例，勒成《晋纪》。邓（粲）、孙（盛）已下，遂一蹑其踪。史例中兴，于斯为盛。”①

（五）他序的产生

秦汉时期产生了自序，魏晋南北朝时期他序产生。他序即作者本人之外的人所作的序文。“其（序文）假手于他人以重于世者，自皇甫谧之序左思《三都》始。”②西晋著名文学家左思在未出名之前曾写《三都赋》一部，因是无名小辈，不为世人所重，甚至被评得一无是处；后来左思找到当时文学名人张华，张华对其作品大加赞赏，并将其推荐给皇甫谧，皇甫谧亦给予高度评价，欣然提笔为其作序，于是，社会权贵之家竞相传写，洛阳纸张为之而贵。他人代序自此产生。

（六）新注解方式的出现

由于前代解释经传的著作增多，对经史著作进行注解，有多种形式，这个时期出现了集解体著作。集解体就是总括诸家见解对经典进行注释的一种著作方式，如晋杜预《春秋左氏传集解》、宋裴骃《史记集解》、陈姚察《汉书集解》、晋灼《汉书集注》等。同时，义疏这一注释方式盛行，这比两汉时期有了明显的进步。义疏是经注兼释的一种注解方式，其滥觞于汉代，但在六朝时期为盛。“义疏或称讲疏，本来是玄学清谈和佛门讲经的一种方式。其特点是以疏通文字，讲解义理为主，方式较为自由，内容也较为细致。疏解者既可以围绕本文讲解大义，也可以随意发挥自己的理解。在玄学和佛教的影响下，注释家们也引入义疏的方式来解释儒家经典

---

① （唐）刘知幾．史通通释［M］．（清）浦起龙，释．上海：上海古籍出版社，1978：88．

② （清）赵翼．陔余丛考：卷22［M］．石家庄：河北人民出版社，1990．

和其他古籍。”①

此外，魏晋南北朝时期，图书命名渐渐增多，到晋代已经相当普遍，命名方法也多种多样(详见第三章第一节)。梁代周兴嗣所作《梁皇帝实录》是我国最早的实录体著作，西晋裴秀《禹贡地域图》是我国地理学上最早的拼合地图，这也是这个时期新产生的图书编例。

编例的研究

魏晋南北朝时期有关编例的研究仍是集中于《春秋》义例的探讨，其中首推西晋杜预。杜预在《春秋左氏传集解序》中就对《春秋》的编例以及《左传》的解经体例进行了分析总结，其“别集诸‘例’及地名、谱第、历数，相与为部，为四十部，皆显其异同，从而释之，名曰《释例》。将令学者观其所聚异同只说，释例详之也”。② 可见，《春秋释例》是杜预汇集诸家学说并加上自己的研究所作的关于《春秋》编例的总结性专著。《春秋释例》原书15卷，分40部，《崇文总目》著录“凡五十三则”，自明以来久佚不存。清乾隆修《四库全书》时从《永乐大典》中辑录，仍分15卷，即今之存本，但已非原书。四库辑本分47篇，有公即位例、会盟例、战败例、母弟例等43例，后四篇则为杜预对《春秋》地名、世族、历法等所做的注解。此外，据《南齐书·武十七王传》，南齐萧子懋有《春秋例苑》30卷；据《隋志》，南齐杜乾光有《春秋释例引序》1卷，梁代有《春秋左传例苑》19卷；据《梁书·儒林传》，梁代崔灵恩有《左氏条例》10卷；据《北史·儒林传》，北魏刘献之善《春秋》，撰《三传略例》3卷；据《北齐书·儒林传》，北齐张思伯“善说《左氏传》……撰《刊例》十卷，行于时”③。这些都是关于《春秋》编例的专著。

除了上述有关《春秋》编例的专著外，三国王弼有《周易略例》1卷。这说明魏晋南北朝时期对编例研究的范围扩大，扩展到了《春秋》之外的《周易》。

编例的特点

魏晋南北朝时期的图书多在序文中说明本书的编例，编例的说明多以序文的形式出现。汉荀悦著《汉纪》，其自序称：

---

① 董洪利．古籍的阐释[M]．沈阳：辽宁教育出版社，1993：10~11.

② (晋)杜预．春秋左传注疏：序[M]．(唐)孔颖达，疏．《四库全书》原文及全文检索版．

③ (唐)李百药．北齐书：卷44[M]．《四库全书》原文及全文检索版．

故集旧书(《汉书》)，撮序、表、志、总为帝纪，通比其事，例系年月。其祖宗功勋，先帝事业，国家纲纪，天地灾异，功臣名贤，奇策善言，殊法异行，法式之典，凡在《汉书》者，本末殊体，大略粗举。其纪传，所遗阙者差少。而书志，势有所不能尽。烦重之语，凡所引之事，出入删要，删略其文。①

这是荀悦撰《汉纪》，仿《左传》体例，简化《汉书》，按年叙事，在编例上的一个总纲。这个时期，作者往往会在序言中言及本书的编撰宗旨、体例等内容，编例作为序言的组成内容隐含在序文当中，有些序文甚至可以看做是本书的编例，正如刘知幾所云："若沈宋(沈约之《宋书》)之志序，萧齐(《萧子显《齐书》)序录，虽皆以序为名，其实例也。"②由于序言中多言及编例，不少图书的序文名称就称为"序例"或"叙例"，兼有序文和编例两重含义，也兼及序文和编例两重作用。范晔《后汉书》有"序例"，今《后汉书》虽存，序例却亡，李贤注中，序例间存一二。如《光武帝纪》注云："例曰：多所屠杀曰屠。"③《安帝纪注》云："序例曰：'凡瑞应，自和帝以上政事多美，近于有实，故书见于某处；自安帝以下，王道衰阙，容或虚饰，故书某处上言也。'"④"例曰"、"序例曰"之后所述内容均为《后汉书》编例之内容。范晔也曾自称《后汉书》"纪传例，为举其大略耳，诸细意甚多"⑤。白寿彝因此推断："范晔当有'纪传例'的专篇，这可能是他的创举。"⑥"纪传例"作为专篇，这说明编例已经有脱离序言独立成文的倾向。

四、隋唐五代——持续发展时期

图书的数量和种类

隋代立国不及40年，时间短暂，因而著述无多，前人记录较少。

① (汉)荀悦．汉纪：序[M]．《四库全书》原文及全文检索版．
② (唐)刘知幾．史通通释[M]．(清)浦起龙，释．上海：上海古籍出版社，1978：88.
③ (宋)范晔．后汉书：卷1[M]．(唐)李贤，注．《四库全书》原文及全文检索版．
④ (宋)范晔．后汉书：卷1[M]．(唐)李贤，注．《四库全书》原文及全文检索版．
⑤ (宋)范晔．后汉书：序[M]．(唐)李贤，注．《四库全书》原文及全文检索版．
⑥ 白寿彝．史学概论[M]．银川：宁夏人民出版社，1983：154~155.

唐代文化繁荣，著述大增，前人多有记录和研究，但《唐六典》、《旧唐书·文宗本纪》、《旧唐书·经籍志》、《新唐书·艺文志》、宋周密《齐东野语》、明胡应麟《少室山房笔丛》、惠康野叟《识余》、杨家骆《唐代艺文志》等资料的记载颇不划一，出入较大。曹之经过认真比较分析认为，李唐一代著作总数当在 60000 卷左右。一个朝代拥有 60000 卷新著，在当时的物质条件下，是相当可观的。五代时期的著作，据顾櫰三《补五代史艺文志》，有 770 部，11750 卷。较之前代，隋唐五代的图书数量大大增加。

《旧唐书·经籍志》与《新唐书·艺文志》反映了唐代图书的分类情况。《旧唐书·经籍志》与《新唐书·艺文志》都采用四部分类法，在具体细目上与前代相比，有一些分隶改并，但总体区别不大。值得注意的是，二志均于子部增加了专门收录类书的类目，《旧唐书·经籍志》增加了“类事”一门，著录《皇览》、《类苑》等类书；《新唐书·艺文志》则改“类事类”为“类书类”，类名更加醒目直接。这说明这个时期的类书发展较快，数量较多，故书目专设门类收录。隋代类书有虞绰等《长洲玉镜》、杜公瞻《编珠》、虞世南《北堂书钞》等，数量相对有限；到了唐代，据《旧唐书·经籍志》著录，有类书 13 种、3687 卷；《新唐书·艺文志》著录则续补 32 种、1338 卷；二者共计 45 种、5025 卷，著名者有欧阳询《艺文类聚》、徐坚《初学记》、白居易《白氏六帖》等。与类书初生的魏晋南北朝时期相比，类书的数量大大增加，其类型与编例也进一步增多并继续发展。此外，这一时期所编撰的历代实录、正史有数十种；唐代法典的编撰也相当频繁，据《新唐书·艺文志》、《新唐书·刑法志》，从高祖武德七年(624年)至宣宗大中 200 多年间编撰的法律类图书有 40 种；传奇、别集等著作也大量出现。

编例的创新

(一)四部分类法的正式确立

唐立国之后，于贞观三年(629 年)开设史馆，撰修梁、陈、北齐、北周、隋五朝史书，贞观十年(636 年)，五史相继撰成。但因五史均未有志，贞观十五年(641 年)又诏修五代史志，高宗显庆元年(656 年)成书，共有十志，经籍志便是其中之一。五代史志本为五代诸史而作，但因梁、陈史已各自成书，便与《隋书》相合，故《经籍志》称《隋书·经籍志》。《隋书·经籍志》是我国现存第二部史志目录，在中国目录学史上占有重要地位。它对目录学的突出贡献表现在它完善了四部分类法，建立了一个崭新的图书分类体系。

首先，《隋书·经籍志》确立了四部类名。魏晋南北朝时期四部分类法创立，并且李充《晋元帝四部书目》也确定了经、史、子、集的四部顺序，但是四部并无类名，只以甲、乙、丙、丁为次。至唐代，《隋书·经籍志》确立四部大类名目，正式以经、史、子、集标题，四部类名从此得以确立。

其次，《隋书·经籍志》建立了一个严密的分类体系。荀勖、李充之四部，以甲、乙、丙、丁为名，只将群书分为经、史、子、集四大类，并未有细目，《隋书·经籍志》则参考历代书目编撰的成果，分经部 10 类，史部 13 类，子部 14 类，集部 3 类，四部共 40 类；后附以道经、佛经目录，道经 4 类，佛经 11 类，合于四部，共 55 类，形成一个有纲有目、结构严谨的分类体系。

《隋书·经籍志》的四部分类法是对魏晋以来图书分类法的一个总结，它的产生，使魏晋时期初创的四部分类法走向了成熟，标志着正统四部分类法的确立，对后代影响深远。

(二)典制体史书的产生

典制体史书是分门别类记述历代典章制度及其沿革的史书，也称为政书，具有通代与断代两种形式。

通代典制体。政书是产生于唐代的一种新的史书体裁，我国第一部政书《政典》由唐代史学家刘知幾的儿子刘秩于唐玄宗开元末编成。但由于此书叙述比较简略，不被人重视。后来杜佑在此基础上加以扩充和扩大，于贞元十七年(801 年)编成《通典》。《通典》全书 200 卷，分为食货、选举、职官、礼、乐、兵、刑、州郡、边防等门。杜佑在《通典·自序》里对具体的编排作了说明："夫理道之先，在乎行教化，教化之本，在乎足衣食。……夫行教化在乎设职官。设职官在乎审官才。审官才在乎精选举。制礼以端其俗，立乐以和其心，此皆先哲王致治之大方也。故职官设然后兴礼乐焉，教化隳然后用刑罚焉，列州郡俾分领焉，置边防遏戎狄焉。是以食货为之首，选举次之，职官又次之，礼又次之，乐又次之，刑又次之，州郡又次之，边防末之。"①可见，此书的编排具有严密的内在逻辑联系，体现了杜佑对封建制度的全盘理解。在每一门目之中，杜佑又细

① (唐)杜佑．通典[M]．《四库全书》原文及全文检索版．

分子目，每事以类相从；各种制度及史事，大体按照年代顺序，原原本本详细介绍；在有关事目之下还引录前人评论，或写下自己的看法。全书记叙完备，编排有序，条理井然，是中国历史上第一部体例完备的政书，位居“十通”之首。杜佑以前，典章制度史基本集中于纪传体史书中的书志部分，《通典》把这一体裁独立出来，成为典章制度专史的开创之作；并且，《通典》所记以历代典章制度为对象，上起黄帝，下迄唐玄宗天宝末年，又创造了综合性典制体的通史形式。从此以后，典制体史书成为传统史学的一个重要门类，保存了我国历代政治、经济、文化、军事诸方面的资料。

断代典制体。《通典》之后，唐代又出现了另一种体裁的典志体史书——会要体史书。《政典》、《通典》均为通史性质的典志体史书，而会要体则属断代性质，专记一朝一代之典章制度。据《旧唐书·苏弁传》记载，唐德宗时，儒士苏冕“缵国朝政事，撰《会要》四十卷”①，记唐高祖至唐德宗九朝典章制度。遗憾的是，苏冕所撰《会要》只是保存在《唐会要》之后，未能单独流传下来，我们无法详细了解这部会要体史书的原貌。但从今本《唐会要》来看，苏冕《会要》初具规模，有一定体制，各种史实分类记述，并撰有史论。后来，杨绍复、崔瑑、薛逢、郑言等采德宗至宣宗大中六年(852 年)史事，编为《续会要》，以续苏氏之书。《续会要》单本，今亦不传。虽然我们不能确切考察这两部会要体著作的详细情况，但是它们确定无疑地开了会要体著作的先河，又一次丰富了史书的体裁。清学者俞樾曾指出：“观一人之始终，莫如纪传，而甲与乙不相联系；考一时之治乱，莫如编年，而前与后不相贯穿，于是后人又有会要之作。”②他认为，会要体史书“盖编年、纪传外，不可少之书也”③。

(三)类书体例的发展

隋唐五代时期类书数量较前代大有增加，其体例也很有特色。

《北堂书钞》，系唐初的虞世南任隋朝秘书郎时所辑，是现存最早的一部综合性类书。据《新唐书·艺文志》与宋晁公武《郡斋读书志》记载，原本 173 卷，分 80 部 1801 类。今本《北堂书钞》仅 160 卷，乃清乾隆修《四库全书》时据内府所藏明常熟陈禹谟校刊本所录，已非原本。该书从

① (后晋)刘昫．旧唐书：卷 189[M]．《四库全书》原文及全文检索版．

② (清)姚彦渠．春秋会要：序[M]．北京：中华书局，1955.

③ (清)姚彦渠．春秋会要：序[M]．北京：中华书局，1955.

当时各类书籍中摘录名言佳句，分为帝王、后妃、政术、刑法、封爵、设官、礼仪、艺文、乐、武功、衣冠、仪饰、服饰、舟、车、酒食、天、岁时、地 19 部，凡 852 类。每类先以大字摘抄群书字句作为标题，后以双行小字注出书名或征引原文。征引资料重在溯源，叙述较为清楚。

《艺文类聚》是唐高祖时欧阳询等奉敕所编，100 卷。该书从 1400 多种古籍中分类摘录，分天、岁时、地、山、水、符命、政治、产业等 48 部，每部又列子目，共 740 余类，约百余万言。此书分类按目编次，故事在前，均注出处；诗文在后，均注时代。对于题目，并按不同的文体，用“诗”、“赋”、“赞”、“箴”等字标明类别。《艺文类聚》在编辑方法上有一个很大的特色，就是变更了以往类书的常规体制，由专类一事变为事文兼备。在此之前，总集专为汇文，类书专为聚事，二者各司其职，不相联通，《艺文类聚》则合二为一，事与文兼，两者并备，极大地方便了读者。诚如欧阳修在序中所言：

> 前辈缀集，各抒其意。流别文选，专取其文。皇览遍略，直书其事。文义既殊，寻检难一。爰诏撰其事且文，弃其浮杂，删其冗长，金箱玉印，比类相从，号曰《艺文类聚》。凡一百卷，其有事出于文者，便不破之为事，故事居其前，文列于后。俾夫览者易为功，作者资其用，可以折衷今古，宪章坟典云尔。①

这种事文兼备的体制大量保存了自汉至隋的词章名篇。陈振孙《直斋书录解题》因称之为：“所载诗文赋颂之属，多今世所无之文集。”②故自晚明以来，冯惟讷辑《诗纪》、梅鼎祚辑《文纪》、张溥辑《汉魏六朝百三名家集》，无不资以为宝山玉海。

《初学记》是唐玄宗时为辅导太子学习徐坚等奉敕编撰。全书共分 23 部，313 个子目。其编次先为“叙事”，次为“事对”，最后是诗文，与一般类书略有不同。其中“叙事”汇集各种资料说明子目标题，提供有关的知识；“事对”列出对偶式的典故，下注出处，供作诗为文时采择；诗文则精选关于本题的诗文佳作，供作楷模和借鉴。

以上三部类书是我国较早的类书，其体例的发展有一个演进过程，闻一多指出，《初学记》虽是开元间的产物，但是足以代表较早的一个时期

---

① （唐）欧阳询．艺文类聚：序［M］．《四库全书》原文及全文检索版．

② （宋）陈振孙．直斋书录解题：卷 14［M］．《四库全书》原文及全文检索版．

编者的态度：

> 这部书的体裁，看起来很有趣。每一项题目下，最初是“叙事”，其次是“事对”，最后便是成篇的诗、赋或文。其实这三项中减去“事对”，就等于《艺文类聚》，再减去诗、赋、文，便等于《北堂书钞》。所以我们由《书钞》看到《初学记》，便看出了一部类书的进化史。①

类书的编排大体分为两种，按类编排和按韵编排，以上三部类书都是按类编排的。唐代还出现了按韵编排的类书，即颜真卿的《韵海镜源》。颜真卿是唐代书法家，自幼打下了深厚的语音文字基础，他留心考订《切韵》，引《法言》、《说文》诸字书进行训解，又增纳经、史、子、集诸书中两字以上成句的词汇，广而纂之，成《韵海镜源》。“韵海者，以牢笼经、史之语，依韵次之，其多如海。镜源者，八体之本，究形声之义，故曰镜源。”②可见，这是一部“用韵以统字，用字以系事”，按韵编排的一部类书。可惜此书早已散佚，今无法窥其全貌。

（四）书跋的产生

序冠于书前，跋则题于书尾；书序产生于汉代，书跋则产生于唐代。唐张彦远《历代名画记·叙自古跋尾押署》云：

> 前代御府字晋宋至周隋，收聚图画皆未行印记，但备列当时鉴识艺人押署。……开元中，玄宗购求天下图书，亦命当时鉴识人押署跋尾。③

可见，书跋始于唐代官方藏书的整理。但书跋并非以开元为最早，据《旧唐书·褚无量传》，褚无量奉诏整理内府图书时曾上言高宗：“贞观御书皆宰相署尾，臣位卑不足以辱，请与宰相联名跋尾。”④高宗不从。这说明唐初贞观年间图书已有跋尾，只是那时作跋者非宰相莫属。整个唐代，书跋刚刚出现，数量不多，除了官方藏书题跋外，私人题跋著名者有韩愈

---

① 闻一多．唐诗杂论[M]．新1版．北京：中华书局，2003：5.

② （唐）殷亮：颜鲁公行状[M]//（清）徐松等．全唐文：卷514. 北京：中华书局，1983：5228.

③ （唐）张彦远．历代名画记：卷3[M]．《四库全书》原文及全文检索版．

④ （宋）欧阳修，宋祁．新唐书：卷200[M]．《四库全书》原文及全文检索版．

《题哀辞后》、李翱《题燕太子丹传后》、皮日休《读司马法》等。

(五)"正义"的产生

正义也是注解经传的一种方式，产生于唐代。"'正义'是在义疏基础上发展起来的注释体式。其形式与义疏相近，但内容与义疏有本质的不同，义疏可以批评旧注，随意发挥解释者自己的理解；而唐人正义只能顺着所采纳旧注的意思进行解释，如果旧注有错误，也必须为之圆融强辩，不可有丝毫的违忤；而且采纳旧注只能独尊一家，即使有其他更好的解释，只要与注文相左，也不能采纳。"①从汉代开始就出现了许多为经书作注解的书籍，一部经书往往有多家传、注，他们各执其说，不能统一。正义就是要正定群说，定著一义。唐太宗时，命孔颖达等撰修《周易正义》10卷、《尚书正义》20卷、《毛诗正义》70卷、《礼记正义》63卷、《春秋左传正义》60卷，号曰《五经正义》。这些注释之作从众多的注本中，选定较好的本子，摒弃杂说，同时又依据传、注加以疏通解释，前代繁杂的经学解释因此得到了统一整理。《五经正义》经官方颁定后，便成为士子习经的读本和科举考试的统一标准。自唐代至宋初，明经取士，均以此为准。此外，唐代张守节《史记正义》130卷，征引浩博，也是当时《史记》注释的集大成之作。

此外，这个时期还出现了我国古代第一部道教著作总集《开元道藏》，产生了我国古代也是世界上第一部全面系统的茶叶专著《茶经》。

编例的研究

隋唐时期的编例专著，据《隋书·经籍志》、《新唐书·艺文志》著录，隋代有无名氏《春秋五十凡义疏》、《春秋左传条例》；唐代主要有啖助《春秋统例》3卷，其书今已不传，但啖助的主要见解存于其弟子陆淳所著的《春秋集传纂例》之中。此书10卷40篇，第10篇至第35篇俱论"例"，分"崩薨卒葬例"、"朝聘如例"、"用兵例"、"都叙会例"、"弑例"、"姓氏名字爵谥义例"、"讳义例"、"名位例"、"杂字例"、"日月为例义"等26例分别加以论述。每例中又多分细目，如"用兵例第十七"就分列"内伐"、"外伐"、"会伐"、"内侵"、"外侵"、"会侵"、"王师败绩"、"内战及败"、"外战及败"、"围"等26细目。虽不免繁琐和穿凿，但对《春秋》编例探索的细化则前所未有。啖、陆《春秋》之学开了新一派的学风，

① 董洪利．古籍的阐释[M]．沈阳：辽宁教育出版社，1993：12.

其继起者代不乏人。除此之外，有关《春秋》编例的专著有唐代韦表微《春秋三传总例》20卷、陆希声《春秋通例》3卷、韩滉《春秋通例》1卷、李氏《三传异同例》13卷。有关《周易》编例的著作有唐代邢璹《补阙周易正义略例疏》3卷、庄道名《略例疏》1卷，此二部著作均是在三国王弼《周易略例》的基础上进行注释或补正的著作。

唐代还出现了关于图书编例的理论研究著作——《史通》。《史通》为唐代史学家刘知幾所著。全书共20卷，包括内篇和外篇两部分，各为10卷。内篇有39篇，外篇有13篇，合计52篇。其中，内篇《体统》、《纰缪》、《弛张》3篇，大约在北宋时已亡佚，今仅存49篇。《史通》是我国第一部系统性的史论专著，其内篇专论史书编例，对涉及史书撰写的各种编例都尽可能地进行了论述。其第四卷《序例》篇对编例从总体上进行了专题研究，开篇即提出编例对于史书的重要意义，接着探讨了史书编例从《春秋》起源直至唐代的发展过程，评价历代史书编例的优劣得失，对唐以前的史书编例进行了一次总结。其他诸篇则分别着重论述纪传体史书的体例，本纪、世家、列传、表历、书志、论赞、题目、断限、编次、称谓、载文、言词、详略、自序等各方面都列专篇具体论述，并提出了自己的观点。对史例进行如此系统全面的研究论述，这在我国史学史上是第一次，在编例发展史上更是第一次。刘知幾所提出的新观点有些为后来的史学编撰者所采用，从而影响了后来史书的修撰体例。

编例的特点

编例在隋唐五代继续发展，并趋向成熟。虽然这个时期的编例之文仍以序文编例居多，但已经开始脱离序文，专篇的编例已经开始出现。隋魏澹奉敕修撰《魏史》，魏澹写成纪传90卷，别为史论及例1卷，并目录合92卷。此时编例虽与史论共为1卷，但已不再隐含于序文。唐初陆德明著有《经典释文》30卷，此书是一部音韵学巨著，卷首有《序录》一篇，内分序、条例、次第、注解传述人等几个部分。其中《序》说明著书的缘起、宗旨、过程及意义，与一般序言无异；《条例》则说明了全书编撰的体例、方法和格式，相当于一书的专文编例，只是未以“凡例”为名。唐开元间张守节《史记正义》一书，卷首序文之后有专篇《史记正义论例谥法解》，分“论史例”、“论注例”、“论字例”、“论音例”、“音字例”、“发字例”、“谥法解”7个方面，对本书注解的各种编例分条进行了较为详细的说明。此《史记正义论例谥法解》虽未以“凡例”为名，但从内容来看，无异于一篇编例成文，而且把全书编例归为7个方面标题列目，分别叙述，这在编例史上前所未有。如果说《经典释文》与《史记正义》之编例没有明确以"凡例"标名，未能算作成熟的标志，那么，唐代中后期的《春秋集传辨疑》则使这一演化过程完成。《春秋集传辨疑》为唐宪宗时陆淳所著，全书10卷，卷首冠以编例一篇，明确标为"春秋集传辨疑凡例"（见附图11），内有编例17条，每条均以"凡"字开头，说明了删节经文、传文的原则，注解经文的方法，以及书写的格式等。以上所述说明，编撰者已经认识到编例对于全书的作用和意义，因而把编例作为专篇独列。隋唐时期，编例逐渐脱离序文，走向成熟，开始作为图书的一部分独立存在。

五、宋元——成熟时期

图书的数量和种类

宋代著作的数量，前人记载不尽统一，甚至相距悬殊。《宋史·艺文志序》载北宋著作73877卷，南宋59429卷，合计133306卷；《宋史·艺文志》载两宋著作共计119972卷；周密《齐东野语》载北宋著作45669卷，南宋著作59386卷，合计105055卷；胡应麟《少室山房笔丛》载北宋著作40000余卷，南宋著作50090卷，合计90000余卷。其中《宋史·艺文志序》是据《三朝国史艺文志》、《二朝国史艺文志》、《四朝国史艺文志》、《中兴国史艺文志》和《宁宗续书目》统计出来的，因为其中重复较多，脱脱等在编撰《宋史·艺文志》时多有删削，得119972卷。这个数字虽不精确，但已经大大超过了前代。《辽史》、《金史》、《元史》均无艺文志，其图书编撰总数不得而知。1958年商务印书馆将清人黄虞稷、倪灿、钱大昕等补辑的三史艺文志十余种汇编为《辽金元艺文志》一书，该书所收辽、金、元著作总数为18250种，除去9101种重复外，还有9149种，这是辽、金、元三代著作的总和。需要说明的是，这里是以种数计量，而非卷数，而每种图书都会有至少一卷篇幅，由此可以想见辽金元三代著作的数量。

宋代，史书空前增多，其中以野史笔记为最，仅《四库全书总目》就著录了113种，故而清人昭梿说："自古稗史之多，无如两宋。"①这些著作都是作者长期为学不断积累而成，内容丰富，形式多样，长短不一，多

① （清）昭梿．啸亭杂录：卷2［M］．北京：中华书局，1980：30.

寡不同，其编排形式也自由灵活，或先分卷，次分门，后分条；或先分卷，后分条；或只分卷，不分条；或分卷不分条，不一而足。宋代类书也大量增加，《宋史·艺文志》著录有278部，10526卷，清倪灿《补志》又增补2341卷。这些新编撰的图书必定有其内在的编例。由于统治的需要，元代政府非常重视农书的编撰，组织编写了重要农书，有《农桑辑要》、《农书》、《农桑衣食撮要》、《救荒活民类要》、《打枣谱》等。其中，《农桑辑要》分典训、耕垦、播种、栽桑、养桑、瓜菜、果实、竹木、药草、孳畜十个部分，后附"岁用杂事"，排列了一年十二个月的主要农事活动。《农桑辑要》是继贾思勰《齐民要术》之后又一部全面介绍北方农业技术的农书，反映了我国13世纪的生产水平。元曲是我国文学史上的三座里程碑之一，盛行于元代。元代元曲著作数量很多，元代钟嗣成《录鬼簿》著录有458种，明代朱权《太和正音谱》著录535种，傅惜华《元代杂剧全目》著录元代杂剧700多种，清李调元《剧话》云："元人剧本，见于百种曲，仅十分之一。"①照此计算，则元代杂剧当有千种以上。此外，由于官方的提倡，宋元时期还编制了众多的医学著作，因而宋代编制了医学专题书目《医经目录》、《大宋本草目》等。

编例的创新

这一时期编例的发展主要表现在史书体裁的创新上。

(一)编年体的发展

宋元时期，编年体得到巨大的发展，主要表现为《资治通鉴》的创作。《资治通鉴》是由北宋著名历史学家、政治家司马光和他的助手刘攽、刘恕、范祖禹、司马康等人历时十九年编纂的一部规模空前的编年体通史巨著。自班固《汉书》断代为史之后，历代正史——无论纪传、编年，都以断代为主，司马光《资治通鉴》的出现，使通史的体裁得到发展。《资治通鉴》全书294卷，约300多万字，记载了上起周威烈王二十三年(前403年)，下迄后周显德六年(959年)，前后共1362年的历史。全书按朝代分为十六纪，即《周纪》5卷、《秦纪》3卷、《汉纪》60卷、《魏纪》10卷、《晋纪》40卷、《宋纪》16卷、《齐纪》10卷、《梁纪》22卷、《陈纪》10卷、《隋纪》8卷、《唐纪》81卷、《后梁纪》6卷、《后唐纪》8卷、《后晋纪》6卷、《后汉纪》4卷、《后周纪》5卷，成为我国第一部最系统、最完备的编

① 转引自：曹之．中国古籍编撰史[M]．武汉：武汉大学出版社，1999：263.

年体通史。编年体本是中国最早的史籍体裁，但自西汉司马迁《史记》之后，纪传体便一统史坛，编年体从此沉寂无声，千余年后，《资治通鉴》的问世，恢复了编年体在历史上的地位，使编年体体裁进入了黄金发展期。

> 它以正史“本纪”为经，以“传”为纬，将“志”之大端编入相当之年，又充分运用追叙、插叙以及人物首出交代籍贯、世系等方法，较好地把纪传、编年优点荟萃为一篇。而《通鉴》的姊妹篇《通鉴目录》又可看作是“表”的演化。①

这样，《资治通鉴》使《春秋》开端至《左传》、《汉纪》成熟的编年体体裁得到了发展。为了“使读者晓然于记载之得失是非，而不复有所歧惑”②，司马光在编撰《资治通鉴》的同时，还撰写了《资治通鉴考异》30卷。此书按《资治通鉴》的编年次序排列，共有条目2977个，将司马光在撰写《通鉴》过程中对重大历史事件、地点、时间、相关历史人物所作考证一一加以收录，“修史之家，未有自撰一书，明所以去取之故者，有之，实自光始”③。司马光因此又创立了史书自注自考的新体例。

(二)纲目体史书的产生

纲目体是一种新形式的编年体史书体裁，由南宋著名思想家、教育家朱熹《资治通鉴纲目》首创，其特点是纪事仍以时为序，每事以大字提要为纲，小字分注为目，纲简目详，颇便查阅。司马光晚年欲折中《资治通鉴》之繁与《通鉴目录》之简，作《通鉴举要》，而未成。南宋初年，胡安国以司马光遗稿为基础，订补而成《通鉴举要补遗》。朱子病其“记识之弗强，不能有以领其要而及其详”④，乃于宋孝宗乾道年间，与弟子据以上四书，“别为义例，增损隐括”⑤，作《资治通鉴纲目》59卷。书中大字为提要，即“纲”，模仿《春秋》，以明“书法”；小字以叙事，即“目”，模仿《左传》，记评史事。朱熹在自序中叙述其体例曰：

---

① 张志哲．中国史籍概论[M]．南京：江苏古籍出版社，1988：342.

② (宋)司马光．资治通鉴考异[M]．《四库全书》原文及全文检索版．

③ (清)永瑢等．四库全书总目：卷47[M]．《四库全书》原文及全文检索版．

④ (宋)朱熹．晦庵集：卷75[M]．《四库全书》原文及全文检索版．

⑤ (宋)朱熹．晦庵集：卷75[M]．《四库全书》原文及全文检索版．

表岁以首年，而因年以著统，大书以提要，而分注以备言。①

朱熹又用双行小字对此进行了解释。“表岁以首年”即在大事所发生的年岁之行外书写某甲子，遇“甲”字、“子”字，则以朱书别之；即使无事，依举要亦备岁年。“因年以著统”即凡正统者，甲子下大书年号，非正统者则两行分注。“大书以提要”即以醒目大字把这一年的史事以提要形式写出来。“分注以备言”即以双行小字详注史事，其内容“有追原其始者，有遂言其终者，有详陈其事者，有备载其言者，有因始终而见者，有因拜罢而见者，有因事类而见者，有因家世而见者，有温公所立之言所取之论，有胡氏所收之说所著之评”②，颇为详备。《资治通鉴纲目》基本取材于《资治通鉴》，史料价值并不大，但它创造了一种新的史书体裁，成为继纪事本末体后史书之又一种重要的史书编纂体裁。两宋以后，这种体裁的史书成为史籍中一大宗。受其影响，后世出现了一批纲目体史书，如明商辂《资治通鉴纲目续编》、南轩《资治通鉴纲目前编》、清乾隆敕撰《资治通鉴纲目三编》等。

(三)纪事本末体史书的产生

编年、纪传、纪事本末是史书的三大体裁，编年始于先秦，纪传立于两汉，纪事本末则产生于南宋。纪事本末体是以事件为中心的史书体裁，创始于南宋史学家袁枢编撰的《通鉴纪事本末》。袁枢平日喜读《资治通鉴》，便根据《资治通鉴》记载的历史事实，以事件为中心，按照《资治通鉴》原来的年次，分类编辑，抄上原文，司马光的史论也一并抄入，每事标以醒目的标题，而袁氏本人不发表意见，不加一句话。全书编集了308件重大历史事件，按类编为239个事目，始于《三家分晋》，终于《世宗征淮南》，记述了1300多年的史事，共42卷。纪事本末之前，编年体与纪传体都记载历史事件，但它们在记事方面都存在着明显的不足：“纪传之法，或一事复见数篇，宾主莫辨。编年之法，或一事而隔越数卷，首尾难稽。”③袁枢《通鉴纪事本末》在编年体的基础上，将编年、纪传贯通为一，吸收了二体之长，使每一历史事件独立成篇，各篇按时间顺序编写，完整地反映历史事件的全过程，从而弥补了二者不足。清代学者章学诚特别推

---

① (宋)朱熹．晦庵集：卷75[M].《四库全书》原文及全文检索版．
② (宋)朱熹．晦庵集：卷75[M].《四库全书》原文及全文检索版．
③ (清)永瑢等．四库全书总目：卷49[M].《四库全书》原文及全文检索版．

赞这种体裁，称其是化腐朽为神奇之作，他说：

> 按本末之为体也，因事命篇，不为常格，非深知古今大体，天下经纶，不能网罗隐括，无遗无漏。文省于纪传，事豁于编年，决断去取，体圆用神。①

章学诚认为史书采用纪事本末体才能“起讫自如，无一言之或遗或溢也”②。袁枢《通鉴纪事本末》之后，纪事本末体与编年、纪传一起成为史书编撰的三大体裁，其继起者甚众，有明陈邦瞻的《宋史纪事本末》，清谷应泰的《明史纪事本末》、李有棠的《辽史纪事本末》、《金史纪事本末》等。

(四)史钞新体的产生

史钞体史书自汉代出现以后，到宋代又增加了四种新的体例，即：“《通鉴总类》之类则离析而编纂之，《十七史详节》之类则简汰而刊削之，《史汉精语》之类则采摭文句而存之，《两汉博闻》之类则割裂词藻而次之”。③《通鉴总类》20 卷为南宋沈枢撰。该书将司马光《资治通鉴》中事迹分离析出，分为 271 门，每门各以事标题，并略依时代先后为次，故称“离析而编纂之。”《十七史详节》为南宋著名学者吕祖谦所编，包括《史记详节》20 卷、《西汉书详节》30 卷、《东汉书详节》30 卷、《三国志详节》20 卷、《晋书详节》30 卷、《北史详节》28 卷、《南史详节》25 卷、《隋书详节》20 卷、《新唐书详节》60 卷、《新五代史详节》10 卷，共 10 种，273 卷，它的篇幅远少于原书，浓缩了“十七史”的精华，相当于“十七史”的节选本。它系节抄“十七史”而成，摘其精要，故称“简汰而刊削之”。《两汉博闻》12 卷，为宋杨侃所编，其中《汉书》7 卷、《后汉书》5 卷。该书摘录《汉书》与《后汉书》之文，不依篇第，不分门类，只简择其字句故事列为标目，故称“割裂词藻而次之”。

① (清)章学诚．文史通义新编新注[M]．仓修良，编注．杭州：浙江古籍出版社，2005：38.

② (清)章学诚．文史通义新编新注[M]．仓修良，编注．杭州：浙江古籍出版社，2005：38.

③ (清)永瑢等．四库全书总目：卷 65[M]．《四库全书》原文及全文检索版．

（五）辑录体提要目录创立

辑录体提要目录是广泛辑录与该书有关的文献资料作为提要的目录，南宋高似孙《史略》已经采用这种方法。《史略》是一部史学专题书目，每书撰有提要，如卷一《太史公史记》下，先引《汉书·艺文志》卫宏《旧议》之文，叙《史记》缺补情况，然后辑录《太史公自序》成文及扬雄、班彪、班固、范晔、刘昭、张辅、葛洪、裴骃、王通、司马贞、刘伯庄、韩愈、柳宗元、刘知幾、白居易、皇甫湜、郑覃、殷侑、崔鸿等人论《史记》之语，并稍加评述，说明自己的看法。其他各书提要也多摘引前代诸家原文。到了元代，马端临《文献通考·经籍考》使辑录体提要目录更加完善，该书四部55类，无论全书总序、各类小序，还是各书提要，均非马端临本人撰写，都是从各类典籍中辑录而成，“凡议论所及，可以纪其著作之本末，考其流传之真伪，订其文理之纯驳者”①，都编在目录提要之中。《文献通考·经籍考》以晁公武《郡斋读书志》和陈振孙《直斋书录解题》为主要依据，除此之外，还辑录了《汉书·艺文志》、《隋书·经籍志》、《新唐书·艺文志》、宋《国史艺文志》、《崇文总目》、《通志·艺文略》、正史列传、各书序跋和文集、语录中的有关文字。它保存了前代大量的原始文献，为读者提供各种相关资料，非常有利于研究者从多种角度进行专题研究。

马氏《经籍考》之所以采用辑录体形式，是由《文献通考》全书的体例决定的。《文献通考》是一部政书体史书，全书的编纂就是辑录前代典籍有关典章制度方面的资料，《经籍考》作为全书24门中的一门，必须与全书体例保持一致，故采用辑录体。

由于辑录体体例的优点，清代的《续文献通考·经籍考》、《清朝文献通考·经籍考》、朱彝尊《经义考》、谢启昆《小学考》、章学诚《史籍考》、张金吾《爱日精庐藏书志》、陆心源《皕宋楼藏书志》等目录著作均采用了这种撰写提要的方法，可见辑录体目录对后世目录著作的影响。

（六）丛书的出现

丛书是汇集有关著作并冠以总名的一种图书，产生于南宋。南宋嘉泰二年（1202年）俞鼎孙、俞经编辑前代著作成《儒学警语》，该书共收书六种，即《石林燕语辨》10卷、《演繁露》6卷、《嫩真子绿》5卷、《考古编》

---

① （元）马端临．文献通考：自序[M]．《四库全书》原文及全文检索版．

10卷、《扪虱新话》8卷、《莹雪丛说》2卷，共41卷。由于《扪虱新话》分上、下两集，故本书又号称《儒学警悟七集》。《儒学警语》是我国第一部综合性丛书。七十年后，南宋咸淳九年(1273年)左圭辑成另一部综合性丛书《百川学海》，共汇辑了唐宋人野史杂说、宋人诗话、六朝著作等100多种，分为10集179卷，内容更加丰富。《儒学警悟》与《百川学海》两书被视为中国丛书的鼻祖，它们是出现于两宋时期的又一新型图书。

(七)经注合一的编撰方式

宋代以前，为经传作注解的著作并不与本书合在一起，而是各自为书，分别而行。至宋代，刻书者将注解散入本书之下，二者于是合而为一。钱大昕曾云：

> 唐人撰九经注疏，本与注别行，故其分卷亦不与经注同。自宋以后刊本，合注与疏为一书，而疏之卷第遂不可考矣。①

《史记》三家注“初各为部帙”，也是到了北宋“始合为一编”。② 经注合一的产生主要是满足阅读的需要，未合之前，读者诵习，原书与注解要分持两本，颇为不便；合编之后，只需一本，经注两全，十分便利；而宋代雕版印刷的普及也使大部头书籍的出版成为了可能。但经注合一也有缺点，如果刻书者校勘不精，在长时间的流传过程中，注文经常会参入到本文中，读者不察，将会误读，甚至原书的本来面目也无法还原。

编例的研究

在宋代，研究者们仍然注重以例求义的方法，因此研究《春秋》编例的著作较多。关于《春秋》编例的研究专著，有宋代叶梦得《春秋指要总例》2卷，石公孺《春秋类例》12卷，胡安国《春秋通例》1卷，邹氏《春秋总例》1卷，陈德宁《公羊新例》14卷，《穀梁新例》6卷，张大亨《春秋五礼例宗》10卷，赵瞻《春秋经解义例》20卷，丁副《春秋演圣统例》20卷，冯正符《春秋得法志例论》30卷，王皙《春秋明例隐括图》1卷，崔子方《春秋本例》20卷、《例要》1卷，毕良史《春秋通例》15卷③，程迥《春秋显微

---

① (清)钱大昕．十驾斋养新录：注疏旧本[M]．南京：江苏古籍出版社，2000：59.

② (清)永瑢等．四库全书总目：卷45[M]．《四库全书》原文及全文检索版．

③ 《宋史》著录毕良史《春秋正辞》20卷；《文献通考》著录《春秋正辞》、《通例》共35卷；《经义考》则著录《春秋通例》15卷。此以《经义考》为据。

例目》1 卷，陈知柔《春秋义例》12 卷，朱临《春秋统例》20 卷，刘敞《春秋说例》2 卷①等。元代关于《春秋》编例的专著不多，主要有吴澄的《春秋纂例》12 卷，卷首为总例，共七篇。这个时期关于《周易》编例的研究著作有宋代黄黎献《周易略例义》1 卷、顾棠《周易义类》3 卷等。从数量上，我们可以看出，单是有关《春秋》编例的专著已经超过隋唐时代；从内容上看，其研究范围也比隋唐时代更宽泛。

值得注意的是，这个时期，宋代郑樵所著《通志·艺文略》中，对各部类著作又根据其内容的不同分别予以归类并注明，在著录经部“易类”著作时，有云“‘右类例’十部三十卷”；在著录“春秋类”著作时，有云“‘右条例’二十四部二百三十五卷”。此处，“类例”、“条例”之作即是关于《周易》、《春秋》编例的专著。这说明，到宋元时期对《春秋》、《周易》编例研究的专著已经相当之多，其数量引起了目录学家的注意，以至于专门列类著录。

编例的特点

从隋唐时期开始，编例已经渐渐脱离序文，开始独立成篇。宋元时期的编例继续深化普及这一过程，其内容不断完善，许多书籍在编制时候先定制编例，在出版时，编例或另行撰写，与书籍别行，或作为单篇列于书籍之中，并且明确以“凡例”标题。北宋司马光编撰《资治通鉴》，共分为四个阶段，其第一步就是编制全书编例，确定全书编撰的大纲和遵循的原则。这些具体的编撰方法，司马光专撰《通鉴释例》一书作了详细说明。孝宗乾道二年(1166 年)，其遗稿已散乱，仅存的一部分，脱略也十分严重。司马光的曾孙司马伋将其撮取分类，为 36 例，付梓刻印。今本《通鉴释例》只有 12 例，盖后人将细目合并，或又有遗佚。华东师范大学中国史学研究所邬国义曾撰《〈通鉴释例〉三十六例的新发现》一文，作者根据元初张氏晦明轩刻本《增节入注附音司马温公资治通鉴》考证出《通鉴释例》三十六例的全文，与现存十二例进行了比较，并对此三十六例作了笺注，这些都成为我们研究《资治通鉴》的重要资料和依据。南宋朱熹《资治通鉴纲目》有“编例”，分统系、岁年、名号、即位、改元、尊立、崩葬、篡贼、废徙、祭祀、行幸、恩泽、朝会、封拜、征伐、废黜、罢免、人事、灾祥 9 门，共 137 条，自古图书所列编例，无有如此之多者。朱熹所作另一著作《韩文考异》亦有编例。南宋陈均《九朝编年备要》“凡例”分

---

① 《玉海》著录为 2 卷，《中兴书目》著录为 1 卷。此以《玉海》为据。

“正例”、“杂例”两大类，“正例”又分灾祥、沿革、号令、征伐、杀生、除拜诸条，“杂例”又分行幸、赐宴、缮修、郊祠、赏赐、进书、振恤、蛮夷朝贡、蛮夷君长死立诸条，共15条。另有变例，则随事立于文中。元代独立的编例更多。熊忠《古今韵会举要》有“凡例”32条，分韵例、音例、字例、义例4类；俞皋《春秋集传释义大成》有“凡例”16条；李廉《春秋会通》有“凡例”10条；汪克宽《春秋胡传附录纂疏》有“凡例”10条；滑寿《难经本义》有“凡例”7条；景星《大学中庸集说启蒙》有“凡例”7条；张存中《四书通例》有“凡例”8条；胡炳文《四书通》有“凡例”8条；董鼎《书传辑录纂注》有“凡例”8条。需要说明的是，这个时期仍然有不少书籍编例仍然内含于序文之中，仍然有不少序文仍标题为“序(叙)例”。

六、明清——繁荣时期

明清是图书编撰的繁荣时期，在前代发展的基础上，这个时期的图书数量众多，种类齐全，体裁大备，图书编例也更加细密，具有总结性和规范化的特点。

图书的数量和种类

明代著作数量极多，《明史·艺文志》序云：

> 第有明一代以来，君臣崇尚文雅，列圣之著述，内府咸有开板。而一时之著作，亦有彬彬。崇正学者，多以濂洛为宗；尚辞藻者、亦以班扬为志。迨夫博雅淹通之士，著述尤多。故其篇帙繁复，远过前人。①

明代黄虞稷《千顷堂书目》主要搜集明代著作，共12000余种，《明史·艺文志》以此为底本修改而成，著录明代著作4633部，96977卷，这个数字基本反映了明代图书编撰的情况。清代是我国图书编撰的极盛时期，图书编撰的数量大大超过前代，关于其总数，吴士鉴等《清史稿·艺文志》著录9633种，138078卷，武作成《补编》又增补10438种，93772卷，合计20071种，231850卷。山东大学古籍整理研究所王绍曾等所编

---

① 转引自：曹之．中国古籍编撰史[M]．武汉：武汉大学出版社，1999：313.

《清史稿艺文志拾遗》旨在补著前二书未录之书，拾遗补阙 54880 种，数量空前，超过《清史稿·艺文志》及《补编》两书收书总数一倍多。上述三书，共计著录清代著作 74951 种，这个数字大体上比较接近清代著述的总量。

明清时期四部图书大备，经史子集各类书籍都大大发展，数量尤多。史书中方志大量涌现，在清代达到全盛，其数量多、种类全，在编例和内容方面更加充实和完备。据统计，明代地方志有 770 多种，而清代地方志则有 5700 多种，占总数的一半还多。全国有一统志，省有省志，府有府志，州有州志，县有县志，此外还出现了边关志，以及村镇志等。明清时期的方志，不但数量巨大，种类也极其繁多，编例更趋完善。明末开始，伴随着西方资本主义的对外扩张，西学传入东方，明代先后翻译了 120 多种反映西方科学技术的书籍。明代杂史数量较多，《明史·艺文志》著录有数百种，谢国祯《增订晚明史籍考》著录明末杂史一千多种，多为明人所作。明代文集也很多，据统计，明代文集传世者约有两千余种。清代丛书、家谱的编撰也不少。

编例的创新

明清时期是图书编撰发展的繁荣期，这个时期的图书编例表现出总结性和集大成的特点。

(一)学案体著作的产生

学案体是记述学术源流、学派思想及其演变的一种史书体裁。宋代朱熹《伊洛渊源录》已具学术史著作的雏形，但体例不完整，明末清初黄宗羲《明儒学案》、全祖望等《宋元学案》正式确立了这一史书体裁并使其更加完善。《明儒学案》首先按照儒学师承渊源关系，将各家学术分成若干派别，每个派别立一学案；每学案前先作小序，概括说明本学派渊源及传授系统，其下分列此派各学者，依次介绍；每人先立小传，叙其生平概况及学术宗旨，再摘录其重要著作或语录，以具体的材料表明各学者的思想见解，间有作者自己的意见，这就形成了脉络清晰、结构严谨的学案体史书体制。黄宗羲在写完《明儒学案》之后，就准备编写《宋元学案》，未竟而卒，后其弟子全祖望等人续修完成，计 100 卷。与《明儒学案》相比，《宋元学案》有《序录》一篇，说明全书的规模和每卷的内容与主旨，具有发凡起例的总纲性质；《宋元学案》于每一学案增设一表，反映案主的师友、门人、亲属等关系，使宋代学派林立、头绪纷繁的师承学统关系一目了然，更加清晰；《宋元学案》在每一学案之后，多载时人或后人评论，使观者可以明其主旨与得失。这样，学案体这种史体由于《宋元学案》的成书而进一步完备。学案体史书实为学术思想史专著，也是继编年体、纪传体、纪事本末体、典志体等主要史书体裁之后出现的又一新的史书体裁，为后学研究断代或历代学术思想史及沿革，提供了详实可靠的文献资料。

(二)索引的正式产生

明清时期出现了另一种形式的书籍——索引。中国的索引源远流长，魏晋南北朝时代出现的类书，将采自群书的资料分类编排，冠以类目名称，每条资料均注明出处。这种形式，已具索引的雏形。但是，严格意义的索引，到明清时代才真正出现。明代张士佩的《洪武正韵玉键》1 卷，是《洪武正韵》所收各字的分类索引。明末著名学者傅山的《两汉书姓名韵》，将《汉书》、《后汉书》中的人名分韵编排，详注出处，是我国最早的人名索引。清顺治九年(1652 年)，蔡烈先编成《本草万方针线》，是为李时珍《本草纲目》所编的方剂索引。蔡烈先把《本草纲目》中散见各处的 1 万多个药方按病种门类重新排序，注明治疗某病有哪些药方，这些药方分别见于《本草纲目》某卷某页。该索引篇幅较大，体例严谨，实用性强，蔡氏欣慰地说："有《本草》者不可无此《针线》。家家有《本草》，有此《针线》，百病千方，顷刻可用，人尽医矣。于以救人，不无小补。"①乾隆年间，汪辉祖编出《史姓韵编》64 卷，收录《史记》至《明史》二十四史中的人名，以立有专传的人名为主，兼收附传的人名。根据人物的姓所属韵部，按 106 韵编排。陶治元编的《皇清经解敬修堂编目》16 卷，是大型丛书《皇清经解》的索引，标引细密，很有特色。清黎永椿编著《说文通检》14 卷，此书为翻检《说文》而设，把《说文解字》的字头篆书改成楷书，按笔画编排，下注原书卷部，为查考原书提供方便。

(三)类书体例的完善

类书发展到明清，类型更加齐全，编制更加精湛，体例亦更加完善，我国历史上最大的类书和现存最大的类书都产生于这个时期。《永乐大典》是明成祖永乐年间命解缙等人所编的一部类书，是我国历史上内容最

① 万方针线[EB/OL].(2008-10-08)[2009-02-26]. http://baike.baidu.com/view/1910592.htm.

广博、卷帙最庞大的一部综合性类书，人称“世界上最大的百科全书”。全书正文 22877 卷，凡例和目录 60 卷，总计 22937 卷，装成 11095 册，总字数约 3 亿 7 千万字。《永乐大典》是按韵编排类书的代表性著作，其体例是以明初官修的《洪武正韵》的 76 韵依次编排辑录的资料。即：以单字为目，以韵系字，每单字下详注音、义，并录该字篆、隶、楷、草各种字体，然后分类辑入与该字有关的天文、地理、人事、名物等史实典故和诗文词曲。这就是“用韵以统字，用字以系事”的编辑方法。其采录古籍资料，均注明出处，且书名、作者都以红字写出，极为醒目；其摘引典籍，或录其片段，或整篇、整部抄入，一字不易，甚为完整，保存了大量珍贵的古代文献资料。明代还出现了图文并茂的图谱性类书，从图谱和文字两方面来阐述事物的源流，如王圻《三才图会》和章潢《图书编》。

《古今图书集成》是我国现存最大的一部类书，清朝康熙时期由福建侯官人陈梦雷(1650—1741 年)所编，全书共 10000 卷，目录 40 卷。《古今图书集成》部头巨大，资料浩瀚，但全书的编排条理清楚，繁而不乱。它彻底贯彻“以类聚事”的原则，设立了一个由“汇编”、“典”、“部”组成、层层展开的三级类目。首分历象、方舆、明论、博物、理学、经济 6 汇编；汇编之下又分典，计分干象、岁功、历法、庶征、坤舆、职方、山川、边裔、皇极、宫闱、家范、交谊、氏族、人事、闺媛、艺术、神异、禽虫、草木、经籍、学行、文学、字学、选举、铨衡、食货、礼仪、乐律、戎政、祥刑、考工 32 典；典下分部，共 6117 部。各部下的资料按分类原则编排，设有“汇考”、“总论”、“图表”、“列传”、“艺文”、“选句”、“纪事”、“杂录”、“外编”等项，无者缺之。《古今图书集成》不仅收罗宏富，而且分类细密，为读者检索提供了方便，是现存规模最大、资料最丰富、体例最完善的一部类书。

清代还出现了专门辑录女性史料的类书《奁史》，有关古代女性历史的记录，向来稀少且不具系统，这部大型的综合性类书从浩如烟海的史籍中辑录不少女性生活的记载，实在弥足珍贵，值得重视。

(四)书目著作的完备

《四库全书总目》成书于清代乾隆年间，是我国古代规模最为巨大的一部官修图书目录。全书 200 卷，著录图书 10223 种，172626 卷(包括存目)，基本上包括了清乾隆以前中国古代的重要著作。《四库全书总目》(《总目》)不但规模巨大，而且体例完备，是古典目录学的集大成之作。

首先，它吸收古今书目分类的成就，建立了一个符合当时学术特点和图书情况的分类体系。《总目》首分经、史、子、集四部；每部又分类，经部分10类，史部分15类，子部分14类，集部分5类，共计44类；每类之中"流别繁碎者又各析子目"，形成一个四部、44类、66子目的分类系统，这是一个组织严密、层次分明、脉络清晰的分类体系，展示了清代学术源流状况。在类目的设置上，《总目》"务求典据"，研究比较历代书目著作的短长，择善而从；并根据学术与图书发展的实际情况，或调整旧类目，或增设新类目，以适应新形势。《总目》使四部分类法更加完善，后世书目分类多以之为准绳，阮元《天一阁书目》、张金吾《爱日精庐藏书志》、瞿镛《铁琴铜剑楼藏书目录》、陆心源《皕宋楼藏书志》、丁丙《善本书室藏书志》等都谨守其法，即使现在的古籍分类也还用到它，可见其分类体系影响之大。

其次，《总目》提要的撰写在古代书目中最为完备。解题目录创始于汉代刘向、刘歆《别录》、《七略》，历经南北朝王俭《七志》、元代马端临《文献通考·经籍考》的发展，提要目录逐渐成熟完善。《总目》吸收了汉代刘向、刘歆以来历代如唐代元行冲，宋代王尧臣、晁公武、陈振孙，元代马端临，清初钱曾、朱彝尊等人撰写书目提要的经验，将叙录体、传录体、辑录体融为一体，"先列作者之爵里以论世知人，次考本书之得失，权众说之异同，以及文字增删，篇帙分合，皆详为订辨，巨细不遗。而人品学术之醇疵，国纪朝章之法戒，亦未尝不各昭彰瘅，用着劝惩"①。对著者生平、图书优劣、版本源流等内容都一一详细说明。余嘉锡因此评价曰："《四库提要》叙作者之爵里，详典籍之源流，别白是非，旁通曲证，使瑕瑜不掩，淄渑以别，持比向、歆，殆无多让；至于剖析条流，斟酌今古，辨章学术，高挹群言，尤非王尧臣、晁公武等所能望项背，故曰自《别录》以来才有此书，非过论也。"②《总目》撰写提要的方式为后代许多书目著作所仿效。

最后，在图书的著录上，《总目》首创"存目"之例。《总目》著录图书分为"著录"书和"存目"书两大部分，"著录"之书多为"阐明性学治法，关系世道人心者"，"发挥传注，考核典章，旁暨九流百家之言，有裨实用者"，以及专门撰述、长短互见、瑕瑜不掩、各自成家者；而"言非立训，义或违经"，以及"寻常著述，未越群流"，乃至"俚浅讹谬"者，则入"存目"。"著录"之书，写为定本，收入《四库全书》之内；"存目"之书只

---

① （清）永瑢等．四库全书总目：卷首3[M]．《四库全书》原文及全文检索版．

② 余嘉锡．四库提要辨证：序录[M]．第2版．北京：中华书局，2007.

存其目，不收入《四库全书》，但在《四库全书总目》中同样撰写提要。这样，“存目”这一创例使读者可以略见6000多种四库未收之书的梗概，而不致湮没无闻。

总之，《四库全书总目》吸收古代书目编撰的经验和精华，并进行创造性发展，使古典目录学发展到最高的水平，代表了古代目录学的最高成就。

(五)章回体小说出现

章回体小说是中国古典长篇小说的主要形式，元末明初出现。它是由宋元时期的“讲史话本”发展而来的。“讲史”就是说书的艺人们讲述历代兴亡和战争的故事。讲史一般都很长，艺人在表演时必须分为若干次才能讲完。每讲一次，就等于后来章回体小说中的一回。在每次讲说以前，艺人要用题目向听众揭示主要内容，这就是章回体小说回目的起源。经过长期的孕育，在明代初年出现了首批章回体小说，其中著名的有《三国志通俗演义》、《水浒传》等。这些小说都是在民间长期流传，经过说话艺人补充内容，逐渐丰富，最后由作家加工改写而成的。明代中叶以后，章回体小说的发展更加成熟，出现了《西游记》、《西厢记》、《金瓶梅》等著名作品。由于社会生活日益丰富，这些章回体小说的故事情节更趋复杂，描写也更为细腻，它们在内容上和讲史已没有多少联系，只是在体裁上还保持着讲史的痕迹。这就是清代写作的《红楼梦》还有“看官”、“且说”等词句的原因。

编例的研究

明清时期对编例研究的发展主要表现在研究范围的进一步扩大和研究内容的丰富。这个时期，除了继承以往关于《春秋》编例的研究，如明代周希圣《春秋总例》12卷，清代刘逢禄《公羊何氏释例》、许桂林《穀梁释例》外，还出现了前代较少涉及的编例研究，王筠著《说文释例》20卷、刘师培著《毛诗词例举要》。其中，王筠的《说文释例》是一部专门研究《说文》体例和文字学规律的著作；全书共20卷，分40多种条例来探求《说文》编例。《毛诗词例举要》有详本和略本二种，略本刊于《国故》1919年3月一卷二期，共24例；详本为民国24年南氏校刻刘氏遗书时于其家所得，由其弟子彭作桢为之写正，所考毛诗传释体例有连类并称、举类为释、增字为释等31种。

以上几部著作是对一书编例的研究，属于单书释例著作，清俞樾《古书疑义举例》7卷则是群书释例之作，此书发举九经诸子行文之例88条，逐一立例论证，说明古书措辞造句的种种原则，颇为详致。近人刘师培《古书疑义举例补》、杨树达《古书疑义举例续补》、马叙伦撰《古书疑义举例校录》等，均是在此基础之上的赓续之作，不断发明论证群书义例。

编例的特点

明清时期是封建社会的全盛时期，也是文化的大总结时期，图书编撰事业达到了极盛，各类图书的编例已经相当成熟和规范，这个时期的图书，无论官修私撰，无论卷帙大小，其编例大多专篇独立地列于本书之中，“凡例”已经成为图书不可或缺的组成部分。而且，在不断发展的过程中编例愈加繁密详细，内容愈加全面丰富。

这个时期，官修书如明《洪武正韵》有“凡例”8 条，清《春秋大全》有“凡例”12 条，《钦定礼记义疏》有“凡例”17 条，乾隆三十二年(1767 年)《续通志》有”凡例”20 则，《钦定音韵述微》有“凡例”15 条，《康熙字典》有“凡例”18 条，《南巡盛典》有“凡例”17 条，《全唐诗》有”凡例”23 条，《钦定日下旧闻》有“凡例”18 则，等等。私人著述编例则更多，如明郑若曾《江南经略》有“凡例”12 条，庐之颐《本草乘雅半偈》有“凡例”12 则，蔡清《四书引蒙》有“凡例”13 条，陈第《屈宋古音义》有“凡例”4 条，赵撝谦《六书本义》有“凡例”9 条，石光霁《春秋书法钩元》有“凡例”4 条；清陈吁《勾股引蒙》有“凡例”11 则，盛世佐《仪礼集编》有“凡例”12 则，钱澄之《田间易学》有“凡例”14 条、《田间诗学》有“凡例”13 条，秦蕙田《五礼通考》有“凡例”14 条，梁寅《诗演义》有“凡例”9 条，李清馥《闽中理学渊源考》有“凡例”18 条，沈德潜《清诗别裁集》有“凡例”23 则，等等。有些图书卷帙无多，规模极小，亦先列编例于卷首，如清《神农本草经百种录》1 卷有“凡例”8 条，任陈晋《易象大意存解》1 卷有“凡例”7 条，徐大椿《道德经注》2 卷有“凡例”5 条，陆廷灿《续茶经》3 卷有“凡例”7 条，高士奇《江村销夏录》3 卷有“凡例”7 条。明代成祖朱棣重视方志的修撰，曾于永乐十年(1412 年)颁布《修志凡例》(见附录)，永乐十六年(1418 年)颁布《纂修志书凡例》(见附录)，这是中国历史上最早以朝廷名义发布的“凡例”；清朝政府对地方志编例亦有明确规定，康熙帝曾将贾汉复主修的《河南通志》颁行全国，作为统一的格式。康熙二十九年(1690 年)，河南巡抚曾通令所属府、州县编修志书，还颁发牌照，提出编例 23 条，详细规定了时间断限、材料取舍、文字详略、史实考订、叙事先后，以及地图绘制等。这都说明明清时期图书编制的规范和精细，编例成为图书编撰必需的原则、规范和依据，充分发挥了其总括全书的纲领性作用。

第三章　古书通例

古书通例是适用于所有古籍的编例，亦是从古籍全体出发所总结出来的编写规律、规则与方法。经部图书与子部图书的编例主要体现在古书通例中，故而此章所言通例既是所有古籍之编例，亦特指经书与子书之编例。

一、古书书名

书名就是书籍的名字，它是了解书籍的第一窗口，于一书非常重要。清代钮琇曾言：

> 著书必先命名。所命之书与所著之书，明简确切，然后可传。若意尚新奇，字谋代替，一有谬误，遂生訾议，不可不慎也。①

书名史略

书之有名，其源甚早。《庄子·天运篇》云：

> 丘治《诗》、《书》、《礼》、《乐》、《易》、《春秋》六经。②

可见，至迟在春秋末期就出现了六种经书的书名。《礼记·坊记》引用《论语》中的话："《论语》曰：'三年无改于父之道，可谓孝矣。'"③《礼

① （清）钮琇．觚剩：卷1［M］．扬州：江苏广陵古籍刻印社，1983.
② （晋）郭象．庄子注：卷5［M］．《四库全书》原文及全文检索版．
③ （汉）郑玄．礼记注疏：卷51［M］．（唐）孔颖达，疏．《四库全书》原文及全文检索版．

记·坊记》相传为孔子之孙子思所作，子思姓孔名伋，战国初期人。可见，最晚在战国初期就有了《论语》之名。有关学者通过研究简帛等出土文献也认为“战国乃至春秋时已有书名的书不乏记载”①。汉代以后，书名逐渐多了起来。《史记·郦生陆贾列传》云：

(高帝)谓陆生曰：“试为我著秦所以失天下，吾所以得之者何，及古成败之国。”陆生乃粗述存亡之征，凡著十二篇，每奏一篇，高帝未尝不称善，左右呼万岁，号其书曰《新语》。②

这说明陆贾之书有名曰《新语》。《司马穰苴列传》云：“齐威王使大夫追论古者司马兵法，而附穰苴于其中，因号曰《司马穰苴兵法》。”③可见，司马穰苴兵法之书有名曰《司马穰苴兵法》。《汉书·扬雄传》云：“有好事者载酒肴从游学，而巨鹿侯芭常从雄居，受其《太玄》、《法言》焉。”④是扬雄《太玄》、《法言》二书于汉代已具定名。

春秋战国时期即已出现书名，但此时具有书名的书籍只是少数，且先秦以至秦汉时期所具之书名多为后人所追加，并非出于著者之自定。《史记·老子韩非列传》云：

于是老子乃著书上下篇，言道德之意五千言而去。⑤

《孟子荀卿列传》云：

慎到著十二论，环渊著上下篇。⑥

《汉书·贾谊传》云：

凡所著述五十八篇。⑦

---

① 高大伦．简策制度中几个问题的考辨[J]．文献，1987(4)：259.
② (汉)司马迁．史记：卷97[M]．《四库全书》原文及全文检索版．
③ (汉)司马迁．史记：卷64[M]．《四库全书》原文及全文检索版．
④ (汉)班固．汉书：卷87[M]．《四库全书》原文及全文检索版．
⑤ (汉)司马迁．史记：卷63[M]．《四库全书》原文及全文检索版．
⑥ (汉)司马迁．史记：卷74[M]．《四库全书》原文及全文检索版．
⑦ (汉)班固．汉书：卷48[M]．《四库全书》原文及全文检索版．

《公孙贺传》云：

贺祖父昆邪，著书十余篇。①

《后汉书·文苑传》载王隆“能文章，所著诗、赋、铭、书凡二十六篇”②；夏牙“少习家业，著赋、颂、赞、诔凡四十篇”③；黄香“所著赋、笺、奏、书、令凡五篇”④，等等。此所述诸人之著作均只概言若干篇若干言，而不明言所著书名，可见当时未有命名。又《史记·老子韩非列传》云：

作《孤愤》、《五蠹》、《内外储说》、《说林》、《说难》，十余万言。⑤

《汉书·董仲舒传》云：

仲舒所著，皆明经术之意，及上疏条教凡百二十三篇，而说《春秋》事得失，《闻举》、《玉杯》、《繁露》、《清明》、《竹林》之属，复数十余万言。⑥

此所述诸书，虽有篇名，但仍无全书之名。《史记·平原君虞卿列传》云：

不得意，乃著书。上采《春秋》，下观近世，曰《节》、《义》、《称》、《号》、《揣》、《摩》、《政》、《谋》，凡八篇，以刺讥国家得失，世传之曰《虞氏春秋》。⑦

《司马穰苴列传》云：

① (汉)班固．汉书：卷66[M]．《四库全书》原文及全文检索版．
② (宋)范晔．后汉书：卷110[M]．《四库全书》原文及全文检索版．
③ (宋)范晔．后汉书：卷110[M]．《四库全书》原文及全文检索版．
④ (宋)范晔．后汉书：卷110[M]．《四库全书》原文及全文检索版．
⑤ (汉)司马迁．史记：卷63[M]．《四库全书》原文及全文检索版．
⑥ (汉)班固．汉书：卷56[M]．《四库全书》原文及全文检索版．
⑦ (汉)司马迁．史记：卷76[M]．《四库全书》原文及全文检索版．

齐威王使大夫追论古者司马兵法，而附穰苴于其中，因号曰《司马穰苴兵法》。①

上引《郦生陆贾列传》所云“号其书曰《新语》”，等等，此所述诸书，虽有书名，但均是他人所号，《虞氏春秋》为世俗之人所称，《司马穰苴兵法》为齐威王大夫之所号，《新语》乃高帝之所称，皆非作者自己命名。其他如《史记·老子韩非列传》、《孙子吴起列传》、《魏公子列传》、《司马相如列传》等都有类似记载，故余嘉锡云：“古书之命名，多后人所追题，不皆出于作者之手。”②宋叶梦得云：“古书名篇，多出后人。”③

自撰书名始自吕不韦《吕氏春秋》。《史记·吕不韦列传》云：

是时诸侯多辩士，如荀卿之徒，著书布天下，不韦乃使其客人人著所闻，集论以为《八览》、《六论》、《十二纪》，十二余万言，以为备天地万物古今之事，号曰《吕氏春秋》。④

余嘉锡云：

此言以为备天地万物古今之事，号曰《吕氏春秋》，则《春秋》之名，出于不韦之意，与他书为时人所号者不同。⑤

故“自著书而自命之名，始见于此”⑥。其后，淮南王刘安，招致宾客方术之士数千人，作《内书》21篇，《外书》多篇，亦自号其书曰《鸿烈》。秦汉出现了自撰书名之例，但为数极少，只是个别现象；汉代之后随着书名的普遍化，自定书名亦随之多了起来。

春秋之前，图书稀少；战国时代，诸子蜂起，著作增多；故先秦图书的命名多与人有关。据《汉书·艺文志》著录，《服氏》、《晏子》、《孟

① (汉)司马迁．史记：卷64[M].《四库全书》原文及全文检索版．

② 余嘉锡．古书通例[M]//余嘉锡．余嘉锡说文献学．上海：上海古籍出版社，2001：187.

③ (宋)叶梦得．避暑录话：卷1[M].《四库全书》原文及全文检索版．

④ (汉)司马迁．史记：卷85[M].《四库全书》原文及全文检索版．

⑤ 余嘉锡．古书通例[M]//余嘉锡．余嘉锡说文献学．上海：上海古籍出版社，2001：193.

⑥ 余嘉锡．古书通例[M]//余嘉锡．余嘉锡说文献学．上海：上海古籍出版社，2001：193.

子》、《董子》等是以作者之姓为书名；《史籀》等是以作者之"身份+名"为书名；《公孙龙子》、《韩非子》、《李克》等是以著者之名为书名；《鹖冠子》、《野老》等是以作者之号为书名；《广武君》，作者为赵国谋士李左车，封广武君，此是以作者之官名封号为书名；《左氏微》、《屈原赋》、《唐勒赋》、《宋玉赋》等是以"作者+文体"为书名。作者不可考之书，《汉书·艺文志》则以其他方式命名。例如，《汉书·艺文志》"儒家"类有《内业》15 篇、《谰言》10 篇、《功议》4 篇、《儒家言》18 篇，"阴阳家"类有《杂阴阳》38 篇、《卫侯官》12 篇，"法家"类有《燕十事》10 篇、《法家言》2 篇，"道家"类有《道家言》2 篇，"杂家"类有《杂家言》1 篇，并注曰"不知作书者"或"不知作者"等言，此皆《数术略序》所谓"虽有其书，而亡其人"之类。其中，"《内业》、《谰言》等书盖皆后人之所题，或即用其首篇之名以名书。《儒家言》、《杂阴阳》、《法家言》、《杂家言》，则是刘向校雠群书时，因其既无书名，姓氏又无可考，姑以其所学者题之耳，皆非其本名"。① 此外，还有以全书首篇数字命名者，这主要是由于古代图书简陋，多是单篇流传，篇名即是书名，而篇名多以首句数字命名。孔颖达《毛诗正义》云：

> 名篇之例，义无定准，多不过五，少才取一，或偏举两字，或全取一句。偏举则或上或下，全取则或尽或余，亦有舍其篇首，撮章中之以言，或复都遗见文，假外理以定称。②

《急就章》首句云："急就奇觚与众异。"因取首二字为书名。王国维《史籀篇疏证序》云：

> 《诗》、《书》及周秦诸子，大抵以二字名篇，此古代书名之通例。字书亦然，《苍颉篇》首句虽不可考，然《流沙坠简》卷二第十八简上有汉人学书字，中有"苍颉作"三字，疑是《苍颉篇》首句中语，故学书者书之。其全句当云'苍颉作书'，句法正仿"大史籀书"。《爰历》、《博学》、《凡将》诸篇，当亦以首二字名篇，今《急就篇》尚存，可证也。③

---

① 余嘉锡．古书通例[M]//余嘉锡．余嘉锡说文献学．上海：上海古籍出版社，2001：193.

② (唐)孔颖达．毛诗正义[M].《四库全书》原文及全文检索版．

③ 王国维．观堂集林：卷 5[M]．北京：中华书局，1959：253.

古书多单篇流传，故篇名即书名。1972年山东临沂银雀山出土竹简有《唐革》二十枚，罗福颐考定“唐革”即“唐勒”，得到公认。但这篇文章经李学勤考订应是宋玉作品，之所以取名《唐革》，是因为首句为“唐革与宋玉言御襄王前”。①

古书命名方式

汉代以后，图书命名渐趋增多，其命名方法也越来越复杂，归纳起来主要有两类：一类与图书内容有关，一类与图书著者有关。

(一)与图书内容有关的命名

与图书内容有关的命名主要有以下几种命名方式：

第一，以本书的编撰宗旨或编撰目的命名。皇侃云：

> 名书之法，必据体以立称，如以孝为体者，则谓之《孝经》，以庄敬为体者，则谓之《礼记》。②

这里，“体”就是一书的内容核心和主旨所在。如《资治通鉴》是以古为镜，资以治道，以维护当时的国家统治；唐开元时课试之法，是裁纸为帖，白居易《白孔六帖》“为制科特设，故以‘帖’为名”。③

第二，以书中涉及的时间命名。这种命名方式以“二十六史”为代表，除《史记》、《南史》、《北史》外，其他23部纪传体正史均以其记述史事的朝代命名，如《汉书》、《三国志》、《晋书》、《宋史》、《明史》等。清孙之騄《二申野录》8卷，“采录明一代妖异之事，编年记载，始于洪武元年戊申，终于崇祯十七年甲申，故以‘二申’为名”④。“二申”标明了记述内容的时间起讫。宋李丙《丁未录》200卷记述了自治平丁未王安石初召用到靖康童贯之诛之间的事件，“丁未”标明了记述内容的起始时间。

第三，以书中涉及的地点命名。以地点命名，以方志为多，如《苏州府志》、《武功县志》、《荥阳县志》等。其他如宋程俱《麟台故事》所载均为秘书省之事，秘书省在唐代曾被称为麟台，故其书以“麟台”为名。《西厢记》则以崔莺莺和张生的恋爱地点西厢作为书名。《建炎维扬遗录》所记

---

① 李学勤.《唐勒》、《小言赋》和《易传》[J]. 齐鲁学刊，1990(4)：109~112.

② (魏)何晏. 论语集解义疏[M]. (梁)皇侃，疏.《四库全书》原文及全文检索版.

③ (清)于敏中. 天禄琳琅书目：卷9[M].《四库全书》原文及全文检索版.

④ (清)永瑢等. 四库全书总目：卷54[M].《四库全书》原文及全文检索版.

为作者由扬入杭之事，故以“维扬”为名。《北户录》所记皆为广州物产，缘何以“北户”为名？这是因为“按《史记·秦纪》，南尽北户。颜师古注《汉书》日南郡在日之南，所谓开北户以向日者，书名北户以此”①。

第四，以书中人物命名。如《金瓶梅》就是以书中三个主要人物潘金莲、李瓶儿和春梅的名字集合而成书名。

第五，以揭示全书的具体内容命名。如《大金吊伐录》记载了金太祖用兵克宋之事，故以“吊伐”命名。东汉许慎《说文解字》是我国第一部系统分析汉字字形和考究学源的字书，它阐述了汉字的造字规律，对汉字的形音义进行了保存和解释，我们从其书名即可以看出此书是对文字进行研究的著作。东汉刘熙所著《释名》是一部专门探求事物得名缘由或含义的著作，其书名就说明了此书是用来解释阐述日常事物名称的。

第六，以全书的体裁、内容的类别、表现形式等命名。如古代文集多以“集”、“稿”、“文钞”等命名，张舜徽《清人文集别录》自序中记叙清人文集命名情况说：

> 清人自裒所为文，或身后由门生故吏辑录之，以成一编，大抵沿前世旧称，名之曰集，或曰文集，或曰类集，或曰合集，或曰全集，或曰遗集。亦名之曰稿，或曰文稿，或曰类稿，或曰从稿，或曰存稿，或曰遗稿。而稿之中有初稿、续稿之分；集之中有正集、别集之辨。其不以集或稿为名者，则名曰文钞，或曰文录，或曰文编，或曰文略，或曰遗文，此正例也。②

文集中又有表明内容具体体裁的命名，如《寒山子诗集》、《寇忠愍公诗集》、《石湖诗集》、《霞外诗集》等说明集中作品均为诗歌；《铁崖古乐府》说明集中作品均为古乐府；《四六标准》、《壶山四六》说明集中作品均为骈体文。“纪事本末”是史书三大体裁之一，这一体裁的史书多以“纪事本末”名书，如《左传纪事本末》、《宋史纪事本末》、《辽史纪事本末》、《金史纪事本末》等十几种。笔记体著作命名多有“笔记”二字，如陆游《老学庵笔记》、纪昀《阅微草堂笔记》、李伯元《南亭笔记》等。此外还有以“丛谈”、“杂俎”、“笔谈”、“琐言”、“漫钞”、“随笔”等命名者，如沈括《梦溪笔谈》、洪迈《容斋随笔》、孙光宪《北梦琐言》等。南宋陈埴有

---

① (清)瞿镛．铁琴铜剑楼藏书目录[M]．上海：上海古籍出版社，2000：295.

② 张舜徽．清人文集别录[M]．武汉：华中师范大学出版社，2004.

《木钟集》，为何用“木钟”作为书名呢？“其体例皆先设问，而后答之。故取《礼记》‘善问者如攻坚木，善待问者如撞钟’之义，名《木钟集》。”①可见，此以《礼记》中之典故显示了作品“先设问而后答之”的写作形式。

第七，以作品的著作方式命名。如《原本韩文考异》、《训诂柳先生文集》、《增广注释音辨柳集》、《韩集举正》、《李义山文集笺注》、《分类补注李太白诗》、《增批古文观止》、《水经注注疏》、《王荆公诗补注》等，“考异”、“训诂”、“注释”、“音辨”、“笺注”、“注疏”、“补注”等诸词都说明了这些著作是对原集进行增补、注解或阐释的作品。

第八，以学术流派命名。如唐代有一诗派叫“香奁体”，其诗多绮罗脂粉之气，韩偓是这一派的代表作家之一，其集因称《香奁集》。北宋有诗派叫“西昆体”，其诗从形式上模仿李商隐，追求辞藻之华丽，堆砌典故，杨亿、刘筠等是该派代表人物，其唱和集因称《西昆酬唱集》。

第九，以诗文典故命名。以诗文典故命名的著作均有一定的寓意，但不都与内容有关。唐代有医书《银海精微》，清顾锡著《银海指南》。“银海”取自苏轼《雪后书北台壁》诗“冻合玉楼寒起粟，光摇银海眩生花”二句，在此诗中“银海”指代眼睛，以“银海”为书名说明这是一部论述治疗眼睛的著作。宋代岳飞之孙岳珂自编诗集《玉楮诗稿》，辑录了从南宋理宗嘉熙戊戌(1238年)至庚子(1240年)三年间所作的诗歌，《列子·说符》有“刻玉为楮叶，三年而成”之句，珂因以名集，合“三年而成”之意，表示了作品辑录的时间范围。道家称咽喉为重楼，《云笈七签》曰：“重堂焕焕明八威。”务成子注：“重堂，喉咙名也，一曰重楼，一日重环。”②咽喉著作多以此命名，如清郑梅涧《重楼玉钥》、郑瀚《重楼玉钥续编》。

第十，以叠字命名。明人孙鑛有《书画跋跋》，如此命名“因王世贞先有《书画跋》，鑛又跋其所跋，故重文见义，犹《非非国语》、《反反离骚》例也”③。《文选》成书之后，续鑛之作不断，明代刘节编《广文选》，之后周广治编《广广文选》，又赓续刘书。

第十一，在原书名之前加与内容有关的冠词，成为新的书名。书前冠词名目较多，常用的有“绣像”、“新刻”、“新编”、“绘图”、“插图”等，如《绣像忠烈全传》、《新刻急就篇》、《新编历法大成》、《绘图西厢记》、《插图本荣与堂刻李卓吾先生批评忠义水浒传》、《三槐堂刊全像水浒传》、

---

① (清)永瑢等．四库全书总目：卷92[M]．《四库全书》原文及全文检索版．

② (宋)张君房．云笈七签：卷11[M]．《四库全书》原文及全文检索版．

③ (清)永瑢等．四库全书总目：卷113[M]．《四库全书》原文及全文检索版．

《新刻出像京本水浒传》等。需要说明的是，这类书名是在印刷术发明普及之后才出现的，在此之前则没有。

(二)与图书作者有关的命名

与图书作者有关的命名，一般以文集为多，参见本书第五章第一节。

同书异名

在浩如烟海的古籍中，有不少同书异名的。同书异名就是一种书有两个或两个以上的名称。如《老子》又名《道德经》，《庄子》又名《南华经》，《吕氏春秋》又名《吕览》，《喻世明言》又名《古今小说》，《左传》又名《左氏春秋》、《春秋左氏传》、《古文春秋》，《诗品》又名《诗评》，《红楼梦》有《石头记》、《情僧录》、《风月宝鉴》、《金陵十二钗》、《金玉缘》5 个别名。同书异名现象由来已久，西汉刘向在整理图书的时候就注意到《战国策》有多个不同的书名，《战国策书录》中说：

> 中书本号，或曰《国策》，或曰《国事》，或曰《短长》，或曰《事语》，或曰《长书》，或曰《修书》。臣向以为战国时游士辅所用之国，为之策谋，宜为《战国策》。①

可见，在战国时期就出现了同书异名的情况。明人祁承㸁在《澹生堂藏书约》中说：

> 又有一本书也，而故多析其名以示异者，如颜师古的《南部烟花》即《大业拾遗》也；李绰之《尚书谈录》即《尚书故实》也；刘珂之《帝王历歌》即《帝王镜略》也，此所谓实同而名异者也。②

2000 年由江苏古籍出版社出版的杜信孚《同书异名汇录》是迄今为止查找同书异名较为详备的一部工具书。此书在 1982 年版《同书异名通检》的基础上再次增订，共著录同书异名的图书 13500 多条，其中有的图书异名有 9 个之多。

那么，为什么会出现同书异名的情况呢？

---

① 转引自：姚明达．中国目录学史[M]．上海：上海古籍出版社，2005.

② (明)祁承㸁．澹生堂藏书约：鉴书[M]．上海：古典文学出版社，1957.

第一，先秦时期同书异名主要是因为其时图书多无作者自定之书名，后人称呼，多有不同。诚如余嘉锡所言：

古书书名，本非作者所自题，后人既为之编次成书，知其为某家之学，则题其氏若名以为识别；无名氏者，乃约书中之意义以为之名。所传之本多寡不一，编次者亦不一，则其书名不能尽同。①

第二，古书的标示方法有多种。一种书有多种不同的命名方式，这造成了大量同书异名的出现。如一人之文集，可以以作者之姓、名、字、号、官职、地点等多种方式命名，故《贾谊集》又名《贾长沙集》；《李太白集》又名《李翰林集》；《柳河东集》又名《柳柳州集》、《柳文惠公集》；《文山集》又名《文山先生集》、《文丞相集》、《文信国公集》等。而一人之字、号有时也有多个，如宋代黄庭坚就有山谷老人、涪翁、黔安居士、八桂老人等名号，且都见于其诗文中，这就使一集之名更加繁多。

第三，作者在写作的过程中就曾使用几个不同的书名。《红楼梦》之所以有多个书名就是因为曹雪芹在创作时就曾根据侧重的内容不同而用过几个书名，如《风月宝鉴》、《金陵十二钗》、《石头记》、《红楼梦》等都是其曾用过的书名。有的图书是因为稿本与定本书名前后不同，但同时流传下来。如南宋淳熙年间吕祖谦编《宋文鉴》(当时称《皇朝文鉴》)，此是其定本之名。但初编之时，其书名为《文海》，当时周必大曾上奏曰："《文海》乃近时江钿编类，殊无伦脊，莫若委馆阁官铨择本朝文章，成一代之书。"②朱熹亦有与东莱论《文海》书；书成之后，宋孝宗赐名《皇朝文鉴》，遂有此名。宋吴缜《新唐书纠谬》初名"纠谬"，后改为"辨证"，而绍兴间长乐吴元美刊行于湖州，仍题曰"纠谬"，至今尚沿其名。明田汝成《炎徼纪闻》初稿名曰《行边纪闻》，后编次成帙，复改书名，而二名并行于世。清初唐甄《潜书》原名《衡书》，后因连蹇不遇，更名《潜书》。

第四，后人将书名简化。清陆以湉曾论后人简称前人之书说：

古书之名，今有改减其字者，如《周易》称《易经》，《尚书》称《书经》，《孔子家语》只称《家语》，《五代史记》去"记"字，《古列女

① 余嘉锡．古书通例[M]//余嘉锡．余嘉锡说文献学．上海：上海古籍出版社，2001：194.

② 王士祯．池北偶谈[M]．北京：中华书局，1982：1.

> 传》去“古”字，《白虎通义》、《风俗通义》皆去“义”字，《说文解字》去“解字”二字，《世说新语》去“新语”二字，习俗相沿，有不知其本名者矣。①

因省称而简化书名主要是那些书名较长的图书，清代有两部书名堪称冗长的医书，一是钱璜的《重编张仲景伤寒论证治发明溯源集》，书名凡15字，后人因省称《伤寒溯源集》；一是喻昌《尚论张仲景伤寒论重编三百九十七法》，书名达16字，世人省其文简称《尚论篇》。其他如扬雄《輶轩使者绝代语释别国方言》简称《方言》，明张鼐《吴淞甲乙倭变志》简称《甲乙倭变钞录》，《焦太史国朝献征录》简称《献征录》，《四库全书总目》简称《四库总目》，董真卿《周易经传集程朱解附录纂注》简称《周易会通》等，这就使得一书具有了两个书名。

第五，避讳方面的原因。避讳是古代特有的文化现象，为了回避君主、圣贤或尊长的名、字、号被迫将书名改易。如为了回避隋文帝杨广之名，《广雅》易名《博雅》；为了回避唐太宗李世民之讳，《齐民要术》易名《齐人要术》；为避清高宗弘历之讳，梁释僧祐《弘明集》改名《宏明集》。避讳有多种方法，需要回避之字多用同义之字代替，而同义之字不只一个，这又增加了同书异名的情况，如为了回避唐高宗李治之讳，《治道集》改名《理道集》、《政道集》；明李中梓《本草通玄》，清刊本改为《本草通元》、《本草通原》，此因避讳一书增两名。

第六，因后人改易，一书具有多名。后人改易前人之书名，又有编者改与刊者改两种情况。古代多有前人著作后人整理或重新编次，因而改定书名，宋代后尤为常见，而以文集为最。明叶盛曾对这种情况作了记述：

> 古人制作，名集编次，多出于己。或身后出于门人故吏、子孙学者，亦莫不然。周必大所识《欧阳文忠公集》亦可见已。今人不知此，动辄妄意并犊编类前人文集，如处州《叶学士文集》，又曰《水心文集》，曰《文粹》……②

北宋魏野原著《草堂集》10卷，后其子重编汇为7卷称《巨鹿东观记》；张耒有《张右史文集》，后来散佚，清修《四库全书》时将其重定为

---

① (清)陆以湉．冷庐杂识[M]．北京：中华书局，1984：7.

② (明)叶盛．水东日记[M]．魏中平，点校．北京：中华书局，1980：18.

《宛丘集》，武英殿聚珍版则取名《柯山集》。刻书者经常将原著改头换面以谋利益，变换书名、巧立名目是其常用手段之一。如《汉唐事笺对策机要》"原名《汉唐会要》，其所为《对策机要》者，想当时刊书人所加，以邀易售"①。《古唐类苑》160卷"实《北堂书钞》也。恨书贾欺人，好改易古书，名目一变，而为《大唐类要》，再变而为《古唐类苑》，辗转滋谬，致失其名"②。

第七，政治因素。为加强思想控制，历代统治者都禁止不利其统治的图书出版，历史上的各种禁书目录就是很好的例证。变换书名常常是反禁的一个方法，如《盾鼻随闻录》改为《钞报随闻录》就是如此。还有一些书籍由于著者受政治事件的牵连，其书亦不得不改换名目，如《东坡先生易传》又名《毗陵易传》，乃因"元祐党禁不敢显题，以先生终于常州，故称毗陵"③。

第八，为了将书名区别而改书名。今本"二十四史"中，有所谓《前汉书》与《后汉书》、《旧唐书》与《新唐书》、《旧五代史》与《新五代史》。《前汉书》原名《汉书》，后人加"前"字，以与《后汉书》相区别；《旧唐书》原名《唐书》，《旧五代史》原名《五代史》，《宋书·艺文志》均有著录，后人加"旧"字以与后来之《新唐书》、《新五代史》区别，以示撰著时间上的先后次序。

第九，史料记载不同。一种著作，于序言、跋语、书目及其他资料中都会有记载，然称引却不尽相同，后人沿用，各有所采，致使一书多名。如《建炎以来系年要录》"《文献通考》作'系年要纪'，宋史本传作'高宗要录'"④，互有不同。《四库全书总目》据"《永乐》所题，与心传《朝野杂记》自跋及王应麟《玉海》相合，故定为'系年要录'著于录焉"⑤。可见，此书书名在《文献通考》、《宋史》、《永乐大典》、《朝野杂记》及著者李心传跋语之中都有记载，但其记载并不完全相同。宋陶岳《五代史补》在晁公武《郡斋读书志》中作《五代补录》，但作者自序亦作《五代史补》，则晁公武所记有误。唐王方庆《魏郑公谏录》，唐志以为《魏徵谏事》，司马光通鉴书目以为《魏元成故事》，惟洪迈《容斋随笔》作《魏郑公谏录》，各有不同。不同资料称引不同尚可理解，有时甚至一种资料对同一种书也有多

① (清)瞿镛．铁琴铜剑楼藏书目录[M]．上海：上海古籍出版社，2000：443.
② (清)黄丕烈．士礼居藏书题跋记：卷3[M]．北京：书目文献出版社，1989.
③ (清)丁丙．善本书室藏书志[M]．北京：中华书局，1990：165.
④ (清)永瑢等．四库全书总目：卷47[M]．《四库全书》原文及全文检索版．
⑤ (清)永瑢等．四库全书总目：卷47[M]．《四库全书》原文及全文检索版．

种称谓，如《永乐大典》中于朱熹《晦庵集》，有称《朱熹晦庵集》，亦有称《朱晦庵集》、《朱晦庵文集》、《朱晦庵大全集》者。引宋李焘《续资治通鉴》长编，“宋”字下都称《李焘续通鉴长编》，至于散引自宋字以外名卷者，则多称《续通鉴长编》、《续宋鉴长编》、《宋续通鉴长编》、《续资治通鉴》、《续资治通鉴长编》。其他如所引宋杨仲良《续资治通鉴长编纪事本末》，则多称《九朝长编纪事本末》，间也有省称《九朝纪事本末》。类如以上各种情况的其他所引之书也是所在多有，鉴于这种情况，有些学者建议编成《永乐大典存本同书异名通检》，以便检索。①

第十，因伪托、剽窃他人著作而改名。书商为谋利，以一般著作伪托假冒名人之作，如明代窦梦麟《疮疡经验全书》，假托元代名医窦汉卿所著，清代浩然楼重刊本径改书名为《窦太师秘本全书》。明程云鹏所撰《慈幼筏》，书商托名明张介宾所著，清初桐石山房刊本改名为《慈幼新书》。又有后代之人抄袭前代名人作品，更改书名，冒为己有。清代杨璿有《伤寒瘟疫条辨》6卷，此书“全袭三原陈尧道《伤寒辨证》，稍为移易次第，改换篇题，增删字句。前5卷出于补义者十仅一二，第6卷辨论本草，陈书所无，乃璿自纂……纵略有推阐，亦当重为刊布，附注己见，乃为不欺，竟效郭象之盗向秀，殊谌齿冷耳”②。清谈迁对这种抄袭前人著作再立名目而冒充己出的现象甚为鄙屑，说：

> 《开国事略》，本湖广行都司经历蔡于璧之《龙飞纪略》；卓氏《藻林》，本吴兴王氏所辑。嘉隆以来，诸公掠美者颇多。噫，仰眠床上，看屋梁著书，千秋万岁谁传此者？幸传矣，又为宋齐丘所据，惜哉。凡纂书有三：货得之可也，阴得之次之，最下则蹠跖。③

同名异书

与同书异名相伴随，同名异书的现象在古书中也是非常普遍的。同名异书在先秦两汉时期亦已出现，《孟子》、《荀子》、《董子》、《庄子》、《景子》、《吴子》、《商子》、《田子》、《鬻子》、《刘子》、《桓子》、《张子》、《韩子》、《徐子》、《墨子》、《毛公》、《王孙子》、《容成子》、《鹖

---

① 罗益群．略论《永乐大典》的古典目录学价值[J]．高校图书馆工作，1992(1)：27~29.

② 转引自：张如青．古医籍同书异名析因[J]．中医文献杂志，1997(2)：3.

③ (清)谈迁．枣林杂俎[M]．北京：中华书局，2006：254.

冠子》、《尉缭子》、《淮南子》、《平原君》、《太玄经》等各有 2 种；《贾子》、《苏子》、《务成子》等各有 3 种；《邹子》、《李子》各有 4 种；《孙子》有 5 种；《公孙子》有 7 种。魏晋南北朝时期，图书数量与种类较之以前大有增加，同名异书现象也随之增多，据《隋书·经籍志》著录，《后汉书》有谢承、华峤、谢沈、袁山松、范晔、萧子显 6 种，《晋书》有王隐、虞预、朱凤、谢灵运、臧荣绪、萧子云 6 种，《晋纪》有陆机、干宝、曹嘉之、邓粲、刘谦之、王韶之、徐广 7 种。唐宋以后，由于印刷术的发明与普及，图书制作更加容易，数量大增，同名异书越来越多，如名《敝帚集》者，有宋黄庭坚、明吴中番、陈益、清周庆森、赵秉忠、陈祚明等人所作；以《宫词》为书名的有唐王建、后晋和凝、后蜀花蕊夫人、宋王仲修、张公祥、宋白、胡玮、周彦质、宋徽宗、王珪、明王叔承、朱权、清徐昂发 13 家。清俞樾曾论及古代文集同名现象曰：

> 宋赵与《宾退录》云：彭器资、洪忠宣皆号《鄱阳集》，王岐公、张彦正皆号《华阳集》，杨文定、胡文定皆号《武夷集》，魏仲先、李汉老皆号《草堂集》，谢无逸、俞退翁、傅子骏皆曰《溪堂》，苏子美、张会川、张徽皆曰《沧浪》，李师中、石守道皆曰《徂徕》，晏元献、王荆公皆曰《临川》，骤见其名，未免疑混。①

据清朱彝尊《经义考》著录，名《易说》者约有 90 种，名《易传》、《易义》者均达 40 余种，名《周易注》者约 40 种，名《书说》者约 20 余种，名《尚书解》者几达 20 种，名《诗说》者约十七八种，名《诗解》者约 16 种，名《春秋传》者约 20 余种，名《春秋解》者约十五六种，名《春秋谈》者约十四五种，名《春秋论》者几达十种。杜信孚所著《同名异书通检》收录同名异书之作 3500 多条，张雪庵《古书同名异称举要》收集了先秦至清末同名书籍 5600 余种，若查考古代同名异书情况可参考此二书。

同名异书现象产生的原因主要有以下几种：

第一，命名方式相似。古书多有以著者称谓命名者，先秦两汉时期尤如此，而历代同名同姓者大有人在，若皆以姓名名书，则同名异书不可避免。如上所述先秦两汉时期同名异书之例多属此种情况。有明代学者针对同名著者图书的命名情况云：

---

① （清）俞樾．茶香室丛钞［M］．北京：中华书局，1995：1655.

著书姓名相类，如三孙子，三邹子，皆世所共知，又名各不同，不足相乱，然有不可辨者。二孔甲，一黄帝史，一仲尼孙，俱著书，俱名《盘盂》，一载汉艺文志，一附孔丛子中，今艺文志之盘盂不传，而孔丛子之盘盂传世，遂以后之盘盂传之前之孔甲，非也。而牟融，一汉太尉，一汉布依，俱著书，俱名《牟子》，一载《隋经籍志》，一附《弘明集》中，今经籍志之牟子不传，而弘明集之牟子传世，遂以释之牟子传儒子牟融，亦非也。①

后世之人，其称谓更多，有姓、有名、有字、有号，其名、字、号又多有相同者，钱大昕曾记录明代以前号相同之人云：

白乐天自号醉吟先生，而皮日休、郭祥正亦号醉吟先生。乐天又号迂叟，而司马温公亦以自称。邵尧夫、程正叔俱号伊川先生。黄伯思号云林子，而贡奎、倪瓒俱号云林。邵博、蔡元定、真德秀先生俱号西山先生。政伯英号归愚翁，而葛立方亦号归愚。韩驹、牟巘俱号陵阳先生。郭雍、许谦俱号白云先生。苏元老、蔡沈俱号九峰先生。郭忠孝、黄裳俱号兼山先生。胡宏、李孝光俱号五峰。王十朋、史达祖俱号梅溪。洪迈、徐子方俱号容斋。王柏、许衡俱号鲁斋。刘子翚、李之纯俱号屏山。吕南公、计有功俱号灌园先生。钱文子号白石居士，姜夔号白石道人。杨绘、杨杰皆号无为子。魏掞之、谢谔皆号艮斋先生。刘清之号静春先生，刘瀫字季文，号静春，元表易亦有《静春堂集》。林之奇、王寂俱号拙斋。冯椅、王应麟俱号厚斋。王厚之、赵彦肃俱号复斋。张行成号观物先生，祝泌亦号观物老人。陈去非、翁应龙俱号简斋。薛绍彭号清闷居士，而倪瓒亦有清闷阁。②

人物称谓相同，这是古代同名异书的重要原因。

第二，撰述内容相似。古代许多内容相似的作品，书名也多相似或相同。如上所列举之《隋书·经籍志》与《经义考》著录诸书即是如此。其他如孟康、晋灼、韦昭、崔浩、刘嗣均有《汉书音义》，夏侯泳、包恺、萧该均有《汉书音》，顾欢、释惠观、孟智周、韦处玄、戴跣均有《老子义

① (明)惠康野叟．识余：卷4[M]．扬州：江苏广陵古籍刻印社，1983.
② (清)钱大昕．十驾斋养新录[M]．南京：江苏古籍出版社，2000：263.

疏》，徐邈、诸葛氏、孟奥、释道骞均有《楚辞音》，等等。此类书籍“如非共限于一代之史实，当共局于同性质之材料，所谓撰著之对象大致相类也”。①

第三，书名沿用。前代有著作为世人称道者，后人仿效其作，书名往往相似或相同。明代学者论后人模仿汉代名作说：

> 陆贾有《新语》，顾谭亦有《新语》；贾谊有《新书》，虞喜亦有《新书》；桓谭有《新论》，夏侯湛、华谭、刘昼多有《新论》；崔实有《政论》，王肃亦有《政论》；仲长统有《昌言》，王滂亦有《昌言》；贾山有《至言》，崔灵亦有《至言》。六朝好学汉，类如此。②

> 夫名以定体，为实之宾，苟失其途，有乖至理。③

各种书名从不同的角度揭示反映了图书的信息，如与著者有关的书名反映了图书作者的相关信息，或姓，或名，或字，或号，或官，或地；与内容有关的书名则从不同程度揭示了图书的内容，或编纂目的，或地点，或时间，或人物，或体裁(体例)，等等。从这些书名，我们可以对图书进行初步的判断和了解。但是有些古籍，其命名确实不循常规，以致名实不符。如黎庶昌《续古文类纂》28卷：

> 分三编，上编选经子，中编选四史、《新五代史》、《通鉴》，下编选国朝人古文。只有下编，可谓之续，上中二编，则当云补，一概言续，未免自相混淆，于例不顺……若云《续补古文辞类纂》，虽只增一字，而名实相符矣。④

此是书名与全书写作范围不符。王世贞有《弇山堂别集》，其名“别集”并非王世贞之文集，而是载明一代典故，此是书名与内容不符。旧本题元陈桱撰《通鉴续编》24卷：

---

① 白寿彝．书名小记[M]//叶继元．南京大学百年学术精品：图书馆学卷．南京：南京大学出版社，2002：754.

② (明)惠康野叟．识余：卷1[M]．扬州：江苏广陵古籍刻印社，1983.

③ (唐)刘知幾．史通通释[M]．(清)浦起龙，释．上海：上海古籍出版社，1978：91.

④ (清)刘声木．苌楚斋随笔、续笔、三笔、四笔、五笔[M]．北京：中华书局，1998：301.

> 其二十二卷皆宋事，始自太祖，终于二王，以继通鉴之后，故以“续编”为名。然大书分注，全仿纲目之体，当名之曰“续纲目”，仍袭通鉴之名，非其实也。①

此是书名与体裁不符。明陈邦瞻有《宋史纪事本末》，“是书纪事既兼及辽金两朝，当时南北分疆，未能统一，自当称宋辽金史纪事，方于体例无乖”②。此是书名与记述内容的时限不符。虽然书名是了解一书的第一窗口，但单从书名不但有时不能得知其准确信息，甚至会据此作出错误判断。因此，若要全面了解一书，书名之外还要看其具体内容。

二、古书著者题名

著者题名简史

先秦古书皆不题撰著人之姓名，卷端无著者题名。我们现今所看到的题名，均是后人所加。张舜徽先生对古书不自署名的原因作了解说：

> 盖仲尼从事删述，以为己所知觉不及行之于其身，姑垂空文以待后贤，苟得其人，举斯说以施之后世，犹及吾身自行之也。征诸古初立言之家，莫不如此。惟其有是心也，故虽有所著述，未尝据以为私，而必以公诸天下，书之不自署名，亦故其所。先秦古书，大氐然矣。六艺经传多不知作者主名，下逮七十子后学者所记，悉无由考定出于谁手。上世质朴，群视道术为公器，人惟期于明道，非若后世文士，欲暴其才，有所作必系以名氏也，其立言可谓至公矣。《汉志》于六艺本经，率不标作者主名，斯盖向、歆父子部次群书时原本如此，班氏循而未改，实隐然示人以辨章学术之意。诚以世远难知，宁阙毋误，慎之至也。后世学者不明斯旨，书为开卷，先问出于谁手，苟未得其主名，辄臆定为赝品，持后世著述署名之例，以上绳古代之书，宁有合乎？③

---

① (清)永瑢等．四库全书总目：卷47[M]．《四库全书》原文及全文检索版．
② (清)永瑢等．四库全书总目：卷49[M]．《四库全书》原文及全文检索版．
③ 张舜徽．广校雠略[M]．武汉：华中师范大学出版社，2004：27~28.

汉代继承先秦遗风，多数著作仍不标示著者姓名，《史记·老子韩非列传》云："人或传其书至秦，秦王见《孤愤》、《五蠹》之书曰：'嗟乎！'寡人得见此人与之游，死不恨矣。李斯曰：'此韩非之所著书也。'"①《司马相如列传》云："蜀人杨得意为狗监，侍上，上读《子虚赋》而善之，曰：'朕独不得与此人同时哉！'得意曰：'臣邑人司马相如自言为此赋。'上惊，乃召问相如，相如曰：'有是。'"②可见，当时韩非之《孤愤》与《五蠹》、司马相如之《子虚赋》均无署名，非李斯与杨得意相告，则秦王与汉武帝不可得知其姓名。

汉晋之后，为经书作注解的书籍出现，著者之姓氏开始加于书名之上，但并未明题撰著之人。其后，慢慢演化为卷端著者自署其名。余嘉锡云：

> 自《诗》分为四，《春秋》分为五，各为章句故训，于是复题其姓氏。盖其初由后人追题者，久而变为著者自署矣。其初只称氏者，久而并署姓名矣。今虽不能考其所自始，要是汉、晋以后之事。③

张舜徽亦认为：

> 大抵古书记注撰人姓字，或出乎时人之口，或题于后师之手，若夫有意自显名氏，惟赖有自叙之文，或进书之表耳。至于开卷上标书名，而下题某撰，非特两汉人著述无此例，即魏晋人之书如《周易》王弼注、《尔雅》郭璞注之类，悉非作者所自题。……著述而自署姓名于卷端，必起于晋以后矣。④

可见，晋代以后，卷端题名逐渐增多。《北史·李公绪传》云："（公绪）为齐文襄大将军府行参军，进侧集，题云'富春公主撰'。"⑤"侧集"即小诗汇编，可见当时著作题名已较为平常。之后，卷端题名越来越普遍，亦越来越复杂。明代标榜风气盛行，一人著书，常常将当时名流之姓氏罗

---

① （汉）司马迁．史记：卷63[M]．《四库全书》原文及全文检索版．

② （汉）司马迁．史记：卷117[M]．《四库全书》原文及全文检索版．

③ 余嘉锡．古书通例[M]//余嘉锡．余嘉锡说文献学．上海：上海古籍出版社，2001：183.

④ 张舜徽．广校雠略[M]．武汉：华中师范大学出版社，2004：30~31.

⑤ （唐）李延寿．北史：卷63[M]．《四库全书》原文及全文检索版．

列卷端，连篇累牍，推重己书。明崇祯刻本《皇明文征》卷端有 121 人参校姓氏，明本姚允明《史书》卷端有参校姓氏 283 人，明本张自烈《四书大全辨》卷端竟有参订姓氏 486 人之多。傅增湘曾经指出："明末士大夫通声气、广交游，凡刻一书，必罗列胜流，以震耀当世，甚至多至百余人。"[①]这种风气延及清初，清本范良《诗苑天声》卷首罗列参订姓氏 509 人，创古书著者题名之最高记录。

著者题名[②]的方式

古代图书著者的题名方式比较多，主要都与其称谓有关，归纳起来，大致有：

仅题作者姓氏。如《山海经》题"郭氏传"，注者为晋代郭璞，仅题其姓。

仅题作者之名。如《邵氏世谱》题"前进士桂子述"，"桂子"为编者之名，省略"邵"姓。

仅题作者之号。如抄本《烬余录》2 卷，题"城北逸民述"。封建社会小说、话本、杂剧等文艺作品被认为是不登大雅之堂的著作，其作者多有不署真名，而用别号代替，如《石头记》题"天然痴叟"，《金瓶梅》题"兰陵笑笑生"，《今古奇观》题"姑苏抱瓮老人"，《花月痕》题"眼鹤主人编次"。封建帝王之作有时仅题其庙号，如《御制文集》30 卷题"明太祖撰"，《圣济经》10 卷题"宋徽宗御撰"，"明太祖"为明朱元璋之庙号，"宋徽宗"为北宋皇帝赵佶之庙号。

著者姓、名连署。如《诗外传》题"韩婴"二字，为作者之姓名。

著者姓、名、字连署。如明刊本《梦溪笔谈》26 卷，题"沈括存中述"；《王摩诘文集》题"王维摩诘撰"。沈括字存中，王维字摩诘。

著者号、姓、名、字连署。旧抄本《游志续编》2 卷，题"南村居士陶宗仪九成"，"南村居士"是号，"陶宗仪"是著者姓名，"九成"是著者之字。

封号、名连署。如明万历刊本《通鉴博论》3 卷，题"宁王权奉敕编"。"宁王"是著者朱权之封号，"权"是其名。

地名、姓名连署。例如《东坡题跋》，题署"眉山苏轼"，"眉山"为著

① 傅增湘．藏园群书题记：明万历刊本唐黄先生文集跋［M］．上海：上海古籍出版社，1989：643.

② 此处"著者"指现在我们所说的"责任者"，不仅包括图书的撰作者，也包括编、注等各种责任方式的主体。

者之籍贯，姓“苏”名“轼”；《春秋集注》题“临江张洽”，“张洽”为集注者姓名，“临江”为其籍贯。

地名、姓名、字连署。如《张右史文集》题为“谯郡张来文潜”，明万历刊《古今韵会举要小补》30卷，题“永嘉方日升子谦编辑”，“谯郡”、“永嘉”为著者之籍贯，“张来”、“方日升”为著者姓名，“文潜”、“子谦”为著者之字。

地名、号、姓名、字连署。如《词韵》作者题“钱塘雪亭仲恒道久原辑”，“钱塘”为著者之籍贯，“雪亭”为著者之号，“仲恒道”为著者之姓名，“久原”为著者之字。

地名、姓、字、名连署。如《史通》题“彭城刘子玄知幾”。“彭城”为著者籍贯，“刘”为著者之姓，“子玄”为著者之字，“知幾”为著者之名。

地名、姓名、号连署。如《海客日谭》作者题“华阴王芝子石子”，其中，“华阴”是作者之籍贯，“王芝”是作者之姓名，“子石子”是作者之号。

身份、姓名连署。如宋刊明修本《宋书》100卷，题“臣沈约新撰”，“臣”为著者之身份，“沈约”为著者之姓名。

行辈、地名、姓名连署。如旧写本《陆右丞蹈海录》1卷，题“后学京口丁元吉编次”。“后学”为著者之行辈，“京口”为著者之籍贯，“丁元吉”为著者之姓名。

地名、行辈、姓名、字连署。明嘉靖益府本《理学类编》8卷，题“临江后学张九韶美和编辑”，“临江”为著者之籍贯，“后学”为著者之行辈、“张九韶”为著者之姓名，“美和”为著者之字。

朝代、姓名连署。如《秋岩诗集》题“元陈宜甫撰”。“元”为作者之朝代，“陈宜甫”为作者之姓名。

朝代、姓名、字连署。如《河南穆先生集》题“宋穆修伯长著”，《东观集》10卷题“宋魏野仲先撰”。“宋”为著者之时代，“穆修”、“魏野”是作者之姓名，“伯长”、“仲先”是作者之字。

朝代、封号、名连署。如明正统翻宋淳化本《后汉书》120卷，题“宋范晔撰，唐章怀太子贤注”。“唐”为注者之时代，“章怀太子”为注者之封号，“贤”为著者之名。

朝代、号、姓名连署。如《黄帝三部针灸甲乙经》12卷，题“晋元晏先生皇甫谧集”。《月屋漫稿》9卷，题“元天台山人黄庚著”。“晋”、“元”为著者之时代，“元晏先生”、“天台山人”为著者之号，“皇甫谧”、“黄庚”为著者之姓名。

朝代、身份、姓名连署。如明嘉靖刊本《大学衍义》43 卷，题“宋儒真德秀撰”。“宋”为著者之时代，“儒”为著者之身份，“真德秀”为著者之姓名。

朝代、地名、姓名连署。如明刊本《陶贞白集》2 卷，题“梁秣陵陶弘景撰”，“梁”为著者之时代，“秣陵”为著者之籍贯，“陶弘景”为著者之姓名。

朝代、地名、姓名、字连署。如《东皋子集》题“唐太原王绩无功著”，《诚斋集》122 卷题“宋庐陵杨万里廷秀撰”。“唐”、“宋”为著者之时代，“太原”、“庐陵”为著者之籍贯，“王绩”、“杨万里”为著者之姓名，“无功”、“廷秀”为著者之字。

朝代、号、姓名、字连署。如《新刻历代制度详说》12 卷，题“宋东莱先生吕祖谦伯恭编撰”，“宋”为著者之时代，“东莱先生”为著者之号，“吕祖谦”为著者之姓名，“伯恭”为著者之字。

朝代、官名、姓名、字连署。如《陆士龙文集》10 卷，题“晋清河内史陆云士龙撰”。“晋”为著者之时代，“清河内史”为著者之官职，“陆云”为著者之姓名，“士龙”为著者之字。

朝代、地名、身份、姓名、字连署。如《新编古今姓氏遥华韵》96 卷，题“元临川布衣洪景修进可编”。“元”为编者之时代，“临川”为编者之籍贯，“布衣”为编者之身份，“洪景修”为编者之姓名，“进可”为编者之字。

朝代、官职、地名、姓名、字连署。如《陆士衡文集》10 卷，题“晋平原内史吴郡陆机士衡撰”；《欧阳行周文集》10 卷，题“唐将仕郎守国子监四门助教晋江欧阳詹字行周撰”。“晋”、“唐”为著者所处之时代，“平原内史”、“将仕郎守国子监四门助教”为著者之官职，“吴郡”、“晋江”为著者之籍贯，“陆机”、“欧阳詹”为著者之姓名，“士衡”、“行周”为著者之字。

朝代、官职、行辈、地名、姓名连署。如《周易通略》1 卷题“明翰林检讨后学丰城黄俊述”，“明”、“翰林检讨”、“后学”、“丰城”、“黄俊”分别是作者之朝代、官职、行辈、籍贯、姓名。

以上所举各种均是古书中曾用以著者题名的方式，需要说明的是，著者题名的标示方式与古书的版本有关，不同版本的同一种书可能其标示方法不同。

以上所举各种命名方式，无论著者前加何种修饰之语，皆较为简短，而有些题名则特为繁冗复杂，如《礼经会元》4 卷题“宋龙图阁学士光禄大夫开府仪同三司南阳郡开国公食邑二千一百户实封一百户谥文康叶时著”；《资治通鉴》题为“端明殿学士兼翰林院侍读学士、朝散谏议大夫充集贤殿修撰提举西京嵩山崇福宫、上柱国、河内郡开国侯、食邑一千八百户、食实封六百户、赐紫金鱼袋臣司马光奉敕编集”。时代、官职、勋阶、爵位、封号、食邑、服色、籍贯、姓名、著作方式等统统标出，洋洋大观，殊为冗长。

卷端著者题名中常有“甫”、“父”之字，如旧抄本《历代正闰考》12卷题“秀水沈德符景倩父著”，《佩韦斋文集》16卷题“太玉山人俞德邻宗文父”，《旧闻证误残本》2卷题“宋秀岩李心传伯微甫撰”，《读易述》17卷题“明玉翁山人潘士藻去华父辑”，《诗经说通》13卷题“明虎林沈守正无回甫撰”，《善本书室藏书志》题“清钱塘丁丙松生甫撰”。其题名中均有“父”或“甫”字，卷端题名中“父(甫)”常常是字的标志，“父(甫)”之前多为作者之字。“父(甫)”本是古代对男子的美称，字后加“父(甫)”原于一字之字。陆游曾说：“钱䫐字穆，范祖禹字淳，皆一字，交友以其难呼，故增‘父’字，非其本也。”①这就是说，一字之字不便称呼，才加了“父”字，两字之字加“父(甫)”的也不少。前例中“景倩”、“伯厚”、“宗文”、“伯微”、“去华”、“无回”、“松生”等都是作者的字。古书卷端著者题名中，名、字并题时，一般是名在前字在后，但也有例外情况，此“父(甫)”则可用来判断作者之名与字。

有的卷端题名有表示行辈的字眼“男”、“孙”等，如《历科状元图考全书》卷端题“句吴大学士顾鼎臣孙祖训汇编”，其中“孙”是行辈，表示祖训是顾鼎臣的孙子，其姓自然应该为顾。因此，著者是顾祖训，而非顾鼎臣，亦非孙祖训。句吴是地名，大学士是官名。又如《夏检讨年谱》卷端题“孙恭堂恭辑”，“孙”亦表示行辈，并非姓氏，著者不是孙恭堂，而是夏恭堂。

三、古书计量单位

计量单位的名称

我国古代曾用以计量图书的单位有：

---

① (宋)陆游．老学庵笔记：卷10[M]．《四库全书》原文及全文检索版．

1. 篇与编。篇是我国最早的书籍计量单位。以“篇”计书，源于简策制度，它是简策时期的书籍计量单位。古代最初用竹简作为书写材料，用绳子将一根根竹简编连起来，即成为书写之用的简策。由于竹简体积大、容量小，往往一篇即成为一册，故《说文解字》云：“篇，书也。”“篇”于是成为书籍的计量单位。上古时期，书籍都是以篇为单位来计算的。如《史记·老子韩非列传》：“申子之学本于黄老而主刑名，著书二篇，号曰《申子》。”①《论衡·本性》：“如此则性各有阴阳，善恶在所养焉。故世子作养书一篇。”②1959年在甘肃武威东汉古墓中出土的三百七十多根竹简，其内容是《仪礼》的一部分，共有七篇，就是每一篇编连为一册。

编，也是古代图书的一种计量单位。如上所说，单根竹简需要用绳子连接方可书写，这种编简成册的绳子就叫做编，编或用麻绳，或用丝绳，或用皮绳。《史记·孔子世家》云：

> 孔子晚而喜《易》……读《易》，韦编三绝。③

“韦编”就是连串竹简的牛皮绳子。篇作为简策时期书籍的计量单位，若考其语源，则得名于编。篇，上古属滂母真韵；编，上古属帮母真韵，二者音近义通。《说文解字》云：“编，次简也。”段玉裁注曰：“以丝次弟竹简而排列之曰编。”④篇作为书籍的单位，也是指若干竹简连缀排列成篇。《说文解字》云：“篇，书也。”朱骏声《说文通训定声》曰：“谓书于简册可编者也。”⑤因此，书籍在古代既可以篇作计量单位，也可以编作计量单位。《史记·留侯世家》云：“(老父)出一编书，曰：‘读此，则为王者师矣！’”⑥《梁书·庾诜传》云：“诵《法华经》，每日一编。”⑦此“编”皆与“篇”同义。后世使用的“编”范围扩大，不特指一篇，而是包括多篇或数卷。

2. 卷。作为古籍的计量单位，篇早于卷，“篇”最初是作为简策的计量单位，“卷”最初是作为帛书的计量单位。章学诚云：

---

① (汉)司马迁．史记：卷63[M]．《四库全书》原文及全文检索版．
② (汉)王充．论衡：卷33[M]．《四库全书》原文及全文检索版．
③ (汉)司马迁．史记：卷47[M]．《四库全书》原文及全文检索版．
④ (汉)许慎．说文解字注[M]．(清)段玉裁，注．上海：上海古籍出版社，1981：658.
⑤ (清)朱骏声．说文通训定声[M]．北京：中华书局，1984：841.
⑥ (汉)司马迁．史记：卷55[M]．《四库全书》原文及全文检索版．
⑦ (唐)姚思廉．梁书：卷51[M]．《四库全书》原文及全文检索版．

篇从竹简，卷从缣素，因物定名，无他义也。而缣素为书，后于竹简，故周秦称篇，入汉始有卷也。①

其实，帛书在汉代之前的战国时期就已出现，《晏子春秋》云："昔吾先君桓公，予管仲狐与谷，其县十七，著之于帛，申之以策，通之诸侯。"②可见公元前7世纪齐桓公时已有帛书；《墨子·明鬼》等篇中亦多次言及"竹帛"，可见战国时期帛书已较普遍。简策书籍为我国文化的传播作出了巨大贡献，但其体积较大，一部书往往笨重不堪，难以携带；且编连简策的绳子常常磨断，脱简、错简较多，容易造成书籍内容的混乱。于是，在使用简策的同时，人们也用帛、素、缯、缣等丝织品作为书写材料，我们将其称为帛书或素书、缣书、缯书。缣帛之书根据书写内容的长短剪裁成不同的尺寸，并将其卷成卷，谓之一卷；后来人们又用圆形木棍粘结在缣帛的一端，以此为中心将帛书卷成一卷轴。书籍的装帧形式由简策装而发展为卷轴装，"卷"因此成为书籍的计量单位。《说文解字》"篇"字下段注："古曰篇，汉人亦曰卷。卷者，缣帛可卷也。"③《说文通训定声》云："其书于帛可卷者谓之卷。"④

帛书产生之后，卷开始作为图书的计量单位使用，至于汉代，竹帛并行，篇卷已没有严格的区分。据《汉书·艺文志》著录，《六艺略》中有九类目，其中完全用"篇"计量的有《易》、《乐》、《小学》三类；完全用"卷"计量的有《诗》、《礼》两类；兼用"篇"、"卷"计量的有《书》、《春秋》、《论语》、《孝经》四类。而《书》类总计云："凡书九家，四百一十二篇。"⑤《春秋》类总计云："凡春秋二十三家，九百四十八篇。"⑥《论语》类总计云："凡论语十二家，二百二十九篇。"⑦《孝经》类总计云："凡孝经十一家，五十九篇。"⑧《六艺略》总计云："凡六艺一百三家，三千一百二十三篇。"⑨可见，汉代"篇"和"卷"已是同义，并无区分。故卢文弨云：

---

① (清)章学诚．文史通义新编新注[M]．仓修良，编注．杭州：浙江古籍出版社，2005：328.

② 吴则虞．晏子春秋集释：卷7[M/OL]．北京：中华书局，1982[2008-02-22]．http://www.guoxue123.com/shibu/0201/01yzcqjs/193.htm.

③ (汉)许慎．说文解字注[M]．(清)段玉裁，注．上海：上海古籍出版社，1981：190.

④ (清)朱骏声．说文通训定声[M]．北京：中华书局，1984：749.

⑤ (汉)班固．汉书：卷30[M]．《四库全书》原文及全文检索版．

⑥ (汉)班固．汉书：卷30[M]．《四库全书》原文及全文检索版．

⑦ (汉)班固．汉书：卷30[M]．《四库全书》原文及全文检索版．

⑧ (汉)班固．汉书：卷30[M]．《四库全书》原文及全文检索版．

⑨ (汉)班固．汉书：卷30[M]．《四库全书》原文及全文检索版．

> 篇即卷也。《汉志》易皆言篇，诗皆言卷，其余一类之中，或篇或卷不一，至末总其数云“大凡书六略、三十八种、五百九十六家、万三千二百六九卷”，此非篇即卷乎！①

张舜徽亦云：

> 书之称卷，始于用帛。两汉竹帛并行，故篇卷无分。《汉志》著录经籍，或称卷，或称篇，而每种之后，各题上事云，凡若干家若干篇。至末复总结其数云：“凡书六略、三十八种、五百九十六家、万三千二百六十九卷。”其明征也。②

之后，“简策既废，易篇为卷……自是为书目者，若阮孝绪《七录序》后所附《古今书最》及唐初诸儒修《隋书·经籍志》，皆但计卷数，无复称篇者矣”③。可见，魏晋以降，图书载体由简帛易为纸张，计量单位由“篇”而易为“卷”。从作用上来说，“篇”主文义起讫，侧重图书内容的计量；“卷”主帛书短长，侧重图书篇幅的计量。古代有些图书经过历代相传，尽管卷数未变，但其篇目由于后人的增损改易，与前相差甚远，故章学诚主张计篇不计卷，他说：

> 著书但当论篇，不当计卷(卷不关于文之本数，篇则因文计数者也。故以篇为计，自不忧其有阙卷；以卷为计，不能保其无阙篇也)。必欲计卷，听其量册短长，而为铨配可也。不计所载之册，而铢铢分卷，以为题签著录之美观，皆是泥古而忘实者也。④

与卷同义的计量单位，还有轴、弓、缚等。唐代以前，图书多采用卷轴的装订形式。所以后人常以“轴”代“卷”作为图书计量单位。明胡应麟《少室山房笔丛·经籍会通》云：

---

① (清)虞文弨．钟山札记：卷1[M]．新1版．北京：中华书局，1985.
② 张舜徽．广校雠略[M]．武汉：华中师范大学出版社，2004：49.
③ 张舜徽．广校雠略[M]．武汉：华中师范大学出版社，2004：50.
④ (清)章学诚．文史通义新编新注[M]．仓修良，编注．杭州：浙江古籍出版社，2005：329.

凡书，唐以前皆为卷轴。盖今所谓一卷，即古之一轴。①

韩愈《送诸葛觉往随州读书》诗云：“邺侯家多书，插架三万轴。”此“三万轴”即三万卷。

弖、缚分别是道书、佛书的计量单位。“道书谓一卷为一弖，佛书谓之一缚，禅学云《多罗树叶书》二百四十缚，缚与卷同。”②“道书以一卷为一弖，音弖与轴通。陶九成《说郛》用之……佛典又云：多罗树叶书凡有二反四十缚。缚，古绢，亦借为卷也。”③

3. 册。“册”是我国书籍制度中出现最早的一个名词。《说文解字》释“册”云：

符命也，诸侯进受于王也。像其札，一长一短，中有二编之形。

汉蔡邕《独断》云：

策，简也，其制长二尺，短者半之。其次一长一短，两编下附。篆书起年月日，称皇帝曰，以命诸侯王。④

《春秋左传序》孔颖达疏云：

单执一札谓之简，连编诸简乃名为策。⑤

可见，“册”与“策”通，皆指简编。“册”字除了指代符命之类外，亦指书册。《说文解字》释“删”云：

剟也，从刀册。册，书也。

《尚书·多士》云：

① （明）胡应麟．少室山房笔丛：卷2[M]．《四库全书》原文及全文检索版．
② （清）王士祯．池北偶谈[M]．北京：中华书局，1982：372.
③ （明）杨慎．升庵集：卷71[M]．《四库全书》原文及全文检索版．
④ （汉）蔡邕．独断：卷上[M]．《四库全书》原文及全文检索版．
⑤ （晋）杜预．春秋左传注疏[M]．（唐）孔颖达，疏．《四库全书》原文及全文检索版．

惟殷先人，有册有典。

《诗经·小雅·出车》：

岂不怀归，畏此简书。

《礼记·中庸》称：

文武之道，布在方策。

《周礼春官序官·典命》注云：

书，即简策是也。①

《左传·隐公十一年》云：

灭不告败，胜不告克，不书于策。②

“简册(简策)”因此成为我国最早的书籍。“册”字虽然出现很早，并代指图书，但当时并未成为书籍的计量单位，其成为书籍的计量单位是书籍由卷轴装过渡到册叶装之后的事情。印刷术发明之后，书籍的制作大为方便，但雕版制作乃是分版印刷，一版一叶，一部书要印成许多叶，于是形成了把散叶装订成册的制度，即册叶制度，后代因以“册”作为图书的计量单位。南宋陈大猷在《书集传》前有进表说：“臣所编《书集传》一十二卷，《集传或问》三卷，缮写成一十五卷。”③此盖每卷为一册，这是以一卷为一册的例证。明弘治六年(1493 年)刻高棅《唐诗品汇》用“格物致知诚意正心修身齐家治国平天下”表示本书有 17 册；明嘉靖十三年(1534 年)安正堂刻本《淮南子注》用“礼乐射御书数”表示此书本书有 6 册。

4. 集。《说文解字》释“集”云：“群鸟在木也。”后来由“群鸟”之集合引申为文章之集合，因以成为图书的计量单位。卷帙较多的图书往往先分

① (汉)郑玄. 周礼注疏：卷 17[M]. (唐)贾公彦，疏.《四库全书》原文及全文检索版.

② (晋)杜预. 春秋左传注疏：卷 3[M]. (唐)孔颖达，疏.《四库全书》原文及全文检索版.

③ 叶德辉. 书林清话[M]. 长沙：岳麓书社，1999：10.

集再分卷，如宋左圭《百川学海》分为10集，清吴省兰《艺海珠尘》分为8集，明毛晋《十六种曲》分为12集，等等。

5. 帙。“帙”原是包裹在卷轴之外起保护作用的物品，《说文》释“帙”云：“书衣也，从巾，失声。”清王士祯云：

> 《群碎录》云：书曰帙者，古人书卷外必用帙藏之，为今裹袱之类。宋真宗取庐山东日寺《白居易集》，命崇文院写校，包以斑竹帙送寺。尝于秀水项氏见王右丞画一卷，外以斑竹帙裹之，云是宋物。帙为细簾，其内笼以薄缯，故帙字从巾。①

后来常用“帙”作为图书的计量单位，如清张潮《昭代丛书》康熙刻本甲集50卷分为“礼乐射御书数”6帙，乙集40卷分为“山水鱼花酒鸟”6帙；道光刻本甲集34卷分“礼乐射御书数”6帙，乙集44卷分“常富贵，乐未央”6帙；丙集45卷分为“黄绢幼妇，外孙齑臼”8帙。古代各书目中以“帙”作为单位者有东晋李充《晋元帝四部目录》，著录图书3014卷、305帙；谢灵运《宋元嘉八年秘阁四部目录》著录图书64582卷、1563帙；王俭《宋元徽元年秘阁四部目录》著录图书15074卷、2020帙；谢朏、王亮《齐永明元年秘阁四部目录》著录图书18010卷、2332帙；刘孝标《梁天监四年文德殿正御及术数四部书目录》著录图书23106卷、2968帙。

古籍每帙所含卷数不一，一般在五卷之上，十卷一帙者最为常见。《北堂书钞》引阮孝绪《七录》云：“大抵五卷以上为一帙。”②晋葛洪《西京杂记》云：“刘子骏《汉书》一百卷，无首尾，始甲终癸，为十帙，帙十卷，合为百卷。”③梁简文帝为《文选》作序称：“凡二帙，二十卷。”④隋许善心撰《梁史》：

> 四帝纪八卷，后妃一卷，三太子录一卷，为一帙十卷；宗室王侯列传一帙十卷；具臣列传二帙二十卷；外戚传一卷，孝德传一卷，诚臣传一卷，文苑传二卷，儒林传二卷，逸民传一卷，数术传一卷，藩臣传一卷，合一帙十卷；止足传一卷，列女传一卷，权幸传一卷，羯

---

① （清）王士祯．香祖笔记[M]．上海：上海古籍出版社，1982：234.
② 叶德辉．书林清话[M]．长沙：岳麓书社，1999：10.
③ （晋）葛洪．西京杂记：跋[M]．《四库全书》原文及全文检索版．
④ 叶德辉．书林清话[M]．长沙：岳麓书社，1999：10.

贼传二卷。逆臣传二卷，叛臣传二卷，叙传论述一卷，合一帙十卷。①

白居易《白氏长庆集后序》云："前三年，元微之为予编次文集而叙之，凡五帙，每帙十卷。"②可见，一般古书多以十卷为一帙。据僧祐《出三藏记集》，佛教著作每帙卷数相差较大，少则2卷，多则10卷。

6. 函。函与帙一样，都是盛放书籍的工具，即书套子。古代为了保护图书，常将若干册放入函内，以免受损。"函"因此成为计量图书的单位。

7. 通。这是唐代所用的计量单位。唐代李群玉《李群玉集》"表称歌行、古体、今体七言、今体五言四通，合三百首"③，四库馆臣考证说："考刘禹锡作《柳宗元集序》称三十二通，则唐时以一通为一卷。"④

古书卷册顺序标识

一书往往有多卷甚至多册，其卷(册)次的命名方法也复杂多样，归纳起来，主要有以下几种：

1. 数字表示法。这是古籍卷(册)次命名最常用的方法，一般古籍都采用这样的标识法。数字表示法又有几种形式：

第一，"卷+数字(分大小写)"。即用"卷一、卷二、卷三……"或者"卷壹、卷贰、卷叁……"表示。这样，阅读者对书籍的卷数可一目了然。如明何楷的《古周易订诂》、金王寂著的《拙轩集》等均用此法。

第二，"卷之+数字"。图书每一页在版心上都用"卷之一、卷之二……"表示，其效果跟第一种形式一样，人们一看便知多少卷。如晋杜预注的《春秋左传》、明邓元锡注的《易经绎》等都采用此种表示方法。有些图书卷内分子卷亦用数字表示，如《七经孟子考文补遗》"毛诗注疏第七"内分为"七之一"、"七之二"两卷。

第三，书名+数字。如季振宜所注《毛诗》、宋蔡沈集注的《尚书》便分别用"诗一、诗二……"和"书一、书二……"来表示。

2. 两卷(册)本用"上下"、"内外"、"前后"命名。如宋费枢《廉吏传》2卷、宋金君卿《金氏文集》2卷、明本徐翰《中论》2卷、明释云峰《唯

① (唐)魏徵．隋书：卷58[M]．《四库全书》原文及全文检索版．
② (唐)白居易．白氏长庆集：卷21[M]．《四库全书》原文及全文检索版．
③ (清)永瑢等．四库全书总目：卷151[M]．《四库全书》原文及全文检索版．
④ (清)永瑢等．四库全书总目：卷151[M]．《四库全书》原文及全文检索版．

识开蒙》2 卷，均以上下命名；有些书一卷之内又有子卷，也常用“上下”命名，如《汉书》的《光武帝纪》、《王子侯表》等卷内又分为上下两子卷。

3. 三卷(册)本用“上中下”、“天地人”命名。如唐林慎思《伸蒙子》、唐殷璠《河岳英灵集》、唐李肇《唐国史补》、宋释适之《金壶记》、清任启注《天子四献祼馈食礼》均分上中下 3 卷；有些图书所分子卷也用“上中下”命名，如《汉书》之《王莽传》便分上中下 3 子卷。清杨方晃编《孟子年谱》5 卷，中间 3 卷为年谱，便以天地人分纪。

4. 四卷(册)本用“元亨利贞”、“寒来暑往”、“江山千古”、“风花雪月”、“春夏秋冬”等命名。如宋真德秀《西山先生真文忠公读书记》分“甲乙丙丁”四记；唐陆龟蒙《笠泽丛书》4 卷用“甲乙丙丁”命名；明嘉靖刻本《启蒙意见》4 卷用“元亨利贞”命名；明马嘉松《花镜隽声》以“元亨利贞”分为 4 集；明金木散人《鼓掌绝尘》与明许宇《词林逸响》均以“风花雪月”四字分为 4 集；清道光年间刻本宋卫湜《礼记音训》以“春夏秋冬”表示 4 册；清邹梧冈注《春秋备旨》用“日月星辰”表示 4 册。

5. 五卷(册)本用“五行(金木水火土)”、“五音(宫商角徵羽)”、“甲乙丙丁戊”、“乾元亨利贞”、“礼乐易春秋”等命名。如明万历刻本王兆云《新刊王氏青箱余》10 卷，前五卷用“仁义礼智信”命名，后五卷用“乾元亨利贞”命名；明李廷机《新刻翰林评选注释程笔会要》以“金木水火土”五字分为 5 集；明陈与郊《新续古今名家杂剧》以“宫商角徵羽”五字分为 5 集。

6. 六卷(册)本用“智仁圣义中和”、“礼乐射御书数”、“山水鱼花酒鸟”、“常富贵乐未央”等命名。如明万历刻本罗汝芳《近溪子集》6 卷和抄本高攀龙《高子未刻稿》6 卷均用“礼乐射御书数”六艺命名；清谈迁著《枣林杂俎》分智、仁、圣、义、中、和 6 集。

7. 八卷(册)本用“甲乙丙丁戊己庚辛”、“八音(金石丝竹匏土革木)”、“八卦(乾坤震巽坎离艮兑)”等命名。如清厉鹗《樊谢山房集》前集诗 8 卷便用“甲乙丙丁戊己庚辛”命名；清吴省兰《艺海珠尘》以八音分为 8 集。

8. 十卷(册)本用十天干命名。明刻本宋左圭《百川学海》以“甲乙丙丁戊己庚辛壬癸”分为 10 集；明隆庆刻本王交《绿槐堂稿》10 卷、宋佚名《群公四六续集》10 卷等均以十天干命名卷次。

9. 十二卷(册)本以十二地支(子丑寅卯辰巳午未申酉戌亥)命名。如明郑太和《麟溪集》22 卷，前 10 卷用十天干命名，后 12 卷以十二地支命名；明毛晋《六十种曲》以地支十二字分为 12 集。

10. 二十八卷(册)本用二十八星宿名(角、亢、氐、房、心、尾、箕、斗、牛、女、虚、危、室、壁、奎、娄、胃、昴、毕、觜、参、井、鬼、柳、星、张、翼、轸)命名。如明嘉靖本何俊良《何翰林集》28卷用二十八星宿名卷;清彭定求《重刊道藏辑要》以二十八星宿明分为26集(其中角与亢、参与井合为一集)。

11. 卷帙繁多的大部头图书,古人多用"千字文"和"诗韵"命名。如清金秋潭所辑《四书味根录》,即用"天地玄黄,宇宙洪荒……"等千字文内容来表示册数;佛教《大藏经》用千字文命名;明代《老藏》有一千六百多部分,六百八十多函,用千字文"天地玄黄,宇宙洪荒……"表示其函数。由于有两函共用一字者,共到第678个字"鱼"。

除了以上命名方法外,以诗文词句命名也是很常见的方法。如宋谢枋得《文章轨范》7卷以"王侯将相有种乎"7字命名,此七字出自《史记·陈涉世家》中陈胜发动起义时所说"王侯将相宁有种乎"之句;清刻本《文章轨范》则用"九重春色醉仙桃"7字命名卷次,这句诗出自杜甫《早朝大明宫》;明张丑《清河书画舫》12卷,鲍氏刻本用"莺嘴啄花红溜,燕尾点波绿皱"12字表示,这两句出自秦观词《如梦令》;明陈仁锡《无梦园初集》以杜甫《宾至》诗中"岂有文章惊海内,漫劳车马驻江干"14字分为14集;清吴弥光《胜朝遗事》用初唐王勃《滕王阁序》的著名诗句"落霞与孤鹜齐飞,秋水共长天一色"来表示本书有14册;明万历刻本《新刻出像官版大字西游记》20卷,以"月到天心处,风来水面时。一般情意味,料得少人知"命名卷次,此是宋邵雍所作《清夜吟》诗;《皇明制书》20卷用"日月光天德,山河壮帝居。太平无以报,恭上万年书"二十字命名,此是陈后主李煜所写《入隋侍宴应诏诗》;元初阴时夫《韵府群玉》用唐代贾岛的诗《寻隐者不遇》"松下问童子,言师采药去。只在此山中,云深不知处"来表示本书有20册;汉郑玄注、唐孔颖达疏的《附释音毛诗注疏》,则用了书圣王羲之那篇书法与文采俱佳的《兰亭序》"永和九年,岁在癸丑暮春之初……"来表示册数。

古书分卷方法

纸张普及以后,古书无论分册、分帙或分集,最终皆以卷计。一书有多卷,但分卷方法不一。秦汉时期,著作多单篇流传,作者并未亲定成书,图书多出后人编次,因多以一篇为一卷,如《汉书·艺文志》"六艺略"著录易、书、诗、礼、乐、春秋、论语、孝经、小学9类共103家、3123篇,此3123篇即3123卷。后世亦有沿袭其风者,如宋王氏取瑟堂刻《中说》10卷，亦是以篇为卷。但“古书篇幅长短不齐，故编书之人于篇幅甚短者，恒合数篇以成一卷”，故一卷之中包含若干篇的情况更多，如《诗经》305篇，《汉志》著录鲁、齐、韩三家经文为28卷，陆德明《经典释文》卷六《毛诗音义·鹿鸣之什》云：

> 歌诗之作，非止一人，篇数既多，故以十篇编为一卷，名之为什。

《尔雅》19篇，《汉志》著录为3卷；《墨子》71篇，高儒《百川书志》著录为15卷，每卷包含四五篇；《文心雕龙》50篇，《隋书·经籍志》著录为10卷，每卷包含5篇。如若图书篇幅过长，则一篇分为数卷，如班固《汉书》本为百篇，应劭作注作115卷，颜师古注本作120卷。总体而言，图书每卷包含篇数的多少与文献的载体及装订形式有关，竹帛时期，书写材料容量较小，图书较为笨重，每卷篇数势不能多，因而卷数较多。

纸张普及以后，书写容量大大增加，一卷之内的篇数也越来越多，而全书卷数则越来越少。章学诚《文史通义·篇卷》云：

> 自唐以前，分卷甚短。六朝及唐人文集，所为十卷，今人不过三四卷也。自宋以来，分卷遂长。以古人卷从卷轴，势不能过长，后人纸册为书，不过存卷之名，则随其意之作至，不难巨册以载也。以纸册而存缣素为卷之名，亦犹汉人以缣素而存竹简为篇之名，理本同也。①

纸张作为图书主要的书写材料之后，卷数的划分则主要考虑全书各卷容量的平衡与各卷内容的完整独立等因素，不同图书分卷方法亦不同。例如，宋代洪迈《万首唐人绝句》每百首绝句为一卷；宋张予《张氏集注百将传》100卷，凡采历代名将百人，人各一卷；旧抄本《十六国春秋略》16卷，一国一卷；明叶盛《菉竹堂书目》4卷，经史子集各一卷；明陈堦《日涉编》12卷，杂采故实诗歌，按时令编次，一月一卷；明何伟然《广快书》50卷，收书50种，一书一卷；清朱奇龄《春秋测微》12卷、清刘梦鹏《春秋义解》12卷，均以鲁国十二公为次，一公一卷；清编《岁时广记》4

---

① （清）章学诚．文史通义新编新注［M］．仓修良，编注．杭州：浙江古籍出版社，2005：328.

卷，按四季分卷，一季一卷；清内府编《佩文韵府》正集444卷，拾遗112卷，以韵分卷，韵自为卷；明洪武十一年(1378年)，黄钧刻其父黄镇成《秋声赋》6卷，按诗体分类，体自为卷。

以上所言为一般图书的分卷方法，而有些图书分卷不循常规，其篇页多少与常书差别较大。如宋郑文宝《江表志》3卷，仅24页；明冯应京《经世实用编》分乾、元、亨、利、贞五集，每集分别包括10、2、3、4、9卷，各集卷数差异较大。张贞(起元)撰有《渠亭山人半部稿》一卷，书虽一卷，多至152页；又《或语》1卷，多至126页；又《潜川集》1卷，多至141页；又《娱老集》1卷，多至133页，此"四集皆古文，每集约得六七十篇不等，三四万言……四卷之书积之高逾五六寸，他书罕见"①。北宋晁叔用(冲之)有《晁具次先生诗集》15卷，全书录古今体诗仅167首，匀摊每卷只得11首，"古今诗集篇帙之少，恐无以逾于此者"②。段西崖(长基)撰有《历代统经表》13卷、《沿革表》3卷、《疆域表》3卷，其中《统经表》卷一77页，卷二46页，卷三70页，卷四至十三分别有81、30、115、165、29、144、98、219、66、107页；《沿革表》分上中下3卷，其页数分别为113、141、113；《疆域表》上中下3卷，其页数分别为□□□、84、72，故"书虽19卷，积之高至尺许，每卷页数甚富"③。当然，这些都是比较特殊的分卷情况，一般图书其各卷篇幅都还是比较合理均衡的。

古书卷数变化

古书在流传的过程当中，其卷数常常发生变化，或多或少，或增或减，前后不一，造成这种现象的原因有多个，主要有：

第一，图书内容有所增加。这主要是在原书的基础上，后人又有所续补或注解，而使图书内容较之以前增多，其篇帙也随之增加。如许慎撰《说文解字》，原书分十四篇、叙目一篇，许慎之子许冲奏上时，以一篇为一卷，凡15卷。后来徐铉校定此书时，除纠正脱误之外，又增加了反切、注释和新附字，篇幅大增，故将每卷各分上下，变为30卷。元杨公远《野趣有声画》原本只1卷，后人又有续辑，故至清代为2卷；明彭簪

① (清)刘声木．苌楚斋随笔、续笔、三笔、四笔、五笔[M]．北京：中华书局，1998：264.

② (清)刘声木．苌楚斋随笔、续笔、三笔、四笔、五笔[M]．北京：中华书局，1998：959.

③ (清)刘声木．苌楚斋随笔、续笔、三笔、四笔、五笔[M]．北京：中华书局，1998：1031.

撰《衡岳志》原本8卷，后姚宏谟重订，增补5卷，全书因成13卷；宋范祖禹撰《唐鉴》本12卷，后来吕祖谦为其作注，每卷一分为二，成24卷。

第二，图书内容有所亡佚。古代图书在漫长的流传过程中，由于自然、战争、人为等各种原因，常常有所散佚，致使其篇卷减少而发生变化。如唐杨炯文集本30卷，至宋代散佚至20卷，清代则减少至10卷；宋代龙衮所撰纪传体史书《江南野史》原本20卷、84传，后亡佚50传，到清代编《四库全书》时只见到10卷本；宋翟耆年《籀史》本有上下两卷，后亡佚1卷，清修《四库全书》时只1卷；清代姚际恒撰《九经通论》原本163卷，而今天只能看到《诗经通论》数十卷和《春秋通论》残卷。

第三，传写、编次者的改易。如《文渊阁书目》旧本不分卷数，后来传写者以意分析，作14卷，而清代编修《四库全书》时又厘定为4卷；清万斯同《明代河渠考》最初是作者随笔抄录之稿，本未成书，后来传写其稿者各自根据所见之本，其卷数亦多寡不同；无名氏《御侮录》原本1卷，后人分析成2卷；《世宗宪皇帝上谕内阁》"原本皆以每月别为起讫，不标卷数"①，修《四库全书》时"恭依旧次，厘为159卷"②。

第四，刊刻者的分合。古代出版者刊刻图书，有时会对原书篇次、卷数甚至内容进行改动，致使图书卷数发生变化。如南朝宋裴骃《史记集解》原本80卷，《隋书·经籍志》、《新唐书·艺文志》均如此著录，至明代毛晋汲古阁重新刊刻，析为130卷，原来次第遂失不可考；《诗集传》原本20卷，后来坊刻肆意合并，清编《四库全书》时只看到8卷本。

第五，计算方法不同。古书一卷之内常分子卷，后人计算总数，有时将所分子卷计入，有时则不将子卷计入。如范晔《后汉书》90卷中分子卷者凡十，《新唐书·艺文志》析其子卷计之，得100卷，而《宋史·艺文志》合其子卷计之，则得90卷。图书除正文之外，还有附录、序文、凡例、目录等非正文内容，图书目录在著录这些图书时，有时将其计算在总卷数之内，有时则将其单独著录，不计入总数。如《四库全书总目》著录元安熙《默庵集》云5卷，此本有附录1卷，未计入总卷数之内；而著录《崔清献全录》时云10卷，此中则包括了附录2卷。《周易注》，其中包括王弼撰易注6卷、略例1卷、韩康伯撰《系辞注》1卷，王俭《七志》将三者合计著录得10卷，而《旧唐书·经籍志》和《新唐书·艺文志》仅计王弼所撰，著录为7卷；宋唐慎微《经史证类大观本草》，《直斋书录解题》与《铁

---

① (清)永瑢等. 四库全书总目：卷55[M].《四库全书》原文及全文检索版.

② (清)永瑢等. 四库全书总目：卷55[M].《四库全书》原文及全文检索版.

琴铜剑楼藏书目录》均著录为 31 卷，而《郡斋读书志》与《玉海》均作 32 卷，后二者将目录 1 卷计算在内。

第六，史料记载有误。由于校勘、传写等原因，各种资料对图书卷次的记载，有时会出现错误，致使一书卷数不同。如《包孝肃奏议》，其序文所记为 10 卷，清修《四库全书》所见之本亦为 10 卷，而《宋书·艺文志》著录则为十五卷，此是由于《宋志》误衍一"五"字。《尽言集》，其序文称三卷，而书实十三卷，此是由于校雠疏忽，三字上脱一"十"字。《春秋列国诸臣传》三十卷，但作者本传中却作五十卷，这是由于"三"与"五"字形相近，后人传写致误。有些书目著作在对图书进行著录时并未亲自核对原书，故常有错误，如宋刻本成元英《疏庄子》20 卷，马端临《文献通考·经籍考》却著录为 33 卷，钱曾云："端临经籍志每因篇帙浩繁无暇取原书核校，卷数大都牴牾，学者当原之。"①

一般说来，卷数的前后变化反映了图书篇幅内容的变化，内容增加则卷数增多，内容亡佚则卷数减少。但是由于以上所举各种原因，有时图书的卷数变化，其内容却没有变化，如《孤臣泣血录》，《文献通考》著录为 3 卷，并补遗 1 卷；而清修《四库全书》所见为 1 卷本，但其首尾完具，年月连贯，内容并无阙佚。有时图书的卷数虽无变化，其内容却不同以前，如元代陆文圭《墙动类稿》原本 20 卷，至清代已经散佚较多，清修《四库全书》时从《永乐大典》中将其辑出，并根据原目，仍厘为 20 卷，虽卷数无改，但内容阙失已多；《水经注》原 40 卷，至宋代时佚失 5 卷为 35 卷，南宋时重新刊版，仍均配为 40 卷，以合旧目，但已有 5 卷亡佚。基于以上情况，我们在查考古书时，不能单看其卷数，更要核对全书正文内容。

四、古书著作方式

著作方式是著作者为了履行自己的责任，创作某种作品而采用的方式。《图书情报词典》解释为："责任者对文献的著作内容所承担的责任的形式，表示著作的形成过程。"②古代图书的著作方式主要有撰、编、传、注、疏、笺、学、集解、章句等。

---

① （清）钱曾．读书敏求记：卷 3[M]．新 1 版．北京：中华书局，1985.

② 王绍平．图书情报字典[M]．上海：汉语大词典出版社，1990：817.

撰

《正字通》云："属辞记事曰撰。"①追其本原，"纂"为"撰"的本字，《说文解字》释"纂"云："似组而赤，从纟，算声。"张舜徽《说文解字约注》云："唐写本《玉篇》残卷'纂'字下引《说文》：'似组而赤黑也。'视今二徐本多'黑也'二字，盖今本误夺耳。今人多用'纂'为撰集之称，凡言撰集，当以'纂'为本字。"②可见，"纂"的本义是一种黑红色的丝带，原无撰集之义。"撰"又写作"譔"，《说文解字》释"譔"云："专教也，从言，巽生。"张舜徽《说文解字约注》云：

> "专"当为"尃"字之误也。本书寸部："尃，布也。"布有散义广义。所谓"尃教"者，谓其言教可散之四方，广行遐迩也。本无兀部"巽"下云："具也。"因之凡从巽声字，多有具义。人部："僎，具也。"许书手部虽无"撰"篆，而《广雅·释诂》云："撰，具也。"《汉书·扬雄转》："譔以为十三卷。"颜注云："譔与撰同。"是譔亦有具义矣。本书食部："籑，具食也，从食，算声。"而或体从巽，作馔。以具食为馔推之，则撰之本义，自有具言之义。所谓具言者，谓将言辞具之于书以教人也。后人著述，自题某譔，字或作撰，意在是矣。以语言教人者，但及密迩，惟具之于楮墨以文辞教人者，能行久远，故许君解譔字曰"尃教"也。古用简策，书不苟作。惟善言足以垂世立教者，然后具书以传后，故引申之，譔字又有善义，《论语·先进篇》："异乎三子者之撰。"《释文》云："撰，具也。"郑作僎，读曰诠，诠之善言也。是其义已。③

可见，"撰"乃具言之义，即具言辞于书以教人。虽然，"纂"、"撰"二字同源，但随着时代的变迁，二者之义也产生了差异。清《四库全书总目·西圃丛辨》云："是书杂采诸家说部分类排比，皆因其旧文，不加论断，故卷首题名不曰'撰著'，而曰'纂集'云。"④可见，"纂"是将原有材料分类排比，无所论断，与当今之"编"相当；"撰"则是有所论断，有所创见，与当今之"著"相当。

---

① 曹之．中国古籍编撰史[M]．武汉：武汉大学出版社，1999：394.

② 张舜徽．说文解字约注[M]．郑州：中州书画社，1983.

③ 张舜徽．说文解字约注[M]．郑州：中州书画社，1983.

④ (清)永瑢等．四库全书总目：卷126[M]．《四库全书》原文及全文检索版．

编

即汇集、排比的意思。《说文解字》云："编，次简也。从纟，扁声。"《说文解字约注》云："编犹比也，谓相与比叙也。乃以绳次物之通名，次简特其一耳。"①所谓"编辑"就是将材料编排比次以成书，主要是一个整理的工作。《唐大诏令集·颁行新令制》云："然以万机事广，恐听览之或遗；四海务殷，虑编辑之多缺。"②

传

传也是对古书进行注解的一种著作方式。

《史通·六家》云："孔子既著《春秋》，而丘明受经作传。盖传者，转也；转受经旨，以授后人。或曰：传者，传也，所以传示来世。案孔安国注《尚书》，亦谓之传；斯则传者，亦训释之义乎！"③胡韫玉《古书校读法》：

> 《说文》："传，遽也。从人，专声。"辵部："遽，传也。"《尔雅·释言》："驲、遽，传也。"按：以车曰传，亦曰驲，以马曰遽，以曰驿，皆所以达急速之事。《左成四年传》"晋侯以传召伯宗"是也。传者由此达彼，引申之，凡由此达彼皆曰传。《周礼·掌节》："必有节，以传辅之。"传者，以符节递达者也，引申之，以言语递达者皆谓之传。《仪礼·士相见礼》："妥而后传言。"注："犹出言也。"又引申之，递达古今之言语者亦谓之传。《礼记·乐记》："有司失其传也。"注："犹说也。"《祭统》注："传著于钟鼎也。"《释文》："谓传述。"又引申之，解释古今之言语者亦谓之传。《公羊定公元年传》："主人习其读而问其传。"注："谓训诂。"《春秋穀梁传序疏》："传之解经，随条即释。"《汉书·淮南王安传》："使为离骚传。"注："谓解说之。"《汉书·艺文志》："《春秋》有《左氏传》、《公羊传》、《穀梁传》，《诗》有《韩诗内外传》、《毛诗故训传》。"④

可见，传具有由此及彼，转相传递之义，是谓解释文义以通达古今，

---

① 张舜徽．说文解字约注[M]．郑州：中州书画社，1983.

② (宋)宋敏求．唐大诏令集：卷82[M].《四库全书》原文及全文检索版.

③ (唐)刘知幾．史通：卷1[M].《四库全书》原文及全文检索版.

④ 胡朴安．古书校读法[M]．南京：江苏古籍出版社，1985.

使古义达于今世。

传分内传、外传、大传、小传、集传、补传等多种情况。西汉时，齐人辕固生、燕人韩生解说《诗经》创立了内传、外传的名称，如《诗》有《韩内传》、《韩外传》，《春秋》有《公羊外传》、《穀梁外传》。《四库全书总目》云：

> 其书杂引古事古语，证以诗词，与经义不相比附，故曰外传。①

由此而言，内传就是与经义相比附的注解了。东汉以来，就有将《左传》和《国语》分别称为《春秋内传》和《春秋外传》的说法。韦昭《国语解序》云："其文不主于经，故号外传。"②这与《总目》的说法一致。大传之名始自汉代张生和欧阳生的《尚书大传》，郑玄《尚书大传序》云："伏生为秦博士，至孝文时年且百岁，张生、欧阳生从其学而受之，音声犹有讹误，先后犹有差舛，重以篆隶之殊，不能无失。生终后，数子各论所闻，以己意弥缝其阙，而又特撰其大意，因经属指，名之曰传。"③据此，则所谓大传，就是指典籍大义。小传和大传相对，取义于"不贤识小"之意，与小疏、小稿、小纂、小注一样，是一种谦词，也被称为"稗传"或"裨传"。宋刘敞有《七经小传》，吴棫有《书裨传》，吴仪有《春秋稗传》。集传与集注意思相近，大多引诸家之说进行解释。补传与补注相近，是对旧有注解的补充。

注

《说文》云："注，灌也，从水，主声。"郑玄《仪礼·有司彻》注："注犹泻也。"④《仪礼·士冠礼》贾公彦疏："注者，注义于经下，若水之注物。"⑤孔颖达《毛诗正义》："注者，著也，言为之解说，使其著明也。"⑥刘知幾《史通·补注篇》云："注者，流也，流通而靡绝。"⑦段玉裁《说文解字注》曰："注之云者，引之有所适也，故释经以明其义曰注。"⑧可见，

---

① （清）永瑢等．四库全书总目：卷16[M].《四库全书》原文及全文检索版．
② （吴）韦昭．国语解[M].《四库全书》原文及全文检索版．
③ （汉）郑玄．尚书大传[M].《四库全书》原文及全文检索版．
④ （汉）郑玄．仪礼注疏：卷17[M].（唐）贾公彦，疏．《四库全书》原文及全文检索版．
⑤ （汉）郑玄．仪礼注疏[M].（唐）贾公彦，疏．《四库全书》原文及全文检索版．
⑥ （唐）孔颖达．毛诗正义[M].《四库全书》原文及全文检索版．
⑦ （唐）刘知幾．史通通释[M].（清）浦起龙，释．上海：上海古籍出版社，1978：131.
⑧ （汉）许慎．说文解字注[M].（清）段玉裁，注．上海：上海古籍出版社，1981：555.

注本灌注之义，以水注物，畅其所阻；后引申为注解图书，释其凝滞，以明其义。

注作为一种著作方式，在汉代即已存在。孔颖达《春秋左传正义》云："毛君、孔安国、马融、王肃之徒，其所注书皆称为传，郑玄则谓之注。"①而《隋书·经籍志》所载马融、王肃注释之书也都称注；陆德明《经典释文》只把马融《周易传》称传，其余也都称注。三家所载虽有不合，但各称注之作均在汉代。另《经典释文》有《尔雅》的犍为文学注、刘歆注、樊光注、李巡注，以及《老子》的严遵注。《史记·衡山王列传》索隐引刘向《别录》云"易家有救氏注"②。《隋书·经籍志》有费直、宋衷、荀爽的《周易注》。由此可知，汉代注解之作称注者不止郑玄一人，也非自郑玄始。后代注解之书称注者越来越多，"注"字已成为训释的通称，顾炎武《日知录·十三经注疏》云："其先儒释经之书，或曰传、或曰笺、或曰解、或曰学，今通谓之注。"③

注字亦作註。段玉裁《说文解字注》云："汉唐宋人经注之字无有作'注'者，明人始改'註'为'注'，大非古义也。古惟'註'字从言，如《左传叙》：'诸所记註。'韩愈文'市井货钱註记'之类。《通俗文》云：'记物曰註。'《广雅》：'註，识也。'古起居注用此字，与注释字别。"④《一切经音义》卷6引《字林》："註，解也。"可见，"注"字晋代已有注释之义，段玉裁始自明代之说有失详考，《说文》中无注字，注是註的异体字，《通俗文》及《广雅》所训识记之义均为后起。

疏

"疏"即疏通之意。《说文解字》云："疏，通也。从㐬从疋，疋亦声。""疋，足也。一曰：疋，记也。"章太炎《文始》云："疋记之字，今通作疏。仓颉见鸟兽蹄迒之迹而作书，故谓之文字曰疋……亦疑书本作疋，记之亦曰疋。古但作疋，今犹作疏、作写矣。"⑤疏又作义疏、疏义、讲疏、注疏等。疏作为著作方式，不仅解释正文，而且解释注文。它逐字逐句讲解古书，并遵循"疏不破注"的原则，即其解释从不违背注文原意，只是将注

① （晋）杜预．春秋左传注疏［M］．（唐）孔颖达，疏．《四库全书》原文及全文检索版．
② （唐）司马贞．史记索隐：卷26［M］．《四库全书》原文及全文检索版．
③ （清）顾炎武．日知录校注．陈垣，注［M］．合肥：安徽大学出版社，2007：996.
④ （汉）许慎．说文解字注［M］．（清）段玉裁，注．上海：上海古籍出版社，1981：555.
⑤ 转引自：周大璞，黄孝德，罗邦柱．训诂学初稿［M］．武汉：武汉大学出版社，1987：33.

文阐释得更加明晰透彻。

笺

《说文解字》云："笺，表识也，从竹，戋声。"注书称"笺"从汉代郑玄开始。郑玄有《毛诗传笺》，其《六艺论》云："注诗宗毛为主，毛义若隐略，则更表明。如有不同，即下己意，使可识别也。"①《毛诗正义》云："郑于诸经皆谓之注，此言笺者，吕忱《字林》云：'笺者表也，识也。'郑以毛学审备，遵畅厥旨，所以表明毛意，记识其事，故称为笺。"②晋张华《博物志》云："郑玄即毛苌之郡人，谦敬不敢言注。"③可见，笺为表识之义，与注意思相近，郑玄因出于对毛苌的尊敬和自谦而改称注为笺。但《四库全书总目·毛诗正义》不同意这种看法，认为："康成生于汉末，乃修敬于四百年前之太守，殊无所取……康成因毛传而表识其傍，如今人之签记，积而成帙，故谓之笺，毋庸别曲说也。"④虽然二者意见有别，但无论哪种说法，笺俱有表明的意思，是对原书的注释解说。

学

学亦是注释书籍的一种方式。《春秋公羊传》疏引《博物志》云："何休注《公羊》，云'何休学'。有不解者，或答曰：'休谦辞，受学于师，乃宣此义，不出于己。'"⑤《经典释文》云："学者，言为此经之学，即注述之意。"⑥《善本书室藏书志》著录有"《易纂言》十卷，吴澄学"，"《诗说》十二卷，传安刘克学"。

集　解

集解是汇集诸家对同一典籍的解释而对其进行注解的一种方式，它是各家学说的总汇，后世的集注、集说、集释、集传等与其大致相同。三国魏何晏《论语集解·序》云："今集诸家之善，记其姓名；有不安者，颇为改易，名曰《论语集解》。"⑦南朝宋裴骃《史记集解·序》云："采经传百家

---

① (唐)孔颖达《毛诗正义》引。
② (唐)孔颖达．毛诗正义[M].《四库全书》原文及全文检索版．
③ (南唐)徐锴．说文系辞：卷9[M].《四库全书》原文及全文检索版．
④ (清)永瑢等．四库全书总目：卷15[M].《四库全书》原文及全文检索版．
⑤ (汉)何休．春秋公羊传注疏：原目[M].(唐)徐彦，疏．《四库全书》原文及全文检索版．
⑥ (唐)陆德明．经典释文：卷21[M].《四库全书》原文及全文检索版．
⑦ (魏)何晏．论语注疏[M].(宋)邢昺，疏．《四库全书》原文及全文检索版．

并先儒之说，豫是有益，悉皆抄内。删其游辞，取其要实，或义在可疑，则数家兼列……以徐为本，号曰《集解》。”①张守节《史记正义》云：“裴骃采‘九经’诸史并《汉书音义》及众书之目而解《史记》，故题《〈史记集解〉序》。”②此是采集各家解说以成一书。晋代杜预《春秋经传集解》则汇合经与传为之解释，此集解兼解经和注，与《论语集解》稍为不同。其序云：“故特举刘、贾、许、颍之违，以见同异。分经之年，与传之年相附，比其义类，各随而解之，名曰《经传集解》。”③孔颖达《左传正义》云：“杜言集解，谓聚集经传而为之作解。何晏《论语集解》，乃聚集诸家义理以解《论语》，言同而意异也。”④

章　句

章句之名，是离章辨句的省称，是分析古书章节句读的意思。《后汉书·桓谭传》注曰：“章句谓离章辨句，委曲枝派也。”⑤沈钦韩《汉书疏证》云：“章句者，经师指括其文，敷畅其义，以相教授。”⑥汉代一些儒者治学，从分析文章章句入手，章句之体于是兴起。西汉时，“章句”有称为“说”者，如《汉书·丁宽传》云：“景帝时，宽为梁孝王将军距吴楚，号丁将军。作《易说》三万言，训故举其大谊而已，今《小章句》是也。”⑦《汉书·夏侯胜传》云胜“受诏撰《尚书》、《论语》说”⑧，《汉书·艺文志》著录为“书大、小侯章句”。章句与故、传均为注释之体，但有所不同。《汉书疏证》云：“左宣二年传疏，服虔载贾逵、郑众、或人三说，解‘叔牂曰子之马然也’，此章句之体。解诂者，《管子·刑法解》、《墨子·经说》、《尚书大传》、《毛诗传》之类。解故不必尽人能为，章句各师具有，繁简不同耳。”⑨章炳麟《国故论衡·明解诂上》云：“古之为传异于章句，章句不离经而空发，传则有异。左氏事多离经，公羊、穀梁二传亦空记孔子生。”⑩刘师培《国学发微》云：“故传二体，乃疏通经文之字句者也；章

---

① (宋)裴骃．史记集解[M]．《四库全书》原文及全文检索版．
② (唐)张守节．史记正义[M]．《四库全书》原文及全文检索版．
③ (晋)杜预．春秋左传注疏：序[M]．(唐)孔颖达，疏．《四库全书》原文及全文检索版．
④ (晋)杜预．春秋左传注疏：序[M]．(唐)孔颖达，疏．《四库全书》原文及全文检索版．
⑤ (宋)范晔．后汉书：卷58[M]．(唐)李贤，注．《四库全书》原文及全文检索版．
⑥ (清)沈钦韩．汉书疏证[M]．影印本．上海：上海古籍出版社，2006.
⑦ (汉)班固．汉书：卷88[M]．《四库全书》原文及全文检索版．
⑧ (汉)班固．汉书：卷75[M]．《四库全书》原文及全文检索版．
⑨ (清)沈钦韩．汉书疏证[M]．影印本．上海：上海古籍出版社，2006.
⑩ 章太炎．国故论衡[M]．上海：上海古籍出版社，2003：70.

句之体，乃分析经文之章句者也。”①可见，章句侧重章句分析，故传侧重字句疏通；章句不离本经，故传则可离经而行。一般而言，故传简明，章句则繁琐。《后汉书·桓荣传》云：“初，荣受朱普学章句四十万言，浮辞繁长，多过其实，及荣入授显宗，减为二十三万言。郁复删省定成十二万言，由是有桓君大小太常章句。”②《后汉书·张奂传》云：“初，牟氏章句浮辞繁多，有四十五万余言，奂减为九万言。”③《后汉书·伏恭传》：“初，父黯章句繁多，恭乃省减浮辞，定为二十万言。”④《后汉书·景鸾传》：“及作《月令章句》，凡所著述五十余万言。”⑤章句之繁琐由此可见一斑。

古人具有丰富的编撰经验，以上所列，只是古代较为常见的著作方式，并未尽述所有的著作方式。

五、古书中的避讳

避讳是我国古代典籍中常见的一种文化现象。《说文解字·言部》云：“讳，誋也。”《玉篇·言部》云：“誋，禁也。”陈垣说：

> 民国以前，凡文字上不得真书当代君主或所尊之名，必须用其他方法以避之，是之谓避讳。⑥

其实，古代避讳不只讳当代君主或所尊之名，所谓避讳，就是封建时代对犯忌触讳之名物，不直接说出或写出，而用各种方法进行回避或代替。

避讳的历史

我国避讳的历史由来已久，可以追溯到周代。《左传·桓公六年》载，鲁桓公在举行了太子出生的礼仪后，便向大夫申繻询问如何给太子取名，

① 转引自：周大璞．训诂学初稿[M]．第三版．武汉：武汉大学出版社，2007：44.
② (宋)范晔．后汉书：卷67[M]．《四库全书》原文及全文检索版．
③ (宋)范晔．后汉书：卷95[M]．《四库全书》原文及全文检索版．
④ (宋)范晔．后汉书：卷109[M]．《四库全书》原文及全文检索版．
⑤ (宋)范晔．后汉书：卷109[M]．《四库全书》原文及全文检索版．
⑥ 陈垣．史讳举例[M]．新1版．北京：中华书局，2004：1.

申繻说："周人以讳事神，终得讳之。"①意思是说取名要慎重，因为人死了之后，他的名字就要避讳了。晋僖侯名司徒，故废司徒改为中军，司徒氏改为司城氏；鲁定公名宋，故改宋为商。这些说明早在周代就有了避讳的礼俗。孔子作《春秋》一条重要的原则就是"为尊者讳，为亲者讳，为贤者讳"。周代虽已有避讳的习俗，但还未形成制度，所以所避之字甚少，且不严格。如"克昌厥后，骏发尔私"，此周成王时所作诗，不避周文王、周武王之"昌"字与"发"字；周穆王名满，周定王时有"王孙满"之人名，不避君主之名。

秦汉时期，避讳逐渐形成为制度。据王健《史讳辞典》统计，避秦始皇一人之讳的用例就有 25 个。如为避秦始皇嬴政之名，改"正月"为"端月"；避秦始皇父亲子楚之名，改"楚"为"荆"。但与后代相比，"秦初避讳，其法尚疏"②。到汉代，避讳的规定已经趋于严密，如"邦之字曰国"、"盈之字曰满"、"秀之字曰茂"、"协之字曰合"等，这种具体和固定的表达方式是前代所没有的，可见两汉的避讳已经走向规范化。现存最早的有关避讳的诏书也见于西汉。元康二年(前 64 年)汉宣帝因原来的名字"病已"易被触犯，故改名为"询"，特下诏书曰："闻古天子之名，难知而易讳也。今百姓多上书触讳以犯罪者，朕甚怜之，其更讳询，诸触讳在令前者赦之。"③这表明在汉代触天子之名讳是一种犯罪，要受到惩罚，避讳已与国家法律相关。秦汉避讳制度虽渐趋形成，史籍中犯讳之例也时有发现，但与后代相比，并不十分严密。

魏晋南北朝时期，家讳极严。魏晋时期特别重视家讳，即对已故父祖名字的避讳。官员每到一地上任，下属要先请教官长的家讳，称为"请讳"，这是当时的惯例。所以，王蓝田到扬州上任，主簿向他请教家讳，他说："亡祖，先居，名播海内，远近所知。内讳不出于外，余无所讳。"④家讳在国君面前就取消了，所以君无所讳。然而，即使如此，皇帝也应该注意为臣隐"讳"。据载，晋安帝与桓玄一起饮酒，安帝因嫌酒冷，就说："温酒来!"桓玄听后便呜咽流涕。原来桓玄的父亲名桓温，安帝之言触其家讳。鲁迅先生在《而已集·魏晋风度及文章与药及酒之关系》中曾说：

---

① (晋)杜预. 春秋左传注疏[M]. (唐)孔颖达，疏.《四库全书》原文及全文检索版.
② 陈垣. 史讳举例[M]. 新 1 版. 北京：中华书局，2004：108.
③ (宋)王钦若. 册府元龟：卷 3[M].《四库全书》原文及全文检索版.
④ (宋)刘义庆. 世说新语：卷中[M].《四库全书》原文及全文检索版.

本来魏晋时，对于父母之礼是很繁多的。比方想去访一个人，那么，在未访之前，必先打听他父母及其祖父母的名字，以便避讳。否则，嘴上一说出这个字音，假如他的父母是死了的，主人便会大哭起来——他记得他父母了——给你一个大大的没趣。①

避讳在唐宋时期达到极盛。陈垣曾经指出："入隋则讳禁稍严，渐开唐人风气矣。"②唐代规定，当代君主上数七世，均需要避讳。而且唐代二名偏讳，《礼记·檀弓》云："二名不偏讳。夫子之母名徵在，言'徵'不称'在'，言'在'不称'徵'。"这是说，尊长之名若是两字，只需避其中之一，不需两字都避。至唐，武德九年(626年)有令曰："依礼，二名不偏讳。近代已来，两字兼避，废阙已多，率意而行，有违经典。其官号、人名，公私文籍，有'世民'两字不连续者，并不须讳。"③但此令只在唐太宗当朝实行，之后，"世"字曰"代"，"民"字曰"人"，二名俱讳，执行颇为严格。唐代亦有法律明文规定触讳所受之惩罚：

诸上书若奏事，误犯宗庙讳者，杖八十；口误及余文书误犯者，笞五十；即为名字误犯者，徒三年；若嫌名及二名偏犯者，不坐。④

可见，唐代根据不同程度的犯讳制定了不同程度的惩罚措施，这加强了古代避讳制度。此外，唐代还开创了缺笔的避讳方法。

宋代随着中央集权的强化，避讳亦更严，不但七世以上的君主先人之名本字要避，其嫌名也要避。所谓"嫌名"是指与君主或尊长之名音同或音近的字，周代"礼不讳嫌名"，与君长之名音同(近)之字无需避讳。后代，嫌名渐避，如汉宣帝名询，改"荀卿"为"孙卿"；隋文帝杨坚父名忠，改官名"中书"为"内史"等。但历代避嫌名之多无过宋代者，南宋淳熙年间(1174~1189年)修订的《淳熙重修文书式》中载避宋太祖赵匡胤的嫌名讳字18个，避宋英宗赵曙的嫌名讳字26个，避宋钦宗赵桓的嫌名讳字49个，避南宋高宗赵构的嫌名讳字竟多达55个，如为避宋太祖赵匡胤之名讳，除"匡"、"胤"二本字外，还兼避"恇"、"筐"、"眶"、"诓"、"劻"、"靷"、"引"、"酳"等字；避宋高宗赵構(构)之名讳，除"構

---

① 鲁迅．鲁迅选集·杂文卷[M]．济南：山东文艺出版社，1990：178.

② 陈垣．史讳举例[M]．新1版．北京：中华书局，2004：119.

③ (后晋)刘昫．旧唐书：卷3[M]．《四库全书》原文及全文检索版．

④ (唐)长孙无忌．唐律疏义：卷10[M]．《四库全书》原文及全文检索版．

(构)"本字外，还兼避"遘"、"勾"、"钩"、"雊"、"诟"、"姤"、"覯"、"搆"、"購"、"逅"、"溝"等字，其数量远远超过了唐代。故洪迈曾云：

> 本朝尚文之习大盛，故礼官讨论，每欲其多，庙讳遂有五十字者。举场试卷，小涉疑似，士人辄不敢用，一或犯之，往往暗行黜落。①

唐宋时期，家讳亦甚为严格，李贺因父名晋肃，终生不敢应考进士，韩愈为此专写《讳辨》一文，讥其非曰："父名晋肃，子不得举进士；若父名仁，子不得为人乎！"杜甫父名闲，杜甫诗文中因无"闲"字；《新唐书》记载，贾曾"曾擢中书舍人，以父名言忠，不拜"②；萧复"进复户部尚书，行军长史。以父名衡，改统军长史"③。宋代苏轼祖名序，其作文，凡"序"均写为"叙"；刘温叟父名岳，终生不听丝竹，不游嵩岱。

"辽金起自朔漠，其始本无文字，无所谓避讳。"④在与汉族长期的交往过程中，辽金政权受到汉族文化的影响，也开始采用汉族的避讳制度。辽代辽太宗名耶律德光，其国"光禄寺"因改"崇禄寺"，"范延光"易名"范延广"，"宋光业"易名"宋晖业"。辽代避讳较少，上述记载光禄寺易名是《辽史》正文中明确记载避讳的唯一一例。金代避讳则盛于辽代，"金自灭辽而后，与宋人接触频繁，适当宋人避讳极盛之时，故金亦受其熏染，其避讳遂比辽为盛。"⑤完颜阿骨打后来取汉名为完颜旻，所讳除本字而外，还避讳嫌名"闵"、"悯"、"岷"等字。洪皓《松漠纪闻·补遗》谓：

> 金人庙讳尤严，不许人犯。尝有武弁经西元帅投牒，误斥其讳，杖脊流递。武元(太祖尊号)初，只讳"旻"，后有申请云："旻，闵也。"遂并"闵"讳之。⑥

金朝最重视避讳的要数金章宗完颜璟，据《金史·章宗本纪三》记载，泰和元年(1201年)三月，章宗就下诏书，"敕官司，私文字避始祖以下庙

① (宋)洪迈．容斋随笔．济南：齐鲁书社，2007：553.

② (宋)欧阳修，宋祁．新唐书：卷119[M].《四库全书》原文及全文检索版.

③ (后晋)刘昫．旧唐书：卷125[M].《四库全书》原文及全文检索版.

④ 陈垣．史讳举例[M]．新1版．北京：中华书局，2004：128.

⑤ 陈垣．史讳举例[M]．新1版．北京：中华书局，2004：128.

⑥ (宋)洪皓．松漠纪闻[M]．长春：吉林文史出版社，1986：51.

讳、小字，犯者论如律”①。金代从金始祖到太祖之前共传十代，再传至章宗之前，共15帝。为十五代帝王避讳，这大大超过了历代帝王一般只避七庙之讳的数量。可见洪皓所说“金人庙讳尤严”并非凭空虚言。章宗还下诏其国回避以前历代王朝之国号及前代圣贤周公、孔子之名讳。金朝避讳之严又表现在科举上。元代刘祁《归潜志》卷八记载：“泰和间，有司考诗赋，已定去取，及读策论，则止用笔点庙讳御名，且数字数与涂注之多寡。”②《金史·选举志一》亦云：“所试文卷惟犯御名庙讳、不成文理者则黜之，余并以文之优劣为次。”③考生于避讳知识娴熟与否，成了决定前程命运的大事。一些有学之士不免因触讳而遭黜落，名医张元素就是一例。《金史·方伎传》载：“张元素字洁古，易州人。八岁试童子举。27岁试经主进士，犯庙讳下第，乃去学医。”

元代与辽金一样，初始并不避讳，后受中原文化影响，渐行避讳，并用法律形式将其固定下来，据《元史·刑法志一》记载：“诸内外百司，凡进贺表笺，缮写誊籍印识各以式，其辄犯庙讳御名者，禁之。”④据《元史·选举志一》中记载，仁宗皇庆二年(1313年)十月中书省所定的科举条目有所谓“试卷不考格”，规定“试卷不考格，犯御名庙讳及文理纰缪，涂注乙五十字以上者，不考”⑤。“不考”即取消考生的录取资格。可见，元代考生如若犯讳就会失去及第的机会。虽然元朝已经逐渐实行了避讳制度，但由于其接触中原文化的时间不长，而元朝皇帝都只有蒙古名而无汉名，其蒙古名虽用汉字译写，亦是仅取其音，用字却不能统一，所以元朝避讳制度最终并未严格执行，如元武宗名海山，但武宗时以“海”为名者很多，据陈垣检《武宗本纪》中就有7人：海都、朵儿朵海、塔刺海、塔海、塔失海牙、火失海牙、海刺孙，此外地名、官名内带“海”字者也不少。元朝对触讳犯罪者的处罚也比较轻，故元代书籍中很难见到避讳用例。明朝郎瑛曾说：

> 元主质而无文，讳多不忌，故君臣同名者众。后虽有讳法之禁，不过临文缺点画……岂如宋室一字而有数十字之避！⑥

---

① (元)脱脱.金史：卷11[M].《四库全书》原文及全文检索版.

② (金)刘祁.归潜志[M].北京：中华书局，1983：80.

③ (元)脱脱.金史：卷51[M].《四库全书》原文及全文检索版.

④ (元)脱脱.金史：卷45[M].《四库全书》原文及全文检索版.

⑤ (元)脱脱.金史：卷51[M].《四库全书》原文及全文检索版.

⑥ (明)郎瑛.七修类稿[M].北京：中华书局，1959：399.

明代前期避讳较宽，天启、崇祯之后逐渐苛严。如为避明熹宗朱由校之讳，“校书”之“校”常写作“挍”或“较”；为避明思宗朱由检之讳，“由”写作“繇”，“检”写作“简”或“捡”。

清代避讳始于康熙，雍正、乾隆两朝最严。为避康熙帝(名玄烨)、雍正帝(名胤禛)、乾隆帝(名弘曆)、嘉庆帝(名顒琰)、同治帝(名载淳)之讳规定，“玄”缺末笔，或以“元”代替；“烨”缺末笔，或以“煜”代替；“胤”以“允”、“嗣”、“裔”代替，“禛”以“祯”、“正”代替；“弘”缺末笔，或以“宏”代替；“顒”缺末二笔；“淳”缺末笔。除避本字外，其嫌名如“真”、“贞”、“泓”、“紘”、“醇”等亦避之。此外，以名讳作偏旁之字亦避，如以“玄”为旁之“率”、“畜”、“蓄”等字皆在避讳之列。清朝法律规定，凡犯讳者，举人罚停会试三科，进士罚停殿试三科，生员罚停乡试三科。虽经缺笔，仍各罚停一科。清代的一部分文字狱案件即是由触讳引起的，如乾隆四十二年(1777 年)江西举人王锡侯著《字贯》一书进献给朝廷，但书中将圣祖、世宗、高宗名字原字列出，不加回避，最后招致杀身之祸，酿成大狱，后人总结此事云：“王举人好心上书，书呆子身首异处。”一位考官以《诗经》中的诗句“维民所止”命题，乾隆认为“维”、“止”二字正好是去掉了头的“雍正”二字，暗示着雍正要掉头，于是这位考官便成了避讳制度下的冤魂。道光、咸丰以后，国势日下，避讳也渐趋衰落。民国改元，此习终废。

避讳的种类

避讳的种类较多，约而言之，主要有敬讳、忌讳和憎讳三种。敬讳就是回避君主、尊长或圣贤的名字。敬讳就对象而言，又有三种类型，一是国讳(一名公讳)，这是举国上下所有人都必须回避的，主要是回避皇帝本人及其父祖的名讳，有的进而避及皇帝的字、皇后及其父祖名字等，上文所举各代避君主名各例即属国讳。二是家讳(一名私讳)，这是本家族人需要回避的，但族外人与其交往时也必须尊重对方家讳，主要是回避先世尊长父祖的名讳，上文所举魏晋与唐宋时期家讳即属于此。三是圣人讳，这主要是为封建社会中被尊奉为“圣人”者避讳，如宋大观四年(1110年)避孔子讳，改“瑕丘县”为“瑕县”，“龚丘县”为“龚县”，士子读经史书籍遇到丘字则读作“某”，以“丘”为韵者则读作“休”；政和八年(1118年)禁止世人以老子名“聃”为名；大中祥符七年(1014 年)规定禁文字斥用黄帝名号；金章宗“诏臣庶名犯古帝王而姓复同者禁之，周公、孔子之名亦令回避"①。至泰和五年(1205年)三月，再次下谕有司："进士名有犯孔子讳者避之，仍著为令。"②

忌讳就是由于迷信畏忌心理而讳用凶恶不吉利的字眼或字节。俞樾曾对民间的这种现象记录说：

> 民间俗讳，各处有之，而吴中为甚。如舟行讳住讳翻，以箸为快儿，幡布为抹布；讳离散，以藜为圆果，伞为竖笠；讳狼籍，以榔槌为兴哥；讳恼躁，以谢灶为谢欢喜。按快儿、抹布之称，至今犹然，余则无闻矣。谢欢喜之称尤奇。③

清朝因系少数民族入主中原，统治者因而十分忌讳胡、虏、夷、狄等字，故清代刊写书籍中对这些字常有所避讳。

所谓憎讳是由于厌恶憎恨心理而不愿意以其姓、名称物，如唐肃宗憎恶安禄山，郡县名带"安"字辄更改。

避讳的方法

(一)改字法

这是最常用的一种避讳方法，就是将需要避讳之字用其他的字代替，这些字与被代之字一般是同音(或音近)或同义(或近义)。如淮南王刘安父讳长，故《淮南子》中凡言"长"皆曰"修"；汉惠帝讳盈，《史记》以"盈"为"满"；汉文帝讳恒，"恒山"称"常山"；汉明帝讳庄，以"庄"为"严"，如"老庄"称"老严"，"庄助"称"庄严"；魏文帝讳昭，改"昭君"为"明君"；隋炀帝讳广，因改《广雅》为《博雅》；唐太宗讳世民，唐代"世"皆曰"代"，"民"皆曰"人"，如"治人"、"生人"、"富人侯"等；唐高宗讳治，凡"治"皆曰"理"，如韩文《策问》有"尧舜垂衣裳而天下理"、"无为而理者，其舜也欤"；简文帝皇后讳阿春，"春"皆曰"阳"，如《汉晋春秋》为《汉晋阳秋》，"富春"为"富阳"；苏轼祖讳序，故以"序"为"叙"或"引"，等等，这些都是以同义之字代替所需避讳之字。范晔父讳泰，《后汉书》中"泰"皆曰"太"；明熹宗朱由校之"校"以"较"、"教"、"效"、

---

① (元)脱脱. 金史：卷9[M].《四库全书》原文及全文检索版.

② (元)脱脱. 金史：卷12[M].《四库全书》原文及全文检索版.

③ (清)俞樾. 茶香室丛钞[M]. 北京：中华书局，1995：633.

"挍"等字代替；明思宗朱由检之"由"作"繇"，"检"作"简"、"捡"；清圣祖名玄烨，因改《极玄集》为《极元集》；清世宗胤禛之"禛"以"正"、"祯"字代替；乾隆帝弘曆之"弘"字写作"宏"，"曆"写作"歷"，等等，这些都是以同音(近音)之字代替所避之字。古代人名犯讳者，亦有称其字以避讳者，如北齐高欢先世有名泰者，故于宇文泰只称其小字黑獭；隋炀帝名杨广，《史记音义》著者徐广以字行称"徐野民"，至唐代，"民"字又犯唐太宗之名讳，"徐野民"又改作"徐野人"；唐高祖名李渊，刘渊称其字元海，邓渊称其字彦海；唐高宗名李治，长孙稚称其字承业；唐玄宗名李隆基，史学家刘知幾因称其字"刘子玄"；清圣祖名玄烨，《后汉书》作者范晔因以字称"范蔚宗"；元武宗名海山，程文海因以字行称"程钜夫"。

(二)空字法

就是把需要避讳的字省去不写，这又有几种形式：

一是将需避的字写成空围"□"或空白，如唐代撰写《隋书》，为避太宗李世民的讳，将"王世充"写为"王充"，中间空一字，后人不察，误将其写作"王充"，与汉代王充相混淆；清朝系少数民族入主中原，统治者因而十分忌讳胡、虏、夷、狄等字，清代刊写书籍，凡遇胡、虏、夷、狄等字，常作空白。

二是直接把需避之字去掉，其之前之后两字连书，如现在的瑕县原名"瑕丘县"，龚县原名"龚丘县"，宋代为了避圣人"孔丘"名讳，便直接将县名中的"丘"字缺省，并不留空，成"瑕县"、"龚县"；齐太祖讳道成，师道渊只称"师渊"；唐高祖名李渊，萧渊明称"萧明"；唐太宗名李世民，李世勣但称"李勣"。

三是以特定方式代替或说明所避之字，如《史记·孝文本纪》云："子某最长，纯厚慈仁，请建以为太子。"这里的"某"即指汉景帝刘启的"启"字。如《三国志·崔琰传》裴注引《魏略》曰："许攸字子远，自恃勋劳，时与太祖相戏，每在席，不自限齐，至呼太祖小字曰'某甲，卿不得我不得冀州也'。"曹操小字阿瞒，"某甲"二字本应是"阿瞒"，臣下不敢斥尊，故称"某甲"以代。许慎《说文解字》"示部"云："祜，上讳。"段注曰："言'上讳'者五：禾部'秀'，汉世祖名也；艹部'庄'，显宗名也；火部'炟'，肃宗名也；戈部'肇'，孝和帝名也；祜，恭宗名也。"[①]这是用"上讳"二字来说明帝王之名讳。宋绍兴刻本《白氏文集》71卷，遇南宋高宗

① (汉)许慎．说文解字[M]．(清)段玉裁，注．上海：上海古籍出版社，1981：2.

赵构之“构(構)”字注“犯御名”，“桓”字注“渊圣御名”。南宋高宗刻本《三辅黄图》1卷遇“構”字作“御名”；宋乾道、淳熙间刻本《陆宣公集》遇“構”字，则小书“太上御名”，遇到“慎”则小书“御名”；宋光宗时刻本《和诤先生诗集》1卷，遇“構”字注明“高宗庙讳”，“敦”字注“御名”。

(三)缺笔法

就是将需要避讳之字不完整地表示出来，省写部分笔画。这种方法始于唐初，唐太宗李世民之“世”、“民”二字均有缺末笔而进行避讳的。宋版书中，采用缺笔避讳的方法最为普遍，如宋绍兴刻本《后汉书》于宋讳桓、構、慎、顼字均缺笔；宋刊本《周易》10卷，于宋讳殷、匡、筐、恒、贞、徵、懲、媾、構、遘、慎等字皆缺笔；宋刊本《礼记释文》4卷，于宋讳匡、恇、筐、桓、完、萱、萑、贞、祯、殷、让、顼、勖、縣、遘、雊、慎字皆缺笔；宋刊本《旧唐书》61卷，于宋讳懸、朗、挑、朓、珽、挺、颋、敬、警、竟、境、殷、匡、恒、祯、贞、徵、署、树、竖、让、顼、勖、桓、垣、洹，萑、完、構、彀、雊、勾等字皆缺笔。清刻图书，也有较多采用缺笔方式进行避讳，如“玄”、“烨”、“弘”、“泓”、“胤”、“真”、“贞”等字常常缺笔避讳。缺笔避讳一般省写一画，如上述“玄”、“弘”、“泓”、“胤”、“真”、“贞”等字都是缺末一点；也有缺两笔者，如宋代避宋仁宗(名赵祯)讳称“女真”为“女直”，缺省后两笔；清代避嘉庆帝名字“顒琰”中“顒”字缺写后两笔之一撇一点。缺笔避讳一般缺省末笔，如上诸例皆是，但也有缺省首笔者，如清世宗“胤禛”之“胤”字就有缺首笔一撇之例。

(四)变体法

在不断发展的过程中，同一汉字可能有不同的写法，变体就是用所需避讳之字的其他形体字来代替所需避讳之字。有以古体字代近体字者，如明光宗朱常洛之“洛”以“雒”代替。有造新字以代所避之字者，如清嘉庆年间，刑部具题“江西省人王春贵伤严善庆”一本，其所写“庆”字上加“艹”，查遍字典，并无此字，这是江西省官员为避讳“嘉庆”年号之“庆”字而自造之字；清人为避仁宗顒琰名讳，将“琰”右边第二个“火”字改写为“又”字。

(五)离析法

就是遇到需要避讳之字，将其拆开来表示。如后晋高祖名敬瑭，析

“敬”字为“文氏”、“苟氏”，后汉时候恢复原字，至宋代为避翼祖讳，又将“敬”字分为“文”、“苟”。宋沈括《梦溪笔谈》卷三曰：“予家有阎博陵画唐秦府十八学士，各有其赞，亦唐人书，多与旧史不同……苏典签名从日从九，唐书乃从日从助。”其中不言“旭”而言“从日从九”，不称“勗”而称“从日从助”，则是为讳宋神宗赵顼的嫌名。

避讳是我国特有的习俗，古籍中的各种避讳确实为我们的阅读带来了一定的困难和阻碍，但如果我们对其认真研究，反有助于我们的学习和科研。诚如陈垣所说：

> 避讳为中国特有之风俗，其俗起于周，成于秦，盛于唐宋，其历史垂二千年。其流弊足以淆乱古文书，然反而利用之，则可以解释古文书之凝滞，辨别古文书之真伪及时代，识者便焉。①

---

① 陈垣．史讳举例[M]．新1版．北京：中华书局，2004：1.

第四章　史书编例

史书是中国古书之一大宗，其具体的编例数不胜数。编年、纪传、纪事本末是史书的三大体裁，方志是史书中的重要门类，我们就此四者择其大者而言之。

一、编　年　体

编年体是按年月日顺序记载历史事实的一种史书体裁，晋代杜预言编年体的记述方式云："记事者，以事系日，以日系月，以月系时，以时系年，所以纪远近，别异同也。"①即记事首先标明年代，年代之后记季节，季节之下记月份，月份之下标日期，日期之下述史实，编年体就是以这种方式编排众多历史事实的史书体裁。编年体产生之后，其编例不断地发展完善。

编年体的产生

编年体的发端可以追溯到上古原始的记事方法。编年记事是古代史官记述历史的通用方法，中国现存的甲骨文中，就有大量按年月日记事的例证，金石文字具有时间记载的例子则更多。王国维曾对编年记事法作过考证：

> 书法先日次月次年者，乃殷、周间记事之体，殷人卜文及庚申父丁角、戊辰彝皆然；周初之器，或先月后日，然年皆在文末，知此为殷、周文辞通例矣。②

---

① (晋)杜预．春秋左传注疏[M]．(唐)孔颖达，疏．《四库全书》原文及全文检索版．

② 王国维．观堂集林：卷1[M]．北京：中华书局，1959：40.

甲骨与金石文献只是原始的资料记载，还不能算作历史书籍，它们还处于编年体发展的萌芽状态。后来的《尚书》则向编年体迈进了一大步。《尚书》由《虞夏书》、《商书》、《周书》三大部分组成，这三部分本身就是按时间顺序编写，而每一部分又按部落首领的前后顺序组织文献。这样，一个由原始社会末期、夏、商、周各代构成的上古通史体系便初步形成。《尚书》中的有些篇章还标有年月日，如《金縢》有“克商二年”，即周文王十三年；《牧誓》标有“甲子爽昧”，甲子为周武王十一年，爽昧即天明；《召诰》一文中按月日详载召公奉命营造洛邑的进程，等等，这些都具有编年体文献的特征。但《尚书》中这样的篇章并不多，且在总体上也没有形成严格按时间编排的体系。

三代时期编年记事的方法在春秋时期正式发展成为史书的一种体裁——编年体。春秋时期，各国都有专门史官来记述和编写本国历史，其中不少都称为“春秋”，故孟子有“百国春秋”之言，但这些史书多不传于今。孔子据鲁国及各国史书修纂而成的《春秋》是我们现在所能见到的最早的编年体史书，是第一部名副其实的编年体体裁史籍。在甲骨文和金石铭文中，多有时间的标识，但对时间的书写并不固定和统一，有的日月在前、年代居后，有的年代在前、日月居后，有的只记年、不记日月，有的只记年，或只记月，或只记日，形式不一。《春秋》中，这种按时间记事的方法又有发展，确定了按年、月、日的顺序记事，把从鲁隐公元年(前722年)到鲁哀公十四年(前481年)242年的历史，按照发生的顺序排列起来，中国第一种重要的历史体裁——编年体由此正式诞生。编年体自产生之后，编例不断完善，下面就主要的编年体史书作一概述，以勾勒编年体史书编例不断发展的过程。

《左　传》

《春秋》记事简约凝练，少者一字，多者也不过五十字，242年的历史全书只用了18000字。由于《春秋》文字过于简略，后人理解有一定困难，于是便出现了为其作注解的著作，比较著名的是“春秋三传”，即《春秋左传》、《春秋公羊传》、《春秋穀梁传》。其中，由左丘明组织当时学者编撰的《春秋左传》具有很高的史料价值和文史价值，使编年体体裁更加进步，进而趋于成熟。与《春秋》相比，《左传》的进步表现在：

其一，从记事时间范围看，比《春秋》多出百年以上。《左传》记事仍以鲁国十二公年号为准，上起鲁隐公元年(前722年)，下讫鲁哀公二十七年(前468年)，断限比《春秋》多出十四年；而叙事则上溯至周宣王二十三年(前805年)，下至鲁悼公十四年(前454年)。记事时限，总计比《春秋》记事多出百年以上。

其二，记事内容的增广。《春秋》一书只记事不记言，而《左传》中则到处可见娓娓动听的言论和关系重要的文告，事言相兼，文采斐然，梁启超因此称其是一种“组织体的”著述。①

其三，记事方法的改进。《春秋》所记，史事都是标题式的，没有具体内容，相当于简括的历史大事记，王安石因讥其为“断烂朝报”；《左传》对史事的记载则非常翔实，它以《春秋》为事纲，详详细细叙述事件的原委本末，对人物的刻画深刻细致，对战争的描述曲折生动，具有浓厚的文学色彩。如“郑伯克段于鄢”一事，在《春秋》中仅此六字，而在《左传》中则多达四百余字，将郑庄公家庭间的矛盾、郑庄公之母对庄公之弟向庄公的放纵、其弟野心的步步暴露、群臣的警告、郑庄公对其弟的一举击败以及颍考叔调和庄公母子关系等整个事件原委叙述得清清楚楚，极尽委曲详尽。

其四，史论的增加。除却叙史之外，《左传》还对史事进行评论，开后世史论之先河，《史通》云：“《春秋左氏传》每有发论，假‘君子’以称之。”②这也是《左传》于《春秋》的改进之处。《左传》的评论方式有三种，一是作者以“君子曰”方式直接进行评论，这种方式一般在篇尾出现，如在周王室与郑国互相抵押人质一事之后，以“君子曰”发论：

> 信不由中，质无益也。明恕而行，要之以礼，虽无有质，谁能间之？苟有明信，涧、溪、沼、沚之毛，蘋、蘩、薀、藻之菜，筐、筥、锜、釜之器，潢、污、行、潦之水，可荐於鬼神，可羞於王公，而况君子结二国之信，行之以礼，又焉用质？③

此论指出两国相交应以礼仪忠信为原则，而不能互相欺骗，言行不一，出尔反尔。《郑庄公戒饬守臣》一文中以“君子谓”发论，赞赏郑庄公以礼治国：“郑庄公于乎有礼。礼，经国家，定社稷，序人民，利后嗣者也。许无刑而伐之，服而舍之，度德而处之，量力而行之，相时而动，无累后人，可谓知礼矣。”④二是借用前人的话或假托前人的话进行评论，这

---

① 梁启超．中国历史研究法[M]．南京：江苏文艺出版社，2008：19.

② (唐)刘知幾．史通通释[M]．(清)浦起龙，释．上海：上海古籍出版社，1978：81.

③ (晋)杜预．春秋左传注疏：卷2[M](唐)孔颖达，疏．《四库全书》原文及全文检索版．

④ (晋)杜预．春秋左传注疏：卷3[M](唐)孔颖达，疏．《四库全书》原文及全文检索版．

种方式多在正文中出现，随处可见。三是用当事人或具有影响力人物的话代评。

此外，《左传》有时追记事之始，有时顺记事之终，这一点更是打破编年体之严格束缚而有以补救编年体之不足的。

《汉　纪》

秦汉以后，随着司马迁《史记》与班固《汉书》的问世，纪传体成为史书编撰的主流，但编年体史书仍然继续发展，编例不断完善。经过西汉中叶至东汉末年之间的沉寂后，魏晋南北朝时期，尤其是在晋武帝太康元年(280年)《竹书纪年》出土之后，编年体被视为“立言之高标，著作之良模”①，学者“有所著述，多依《春秋》之体”②，编年体史书的编撰又重新兴盛起来，这一时期编撰的编年体史书数量与纪传体史书数量大致相当。东汉荀悦把纪传体《汉书》删改成编年体的《汉纪》30卷，将《汉书》中表、志、传中的内容，按照年代顺序，加以剪裁，编排在帝纪之内，即所谓“约撰归书，通而叙之，总为帝纪。列其年月，比其时事，撮要举凡，存其大体”③。此书在内容上虽系改编而成，但记叙方法上有所创新。时人称之为“辞约事详”，流传很广。唐代科举考试，将《史记》、《汉书》、《汉纪》列为一科，亦可见其影响之大和所受之重视，梁启超甚至称之为“此现存新编年体之第一部书”④。编年体系按时间编排史实，这就使得许多无年月可考或无法按年月编排的史实不能写入史书。《汉纪》采用连类列举的方法，“通比其事，例系年月”⑤，或因事以及事，或因人以及人，将之前无法编排的史实按照其性质系在相关事件之下。有时因记一个人而连类记载跟这个人有关的事或同类的人，有时因记一件事而连类记载跟此事有关的事或同类的事，有时因记一个人的事而连类记载此人其他的事。这大大减少了编年体以年月局限记载范围的困难。《汉纪》在兼顾时序本位的前提下，尽可能交代重要人物的生平、重要事件的始末。如《汉纪》沛公二年十二月“陈胜之御庄贾杀陈胜以降秦”一条下，就连类列举陈胜为人佣耕时与同伴立誓和称王后疏远故人两条无年月可考的材料；记汉武帝元光二年(前133年)百官议论反击匈奴一事时，接连记载了匈奴的形

① (唐)刘知幾．史通通释[M]．(清)浦起龙，释．上海：上海古籍出版社，1978：263.

② (唐)魏徵等．隋书[M]．北京：中华书局，1973：959.

③ (汉)荀悦．汉纪：汉高祖皇帝纪[M]．《四库全书》原文及全文检索版．

④ 梁启超．中国历史研究法[M]．南京：江苏文艺出版社，2008：24.

⑤ (汉)荀悦．汉纪：序[M]．《四库全书》原文及全文检索版．

成、变迁，讨伐匈奴的战争，以及反对派主父偃、徐乐、严安等人谏阻讨伐匈奴之议，如此则使整个事件更加完整连续。正是基于《汉纪》在记事方法上的优点与创新，有学者认为“编年体至此才算有真正的成熟，而和纪传体争得了对峙的地位”①。

六朝时期的编年体

受荀悦《汉纪》编写成功的影响，晋代袁宏又撰《后汉纪》30 卷，所记之事始于公元 25 年刘秀称帝，终于公元 220 年曹丕灭汉称帝，是东汉一代的编年史。袁宏在书中使用“言行趋舍，各以类书”②的编撰方法，把发生在不同时间的一人言行或时代较近的同类人物以类相从，集中记述，丰富了编年体的表现手段。如卷五写闵仲叔时，又记述了以隐士终身或度过长期隐居生活的其他人物王丹、严先、周党、王霸、逢萌等；卷十一写章帝礼遇江革，因叙述了江革的生平，并介绍了毛义、薛苞等人，这都是以孝著称的人物。这种写法，吸收了纪传体的长处，扩大了编年史可能容纳的范围，比荀悦的连类列举更有发展。《汉纪》和《后汉纪》在编年体裁中把记事和传人结合，在一定程度上克服了早期编年体裁记事内容狭窄的局限性，是编年体裁的又一个创举。在记载历史人物和典章制度方面虽不及纪传体全面完整，但其言简事赅，纪传亦不能代替，编年体从而取得了和纪传体对峙的地位。

这一时期的其他编年体史书，在编写上亦有所创新，如干宝《晋纪》肇为“谱注”以备委曲，并创为“总论”之体，裴子野《宋略》沿用。何之元《梁典》，遂使之依梁朝兴衰存亡之迹将全书分为六“意”：《追述》讨寻梁武帝在齐末的发迹之路，《太平》称述梁朝渐趋全盛之气象，《叙乱》备载侯景乱梁之经过，《世祖》胪叙江陵政权之始末，《敬帝》专记梁陈“禅让”之详情，《后嗣主》颂扬王琳延续梁祚之功绩。对于何之元《梁典》构置《后嗣主》以详载王琳“崇立后嗣”之始末的这种措置，明代史家朱明镐曾予以高度评价：

> 梁之亡也，不亡于敬帝禅陈之年，而亡于王琳遇获之年。王琳一日未死，则梁一日未亡。敬帝之后尚有明帝，此梁本纪之所宜收者。

---

① 白寿彝．中国历史体裁的演变：1946 年 9 月在昆明五华书院学术讲演[M]//白寿彝．中国史学史论集．北京：中华书局，1999：428.

② (汉)袁宏．后汉纪：原序[M].《四库全书》原文及全文检索版．

> 王琳乃心王室，天之所废，必欲兴之，衍梁祚至七十五年之久，此梁列传之所宜收者。姚氏修本纪，则删明帝，修列传，则削王琳，不如何之元所纂《梁典》，犹存其行事而不没，其实为一时之良史也……梁代之史，要当以何氏之《典》为正。①

何《典》的编纂方法显然并非纯粹的编年体，《梁典序》中所叙“事有始终，人有素行，本末之间，颇宜铨叙”云云，即表明其书编例上实寓纪事本末于编年体之中。纪事本末之体，原本滥觞于《尚书》。何《典》既按时间先后又分六“意”以叙梁代史事的这种谋篇布局，就其渊源而论，可能是对《尚书》的模拟。因为何氏既以《尚书》之“典”命名其书，也就不能排除他在编年叙事的总体框架下，选取《尚书》所首创的纪事本末之法，用以“铨叙”历史事件来龙去脉的可能性。这种编次是对编年史书的又一次改造，“进一步加强了史书的政治内容和对历史演变过程的描述”②。

《资治通鉴》

隋唐时期，编年体史书发展缓慢，数量较少，但前期编年史的发展积累了丰富的编纂经验，为宋代编年史的辉煌成就奠定了基础。宋代产生了我国最大、最完备、最系统的一部编年史《资治通鉴》，我国古代著名历史学家、政治家司马光和他的助手刘攽、刘恕、范祖禹、司马康等人历时19年编纂而成的一部规模空前的编年体通史巨著(参见第二章第五节)。全书把1362年的史实，依时代先后，以年月为经，以史实为纬，顺序记写；对于重大的历史事件的前因后果，与各方面的关联都交代得清清楚楚，使读者对史实的发展能够一目了然。《资治通鉴》产生之后，人们争相传抄，汴梁纸张为之而贵，它的产生使一度衰落的编年体史书又蓬勃发展起来，世人不再褒纪传，贬编年，清浦起龙说：“至宋司马氏光，始有《通鉴》之作，而后史家二体，到今两行，坠绪复续，厥功伟哉。”③《资治通鉴》是古代编年体史书的杰出代表，是中国史学史上的又一里程碑，史学家们因此把司马光与司马迁并称为“史界两司马”。《资治通鉴》使编年史书臻于完善，与前代编年史相比，其在编例上的发展主要表现在：

① (明)朱明镐．史纠：卷2[M]．《四库全书》原文及全文检索版．

② 尹达．中国史学发展史[M]．郑州：中州古籍出版社，1985：119.

③ (唐)刘知幾．史通通释[M]．(清)浦起龙，释．上海：上海古籍出版社，1978：351.

其一，创立了我国第一部叙事翔实完备的编年体通史。《春秋》及“三传”都是断代编年体，班固《汉书》创立纪传体断代史之后，历代史书都以断代为主，编年体亦是如此。南北朝时期，虽有梁武帝命撰《通史》，魏有《科录》等仿纪传体通史，但多无创作，不传于世；唐杜佑撰典制体通史《通典》，但还没有一部贯通古今的编年体通史。北宋建国，结束了五代十国封建割据的局面，客观上需要一部贯通古今的通史来反映当时的社会现实，司马光顺应这一社会需求，组织编写了我国历史上第一部编年体通史《资治通鉴》，满足了人们阅读史书的需要。

其二，发展了编年体史书的记叙方法。在记人方面，《左传》只记与事件相关的主要部分，对人物生平、籍贯、世系等内容往往缺而不载；《汉纪》和《后汉纪》采用连类列举和以类相从的方法，使人物的记叙方法更加完善，但也只是因人或因事而及，对人物的记载并不系统。司马光等人编撰《资治通鉴》，规定了记人的方法：“凡入长编者，即注明某地人；父祖已见于前者，就注明某人之子、某人之孙，某人有重要文章，亦摘要收入。”①书中对首次遇到的人物，都附载其邑里和世系，这相对于前代编年体史书来说，是一个重要发展。在记叙历史事件方面，《资治通鉴》采用相对集中的方法，使同一事件的材料，不再分见于多处；采用追溯的方法，在叙述本事之前，用“初”、“先是”等追溯该事的因由，使事件的前因后果、始末首尾一览而知。《资治通鉴》的这些记叙方法“合纪传之互文，而编次总括乎荀、袁”②，吸取了纪传体的长处，避免了编年体的缺陷，为编年体注入了新的活力，是对编年体史书的发展。

其三，创立考异法和目录法。《资治通鉴》附有《通鉴考异》和《通鉴目录》各30卷。魏晋以来，史籍纷繁，一事记载往往真伪混杂，互相抵牾，司马光之前的史学家多是根据自己的判断自行取舍，其裁断的因由与根据则无从知晓。司马光等人秉持实事求是、认真负责的态度，对比不同来源的材料，以事实为根据，“参考群书，评其异同，俾归一途，为《考异》三十卷”。《资治通鉴》记载了16个朝代1362年的史实，是一部总计294卷的长篇巨著，头绪纷繁，卷帙浩大，为翻检方便，司马光等人于修史同时编写了《通鉴目录》30卷。《通鉴目录》不同于一般的书目，它是将《资治通鉴》中的重要事件用标题列举出来，按目寻检，一索即得，有提纲挈领

① 陈秉才，高德．中国古代的编年体史书[M]．北京：人民出版社，1987：89.

② (清)章学诚．文史通义新编新注：释通[M]．仓修良，编注．浙江：浙江古籍出版社，2005：237.

的功效。我国古代编年体史书因按年记事，故没有篇目，不作目录，只是以年检索。司马光突破这种旧例，分三部分将年表、帝纪、历法、天象、目录、举要、索引集于一块，开创了编年体史书多功能目录的新形式，使编年体更臻于完善，将我国的历史编纂学推进到了新的水平上。

由于《资治通鉴》的影响，“上起三国，下终五季，弃年而行纪传，史体偏缺者五百余年”的史界著史状况得到了彻底改观，编年体又重新确立了在史坛中的地位。从此以后，以《资治通鉴》形式为体裁的编年体史书又蓬勃发展起来。南宋出现了以李焘的《续资治通鉴长编》、李心传的《建炎以来系年要录》、徐梦莘的《三朝北盟会编》为代表的编年体巨著，后来则有明代谈迁的《国榷》、清代陈鹤的《明纪》、夏燮的《明通鉴》等，一大批编年体史学著作相继问世，并形成一种高潮。

二、纪　传　体

《史记》是我国第一部纪传体史书，它开创了以人物为中心的纪传体体裁记载历史事实的先例，自此之后，历代修史者纷纷效法，纪传体成为后世各代撰修史书的典范。宋代郑樵评价《史记》云：

> (《史记》)使百代而下，史官不能易其法，学者不能舍其书，六经之后，惟有此作。①

清代赵翼云：

> 司马迁参酌古今，发凡起例，创为全史，本纪以序帝王，世家以纪侯国，十表以系时事，八书以详制度，列传以志人物。然后一代君臣，郑氏贤否得失，总汇于一编之中。自此例一定，历代作史者遂不能出其范围，信史家之极则也。②

近代梁启超称赞云：

---

① (宋)郑樵．通志：总序[M]．《四库全书》原文及全文检索版．

② (清)赵翼．廿二史劄记校证[M]．王树民，校证．北京：中华书局，1984：3.

可见史公创造力之雄伟，能笼罩千古也。①

《史记》由西汉史学家司马迁修撰，东汉班固因其体例著《汉书》，对纪传体作出改进，使其更加完善整齐。《史记》由本纪、表、书、世家、列传五种体裁构成，东汉班固《汉书》将"世家"并入"列传"，改"书"为"志"，以后各代之纪传体史书大都由本纪、表、志、列传四体构成，但各纪传体史书有的无表，有的无志，而纪、传二体必备，故这种新创的史书体裁被称为纪传体。

纪传溯源

纪传之体裁并非司马迁凿空独创，而是其参酌古今典籍，不宗一书，不祖一体，匠心独运而成。历代学者对纪传之起源都有探讨，清初阎若璩认为纪传之体源于《尚书》：

史之有本纪，为一史之纲维，犹《书》之有帝《典》，体以谨严为主。故今二《典》所载，皆用人行政大者。若他节目细事，如设官、居方，别生分类，则散见《汩作》诸篇，盖即后代志与传所出也。②

洪饴孙认为纪传体源于《世本》，其《钩稽辑订叙》云：

《春秋》为编年，《世本》为纪传。太史公述《世本》以成《史记》，纪传不自《史记》始也。③

秦嘉谟《世本辑补自叙》亦持此说。清代邵晋涵则认为《史记》之纪传体本于《吕氏春秋》，其《江南文钞》卷3《史记提要》曰：

迁文章体例，则参诸《吕氏春秋》，而稍为变通。《吕氏春秋》为十二纪、八览、六论。此书为十二本纪、十表、八书、三十世家、七十列传。④

---

① 梁启超．要籍解题及其读法[M]．长沙：岳麓书社，2010：22.

② 阎若璩．尚书古文疏证：卷5[M]．《四库全书》原文及全文检索版．

③ 转引自：程金造．史记管窥[M]．西安：陕西人民出版社，1985：5.

④ 转引自：程金造．史记管窥[M]．西安：陕西人民出版社，1985：9.

以上诸家，各有观点，不能统一。考察《史记》之前的古文献，本纪、表、书、世家、列传五种体裁均已存在，《史记》是司马迁在继承先秦史学基础上的创造。

(一)“本纪”之源

南朝刘勰认为本纪出于《吕览》，其《文心雕龙·史论》云：“子长继志，甄序帝绩，比尧称典，则位杂中贤。法孔题经，则文非元圣。故取式《吕览》，通号曰纪……故本纪以述皇王。”①但《史记》本身有前代本纪之体的记录，《大宛列传》云：“太史公曰：《禹本纪》言河出昆仑，其高二千五百余里，日月所相隐避为光明也……至《禹本纪》、《山海经》所有怪物，余不敢言之也。”②据此，后世许多学者认为《禹本纪》是早已存在的本纪体古书。清赵翼《陔余丛考》云：“《史记·大宛传赞》则云《禹本纪》言河出昆仑，又云《禹本纪》及《山海经》所有怪物，余不敢言也。是迁之作纪，非本于《吕览》。而汉以前，则有《禹本纪》一书，正迁所本耳。”③又云：“古有《禹本纪》、《尚书》、《世纪》等书，迁用其体以叙述帝王。”④尚镕《史记辨证》曰：“本纪以述皇王，《大宛传》引《禹本纪》，此迁之所本也。刘勰谓取式《吕览》，通号曰纪，盖未复案《大宛传》耳。”⑤

(二)“表”之源

关于表的起源，各说较为接近。《梁书·刘杳传》引桓谭《新论》云：“《三代世表》，旁行斜上，并效《周谱》。”⑥赵翼云：“《史记》作十表，仿于周之谱牒，与纪传相为出入。”⑦章学诚《文史通义》云：“图谱之学，古有专门，郑氏樵论之详矣。司马迁独取旁行斜上之遗，列为十表。”⑧夏燮《校汉书八表》序曰：“史之有表，创自龙门，盖仿《周谱》为之，遂为历代史家之所不可废。”以上诸论大都认为《史记》十表取自周代谱牒。太史公之本书中，亦有多处之文可见其表体因于古代谱牒之迹象，如《三代世表

① (梁)刘勰. 文心雕龙：卷4[M].《四库全书》原文及全文检索版.
② (汉)司马迁. 史记：卷123[M].《四库全书》原文及全文检索版.
③ (清)赵翼. 陔余丛考[M]. 石家庄：河北人民出版社，1990：82.
④ (清)赵翼. 廿二史劄记校证[M]. 王树民，校证. 北京：中华书局，1984：3.
⑤ 转引自：程金造. 史记管窥[M]. 西安：陕西人民出版社，1985：13.
⑥ (唐)姚思廉. 梁书：卷50[M].《四库全书》原文及全文检索版.
⑦ (清)赵翼. 廿二史劄记校证[M]. 王树民，校证. 北京：中华书局，1984：4.
⑧ (清)章学诚. 文史通义新编新注[M]. 仓修良，编注. 杭州：浙江古籍出版社，2005：904.

叙》曰："自殷以前诸侯，不可得而谱，周以来乃颇可著。"①"余读牒记，皇帝以来，皆有年数。稽其历谱牒终始五德之传。"②《十二诸侯年表叙》云："太史公读《春秋历谱牒》，至周厉王……"③"谱牒独记世谥，其辞略，欲一观诸要难。于是谱十二诸侯，自共和迄孔子。"④这些都可证明《史记》十表之体确实来源于古代谱牒之书。

（三）"书"之源

刘知幾以为"书"之体仿于《礼经》，其《史通·书志篇》："夫刑法、风土、山川，求诸文籍，出于《三礼》。及班、马著史，别裁书志。考其所记，所效《礼经》。且纪传之外，有所不尽，只字片文，于斯备录。语其通博，信作者之渊海也。"⑤而郑樵则以为书体源于《尔雅》，其云："修史之难，无出于志。志之大原，起于《尔雅》。司马迁曰书，班固曰志。"⑥清人章学诚又认为仿于诸子之书，其《文史通义》曰："马、班书志，当其创始，略存诸子之遗。《管子》、《吕览》、《鸿烈》诸家，所述天文地圆官图乐利之篇，采掇制数，勒成一家之言，其所仿也。"⑦今人范文澜《正史考略》认为，"八书之名，本于《尚书》"，"八书之作，则取《尚书》之《尧典》、《禹贡》"。⑧

（四）"世家"之源

世家一体之源，亦可在《史记》本书中找到。《史记·卫康叔世家》云："太史公曰：'余读世家言，至于宣公之太子以妇见诛，弟寿争死以相让，此与晋太子申生不敢明骊姬之过同。俱恶伤父之志，然卒死亡，何其悲也！'"⑨此处"世家"后人多认为为司马迁所参考众书之一种，赵翼云："《史记·卫世家》赞'余读世家言'云云，是古来本有世家一体，迁用之以纪王侯诸国。"⑩尚镕《史记辨证》曰："《卫康叔世家》赞谓'余读世家言'，

① （汉）司马迁．史记：卷13[M]．《四库全书》原文及全文检索版．

② （汉）司马迁．史记：卷13[M]．《四库全书》原文及全文检索版．

③ （汉）司马迁．史记：卷14[M]．《四库全书》原文及全文检索版．

④ （汉）司马迁．史记：卷14[M]．《四库全书》原文及全文检索版．

⑤ （唐）刘知幾．史通通释[M]．（清）浦起龙，释．上海：上海古籍出版社，1978：56~57.

⑥ （宋）郑樵．通志：总序[M]．《四库全书》原文及全文检索版．

⑦ （清）章学诚．文史通义新编新注[M]．仓修良，编注．杭州：浙江古籍出版社，2005：1001.

⑧ 范文澜．正史考略[M]．北京：北平文化学社，民国20[1931]：11.

⑨ （汉）司马迁．史记：卷37[M]．《四库全书》原文及全文检索版．

⑩ （清）赵翼．廿二史劄记校证[M]．王树民，校证．北京：中华书局，1984：3.

是卫旧有世家，为迁所取法。”①秦嘉谟根据诸书所引辑录《世本》，中有“世家”一篇，据此他认为《史记》中世家之体即出于《世本》书中之世家。

(五)“列传”之源

范文澜云：“晋太康中，汲冢得《穆天子传》一卷，是战国史官固有专为一人作传之例矣。《伯夷列传》有‘其传曰’，是古有伯夷叔齐传。”②《史记·伯夷列传》有云：“夫学者载籍极博，犹考信于六艺。……孔子曰，伯夷、叔齐不念旧恶，怨是用稀，求仁得仁，又何怨乎？余悲伯夷之意，睹轶诗而可异焉。其传曰：伯夷、叔齐，孤竹君之二子也。……遂饿死于首阳山。”③《世本》中亦有传一体。《魏世家》有云：“桓子之孙曰文侯斯。”④司马贞《史记索隐》曰：“《系本》云，桓子生文侯斯。其传云：孺子，是魏驹之子，此与系代亦不同也。”⑤秦嘉谟《世本辑补》即据此认为：“此条可以推见太史公作七十列传，其名亦本于《世本》也。”⑥

上述有关《史记》五体渊源的各种观点，或者较为接近，或者纷纭不一，至今并无定论。但是我们由此可以得出这样的共识：司马迁《史记》之体必有所自，而非凭空创造。正如章学诚所云：“纪传创于史迁，然亦有所受也。”⑦但“勒此五体，以为一书，使之虚实相资，详略互见，彼此裨补，各尽其用。既具史事之文，又见治乱盛衰成败之机者，则太史公固为首创，正史中不祧之宗也。”⑧“司马迁在研究古代所有史籍的基础上，吸收了先秦史学的一切成就，创立了一种前所未有的、规模宏大的、组织完备的新体裁，从而把我国史学发展推到了前所未有的阶段，在史学上树立起一块不朽的丰碑。”⑨

本　纪

本纪是以帝王为中心来揭示历年重大史事的体裁，每部纪传体史书都

---

① 转引自：程金造．史记管窥[M]．西安：陕西人民出版社，1985：23.

② 范文澜．正史考略[M]北京：北平文化学社，民国20[1931]：14.

③ (汉)司马迁．史记：卷61[M]．《四库全书》原文及全文检索版．

④ (汉)司马迁．史记：卷44[M]．《四库全书》原文及全文检索版．

⑤ (唐)司马贞．史记索隐：卷13[M]．《四库全书》原文及全文检索版．

⑥ 转引自：程金造．史记管窥[M]．西安：陕西人民出版社，1985：30.

⑦ (清)章学诚．文史通义新编新注[M]．仓修良，编注．杭州：浙江古籍出版社，2005：39.

⑧ 程金造．史记管窥[M]．西安：陕西人民出版社，1985：31～32.

⑨ 仓修良．史家·史籍·史学[M]济南：山东教育出版社，2000：9.

将本纪置于最前列，它是古代君权至上的象征，其“纲纪庶品，网罗万物”①，也是全书内容的简明纲要。

(一)本纪本义

本纪，也称纪。东汉班彪最早揭示本纪的含义，他说：“司马迁序帝王则曰本纪。”②此则指出了本纪所记之对象，即历代帝王。以后诸家解释，大致与此相似。司马贞云：“纪者，记也。本其事而记之，故曰本纪。又纪，理也，丝缕有纪。而帝王书称纪者，言为后代纲纪也。”③浦起龙针对这一解释发论曰：“《史记索隐》释本纪曰：‘本其事而记之，故曰本纪。’若是，则凡纪人事皆可通称，不已泛乎？”④可见，本纪所记之对象事有专门，是帝王之专属，并非人人可入。刘知幾云：“又纪者，既以编年为主，唯叙天子一人。有大事可书，则见之于年月；其书事委曲，附之列传。此其义也。”⑤亦是此义。《史通》曰：“盖纪之为体，犹《春秋》之经，系日月以成岁时，书君上以显国统。”⑥又云：“纪者，编年也……编年者，历帝王之岁月，犹《春秋》之经。”⑦浦起龙因刘氏之说总结曰：“盖言用其纪元，纪其时事也。似此析义，则凡混假是名，如项羽前附秦年，后附汉年，全与本身无与，不待辩而非灼然矣。”⑧张守节云：“裴松之《史目》云：‘天子称本纪，诸侯曰世家。’本者，系其本系，故曰本；纪者，理也，统理众事，系之年月，名之曰纪。”⑨此言本纪之记事方法，即假借历代帝王之年号日月以纪元，使众多纷乱的史事绳连丝贯、有条不紊。

由此可知，本纪之义有二：其一，本纪为帝王的专类，非帝王不得入本纪，本纪为帝王之专记；其二，本纪按时间顺序反映历史大事，其时间依据就是各帝王在位的纪年方式。综此二义，可知本纪本质上就是以帝王编年的大事记。诚如有关学者所说：“本纪，名义上是记帝王，实际上帝王在这里仅仅是时代的符号和标志。与其说记帝王，毋宁说是利用帝王世

① (唐)刘知幾．史通通释[M]．(清)浦起龙，释．上海：上海古籍出版社，1978：36.
② (宋)范晔．后汉书：卷70[M]．《四库全书》原文及全文检索版．
③ (唐)司马贞．史记索隐：卷1[M]．《四库全书》原文及全文检索版．
④ (唐)刘知幾．史通通释[M]．(清)浦起龙，释．上海：上海古籍出版社，1978：38.
⑤ (唐)刘知幾．史通通释[M]．(清)浦起龙，释．上海：上海古籍出版社，1978：38.
⑥ (唐)刘知幾．史通通释[M]．(清)浦起龙，释．上海：上海古籍出版社，1978：37.
⑦ (唐)刘知幾．史通通释[M]．(清)浦起龙，释．上海：上海古籍出版社，1978：46.
⑧ (唐)刘知幾．史通通释[M]．(清)浦起龙，释．上海：上海古籍出版社，1978：38.
⑨ (唐)张守节．史记正义：卷1[M]．《四库全书》原文及全文检索版．

系为线索，以帝王年号为顺序，反映一朝政治、军事、经济、文化、民族、外交等国家要事。换言之，本纪是以各朝发生之史实，分别前后顺序系于各个帝王，即所谓‘以事系人’。”①

(二)本纪破例

如上所说，根据一般通例，入纪者应为历代帝王，非帝王不能采用本纪叙事。综观中国历史上的纪传体文献，大体依此例记事，但有些史书却把非帝王之人记入本纪之内，也有些史书不为个别帝王立纪，这两种情况成为本纪记事方法的例外。

第一，非帝王入纪者。这种情况比较典型的是项羽、吕太后以及东汉皇后。项羽是反对秦朝暴政的农民起义领袖，大泽乡起义不久，在江东崛起，举兵反秦，征伐九州，在决定秦朝灭亡的巨鹿之战中一举摧毁秦朝主力。率军入关后，以五诸侯灭暴秦，从此声名显赫，威震四海。秦亡后，项羽分裂天下，册封诸王，大政皆由其出，权同皇帝，号为“西楚霸王”。但直至与刘邦争夺天下，自刎乌江，项羽也没有称帝。吕太后是汉惠帝刘盈的生母，惠帝在位期间，政事即常受吕后牵制；惠帝死后，虽先后有刘恭、刘弘两位少帝，但均由吕后临朝称制，行使皇帝职权，天子并无实权，因此惠帝之后的8年实际上是吕后专权统治的时期；但是吕后也并未像武则天那样加冕称帝。而司马迁《史记》则分别为此二人立《项羽本纪》与《吕太后本纪》。东汉中后期，政治腐败，统治阶级内部钩心斗角，争权夺利。光武帝之后的各位皇帝多不长寿，继位者多年小智弱，一般由其母后临朝听政，大权落于外戚手中，东汉出现了皇后和外戚长期左右朝政的局面。范晔著《后汉书》便将以往的《外戚传》改为《皇后纪》，专为皇后设纪。司马迁《史记》中，除为吕后设立本纪外，其余后妃、外戚事迹均反映于《外戚世家》之中；班固虽将《外戚世家》改为《外戚传》，但内容并无大异。范晔则删去《外戚传》，创立《皇后纪》，专门记叙东汉各朝皇后与外戚的事迹，此举前无古人，实为特别之创例。后代学者对此议论纷纷，多有非议。刘知幾批评说：“项羽僭盗而死，未得成君，求之于古，则齐无知、卫州吁之类也，安得讳其名字，呼之曰王者乎？春秋吴、楚僭拟，书如列国，假使羽窃帝名，正可抑同群盗，况其名曰‘西楚’，号止‘霸王’者乎？霸王者，即当时诸侯，诸侯而称本纪，求名责实，再三乖

① 王锦贵．中国纪传体文献研究[M]．北京：北京大学出版社，1996：119.

缪。”[①]赵翼亦认为“惟项羽作纪颇失当”[②]。宋儒林駉曾说：“尝考史迁之纪、传、世家矣。子长以事之系天下则谓之纪。项羽政由己出，且封汉王，则项羽可纪也。”[③]对于《吕太后本纪》的设立，宋郑樵责备说：“遗孝惠而纪吕，无亦奖盗乎！”[④]对于《后汉书·皇后纪》的设立，也多有责难，赵翼就认为既已为诸帝立纪，再为皇后立纪则实属不必，“即女后临朝，而用人行政已皆编在帝纪内，何必又立后纪？”[⑤]

项羽、吕后、东汉诸皇后虽身未及帝，但其行使帝王大权，能够左右局势，号令天下，虽无帝名而得帝实，为其立纪，似在情理之中。历代纪传体史书中还有追尊立纪之特例。这些入纪人物终其一生没有登临帝位，但其后代子孙却能统驭六合，位至极尊。当其子孙称帝后，这些业已作古的先辈被追尊为皇帝，史书在记载之时便将其入纪。曹操是三国时代的政治家和军事家，他生前消灭了北方的众多割据势力，统一了中国北方大部分区域，并实行一系列政策恢复经济生产和社会秩序，奠定了曹魏立国的基础。曹丕称帝后，曹操被尊称为“魏太祖武皇帝”。陈寿著《三国志》时，为曹操立《武帝纪》。晋代司马炎称帝后，追谥祖父司马懿为宣帝、伯父司马师为景帝、父司马昭为文帝，《晋书》为此三人分别设立了《宣帝纪》、《景帝纪》、《文帝纪》，并置于各纪之首。北周宇文泰也从未当过皇帝，孝闵帝为其上尊号曰“文王”，明帝为其上尊号曰“文皇帝”，因而《周书》中为之立《文帝纪》。而历代追尊皇帝之多则莫过于《魏书》。《魏书》有帝纪12卷，首为《序纪》，历记开国君主魏道武帝拓跋珪之前从远祖拓跋毛开始的27代追尊之帝。《魏书》之后，《金史》于卷首设立《世纪》，记叙金太祖之前10位先祖的事迹与功业。赵翼对此颇为赞赏：

> 辽、金二代之兴，皆经祖宗数世开创，始成帝业。《金史》于《太祖本纪》前先立《世纪》，以叙其先世，最为明析。[⑥]

《金史》还在所有本纪后设立《世纪补》1卷，叙述熙宗之父“景宣皇帝徽宗”完颜宗峻，世宗之父“简肃帝睿宗”完颜宗尧、章宗之父“光孝帝显

---

① (唐)刘知幾．史通通释[M]．(清)浦起龙，释．上海：上海古籍出版社，1978：37.

② (清)赵翼．廿二史劄记校证[M]．王树民，校证．北京：中华书局，1984：3.

③ (宋)林駉．古今源流至论：后集卷9[M]．《四库全书》原文及全文检索版．

④ (宋)王应麟．困学纪闻：卷11[M]．《四库全书》原文及全文检索版．

⑤ (清)赵翼．廿二史劄记校证[M]．王树民，校证．北京：中华书局，1984：3.

⑥ (清)赵翼．廿二史劄记校证[M]．王树民，校证．北京：中华书局，1984：584.

宗”完颜允恭三人事迹。

除上述情况外，还有其他非帝王入纪的情况，如《史记》中夏、殷、周三代的本纪以及《秦本纪》中包括三代的先公先王，这是诸侯入本纪。刘知幾针对这种情况批评说：

> 然迁之以天子为本纪，诸侯为世家，斯诚谠矣。但区域既定，而疆理不分，遂令后之学者罕详其义。案姬自后稷至于西伯，嬴自伯翳至于庄襄，爵乃诸侯，而名隶本纪。若以西伯在襄以上，别作周、秦世家，持殷纣以对。武王，拔秦始以承周赧，使帝王传授，昭然有别，岂不善乎？必以西伯以前，其事简约，别加一目，不足成篇。则伯翳之至庄襄，其书先成一卷，而不共世家等列，辄与本纪同编，此尤可怪也。①

第二，帝王无纪者。这种情况是指，在史书中，有些正式立国建元的皇帝却没有以本纪书之。这种现象相对于非帝王而入纪的情况，为数不多，但却不能忽视。

西汉末年，王莽废掉汉帝，自立为帝，改国号为“新”，改元“始建国”，正式登基称帝10余年。而班固《汉书》不为其立纪，将其事迹记于《王莽传》中，并列于诸传之末，可见作者对其之贬抑。三国时期，魏、蜀、吴三足鼎立，蜀国刘备、吴国孙权都正式称帝，建号立国；陈寿《三国志》中为没有称帝的曹操立《武帝纪》，刘、孙二人则被置于列传之中。这些都是帝王无纪之例。

表

司马迁《史记》于纪传体史书中首设史表，它起源于先秦的谱牒类著述，是以表格形式反映历史事实的一种体裁形式。史表受到后代史家的推赞，梁启超就曾言：“自《史记》创立史表开著作家无量法门”，“凡遇复杂之史迹，以表驭之，什九皆可就范”②。

(一)史表的功用

史表具有无可替代的功能和意义，约而言之，主要有二：

---

① (唐)刘知幾．史通通释[M]．(清)浦起龙，释．上海：上海古籍出版社，1978：37.

② 梁启超．中国历史研究法[M]．上海：上海古籍出版社，1998：116.

第一，表隐微之不明，补纪传之不备。司马贞曰：

> 《礼》有《表记》，而郑玄云“表，明也”，谓事微而不著，须表明也，故言表也。①

可见，史表有显微表隐的作用。历代事件和人物多如牛毛，史家著书必须进行内容选择，取谁舍谁，何详何略，常常两难。纪、传固然可以反映历史人物与事件，但多是举其大者，漏略之处往往难免，而利用史表这一形式则可以在很大程度上弥补这个缺陷。故多受后来史家称赞。清代万斯同曰：“史之有表，所以通纪、传之穷。”②顾炎武所论尤为精彩：

> 盖表所由立，于周之谱牒，与纪传相为出入。凡列侯将相三公九卿，其功名表著者既系之以传，此外大臣无积劳亦无显过，传之不可胜书，而姓名爵里、存没盛衰之迹要不容以遽泯，则于表乎载之。又其功罪事实传中有未悉备者，亦于表乎载之，年经月纬，一览了如，作史体裁莫大于是。③

顾炎武从《史记》、《汉书》的史表总结出表与纪传互相配合记叙历史，认为表可备传之阙漏。牛运震阐述得更为系统：

> 史之有年表，犹《地理志》之有图经，族谱之有世系也，昔人推之，以为史家本源冠冕。盖事繁变众，则年月不能不详；世积人多，则传载必不能备。年表者，所以较年月于列眉，画事迹于指掌，而补纪传书志之所不及也。④

牛运震在这里说明，司马迁所创之表，在全书中具有提纲挈领的作用，它能够记述更为广泛的史事，起到纪传书志所不能起的作用。他还举例说：“如高祖功臣百有余人，有《功臣侯年表》，则一百余人之功绩、履历、官爵、封邑传国、失侯，详悉具备，检图可得也。建元以来侯者七十

---

① (唐)司马贞．史记索隐：卷5[M]．《四库全书》原文及全文检索版．

② (清)钱大昕．潜研堂文集[M]．上海：商务印书馆，民国24[1935]：595.

③ (清)顾炎武．日知录校注[M]．陈垣，校注．合肥：安徽大学出版社，2007：1447.

④ 杨燕起，陈可青，赖长扬．历代名家评《史记》[M]．北京：北京师范大学出版社，1986：138~139.

二国，亦同此论。若无年表，则高祖功臣侯者百有余人，宁当为百有余传乎？建元以来侯者七十二国，当一一悉为传乎？此《史记》之有年表，其命意不可及，而其立法为不可议也。"①而《辽史》"列传虽少，而一代之事迹亦略具备"②，亦是因为立表较多的缘故。

第二，省纪、传之文，免全书之冗。如上所述，史事如要全部写入纪、传，则不胜其多；若将某些不宜入纪、传却也不能舍弃不载的人物或史事用史表记述，则既可以补纪、传之阙，亦可以省纪、传文，万斯同曰：

> 表立而后纪、传之文可省。③

赵翼云：

> 表多则纪、传可省，此作史良法也。④

"二十五史"中，凡表与纪、传同时具备者，则纪、传之卷数必多于表之卷数，这不仅仅是由于纪、传所记内容多于史表，也因为史表经纬纵横的表格式记述具有简明性特征。纪、传均以文字叙述，篇幅不免显大；而史表以表格记事，则简化了全书规模。赵翼论《辽史》之表曰：

> 辽史最简略，二百年人物，列传仅百余篇，其脱漏必多矣。然其体例亦有最善者，在乎立表之多，表多则传自可少。如皇子、皇族、外戚之类，有功罪大者，自当另为列传，其余则传之不胜传，若一一传之，此史之所以烦也，惟列之于表，既著明其世系官位，而功罪亦附书焉，实足省无限笔墨。又如内而各部族，外而各属国，亦列之于表，凡朝贡、叛服、征讨、胜负之事，皆附书其中，又省却多少外国等传。⑤

① 杨燕起，陈可青，赖长扬．历代名家评《史记》[M]．北京：北京师范大学出版社，1986：138~139.
② （清）赵翼．廿二史劄记校证[M]．王树民，校证．北京：中华书局，1984：587.
③ （清）钱大昕．潜研堂文集[M]．上海：商务印书馆，民国24[1935]：595.
④ （清）赵翼．廿二史劄记校证[M]．王树民，校证．北京：中华书局，1984：4.
⑤ （清）赵翼．廿二史劄记校证[M]．王树民，校证．北京：中华书局，1984：586~587.

正是由于史表的上述优点，主张废表的刘知幾也不得不称赞史表这种体积小而容量大的体裁：

观太史公之创表也，于帝王则叙其子孙，于公侯则纪其年月，列行萦纡以相属，编字戢舂而相排。虽燕、越万里，而于径寸之内犬牙可接；虽昭穆九代，而于方尺之中雁行有叙，使读者阅文便睹，举目可详，此其所以为快也。①

总之，史表与纪、传互为经纬，以其特有的表述形式，既补纪、传之未备，又避免了全书的繁冗，使史书记载简省而不失严密，成为纪传体史书的一种重要体例。

(二)史表的内容

史表的功用又因具体内容的不同而不同，如《史记》：

《三代世表》，所以观百世之本支。考皇帝之初，先列谱系，以祖宗为经，以子孙为纬，则五帝、三王皆出于皇帝，此帝王授受之正统可见也。《六国年表》所以示天下之名分，故齐康公之十九年为田和迁居海上，而书曰“齐太宰卒”却系之康公二十年。康公既卒，始书曰“齐”，此尊卑顺逆之理可见矣。《十二诸侯年表》以下，以地为主，故年经而国纬，所以观天下之大势也。《高祖功臣表》以下，以时为主，故国经而年纬，所以观一时之得失也。《秦楚月表》，上尊义帝，而汉居其中，明大义也。《将相年表》，上系大事之记，明职分也②。

可见，每部史书表体的功能都因其具体内容的不同而不同。综合“二十五史”来看，史表内容主要有以下几类：

第一，表国者。《史记·六国年表》、《史记·十二诸侯年表》、《辽史·属国表》等均是。《辽史·属国表》记载了辽国与属国的交往历史，反映了高丽、党项、回鹘、新罗、吐蕃、沙陀、铁骊等政权向辽朝朝贡及遥远的大食来使的情况。

---

① (唐)刘知幾．史通通释[M]．(清)浦起龙，释．上海：上海古籍出版社，1978：466.

② (宋)林駉．古今源流至论：后集卷9[M]．《四库全书》原文及全文检索版．

第二，表部族者。《辽史·部族表》、《新元史·氏族表》、《清史稿·藩部世表》等皆是。《辽史》于《属国表》外，又设《部族表》，“诸国所以识其大者，诸部所以识其小者，大小虽有不同，然但取其有关于一代之故，则某所谓随其时之所有而作之者也。”①记载了腹里部族的乌古、敌烈、室韦等。该表横格为纪年，纵格以十二个月为序，反映辽政权与各部族的关系，内容详实而又具体。

第三，表世系者。《史记·三代世表》、《新唐书·宗室世系表》、《新唐书·宰相世系表》、《宋史·宗室世系表》、《元史·宗室世系表》、《新元史·宗室世系表》等皆是。

第四，表官者。《史记·汉兴以来将相名臣年表》、《汉书·百官公卿表》、《新唐书·宰相表》、《元史·宰相表》、《元史·三公表》、《明史·宰辅年表》、《明史·七卿年表》、《明史·功臣表》、《清史稿·军机大臣年表》、《清史稿·都院大臣年表》等皆是。《百官公卿表》分为两部分，第一部分以文字记述秦汉职官设置年代、职权范围、俸禄数量和官职演变等内容；第二部分列出各种职官的表格，记录职官的升降迁免，较完整地介绍了汉代的官制情况。

第五，表人者。这类表所占比重较大。《史记》中之《汉兴以来诸侯年表》、《高祖功臣侯者年表》、《惠景间侯年表》、《建元以来侯者年表》、《建元以来王子侯者年表》、《汉兴以来将相名臣年表》，《汉书·古今人表》、《辽史·公主表》、《辽史·皇子表》、《元史·公主表》、《清史稿·公主表》、《清史稿·皇子表》等皆是。

第六，表地域者。《新唐书·方镇表》、《新五代史·职方表》等皆是。《新唐书·方镇表》集中反映了唐代藩镇复杂变动情况，勾勒出藩镇与唐王朝衰弱的密切关联，正如王鸣盛所说：“方镇之建置分割移徙，最为纠纷。以唐代变更不一，竟无定制，所以览史者苦于眯目。《新书》特补《方镇表》，开卷了然，此《新书》最善者。”②

第七，表事者。《辽史·游幸表》、《金史·交聘表》、《清史稿·交聘年表》等皆是。《交聘表》以时间为经，横格纪年；以不同政权为纬，纵列宋、夏、高丽，将金与三个政权之间的冲突与交往放在一起进行综合考察，线索清楚，史事明晰，充分发挥了史表的功能。

由于各代的社会情况不同，各史所设表之类型不尽相同，规模亦不一

① (清)全祖望．鲒埼亭文集选注[M]．济南：齐鲁书社，1982：365.

② (清)王鸣盛．十七史商榷[M]．北京：商务印书馆，1958：899.

致，但它们都记载了当时社会某一方面的情况，为后人学习研究各代历史提供了丰富的资料。

(三)缺表现象与补表之作

虽然史表之功用不可替代，但制表亦非易事，“表、志，一代之始末，非闳览博物者不能为；其考订之功，亦非积以岁月不能编”①。故各纪传体史书多有缺表现象。班、马二史，纪、传、表、志俱全，陈寿《三国志》首开缺表之例，范晔《后汉书》步其后尘，从此各史缺表现象司空见惯。“二十六史”之中，只有《史记》、《汉书》、《新唐书》、《新五代史》、《宋史》、《辽史》、《金史》、《元史》、《新元史》、《明史》、《清史稿》11部具备表例，《新五代史》之表则是《十国世家年谱》与《职方考》中所附，非专门设立之表，其余15部则均付诸阙如。

因为缺表现象严重，后来史家于正史中未有表者，或有表而不备、不全者进行续补，多有补表之作，完善纪传史书之体例。补表始于宋人熊方所撰《补后汉书年表》，其后作者愈众。成绩尤著者推清代万斯同之《历代史表》，其取历代正史之未有表者，一一补之，凡60篇。朱彝尊作序盛赞道：“揽万里于方寸之内，罗百世于方册之间，其用心也勤，其考稽也博，俾览者有快于心，庶几成学之助，而无烦费无用之失者与！”②现根据中华书局1955年版《二十五史补编》所载，将历代史表的增补和考订之作汇列于下(见表4-1)：

表4-1 **历代史表的增补和考订之作**

史书名称	补表名称	卷数	著者
《史记》	史记惠景闲侯者年表校补	1	(清)卢文弨
	史记三书正讹	3	(清)王元启
	史记月表正讹	1	(清)王元启
	楚汉帝月表	1	(清)吴非
	史记三书释疑	3	(清)钱塘
	读史记十表	10	(清)汪越撰，徐克范补

① (清)顾炎武．日知录集释[M]．黄汝成，集释．上海：上海古籍出版社，1985：1906.

② (清)朱彝尊．曝书亭集：卷35[M]．《四库全书》原文及全文检索版．

续表

史书名称	补表名称	卷数	著者
《汉书》	校正古今人表	9	(清)翟云升
	校汉书八表	8	(清)夏燮
	汉书人表考校补	1卷，续校补1卷	(清)蔡云
	人表考	9	(清)梁玉绳
	汉将相大臣年表	1	(清)万斯同
	新莽大臣年表	1	(清)万斯同
	前汉匈奴表	3卷，附录1卷	(清)沈惟贤
《后汉书》	后汉公卿表	1	(清)练恕
	汉志郡国沿革考	1	(清)黄大华
	东汉皇子王世系表	1	(清)黄大华
	东汉三公年表	1	(清)黄大华
	东汉中兴功臣侯世系表	1	(清)黄大华
	后汉书朔闰考	5	(清)徐绍桢
	后汉郡国令长考	1	(清)钱大昭
	后汉书补表	8	(清)钱大昭
	补后汉书年表	10	(宋)熊方
	熊氏后汉书年表校补	5卷，补遗1卷，续补1卷	(清)诸以敦
《后汉书》	东汉诸帝统系图	1	(清)万斯同
	东汉诸王世表	1	(清)万斯同
	东汉外戚侯表	1	(清)万斯同
	东汉云台功臣侯表	1	(清)万斯同
	东汉宦者侯表	1	(清)万斯同
	东汉将相大臣年表	1	(清)万斯同
	东汉九卿年表	1	(清)万斯同
	后汉县邑省并表	1	周明泰
	后汉郡国令长考补	1	丁锡田
	后汉匈奴表	2	(清)沈惟贤
	后汉三公年表	1	(清)华湛恩

续表

史书名称	补表名称	卷数	著者
《三国志》	三国志三公宰辅年表	3	(清)黄大华
	三国志世系表补遗附订讹	1	陶元珍
	三国郡县表(附考证)	8	(清)吴增仅撰，杨守敬补正
	三国大事表	1	(清)谢钟英
	三国疆域表	2	(清)谢钟英
	三国职官表	3	(清)洪饴孙
	三国纪年表	1	(清)周嘉猷
	三国汉季方镇年表	1	(清)万斯同
	三国大事年表	1	(清)万斯同
	魏国将相大臣年表	1	(清)万斯同
	魏将相大臣年表	1	(清)万斯同
	魏方镇年表	1	(清)万斯同
	汉将相大臣年表	1	(清)万斯同
	吴将相大臣年表	1	(清)万斯同
	三国诸王世表	1	(清)万斯同
	三国志世系表	1	周明泰
《晋书》	西秦百官表	1	(清)练恕
	补晋方镇表	1	秦锡圭
	补晋执政表	1	秦锡圭
	补晋异姓封爵表	1	秦锡田
	补晋宗室王侯表	1	秦锡田
	补晋僭国年表	1	秦锡田
	两晋诸帝统系图	1	(清)万斯同
	晋诸王世表	1	(清)万斯同
	晋功臣世表	1	(清)万斯同
	晋将相大臣年表	1	(清)万斯同
	东晋将相大臣年表	1	(清)万斯同
	晋方镇年表	1	(清)万斯同

续表

史书名称	补表名称	卷数	著者
《晋书》	东晋方镇年表	1	(清)万斯同
	伪成将相大臣年表	1	(清)万斯同
	伪汉将相大臣年表	1	(清)万斯同
	伪燕将相大臣年表	1	(清)万斯同
	伪赵将相大臣年表	1	(清)万斯同
	伪后燕将相大臣年表	1	(清)万斯同
	伪南燕将相大臣年表	1	(清)万斯同
	伪秦将相大臣年表	1	(清)万斯同
	伪后秦将相大臣年表	1	(清)万斯同
	晋僭伪诸国世表	1	(清)万斯同
	晋僭伪诸国年表	1	(清)万斯同
	晋方镇年表	1	吴廷燮
	东晋方镇年表	1	吴廷燮
	晋五胡表	1	(清)沈惟贤
	后凉百官表	1	(清)缪荃孙
	北凉百官表	1	(清)缪荃孙
	北燕百官表	1	(清)缪荃孙
	南凉百官表	1	(清)缪荃孙
	西凉百官表	1	(清)缪荃孙
	夏百官表	1	(清)缪荃孙
	十六国年表	1	(清)张愉曾
《宋书》	宋诸王世表	1	(清)万斯同
	宋方镇年表	1	(清)万斯同
	宋将相大臣年表	1	(清)万斯同
	宋书补表	4	(清)盛大士
	补宋书宗室世系表	1	(清)罗振玉
《梁书》	梁诸王世表	1	(清)万斯同
	梁将相大臣年表	1	(清)万斯同

续表

史书名称	补表名称	卷数	著者
《陈书》	陈诸王世表	1	(清)万斯同
	陈将相大臣年表	1	(清)万斯同
《魏书》	魏诸帝统系图	1	(清)万斯同
	魏诸王世表	1	(清)万斯同
	魏异姓诸王世表	1	(清)万斯同
	魏外戚诸王世表	1	(清)万斯同
	魏将相大臣年表	1	(清)万斯同
	西魏将相大臣年表	1	(清)万斯同
	东魏将相大臣年表	1	(清)万斯同
	元魏方镇年表	1	吴廷燮
《南齐书》	齐诸王世表	1	(清)万斯同
	齐将相大臣年表	1	(清)万斯同
	齐方镇年表	1	(清)万斯同
《北齐书》	北齐诸王世表	1	(清)万斯同
	北齐异姓诸王世表	1	(清)万斯同
	北齐将相大臣年表	1	(清)万斯同
《周书》	北周公卿表	1	(清)练恕
	周诸王世表	1	(清)万斯同
	周公卿年表	1	(清)万斯同
《南北史》	东晋南北朝舆地表	28	(清)徐文范
	南北史年表	1	(清)周嘉猷
	南北史世系表	1	(清)周嘉猷
	南北史帝王世系表	1	(清)周嘉猷
《隋书》	隋诸王世表	1	(清)万斯同
	隋将相大臣年表	1	(清)万斯同
	隋唐之际月表	1	(清)黄大华

续表

史书名称	补表名称	卷数	著者
两唐书	唐藩镇年表	1	(清)黄大华
	唐折冲府考校补	1	谷霁光
	唐折冲府考补拾遗	1	罗振玉
	唐折冲府考补	1	罗振玉
	唐方镇年表八卷考证	2	吴廷燮
	唐书宰相世系表订讹	12	(清)沈炳震
	唐将相大臣年表	3	(清)万斯同
	唐功臣世表	1	(清)万斯同
	唐镇十道节度使表	1	(清)万斯同
	唐边镇年表	1	(清)万斯同
	唐宦官封爵表	1	(清)万斯同
	武氏诸王表	1	(清)万斯同
	唐诸蕃君长世表	1	(清)万斯同
	唐折冲府考	4	(清)劳经撰，劳格校补
两五代史	五代纪年表	1	(清)周嘉猷
	吴将相大臣年表	1	(清)万斯同
	南唐将相大臣年表	1	(清)万斯同
	蜀将相大臣年表	1	(清)万斯同
	后蜀将相大臣年表	1	(清)万斯同
	南汉将相大臣年表	1	(清)万斯同
	北汉将相大臣年表	1	(清)万斯同
	五代诸王世表	1	(清)万斯同
	五代将相大臣年表	1	(清)万斯同
	五代诸国年表	1	(清)万斯同
	五代诸镇年表	1	(清)万斯同
	五代诸国世表	1	(清)万斯同
	吴越将相大臣年表	1	(清)万斯同
	吴越将相州镇年表	1	(清)万斯同

续表

史书名称	补表名称	卷数	著者
《宋史》	北宋经抚年表	5	吴廷燮
	南宋制抚年表	2	吴廷燮
	宋中兴三公年表	1	(宋)何异
	宋大臣年表	2	(清)万斯同
《辽史》	辽方镇年表	1	吴廷燮
	辽史纪年表	1	(清)汪远孙
	西辽纪年表	1	(清)汪远孙
	辽诸帝统系图	1	(清)万斯同
	辽大臣年表	1	(清)万斯同
《金史》	金宰辅年表	1	(清)黄大华
	金方镇年表	1	吴廷燮
	金诸帝统系图	1	(清)万斯同
	金将相大臣年表	1	(清)万斯同
	金衍庆宫功臣录	1	(清)万斯同
《元史》	元分藩诸王世表	1	(清)黄大华
	元西域三藩年表	1	(清)黄大华
	元行省丞相平章政事年表	1	吴廷燮
	元史氏族表	3	(清)钱大昕
《明史》	明宰辅考略	1	(清)黄大华
	明七卿考略	1	(清)黄大华
	残明宰辅年表	1	(清)傅以礼
	残明大统历	1	(清)傅以礼
	建文逊国之际月表	2	(清)刘廷銮
	明督抚年表	6	吴廷燮

书　志

书志是纪传体史书中记载典章制度及其沿革的一种体裁。其内容涉及政治、经济、文化、军事以及自然科学技术等各个方面，非博闻强识通才之士不能为之，故“江淹有言：‘修史之难，无出于志。’诚以志者，宪章之所系，非老于典故者不能为也”，“学者之能事，尽于此矣”①。

(一)书志的名称

纪传体史书中的书志体创始于司马迁《史记》的“八书”，他叙述自己设立书体的深意时说：“礼乐损益，律历改易，兵权山川鬼神，天人之际，承敝通变，作八书。”②之后，班固《汉书》将“书”改为“志”，后人便以“书志”作为这一体裁的通称。在其后的众多纪传体史书中，这一体裁多以“志”称，但其称谓时有变化：

> 司马迁曰“书”，班固曰“志”，蔡邕曰“意”(旧作“《东观》曰记”)，华峤曰“典”，张勃曰“录”，何法盛曰“说”。名目虽异，体统不殊。亦犹楚之梼杌，晋谓之乘，鲁谓之春秋，其义一也。③

可见，意、典、录、说等都是书志的别名。此外，欧阳修《新五代史》中曰“考”，郑樵《通志》中曰“略”，等等。虽名目不一，记述内容并无大异。

(二)书志的内容

书志所记内容基本上是有关国家大体的各种典章制度。司马贞在解释司马迁所作“八书”之“书”字时说：“书者，五经六籍总名也。此之‘八书’，纪国家大体。班氏谓之志，志，记也。”④“国家之大体”，就是国家主要的典章制度。清代汪文端在《史载蠡说》中认为：“历代书志体各不同，大抵一代典章及屡朝因革之故，俱宜备载，俾读者得所考信，后世可为鉴观，故宁详毋略。”徐乾学在《修史条议》中也概括道：

> 史之有志，所以纪一代之大制度也，如郡县之沿革、官职之废置、刑罚之轻重、户籍之登耗，以及于兵卫修废、河漕通塞、日食星变之类，既详列于志，不得复入本纪，本纪之体贵乎简要，新唐书文求其省，固失之略，宋元史事求其备，亦失之繁。斟酌乎二者之间务使详略适宜，

① (宋)郑樵．通志：总序[M]．《四库全书》原文及全文检索版．

② (汉)司马迁．史记：太史公自序[M]．《四库全书》原文及全文检索版．

③ (唐)刘知幾．史通通释[M]．(清)浦起龙，释．上海：上海古籍出版社，1978：57.

④ (唐)司马贞．史记索隐：卷8[M]．《四库全书》原文及全文检索版．

始为尽善，今惟大典大政登诸本纪，其他宜入志者归之于志。①

此外，王鸿绪也认为“纪志总载一代之大政大法，非纪重而志轻也”②。由此可见，从《史记》以迄《明史》，史家将志书的记述内容都主要概括为“国家大体”、“一代之大制度”。历代正史均是按照以类相从的原则记载一代或各代的典章制度，将其贯穿起来，就是一部分门别类的文化制度通史。梁启超在论述中华文明(他称之为文物)史时说：

最古的文物史，要算《史记》的八书。《史记》于本纪列传之外，另作《礼乐》、《律历》、《天官》、《封禅》、《河渠》、《平准》等书。后来班固作《汉书》，改称为志，不以人为主，而以某制度或某事物为主。凡所叙述，皆当代的文物典章。自太史公创此例后，后代历史，除小者外，如二十四史，皆同此例。而杜佑所作《通典》，纯以制度为主，上起三代，下至隋唐，一一加以考核。马端临仿其体裁作《文献通考》，范围更大，蕴义更博。《通典》所述，限于一代朝制；《通考》所述，则于朝制之外，兼及社会状况。此种著作，中国从前颇为发达，就是我们所说的文物的历史。《通典》、《通考》可谓各种制度的总史，不是各种制度的专史。③

书志保存了丰富的历史材料，对我们研究古代各种制度发展及其沿革情况具有重要的参考价值。

(三)各史志目与(书)志之作

司马迁《史记》首创“八书”，即《礼书》、《乐书》、《律书》、《历书》、《天官书》、《封禅书》、《河渠书》、《平准书》。就其内容而言，均属经国大事。班固《汉书》改“书”为“志”，并将礼、乐、律、历四书合并为《礼乐志》与《律历志》，更《天官书》为《天文志》，《封禅书》为《郊祀志》，《河渠书》为《沟洫书》，《平准书》为《食货志》；又增加《刑法志》、《五行志》、《地理志》、《艺文志》四志。此后历代纪传体史书的书志体篇目都在此基础上分厘并合、增损去革，或析一为二，或合二为一，或加设新例，

① (清)徐乾学．明史例案：卷2[M]．北京：文物出版社，1982：4.
② (清)徐乾学．明史例案：卷2[M]．北京：文物出版社，1982：18.
③ 梁启超．中国历史研究法补编[M]．第4版．上海：商务印书馆，民国24[1935]：45.

或删改旧目。至《清史稿》止，已有礼志、乐志、时宪志、天文志、河渠志、食货志、刑法志、灾异志、地理志、艺文志、职官志、舆服志、选举志、兵志、交通志、邦交志16目。清赵翼则对"二十四史"中书志体篇目之因革变化，以及记叙内容之异同论之颇详，他说：

"八书"乃史迁所创，以纪朝章国典。《汉书》因之作"十志"，律历志则本于律书、历书也，礼乐志则本于礼书、乐书也，食货志则本于平准书也，郊祀志则本于封禅书也，天文志则本于天官书也，沟洫志则本于河渠书也。此外又增刑法、五行、地理、艺文四志。其后律历、礼乐、天文、地理、刑法，历代史皆不能无。后汉书改地理为郡国，又增礼仪、祭祀、百官、舆服四志。三国无志。晋、宋、齐书大概与前书同，惟宋书增符瑞志，齐书亦有祥瑞志。梁、陈书及南史无志。魏书改天文为天象，地理为地形，祥瑞为灵征，余皆相同，而增官氏、释老二志。齐、周及北史皆无志。隋书本亦无志，今志乃合梁、陈、齐、周、隋并撰者，其艺文则改为经籍。新唐书增仪卫、选举、兵制三志。薛五代史志类有减无增。欧五代史另立司天、职方二考，亦即天文、地理而变其名也。宋史诸志与前史名目多同。惟辽史增营卫、捺钵、部族、兵卫诸志。其国俗然也。金、元二史，志目与宋史同，惟少艺文耳。明史志目与宋史同，其艺文志内专载明人著述，而前代书流传于世者不载。①

历代书志篇目与内容变化，表明了传统社会制度的变迁，也客观记述了中华文明的演进史。王锦贵《中国纪传体文献研究》对"二十六史"各书书志篇目的设立情况进行了汇总，现转录于下(见表4-2)：

表4-2 "二十六史"书志设置情况一览表

书名	志目																					
	1	2	3	4	5	6	7	8	9	10	11	12	13	14	15	16	17	18	19	20	21	22
《史记》	礼书	乐书	律书	历书	天官书	封禅书	河渠书	平准书														

① (清)赵翼．廿二史劄记校证[M]．王树民，校证．北京：中华书局，1984：4.

续表

书名	志目																					
	1	2	3	4	5	6	7	8	9	10	11	12	13	14	15	16	17	18	19	20	21	22
《汉书》	礼乐志		律历志		天文志	郊祀志	沟洫志	食货志	刑法志	五行志	地理志	艺文志										
《后汉书》	礼仪志		律历志		天文志	祭祀志				五行志	郡国志		百官志	舆服志								
《三国志》																						
《晋书》	礼志	乐志	律历志		天文志			食货志	刑法志	五行志	地理志		职官志	舆服志								
《宋书》	礼志	乐志	律历志		天文志					五行志	州郡志		百官志		符瑞志							
《南齐书》	礼志	乐志			天文志					五行志	州郡志		百官志	舆服志	祥瑞志							
《梁书》																						
《陈书》																						
《魏书》	礼志	乐志	律历志		天象志			食货志	刑罚志		地形志		官氏志		灵征志	释老志						
《北齐书》																						
《周书》																						

续表

<table>
<tr><th rowspan="2">书名</th><th colspan="22">志　目</th></tr>
<tr><th>1</th><th>2</th><th>3</th><th>4</th><th>5</th><th>6</th><th>7</th><th>8</th><th>9</th><th>10</th><th>11</th><th>12</th><th>13</th><th>14</th><th>15</th><th>16</th><th>17</th><th>18</th><th>19</th><th>20</th><th>21</th><th>22</th></tr>
<tr><td>《南史》</td><td></td><td></td><td></td><td></td><td></td><td></td><td></td><td></td><td></td><td></td><td></td><td></td><td></td><td></td><td></td><td></td><td></td><td></td><td></td><td></td><td></td><td></td></tr>
<tr><td>《北史》</td><td></td><td></td><td></td><td></td><td></td><td></td><td></td><td></td><td></td><td></td><td></td><td></td><td></td><td></td><td></td><td></td><td></td><td></td><td></td><td></td><td></td><td></td></tr>
<tr><td>《隋书》</td><td>礼仪志</td><td>音乐志</td><td colspan="2">律历志</td><td>天文志</td><td></td><td></td><td>食货志</td><td>刑法志</td><td>五行志</td><td>地理志</td><td>经籍志</td><td>百官志</td><td></td><td></td><td></td><td></td><td></td><td></td><td></td><td></td><td></td></tr>
<tr><td>《旧唐书》</td><td>礼仪志</td><td>音乐志</td><td></td><td>历志</td><td>天文志</td><td></td><td></td><td>食货志</td><td>刑法志</td><td>五行志</td><td>地理志</td><td>经籍志</td><td>职官志</td><td>舆服志</td><td></td><td></td><td></td><td></td><td></td><td></td><td></td><td></td></tr>
<tr><td>《新唐书》</td><td colspan="2">礼乐志</td><td></td><td>历志</td><td>天文志</td><td></td><td></td><td>食货志</td><td>刑法志</td><td>五行志</td><td>地理志</td><td>艺文志</td><td>百官志</td><td>车服志</td><td></td><td></td><td>仪卫志</td><td>选举志</td><td>兵志</td><td></td><td></td><td></td></tr>
<tr><td>《旧五代史》</td><td>礼志</td><td>乐志</td><td></td><td>历志</td><td>天文志</td><td></td><td></td><td>食货志</td><td>刑法志</td><td>五行志</td><td>郡县志</td><td></td><td>职官志</td><td></td><td></td><td></td><td></td><td>选举志</td><td></td><td></td><td></td><td></td></tr>
<tr><td>《新五代史》</td><td></td><td></td><td></td><td></td><td>司天考</td><td></td><td></td><td></td><td></td><td></td><td>职方考</td><td></td><td></td><td></td><td></td><td></td><td></td><td></td><td></td><td></td><td></td><td></td></tr>
<tr><td>《宋史》</td><td>礼志</td><td>乐志</td><td colspan="2">律历志</td><td>天文志</td><td></td><td>河渠志</td><td>食货志</td><td>刑法志</td><td>五行志</td><td>地理志</td><td>艺文志</td><td>职官志</td><td>舆服志</td><td></td><td></td><td>仪卫志</td><td>选举志</td><td>兵志</td><td></td><td></td><td></td></tr>
<tr><td>《辽史》</td><td>礼志</td><td>乐志</td><td></td><td>历象志</td><td></td><td></td><td></td><td>食货志</td><td>刑法志</td><td></td><td>地理志</td><td></td><td>百官志</td><td></td><td></td><td></td><td>仪卫志</td><td></td><td>兵卫志</td><td>营卫志</td><td></td><td></td></tr>
<tr><td>《金史》</td><td>礼志</td><td>乐志</td><td></td><td>历志</td><td>天文志</td><td></td><td>河渠志</td><td>食货志</td><td>刑法志</td><td>五行志</td><td>地理志</td><td></td><td>百官志</td><td>舆服志</td><td></td><td></td><td>仪卫志</td><td>选举志</td><td>兵志</td><td></td><td></td><td></td></tr>
<tr><td>《元史》</td><td colspan="2">礼乐志</td><td></td><td>历志</td><td>天文志</td><td>祭祀志</td><td>河渠志</td><td>食货志</td><td>刑法志</td><td>五行志</td><td>地理志</td><td></td><td>百官志</td><td>舆服志</td><td></td><td></td><td></td><td>选举志</td><td>兵志</td><td></td><td></td><td></td></tr>
</table>

续表

书名	志目																					
	1	2	3	4	5	6	7	8	9	10	11	12	13	14	15	16	17	18	19	20	21	22
《新元史》	礼志	乐志		历志	天文志		河渠志	食货志	刑法志	五行志	地理志		百官志	舆服志				选举志	兵志			
《明史》	礼志	乐志		历志	天文志		河渠志	食货志	刑法志	五行志	地理志	艺文志	职官志	舆服志		仪卫志		选举志	兵志			
《清史稿》	礼志	乐志		时宪志	天文志		河渠志	食货志	刑法志	灾异志	地理志	艺文志	职官志	舆服志				选举志	兵志		交通志	邦交志

自司马迁“八书”创立书志之体后，历代正史多沿其例，但也有一些史书不设书志。“二十六史”之中，有志史书是《史记》、《汉书》、《后汉书》、《晋书》、《宋书》、《南齐书》、《魏书》、《隋书》、《旧唐书》、《新唐书》、《旧五代史》、《新五代史》、《宋史》、《辽史》、《金史》、《元史》、《新元史》、《明史》、《清史稿》19 部，其余 7 部《三国志》、《梁书》、《陈书》、《北齐书》、《周书》、《南史》、《北史》则由于各种原因没有设立书志。鉴于书志在整个史书中的重要作用与意义，从宋代开始，不断有人为无志史书补志，从而使各代的典章制度可以不断地连续承接下去。现根据中华书局 1955 年版《二十五史补编》将历代对各史的补志著作汇列于下(见表 4-3)：

表 4-3　**历代书志的增补和考订之作**

史书名称	补作名称	卷数	著　者
《史记》	楚汉诸侯疆域志	3	(清)刘文淇
	史记天官书补目	1	(清)孙星衍
《汉书》	汉艺文志考证	10	(宋)王应麟
	汉志水道疏证	4	(清)洪颐煊
	汉书地理志补注	103	(清)吴卓信
	汉书地理志校本	2	(清)汪远孙
	汉书地理志水道图说	7	(清)陈澧

续表

史书名称	补作名称	卷数	著　者
《汉书》	新莽职方考	1	(清)谭其骧
	汉书地理志补校	2	(清)杨守敬
	汉书艺文志拾补	6	(清)姚振宗
	汉书地理志水道图说补正	2	(清)吴承志
	补汉兵志	1	(宋)钱文子
	汉书艺文志条理	7	(清)姚振宗
	汉书地理志稽疑	6	(清)全祖望
	汉志释地略	1	(清)汪士铎
	汉志志疑	1	(清)汪士铎
	汉书律历志正讹	1	(清)王元启
	前汉书食货志注	2	(清)刘光蕡
	前汉书艺文志注	1	(清)刘光蕡
	新校注地理志集释	16	(清)钱坫撰；徐松集释
	汉地理志详释	4	(清)吕吴调阳
	汉书地理志校注	2	(清)王绍兰
	汉书艺文志举例(见附录)	1	孙德谦
《后汉书》	续汉书志注补	1	(清)卢文弨
	补后汉书艺文志	1卷，考1卷	(清)曾朴
	补续汉书艺文志	1	(清)钱大昭
	补后汉书艺文志	10	(清)顾櫰三
	后汉艺文志	4	(清)姚振宗
	补后汉书艺文志	4	(清)侯康
《三国志》	补三国疆域志补注	15	(清)谢钟英
	三国疆域志疑	1	(清)谢钟英
	补三国艺文志	4	(清)姚振宗
	补三国艺文志	4	(清)侯康

续表

史书名称	补作名称	卷数	著 者
《晋书》	补晋书艺文志	4卷，补遗1卷，附录2卷	(清)丁国钧
	补晋书经籍志	4	(清)吴士鉴
	晋书地理志新补正	5	(清)毕沅
	东晋疆域志	4	(清)洪亮吉
	十六国疆域志	16	(清)洪亮吉
	补晋兵志	1	(清)钱仪吉
	补晋书艺文志	4	(清)秦荣光
	补晋书艺文志	6	(清)文廷式
	新校晋书地理志	1	(清)方恺
	晋书礼志校正	1	(清)卢文弨
	晋书天文志校正	1	(清)卢文弨
	补晋书艺文志	4	黄逢元
《宋书》	宋州郡志校勘记	1	(清)成蓉镜
	补宋书刑法志	1	(清)郝懿行
	补宋书食货志	1	(清)郝懿行
	补宋书艺文志	1	聂崇岐
《梁书》	补梁疆域志	4	(清)洪齮孙
《陈书》	补陈疆域志	4	臧励龢
《魏书》	魏书礼志校补	1	(清)卢文弨
	补魏书兵志	1	谷霁光
	魏书官氏志疏证	1	(清)陈毅
	魏书地形志校录	1	(清)温曰鉴
《南齐书》	补南齐书艺文志	4	陈述
《南北史》	南北史补志	14	(清)汪士铎
	南北史补志未刊稿	13	(清)汪士铎
	补南北史艺文志	3	徐崇

续表

史书名称	补作名称	卷数	著　者
《隋书》	隋书经籍志考证	13	(清)章宗源
	隋书经籍志考证	52	(清)姚振宗
	隋书经籍志补	2	张鹏一
	隋书地理志考证	9	杨守敬
《两五代史》	五代地理考	1	(清)练恕
	补五代史艺文志	1	(清)万斯同
《宋史》	宋史艺文志补	1	(清)倪灿撰，卢文弨录
	西夏艺文志	1	(清)王仁俊
	宋史地理志考异	1	聂崇岐
《辽史》	辽史艺文志补证	1	(清)王仁俊
	辽艺文志	1	(清)缪荃孙
	补辽史艺文志	1	(清)黄任恒
	辽史地理志考	5	(清)李慎儒
《金史》	金史礼志补脱	1	(清)卢文弨
《元史》	补元史艺文志	4	(清)钱大昕
《宋辽金元》	补三史艺文志	1	(清)金门诏
	补辽金元艺文志	1	(清)倪灿撰；卢文弨录
	宋辽金元四史朔闰考	2	(清)钱大昕；钱侗增补

世　　家

世家是纪传体史书中记载诸侯王国历史的一种体裁。“二十六史”之中，只有《史记》与《新五代史》具备这一体裁，其余诸史均弃而不置。

(一)世家本义

“世家”一体，先秦时期的《世本》之书即已使用，司马迁创纪传之史，将其作为体裁之一，于是，“世家”成为纪传体史书的组成部分。唐司马贞解释“世家”曰：

系家者，记诸侯本系也，言其下及子孙常有国。故孟子曰“陈仲子，齐之世家”，又董仲舒曰“王者封诸侯”，非官之得也，得以代为家也。①

刘知幾云：

自有王者，便置诸侯，列以五等，疏为万国。当周之东迁，王室大坏，于是礼乐征伐自诸侯出。迄乎秦世，分为七雄。司马迁之记诸国也，其编次之体，与本纪不殊。盖欲抑彼诸侯，异乎天子，故假以他称，名为世家。②

可见，世家之体是专为记载诸侯而设的。但是世家所记并非只是各代诸侯王国，还兼记了其他显要人物。

(二)世家类型

在纪传体史书中设立世家，以司马迁《史记》最早，计有“三十世家”；东汉班固作《汉书》，将世家并入列传，此后，纪传体史书都步其后尘，均无世家之体；宋欧阳修撰《新五代史》，才又重新置世家于纪传体史书中。后来，元修《宋史》，设立《世家列传》，但此世家杂于列传之中，实同列传，已不同于《史记》初设之世家。因此考察世家的类型，只能以《史记》与《新五代史》为据。现将二史所设之世家排次于此，以便叙述。

《史记》三十世家为：吴太伯世家、齐太公世家、鲁周公世家、燕召公世家、管蔡世家、陈杞世家、卫康叔世家、宋微子世家、晋世家、楚世家、越王勾践世家、郑世家、赵世家、魏世家、韩世家、田敬仲完世家、孔子世家、陈涉世家、外戚世家、荆燕世家、齐悼惠王世家、萧相国世家、曹相国世家、留侯世家、陈丞相世家、楚元王世家、绛侯周勃世家、梁孝王世家、五宗世家、三王世家。

《新五代史》设有十世家，依次为：吴世家、南唐世家、前蜀世家、后蜀世家、南汉世家、楚世家、吴越世家第、闽世家、南平世家、东汉世家。

由于世家在纪传体史书中分量极少，故对其研究者亦不多，王锦贵

---

① (唐)司马贞．史记索隐：卷31[M]．《四库全书》原文及全文检索版．

② (唐)刘知幾．史通通释[M]．(清)浦起龙，释．上海：上海古籍出版社，1978：41~42.

《中国纪传体文献研究》根据二史所设，将世家所载人物归为 5 种类型。①

第一，贵族诸侯。属于这一类者最多。《史记》中，从《吴太伯世家》到《田敬仲完世家》的 16 世家都属于这种类型。前 12 世家记述的对象，吴太伯、齐太公、鲁周公、燕召公、管蔡、陈杞、卫康叔、宋微子、晋、楚、越王勾践、郑等的辖区，都是西周初年“封诸侯，建藩卫”时候的封国，他们与周王室保持着臣属关系。《郑世家》以下的赵、魏、韩及田敬仲完 4 世家，皆崛起于战国。三家分晋、田氏代齐后，韩、赵、魏、齐逐鹿中原，在当时影响重大，周天子不得不承认其为侯国，但表面上他们与周王朝仍保留着君臣名分，属于周王之臣。

第二，国家重臣。《史记》中《萧相国世家》、《曹相国世家》、《留侯世家》、《陈丞相世家》、《绛侯周勃世家》即属于这一类。这 5 个世家分别记叙了汉朝开国功臣萧何、曹参、张良、陈平和周勃的事迹，他们都为西汉王朝立下了汗马功劳，对汉朝历史有着举足轻重的作用。

第三，皇亲国戚。这类人物主要是皇室贵胄，如《史记》中《楚元王世家》、《荆燕世家》、《齐悼惠王世家》、《梁孝王世家》、《五宗世家》、《三王世家》等就属于此类。这 6 个世家写的全是汉朝宗室贵族。《史记》还设立了《外戚世家》，本篇记述了汉高祖至武帝五代汉皇的后妃，以正后为主，兼及妃嫔，并涉及后妃的亲族。

第四，特殊人物。所谓特殊人物，是指身份地位普通，但却有特殊成就和重大影响的历史人物。这类人物最典型的代表就是《史记》中《孔子世家》和《陈涉世家》的孔子和陈胜。孔子既非王侯，又无封号，但孔子是讲述六艺的宗主，乃千古不朽之人物，故司马迁将其位列于世家之中；陈胜更是布衣草民，乃迁徙发配之徒，但是他发动了亡秦起义，是三代以来以平民起兵而反残暴统治的第一人，有与汤放桀、武王伐纣、孔子作《春秋》一样的功绩，故司马迁将其列于世家。对于司马迁的这种做法，后世史家多有责难，金代文学家王若虚认为：“迁史之例，唯世家最无谓……既以诸侯为世家，则孔子、陈涉、将相、宗室、外戚等复何预也？”②唐刘知幾云：“世家之为义也，岂不以开国承家，世代相续。至如陈胜起自群盗，称王六月而死，子孙不嗣，社稷靡闻，无世可传，无家可宅，而以世家为称，岂当然乎？”③王若虚与刘知幾都认为世家为诸侯之专记，司马迁

---

① 王锦贵．中国纪传体文献研究[M]．北京：北京大学出版社，1996：149~151.

② （宋）王若虚．滹南遗老集：卷 11[M]．四部丛刊本．

③ （唐）刘知幾．史通通释[M]．（清）浦起龙，释．上海：上海古籍出版社，1978：42.

此举破坏了其自身的体例。

第五，自立一方者。欧阳修《新五代史》中所设立的10世家就属于此类。《新五代史》记述的是唐后54年的历史，当时中原相继出现了梁、唐、晋、汉、周五个朝代，欧阳修所纂之书就是关于这些政权的历史。而与此同时，在这五朝之外，还相继出现了前蜀、后蜀、吴、南唐、吴越、闽、楚、南汉、南平(即荆南)和北汉等十几个割据政权，这十几个政权统称“十国”。他们都开国建元，占据一方，欧阳修便设10世家分别记其史事，其中“东汉”是指十国中的北汉政权。其后，元代修《宋史》，以世家形式分别记叙了南唐李氏、西蜀孟氏、吴越钱氏、南汉刘氏、北汉刘氏、湖南周氏、荆南高氏、漳泉留氏、陈氏诸国等政权的史实。

列　传

列传，简称传，是记述社会各方面代表人物的体裁。

(一)列传本义

《史记》之前，“传”多是注解经书的一种著作方式，如《春秋左传》、《春秋公羊传》、《春秋穀梁传》等均是对《春秋》的注释之作，故刘知幾说：“孔子既著《春秋》，而丘明受经作传。盖传者，转也，转受经旨，以授后人。或曰传者，传也，所以传示来世。案孔安国注《尚书》，亦谓之传，斯则传者，亦训释之义乎。观《左传》之释经也，言见经文而事详传内，或传无而经有，或经阙而传存。其言简而要，其事详而博，信圣人之羽翮，而述者之冠冕也。”①赵翼亦云：“古书凡记事立论及解经者，皆谓之传，非专记一人事迹也。”②从《史记》开始，传作为纪传体史书中一种专门记述历史人物的必备体裁而存在。司马贞云：“列传者，谓叙列人臣事迹，令可传于后世，故曰列传。”③张守节云：“其人行迹可序列，故曰列传。”④《史通》又云：“传者，列事也。……列事者，录人臣之行状……”⑤可见，列传即是众多人物之传记。它涉及社会各个阶层、各个领域，反映了历史上各种典型人物。

---

① (唐)刘知幾．史通通释[M]．(清)浦起龙，释．上海：上海古籍出版社，1978：10.

② (清)赵翼．廿二史劄记校证[M]．王树民，校证．北京：中华书局，1984：5.

③ (唐)司马贞．史记索隐：卷17[M]．《四库全书》原文及全文检索版．

④ (唐)张守节．史记正义：卷61[M]．《四库全书》原文及全文检索版．

⑤ (唐)刘知幾．史通通释[M]．(清)浦起龙，释．上海：上海古籍出版社，1978：47.

（二）列传类别

各史列传均是记载历史人物，但又有不同的记述方式，即刘知幾所谓“传之为体，大抵相同，而述者多方，有时而异”①。总体来说，各正史中之列传可概括成四种：单传、合传、类传和附传，以下一一论之。

第一，单传。单传，又名专传，是专门为某一特定历史人物所设立的单篇传记。入单传者，都是对历史影响较大的人物，或事迹卓著，或成就斐然，或臭名昭著，这类传记在众史列传中所占分量最大。如《史记》中之《伯夷列传》、《孟尝君列传》、《平原君列传》、《魏公子列传》、《吴王濞列传》，《后汉书》之《窦融列传》、《马援列传》等所记人物均是声名显赫的王室贵族；《史记》之《伍子胥列传》、《乐毅列传》、《商鞅列传》、《吕不韦列传》、《李斯列传》，《宋史》之《李纲列传》、《岳飞列传》、《韩世忠列传》，《清史稿》之《曾国藩列传》等所记人物都是为国家建设立过丰功伟业的将相重臣；《史记》之《司马相如列传》，《汉书》之《扬雄传》、《东方朔传》所记人物均是在文学方面造诣较深者；《汉书》之《司马迁传》，《北齐书》之《魏收列传》所记人物均是在史学方面有突出才能者；《后汉书》之《张衡列传》所记则是在科学记述方面有贡献者；《汉书》之《王莽传》，《汉书》之《董卓列传》所记人物均是作史者所认为的危害天下的大奸大恶之人。

第二，合传。合传，就是为两个或两个以上人物所立的传记。合写入传的人物因在某些方面有相关或相似之处，故以类相从，同入一传。如陈胜、吴广二人在大泽乡起义之前都是秦朝征往渔阳屯戍的农民，都任屯长；途中因雨延期，迫不得已揭竿而起，成为中国历史上第一次农民起义的领导人物；在后来的斗争中都不幸牺牲。二人生平行事紧密相连，记一人必关涉另一人，司马迁因此在《陈涉世家》中论及吴广。陈余、张耳事迹与此相似，二人都是战国末年浪迹社会的儒生，结成密友；秦末都投身陈涉起义，因争权和思想不一而分道扬镳，并反目成仇、各投其主；后张耳杀了陈余。其一人之生平多与另一人相关，故《史记》有《张耳陈余列传》。刘知幾言：“二人行事，首尾相随，则有一传兼书，包括令尽。若陈余、张耳合体成篇，陈胜、吴广相参并录是也。”②这是说合传者的生平事迹多有相涉，传一人则必兼书另一人，故合写入传。合传更多的是以类

① （唐）刘知幾．史通通释[M]．（清）浦起龙，释．上海：上海古籍出版社，1978：47.

② （唐）刘知幾．史通通释[M]．（清）浦起龙，释．上海：上海古籍出版社，1978：47.

相从者，即同写入传的人具有某方面的相似之处。如汉代萧何与曹参皆汉代开国元勋，都位至丞相，治国为政之行事也多接近，人称“萧规曹随”，为当时佳话，故《汉书》为之合传立《萧何曹参传》；卫青、霍去病都以外戚身份显荣，都因抗击匈奴立功边域而名扬天下，故《汉书》有《卫青霍去病传》。《后汉书》中以类相从者更多，其立类原则有“治行卓著”者，有“深于经学”者，有“著书恬于荣利”者，有“和光取容，人品相似”者，有“立功绝域”者，有“仗节能直谏”者，有“明于天文”者等。

纪传体史书中，入合传之人没有数量限制，也没有严格时代界限。合传记载人数，可以是两人，也可以是三人及以上的多人。《史记》中《孙子吴起列传》、《张耳陈余列传》，《汉书》中《陈胜项籍传》、《张骞李广利传》、《卫青霍去病传》等都是两人之传。《后汉书》中《王充王符仲长统列传》等是为 3 人立传；而《刘赵淳于江刘周赵列传》则是为刘平、赵孝、淳于恭、江革、刘般、周磐和赵咨 7 位孝行之人合立一传。《汉书》中《公孙刘车王杨蔡陈郑传》为公孙贺、刘屈氂、车千秋、王䜣、杨敞、蔡义、陈万年、郑弘 8 人合传。《晋书》中为陈寿、王长文、虞溥、王隐、虞预、孙盛、干宝、邓灿、谢沈、习凿齿、徐广等 12 位史学家立一传；《史记》则为颜渊、子贡、曾参等“七十子之徒”立《仲尼弟子列传》。由于合传记述更看重传主的共性，因而在时间上并没有严格的限制，入传之人不拘时代，可以是同一时代，也可以不是同一时代，并非必须同年共世。老子为春秋时期楚国人，韩非子为战国晚期韩国人，虽然生活在不同时代，且系不同学派代表人物，但因其均是古代著名思想家，其学说皆“原于道德之意”，司马迁将其同列一传；《史记》中贾谊与屈原、鲁仲连与邹阳亦是非同时而同传。《汉书》中，杨王孙是武帝时人，胡建是昭帝时人，朱云是元帝时人，梅福是成帝时人，云敞是平帝时人，五人各在一时，但均入《杨胡朱梅云传》中。其他如前所述《汉书》中王充、王符与仲长统，《晋书》八王皆非同时之人，但都合于一传。

第三，类传。类传，就是集相同性质的人物为之立传。类传是一类人物的传记，入传人物有明显的共同特征。合传也有不少以类相从的情况，但与类传有所不同。二者最大的区别在于传目标名，举凡类传，皆不以人物姓名作为传目题名，而以最能够体现此类人物共性的一个词语概而名之；合传，无论所记人物多少，一般以传主姓名或姓氏作为传目之名。因此，类传比合传“以类相从”的特点更为鲜明清晰。类传可改写为合传，合传不可为类传。

纪传体史书中，类传首创于《史记》。《史记》七十列传中有循吏、儒林、酷吏、佞幸、日者、龟策等十五类传。此十五类传对后世史书影响较大，《史记》之后的二十五史均设有类传，其中欧阳修所撰《新五代史》列传45卷全部为类传。各史传目名称及内容前后有因有革，有创有删，赵翼叙述云：

> 又于传之中，分公卿将相为列传，其儒林、循吏、酷吏、刺客、游侠、佞幸、滑稽、日者、龟策、货殖等，又别立名目，以类相从。自后作史者，各就一朝所有人物传之，固不必尽拘迁史旧名也。如《汉书》少刺客、滑稽、日者、龟策四传，而增西域传，盖无其人不妨缺，有其事不妨增；至外夷传则又随各朝之交兵通贡者而载之，更不能尽同也；惟货殖一款，本可不立传，而汉书所载货殖，又多周秦时人，与汉无涉，殊亦赘设。《后汉书》于列传，儒林、循吏、酷吏外，又增宦者、文苑、独行、方术、逸民、列女等传。《三国志》名目有减无增。《晋书》改循吏为良吏，方术为艺术，不过稍易其名。又增孝友、忠义二传。其逆臣则附于卷末，不另立逆臣名目。《宋书》但改佞幸为恩幸，其二凶亦附卷末(二凶：刘劭、刘浚)。《齐书》改文苑为文学，良吏为良政，隐逸为高逸，孝友、忠义为孝义，恩幸为幸臣，亦稍变其名。其降敌国者，亦附卷末。《梁书》改孝义为孝行，又增止足一款；其逆臣亦附卷末。《陈书》及《南史》亦同，惟侯景等另立贼臣名目。后《魏书》改孝行为孝感，忠义为节义，隐逸为逸士，宦者为阉宦，亦稍变其名；其刘聪、石勒、晋、宋、齐、梁俱入外国传。《北齐》各传名目，无所增改。《周书》增附庸一款。《隋书》改忠义为诚节，孝行又为孝义，余与前史同，而以李密、杨玄感次列传后，宇文化及、王世充附于卷末。《北史》各传名目，大概与前史同，增僭伪一款。《旧唐书》诸传名目，亦与前史同。其安禄山等，亦附卷末，不另立逆臣名目。《新唐书》增公主、藩镇、奸臣三款，逆臣中又分叛臣、逆臣为二，亦附卷末。薛《五代史》增世袭一款。欧《五代史》另立家人、义儿、伶官等传；其历仕各朝者，谓之杂传；又分忠义为死节、死事二款；又立唐六臣传。盖五代时事多变局，故传名亦另刱(创)也。《宋史》增道学一款及周三臣传，余与前史同。《辽史》改良吏为能吏，余与前史同，另有国语解。《金史》无儒学，但改外戚为世戚，文苑为文艺，余与前史同；亦另有国语解。《元史》增释老，余亦与前史同。《明史》各传名目，亦多与前史同，

增阉党、流贼及土司传。①

为清晰展现众史类传篇目之沿革变化，现据王锦贵《中国纪传体文献研究》所列各史类传之目列表于下(见表4-4)：

表4-4 **“二十六史”类传篇目设置情况一览表**

书名	类传篇目																		
《史记》	循吏	儒林	酷吏	佞幸	日者	龟策													匈奴、东越、南越、朝鲜、西南夷
《汉书》	循吏	儒林	酷吏					宗室								外戚				匈奴、西域、西南夷、南粤王、闽越夷、朝鲜
《后汉书》	循吏	儒林	酷吏		方术			宗室	宦者	文苑	独行	逸民	列女							四夷
《三国志》					方伎		后妃	王公												
《晋书》	良吏	儒林			艺术		后妃	诸子		文苑		隐逸	列女	孝友	忠义	外戚			叛逆	四夷
《宋书》	良吏			恩幸			嫔妃	诸子、宗室				隐逸		孝义					二凶	夷蛮、索虏、胡氏
《齐书》	良政			幸臣			皇后	宗室		文学		高逸		孝义						魏虏
《梁书》	良吏	儒林					皇后	宗室		文学		处士		孝行						诸夷

① (清)赵翼. 廿二史劄记校证[M]. 王树民, 校证. 北京: 中华书局, 1984: 5~6.

续表

书名	类传篇目																		
《陈书》		儒林				皇后	宗室		文学				孝行						
《魏书》	良吏	儒林	酷吏	恩幸	艺术	后妃	宗室	阉官	文苑		逸士	列女	孝感	节义	外戚				
《北齐书》	循吏	儒林	酷吏	恩幸	方伎	后妃	宗室		文苑						外戚				
《周书》		儒林			艺术	皇后	宗室						孝义						异域
《南史》	循吏	儒林		恩幸		后妃	宗室		文学		隐逸		孝义					贼臣	夷貊
《北史》	循吏	儒林	酷吏	恩幸	艺术	后妃	宗室		文苑		隐逸	列女	孝行	节义	外戚				僭为附庸
《隋书》	循吏	儒林	酷吏		艺术	后妃	宗室		文学		隐逸	列女	孝义	诚节	外戚				西域、南蛮北狄、东夷
《旧唐书》	良吏	儒学	酷吏		方伎	后妃	宗室	宦官	文苑		隐逸	列女	孝友	忠义	外戚				西域、南蛮北狄、东夷
《新唐书》	循吏	儒学	酷吏		方伎	后妃	宗室	宦者	文艺	卓行	隐逸	列女	孝友	忠义	外戚	奸臣	叛臣	逆臣	西域、南蛮北狄、东夷
《旧五代史》						后妃	宗室												外国
《新五代史》						家人（包括宗室）		宦者		一行				死节					四夷附录

续表

书名	类传篇目																	
《宋史》	循吏	儒林		佞幸	方伎	后妃	宗室	宦者	文苑	卓行	隐逸	列女	孝义	忠义	外戚	奸臣			外国蛮夷
《辽史》	能吏				方伎	后妃	宗室	宦者、伶官	文学	卓行		列女				奸臣	叛臣	逆臣	外纪
《金史》	循吏		酷吏	佞幸	方伎	后妃	宗室	宦者	文艺		隐逸	列女	孝女	忠义	外戚		叛臣	逆臣	外国
《元史》	良吏	儒学			方伎	皇后		宦者			隐逸	列女	孝女	忠义		奸臣	叛臣	逆臣	外国
《明史》	循吏	儒林		佞幸	方伎	后妃	宗室	宦官	文苑		隐逸	列女	孝义	忠义	外戚	奸臣			西域、外国 土司
《新元史》	良吏	儒林			方技			宦者			隐逸	列女	孝友	忠义		奸臣	叛臣	逆臣	外国
《清史稿》	循吏	儒林			艺术	后妃	诸王		文苑		遗逸	列女	孝义	忠义					土司 藩部 属国

说明：除上表所列篇目外，各史还有一些特殊类传篇目，如《史记》有刺客、游侠、滑稽、货殖四传，《汉书》有游侠、货殖二传，《后汉书》有党锢一传，《梁书》有止足一传，《新唐书》有公主、藩镇二传，《旧五代史》有僭伪、世袭二传，《新五代史》有死事、杂传、义儿、伶官四传，《宋史》有道学、公主二传，《明史》有阉党、流贼二传，等等。

第四，附传。附传是将某些人物附载于其他相关人物传记中的一种列传形式。这些历史人物没有显著的事迹或卓著功绩，但又有事可传，若为其一一立传则传不胜传，但又不可泯灭不记，作史者便采用这种方式记述，赵翼称赞这种方式说：

> 盖人各一传则不胜传，而概删之则尽归泯灭，惟此法不至卷帙浩繁，而诸人名姓仍得见于正史，此诚修史者之苦心也。①

① (清)赵翼．廿二史劄记校证[M]．王树民，校证．北京：中华书局，1984：721.

而刘知幾则认为后史越来越多的附传纯粹是为了借他人以传名：

> 自兹以后，述作虽多，斯道都废。其同于古者，唯有附出而已。寻附出之为义，攀列传以垂名，若纪季之入齐，颛臾之事鲁，皆附庸自托，得厕朋流。①

附传这一传记形式亦首创于《史记》，对附传本身而言，其形式也是多种多样。

(1)就主、从之人数而言，有一人为主、一人为从者，如《史记》之《伯夷列传》，传主为伯夷，其弟叔齐亦是孤独君之子，与伯夷互让君位，双双出逃，不食用周禄而死，《伯夷列传》用附传的形式将叔齐的事迹进行了记载；《苏秦列传》中附载了传主苏秦之弟苏代的生平和事迹；《后汉书》之《班彪列传》在记述传主班彪后又历叙了其子班固的主要事迹。有一人为主、多人为从者，如《后汉书》之《卓茂传》附载了与传主卓茂一样不仕莽朝的孔休、蔡勋、刘宣、龚胜、鲍宣 5 人的事迹；《明史・夏良胜传》中，在传主夏良胜事迹后，又附载了与其一起阻谏武宗南巡并因此受到株连的万潮、陈九川、张衍瑞、姜龙、徐鳌、姚继岩诸人的生平简历。有数人为主、多人为从者，这主要是合传附载相关人物的传记形式，如《史记・卫青霍去病列传》，传主卫、霍之后，又记载了其他抗击匈奴的将领李息、公孙敖、李沮、张次公、赵信、赵食其、韩说、郭昌、荀彘、路博德、赵破奴等人物的事迹。

(2)就附传的位置而言，有传首附传、传中附传和传末附传三种形式。传首附传，主要是指在传首之序文中附载相关人物，此类附传在诸史中相对较少，刘知幾所言“亦有事迹虽寡，名行可崇，寄在他篇，为其标冠”即是这种情况。如《后汉书・刘赵淳于江刘周赵列传》，传首有序，此序用了短短一段文字就将毛义生平履历叙述清楚，除此之外，此序还叙述了汝南薛包的事迹，之后才开始记述各位传主的生平。《汉书・王贡两龚鲍传》之序记述了“商山四皓”——园公、绮里季、夏黄公、角里先生的生平简历；《明史・孝义传》为孝行特著者立传外，又于传序内将曾经旌表之数十上百人的姓名一一标列。传中附传，即在叙述传主生平的过程中根据记述内容即时附记相关人物的事迹，赵翼所言“其人不必立传，而其事

① (唐)刘知幾. 史通通释[M]. (清)浦起龙，释. 上海：上海古籍出版社，1978：49.

附见于某人传内，即于某人传内叙其履历以毕之，而下文仍叙某人之事”①即是此种附传形式。这种方式在《宋书》中运用较多，如《刘道规传》叙述刘道规攻打徐道覆时，命刘遵为将，成功攻破徐道遵取得胜利，于此便插入刘遵之籍贯、官阶及卒年等生平简历，然后又继续刘道规生平事迹的记叙；《何承天传》附叙谢元、《何尚之传》附叙孟颢、《刘义庆传》附叙鲍照、《谢灵运传》附叙荀雍、羊璿之、何长瑜三人等都是这种附传方式；其他正史如《齐书》之《文慧太子传》、《张敬儿传》分别于传主生平的记叙中分别插叙了陶仁、姚道合之相关事迹。传末附传，即在传主生平事迹全部叙述完毕后再记叙其他相关次要人物的生平，这种附传方式比较普遍，如《汉书·鲍宣传》后记叙了纪逡、郇越、郇相、唐尊、唐林、薛方等人的事迹；《三国志·管宁传》篇末记述了王烈、张臶、胡昭等人的事迹，《王粲传》后简述了徐干、陈琳、阮瑀、应玚、刘桢、阮籍、嵇康等当代名士的事迹。

附传中有一种比较特殊的形式，即家传，它是将子孙之传附于父祖传之后的附传形式。刘知幾所谓“每一姓有传，多附出余亲”②与赵翼所谓“传一人而其子孙皆附传内”③即是这种附传形式。家传的形成有一个发展过程，其最早源头可追溯到《史记》中的世家。《史记》的一些列传中也有子孙附于父祖传中的例子，如《孙子吴起列传》中，在孙武传后附有孙膑简介；《樗里子甘茂列传》中，在甘茂之后附载了甘罗的介绍。虽然这里的附记非常简略，但已开后世子孙附传之例，后来各正史子孙附传之例愈渐增多，且附载人数也越来越多，几乎成为了家谱。班固《汉书》中，楚元王刘交传内附载其孙刘向、刘歆，周勃传内附载其子周亚夫，李广传内附载其孙李陵，张汤传内附载其子张安世、孙张延寿，金日磾传内附载其子金安上，疏广传内附载其兄疏受，萧望之传内附载其子萧育、萧咸、萧由，翟方进传内附载其子翟宣、翟义，韦贤传内附载其子韦贤成；范晔《后汉书》中来歙传内附载曾孙来历，邓禹传内附载其子邓训、孙邓骘，寇恂传内附载曾孙寇荣，耿弇传内附载其弟耿国、子耿秉与耿夔，窦融传内附载其弟窦固、曾孙窦宪、玄孙窦章，马援传内附载其子马廖、马防，伏湛传内附载其子伏隆，梁统传内附载其子梁竦、曾孙梁商、玄孙梁冀，桓荣传内附载其子桓郁、孙桓焉、曾孙桓鸾、玄孙桓典与桓彬，班彪传内

---

① (清)赵翼．廿二史劄记校证[M]．王树民，校证．北京：中华书局，1984：185.
② (唐)刘知幾．史通通释[M]．(清)浦起龙，释．上海：上海古籍出版社，1978：102.
③ (清)赵翼．廿二史劄记校证[M]．王树民，校证．北京：中华书局，1984：203.

附载其子班固，班超传内附载其子班勇，杨震传内附载其子杨秉、孙杨赐、曾孙杨彪、玄孙杨修，荀淑传内附载其子荀爽、其孙荀悦，陈寔传内附载其子陈纪；《三国志》中，袁绍传内附载其子袁谭与袁尚，公孙度传内附载其子公孙康、孙公孙渊，曹真传内附载其子曹爽，荀彧传内附载其子荀惲、孙荀廙，钟繇传内附载其子钟毓，王朗传内附载其子王肃，杜畿传内附载其子杜恕、杜预，胡质传内附载其子胡威，诸葛亮传内附载其子诸葛乔与诸葛瞻，张昭传内附载其子张承与张休，步骘传内附载其子步阐，吕范传内附载其子吕据，朱桓传内附载其子朱翼，陆逊传内附载其子陆抗，陆凯传内附载其弟陆胤。

由以上列举可以看出，随着时间发展，子孙附传之例数逐渐增多，附载之人由单附子或孙到子、孙、曾孙、玄孙及兄弟同时并附，比例呈加大趋势。虽然如此，前四史中每书的子孙附传亦不过十例左右，总体来说比例很小，且其附传子孙确实有事可传，并非所有祖父子孙均在一传之内，“《后汉书》，班彪与固为一传，班超与勇又为一传，一家父子尚各为传。《三国志》，诸葛瑾与诸葛恪，父子也，而亦各为传”①。刘宋时，何法盛著《晋中兴书》，有《瑯邪王录》、《陈郡谢录》等篇名，将东晋大族王、谢两家的人物集中为传。沈约《宋书》则在正史中正式创立了家传的形式，如卷42《刘穆之传》，后面就附有“长子虑之”、“虑之子邕”、“穆之中子式之”、“式之子瑀、“穆之少子贞之”、“穆之女婿蔡佑”等人的传；卷77《沈庆之传》，后面附有“子文叔”、“庆之弟劭之”、“庆之见子僧荣”、“僧荣子怀明”、“庆之从弟法系”等人之传。这种家传式的列传，在《宋书》中还有很多。之后魏收著《魏书》，凡是某人之子孙，尽附于其传后，家传色彩比《宋书》更加突出。卷80朱瑞传内其子朱孟允及弟珍、腾、庆宾，庆宾子清，皆但有官位，毫无事迹；卷27《穆崇列传》中，共谱列了穆氏家族66人，而从穆崇后人穆长嵩以下，子孙只具姓名、官职，而无甚事迹记载，似家谱而不似列传。故赵翼说：

> 若一人立传，而其子孙兄弟宗族，不论有官无官、有事无事，一概附入，竟似代人作家谱，则自魏收始。②

《魏书》以下，李延寿《南史》、《北史》又沿承其例，采用家传形式，

① （清）赵翼．廿二史劄记校证[M]．王树民，校证．北京：中华书局，1984：202.

② （清）赵翼．廿二史劄记校证[M]．王树民，校证．北京：中华书局，1984：202.

所有列传不论时代先后均只按世系编次，将一姓一族的人物集中在一起，赵翼批评这种编次方法：

> 乃南北史仿之而更有甚者。魏书一传数十人，尚只是元魏一朝之人。南、北史则并其子孙仕于列朝者，俱附此一人之后。遂使一传之中，南朝则有仕于宋者，又有仕于齐、梁及陈者；北朝则有仕于魏者，又有仕于齐、周、隋者。每阅一传，即当检阅数朝之事，转觉眉目不清。且史虽分南北，而南北又分各朝，今既以子孙附祖父，则魏史内又有齐、周、隋之人，成何魏史乎？宋史内又有齐、梁、陈之人，成何宋史乎？①

之后，《新唐书》、《明史》等仍有子孙附传之例，但不似《魏书》、南北史那样代人作家谱，而是有所选择，“必其子孙有事可传者，附之，否则削而不书”②。

《宋书》、《魏书》、《南史》、《北史》等史书中家传的形成与发展是当时社会现实在史学上的反映。魏晋南北朝时期，门阀制度形成，政治上形成了“上品无寒门，下品无士族”和“公有公门，卿有卿门”的局面，家世门第于是成为选拔官吏的标准和士族间相互标榜的资本。各门阀士族因此非常重视谱牒的修撰，谱学空前盛行，当时社会“人尚谱系之学，家藏谱系之书”，谱学研究成为当时的主流文化之一。撰史者把当时谱牒的撰修方法移入正史，正是当时社会风气崇尚门第、家族史和谱系之学的反映。

论 赞

论赞是纪传体史书中对所记叙的历史人物、历史事件所作的评述性文字。

(一)论赞本义

论与赞是先秦两汉时期的两种文体，其义不同，后来才作为纪传体史书中的评论之体。而刘知幾《史通》中有专篇对史书论赞进行讲述，他是将论与赞分开解释的。他说：“夫论者，所以辨疑惑，释凝滞。若愚智共了，故无俟商榷。丘明‘君子曰’者，其义实在于斯。司马迁始限以篇终，

---

① (清)赵翼．廿二史劄记校证[M]．王树民，校证．北京：中华书局，1984：202.

② (清)赵翼．廿二史劄记校证[M]．王树民，校证．北京：中华书局，1984：202.

各书一论。"①又说："然固之总述合在一篇，使其条贯有序，历然可阅。蔚宗《后书》，实同班氏，乃各附本事，书于卷末，篇目相离，断绝失次。而后生作者不悟其非，如萧(子显)、李(百药)、南北齐史、大唐新修《晋史》，皆依范书误本，篇终有赞。夫每卷立论，其烦已多，而嗣论以赞，为黩弥甚。亦犹文士制碑，序终而续以铭曰；释氏演法，义尽而宣以偈言。苟撰史若斯，难以议夫简要矣。"②浦起龙因此解释曰："因此知纪传跋尾当名史论，不当云赞。赞，铭类也，韵体也。人以扶风史论皆作'赞曰'，遂因之。必也正名，宜与读此。"③并总结说："论谓篇末论辞，赞谓论后韵语。"④可见，在刘知幾看来，论与赞是两种不同的文体，论为篇末议论之辞，赞为论后韵语。后世因为班固《汉书》中的史论均标为"赞曰"，于是相沿成习，赞便亦具有了史论之义。

南朝刘勰在《文心雕龙·颂赞》中说："赞者，明也，助也。昔虞舜之祀，乐正重赞，盖唱发之辞也。及益赞于禹，伊陟赞于巫咸，并扬言以明事，嗟叹以助辞也。故汉置鸿胪，以唱言为赞，即古之遗语也。至相如属笔，始赞《荆轲》。及迁《史》固《书》，托赞褒贬。约文以总录，颂体以论辞；有纪传后评，亦同其名。"⑤这里，刘勰指出，赞体为古时的一种文体，汉司马相如所作四字韵文之《荆轲赞》为其代表之作，而后司马迁《史记》和班固《汉书》中的寓意褒贬文字也被看作赞文，纪传体史书中的评论文字从而与赞同名。可见，此时"赞"已经泛指史书中的评论文字，成为纪传体史书中史论的代称。

《文心雕龙·论说》云："论者，伦也；伦理无爽，则圣意不坠。"⑥又陈述论体之流别曰："陈政，则与议说合契；释经，则与传注参体；辨史，则与赞评齐行；诠文，则与叙引共纪。故议者宜言，说者说语，传者转师，注者主解，赞者明意，评者平理，序者次事，引者胤辞：八名区分，一揆宗论。论也者，弥纶群言，而研精一理者也。"⑦这里，"论"这一文体流别之一为"赞评"，赞与评名虽不同，但均是为了"辨史"，是史书中的评论部分。可见，南朝时期，论赞即有史书评论的意义。及至萧统编集《文选》，专列《论赞》作为一体收录文章。

---

① (唐)刘知幾．史通通释[M]．(清)浦起龙，释．上海：上海古籍出版社，1978：81.
② (唐)刘知幾．史通通释[M]．(清)浦起龙，释．上海：上海古籍出版社，1978：83.
③ (唐)刘知幾．史通通释[M]．(清)浦起龙，释．上海：上海古籍出版社，1978：84.
④ (唐)刘知幾．史通通释[M]．(清)浦起龙，释．上海：上海古籍出版社，1978：81.
⑤ (梁)刘勰．文心雕龙：卷2[M]．《四库全书》原文及全文检索版．
⑥ (梁)刘勰．文心雕龙：卷4[M]．《四库全书》原文及全文检索版．
⑦ (梁)刘勰．文心雕龙：卷4[M]．《四库全书》原文及全文检索版．

基于以上论述，本书把论赞界定为史书中的评论性文字，即史论。

> 马迁《自序传》后，历写诸篇，各叙其意，既而班固变为诗体，号之曰述。范晔改彼述名，呼之以赞。寻述赞为例，篇有一章，事多者则约之使少，理寡者则张之令大，名实多爽，详略不同。且欲观人之善恶，史之褒贬，盖无假于此也。①

这里刘知幾所说“自序传”即司马迁《史记》中的《太史公自序》，此序前半部分叙述了司马迁的家世、生平，后半部分先分别说明130篇各篇的著作本意，然后总论全书的编撰宗旨，每说明完一篇，司马迁便以“作某某第某某”结句。班固《汉书》有《叙传》，全仿《太史公自序》，只是将司马迁之“作”谦字改为“述”字。范晔《后汉书》之赞即我们今天所说之论赞。刘知幾将《太史公自序》和《汉书·叙传》与范晔《后汉书》赞文相提并论，可见他认为此三者是相同性质之文字，都是史论之文。正因为如此，今之研究者在研究史书论赞的时候也将具有评论性质的序文作为史论内容的一种，如张大可《史记研究》一书中称论赞为“序论赞”，李瑞华《〈宋史〉论赞评析》在论述《宋史》论赞的时候将志序15篇、表序2篇、类传序22篇都作为论赞的组成部分。故而此书也将正史中具有史论性质的序文作为论赞的内容之一。

(二)论赞之流变

史书中的论赞之文由来已久，历史悠长。初始源头可以追溯到先秦史籍中的评论文字。《史通》云：

> 《春秋左氏传》每有发论，假“君子”以称之。二传云“公羊子”、“穀梁子”，《史记》云“太史公”。②

可见，刘知幾认为《左传》中以“君子”发端之议论文开后代论赞的先河。其实，除却《春秋左传》、《春秋公羊传》、《春秋穀梁传》，先秦典籍中的不少文献都有论赞性质的文字。《尚书·典谟》中的“曰‘若稽古’”可以看作史书论赞的滥觞。《左传》中明确以第三人称进行议论评价，成为

---

① (唐)刘知幾. 史通通释[M]. (清)浦起龙，释. 上海：上海古籍出版社，1978：83.

② (唐)刘知幾. 史通通释[M]. (清)浦起龙，释. 上海：上海古籍出版社，1978：81.

史书中史论的先导。《左传》中的史论有“君子曰”、“君子谓”、“君子以为”等形式，有人统计，“《左传》有134条评论，直接引仲尬、周任、史佚、孔子等人的话约50条，有‘君子曰’或‘君子谓’，‘君子以为’之称的评论84条”①。《公羊传》、《穀梁传》中的“公羊子曰”、“穀梁子曰”，功用与《左传》中的“君子曰”相同。记言的《战国策》中有“书曰”、“易曰”、“诗曰”、“老子曰”、“语曰”、“臣闻”、“臣闻之曰”等，都是具有论赞性质的文字。其他如《国语》、《晏子春秋》、《新序》、《荀子》等先秦史籍中都间或已有“君子曰”，用来表示当时有德者之言，亦是论赞性质的文字。由此可见论赞发源之早，历史之长。《左传》的“君子曰”就事论事，还不是具有理论色彩的史论，未能形成一种体系。隋魏澹云：“丘明亚圣之才，发扬圣旨，言‘君子曰’者，无非甚泰，其间寻常，直书而已。”②这就是说，左丘明的史论，只限于对具体事实的褒贬，可以说是一种直书。评论方式，主要是博采君子之言，亦断以己意。

史书论赞之体发源甚早，而纪传体史书中的论赞史论则由司马迁首创。司马迁著史变编年为纪传，同时将先秦史籍中“君子曰”、“书曰”、“公羊子曰”、“臣闻之曰”、“辞曰”等托重之语变为“太史公曰”的史论形式，从此论赞之体确立于纪传体史书之中，只是司马迁并没有命名曰论曰赞。其后，“班固曰赞，荀悦曰论，《东观》曰序，谢承曰诠，陈寿曰评，王隐曰议，何法盛曰述，扬雄曰譔，刘昞曰奏，袁宏、裴子野自显姓名，皇甫谧、葛洪列其所号。史官所撰，通称史臣”③。刘氏在这里也只是列举了一部分，其他如《后汉书》“论”、“赞”并用，唐以后官修诸史多称“史臣曰”，《晋书》唐太宗御撰者特称“制曰”，欧阳修《新五代史》以“呜呼”二字发论，《宋史》、《辽史》区别论、赞，本纪中曰“赞”，列传中曰“论”。如此等等，论赞之称，名目各异，虽“其名万殊，其义一揆。必取便于时者，则总归论赞焉”④。无论何种称呼，都万变不离其宗，都是史论的形式，并且在不断的发展过程中，论赞这一史论形式更加完善定型。

司马迁《史记》之后，班固《汉书》的“赞”继承了“太史公曰”的传统。清人赵翼曾云：“史迁于各纪各传后有太史公论断一段，班书仿之，亦于各纪传后作赞。是班之赞即迁之论也。”⑤班固把篇末自己的议论之辞都以

① 张大可．史记研究[M]．兰州：甘肃人民出版社，1985：273.
② (唐)魏徵．隋书：卷58[M]．《四库全书》原文及全文检索版．
③ (唐)刘知幾．史通通释[M]．(清)浦起龙，释．上海：上海古籍出版社，1978：81.
④ (唐)刘知幾．史通通释[M]．(清)浦起龙，释．上海：上海古籍出版社，1978：81.
⑤ (清)赵翼．陔余丛考：卷5[M]．石家庄：河北人民出版社，1990：106.

“赞曰”发端，作史者的议论从“自显姓名”向“总归论赞”发展，这是史评发展的方向。刘勰称赞《汉书》“赞序弘丽，儒雅彬彬，信有遗味”①；刘知幾赞赏《汉书》论赞“辞惟温雅，理多惬当。其尤美者，有典诰之风，翩翩奕奕，良可咏也”②。南朝范晔著《后汉书》，更重视论赞的创作，全书有序25篇、论110篇、赞90篇，远远超过《汉书》中的赞和《三国志》中的评，甚至超过了《史记》中的“太史公曰”。他曾自负地告诉他的甥侄：“吾杂传论，皆有精意深旨，既有裁味，故约其词句。至于《循吏》以下及六夷，笔势纵放，实天下奇作。”③又云：“赞自是吾文之杰思，殆无一字空设，奇变不穷，同含异体，乃自不知所以称之。此书行故应有赏音者。”④像范晔这样自我评价的人没有几个，但《后汉书》的论赞确实得到后世不少学者的好评。清李慈铭称其“自诩非过”⑤。现代学者张大可认为，范晔“以‘论曰’发端的史论以及类传中的‘序论’，篇篇精彩，足夺二十四史之冠”⑥。正因为《后汉书》论赞的精彩，梁萧统《文选》选入了其中的部分论赞，《隋书·经籍志》载有《后汉书论赞》4卷，并标明“范晔撰”，可见初唐之前，《后汉书》论赞已被单独编辑成书，单本流传，其所受之重视可见一斑。范晔《后汉书》的史论有论又有赞，论后加赞，可谓名副其实的论赞，但此举遭到刘知幾的批评，认为论赞相重是徒炫文采、画蛇添足之举，并不足取。唐代，史论受到了最高统治者的重视，唐太宗李世民总结近代治乱兴亡的经验，作为自己治国的借鉴，并亲自为《晋书》司马懿、司马炎二纪和陆机、王羲之等传撰写论赞。元代所编写的《宋史》论赞由本纪赞17篇、志序15篇、表序2篇、类传序22篇、列传论205篇，共261篇组成。总之，论赞是纪传体史书的重要组成部分，是中国史书的传统，绵长浩繁的“二十四史”，除了《元史》“不做论赞，但据事直书，具文见意，使其善恶自见”外，其他各史都有，只是名称略有不同。

(三)论赞的形式

我们根据论赞的位置，将其归为篇前论、篇中论、篇后论三种形式。

第一，篇前论。于篇卷之首对历史事件或历史人物进行评论，这是纪

① (梁)刘勰．文心雕龙：卷4[M]．《四库全书》原文及全文检索版．

② (唐)刘知幾．史通通释[M]．(清)浦起龙，释．上海：上海古籍出版社，1978：81.

③ (宋)范晔．后汉书：自序[M]．《四库全书》原文及全文检索版．

④ (宋)范晔．后汉书：自序[M]．《四库全书》原文及全文检索版．

⑤ (清)李慈铭．越缦堂读书记[M]．第2版．北京：中华书局，2006：68.

⑥ 张大可．史记研究[M]．兰州：甘肃人民出版社，1985：226.

传体文献中常见的论赞形式之一。篇前论一般是在正文之前以序文形式展开。《史记》论赞就常常采用这种形式。《史记》有序23篇，其中十表九序，只有《汉兴以来将相名臣年表》无序；八书五序，《礼书》、《乐书》、《律书》、《历书》、《封禅书》五书有序；世家中有《外戚世家》一篇有序；列传中有《孟荀》、《循吏》、《儒林》、《酷吏》、《游侠》、《佞幸》、《滑稽》、《货殖》8序。其中的《十二诸侯年表》与《六国年表》较为有特色。《十二诸侯年表》开头说："太史公曰：儒者断其义，驰说者骋其辞，不务综其终始；历人取其年月，数家隆於神运，谱谍独记世谥，其辞略，欲一观诸要难。於是谱十二诸侯，自共和讫孔子，表见《春秋》、《国语》学者所讥盛衰大指著于篇，为成学治古文者要删焉。"①标明了史公作《十二诸侯年表》的意指。《六国年表》篇前短文综论了战国时期的政治形势，对强国燕、楚二国没有直接提及，对"三家分晋"、"田氏代齐"简要论述，重点分析了秦国的历史发展，强调总结历史经验，指出秦虽以残暴而亡，但其正反面的教训对汉代统治具有极高的借鉴价值。

《史记》之后的其他纪传体史书也都仿效司马迁，在篇前设论，对历史事件和历史人物发表自己的看法和见解。范晔《后汉书》诸传之序常常系统而简明地阐明所叙对象的发展历史和背景。如《党锢列传》序云："自武帝以后，崇尚儒学，怀经协术，所在雾会，至有石渠纷争之论，党同伐异之说，守文之徒，盛于时矣。"②论述了党人形成的原因；接下来又论述了党人迅速发展的背景，"逮桓、灵之间，主荒政缪，国命委于阉寺，士子羞于为伍，故匹夫抗愤，处士横议，遂乃激扬名声，互相题拂，品核公卿，裁量执政，倖直之风，于斯行矣。"③然后叙述两次党狱的经过，以及黄巾军起，天子畏惧，遂赦党人，然已"朝野崩离，纲纪文章荡然矣"④，这是党锢造成的后果。读此序，则党锢整个的发展历史了然于目，清晰可见。《后汉书》共有序25篇，都总论各类人物之所出，叙其原委，明其宗旨，揭示此类人物形成、存在的社会背景，具有提挈全篇的作用。欧阳修《新五代史》一些列传亦有序文之论，往往标明对某一问题的立场、态度。元代所修《宋史》有39篇志序、表序和类传序，根据具体内容的不同，修史者也都有相应的评论之文。

第二，篇中论。于篇卷之中对历事件或历史人物进行评论，也是较常

---

① （汉）司马迁．史记：卷14[M]．《四库全书》原文及全文检索版．

② （宋）范晔．后汉书：卷97[M]．《四库全书》原文及全文检索版．

③ （宋）范晔．后汉书：卷97[M]．《四库全书》原文及全文检索版．

④ （宋）范晔．后汉书：卷97[M]．《四库全书》原文及全文检索版．

见的史书论赞形式，一般采取夹叙夹议的形式，此种形式《史记》运用较多。如《史记·酷吏列传》评述郅都之酷曰："匈奴至为偶人像郅都令骑驰射莫能中，见惮如此。"[①]"因吏谒守如县令，其畏郅都如此"[②]，"其欲荐吏，扬人之善、蔽人之过如此"[③]，"其好杀伐、行威、不爱人如此"[④]。《史记·天官书》亦有夹叙夹议形式的论赞，在历书前代天体形象之后发论曰："太史公曰：自初生民以来，世主曷尝不历日月星辰？及至五家、三代，绍而明之，内冠带，外夷狄，分中国为十有二州，仰则观象于天，俯则法类于地。天则有日月，地则有阴阳。天有五星，地有五行。天则有列宿，地则有州域。三光者，阴阳之精气本在地，而圣人统理之。"[⑤]论述了天象之普遍与重要。《史记·货殖列传》亦非简单的人物传记，甚至可以说与人物传记无大关系，就是一篇史论文字，此篇夹叙夹议的文体，既传人，又论史，前后呼应，提示义例。故清代郭嵩焘认为此篇为"发抒一段胸臆，与他传体全别"[⑥]；钱锺书认为此篇"全非'大事记'、'人物记'，于新史学不啻乎辟鸿蒙"[⑦]。《史记》中的其他篇章如《伯夷列传》、《游侠列传》、《绛侯周勃世家》、《卫青霍去病列传》等也都有篇中之论赞。范晔《后汉书》的篇中论赞也较为典型。如《党锢列传》中赞扬李膺、范滂的感人事迹："论曰：李膺振拔汙险之中，蕴义生风，以鼓动流俗，激素行以耻威权利，立廉尚以振贵势，使天下之士奋迅感慨，波荡而从之，幽深牢破室族而不顾，至于子伏其死而母欢其义。壮矣哉!"[⑧]此论高度赞扬了东汉名士们的高风亮节，深深感动于其高尚之行为。

第三，篇后论。于篇卷之末对历史事件或历史人物进行评论，是纪传体史书中最常见、最主要的论赞形式。司马迁《史记》"始限以篇终，各书一论"[⑨]，班固则在各纪传之后，各书一赞；范晔《后汉书》论后又加赞，亦以篇末为多，其他纪传体文献亦以篇末发论居多。正由于此，多数人都把论赞等同于篇末史论，这种看法是可以理解的。篇末发论往往是总括全篇之后的看法和见解，因此往往有画龙点睛、揭示全篇要旨的作用。

---

① (汉)司马迁．史记：卷122[M]．《四库全书》原文及全文检索版．
② (汉)司马迁．史记：卷122[M]．《四库全书》原文及全文检索版．
③ (汉)司马迁．史记：卷122[M]．《四库全书》原文及全文检索版．
④ (汉)司马迁．史记：卷122[M]．《四库全书》原文及全文检索版．
⑤ (汉)司马迁．史记：卷27[M]．《四库全书》原文及全文检索版．
⑥ (清)郭嵩焘．史记札记[M]．上海：商务印书馆，1957：117.
⑦ 钱锺书．管锥编[M]．北京：中华书局，1979：383.
⑧ (宋)范晔．后汉书：卷97[M]．《四库全书》原文及全文检索版．
⑨ (唐)刘知幾．史通通释[M]．(清)浦起龙，释．上海：上海古籍出版社，1978：81.

《史记》中《伍子胥列传》评伍子胥云："向令伍子胥从奢俱死，何异蝼蚁。弃小义，雪大耻，名垂于后世，悲夫！方子胥窘于江上，道乞食，志岂尝须臾忘郢邪？故隐忍就功名，非烈丈夫孰能致此哉？"①《季布栾布列传》云："季布以勇显于楚，身履君搴旗者数矣，可谓壮士。然至被行戮，为人奴而不死，何其下也！彼必自负其材，故受辱而不羞，欲有所用其未足也，故终为汉名将。"②此二论赞褒扬了伍子胥与季布忍辱负重、自奋立名的英雄气节。《刘敬叔孙通列传》论赞引用谚语："千金之裘，非一狐之腋也；台榭之榱，非一木之枝也；三代之际，非一代之智也。"③颂扬了治平天下的贤相良将。其他如《项羽本纪》的论赞鞭辟入里地论述了项羽败亡的原因；《循吏列传》、《酷吏列传》揭露了贪官酷吏的野蛮行为，反映了司马迁崇尚德治、反对暴政的思想。

班固《汉书》将《史记》中"自显姓名"的"太史公曰"径直改为"赞曰"。《汉书》的论赞典雅高华，受到后人的称赏。其《景十三王传》论赞用贴切的比喻，简明的语言，把从封建社会大量的历史现象中总结出诸侯王因骄奢淫逸而导致身亡国败的历史教训娓娓道来，是深邃思想与语言技巧的结合产生的杰作。其他如各帝赞、其《食货志》、《蒯伍江息夫传》、《公孙弘卜式儿宽传》、《司马迁传》、《武五子传》、《霍光金日磾传》、《魏相丙吉传》、《匡张孔马传》、《扬雄传》、《匈奴传》、《西域传》、《王莽传》等篇的论赞都是不可多得的好文章。

范晔《后汉书》论赞也很有自己特点，他曾盛赞自己的作品，尤其对论赞的写作颇为自负。《后汉书》往往论后又有赞，论为论述之语，赞为四字韵语，形式整齐；论评述历史，赞则是所论主旨之提炼概括，起到了画龙点睛、突出要点的作用。其《宦者列传》曰："论曰：自古丧大业绝宗禋者，其所渐有由矣。三世以嬖色取祸，嬴氏以奢虐致灾，西京自外戚失祚，东都缘阉尹倾国。成败之来，先史商之久矣。至于衅起宦夫，其略犹或可言。何者？刑余之丑，理谢全生，声荣无晖于门阀，肌肤莫传于来体，推情未鉴其敝，即事易以取信，加渐染朝事，颇识典物，故少主凭谨旧之庸，女君资出内之命，顾访无猜惮之心，恩狎有可悦之色。亦有忠厚平端，怀术纠邪。或敏才给对，饰巧乱实；或借誉贞良，先时荐誉。非直苟恣凶德，止于暴横而已。然真邪并行，情貌相越，故能回惑昏幼，迷瞀

① (汉)司马迁．史记：卷66[M]．《四库全书》原文及全文检索版．

② (汉)司马迁．史记：卷100[M]．《四库全书》原文及全文检索版．

③ (汉)司马迁．史记：卷99[M]．《四库全书》原文及全文检索版．

视听，盖亦有其理焉。诈利既滋，朋徒日广，直臣抗议，必漏先言之闲，至戚发愤，方启专夺之隙，斯忠贤所以智屈，社稷故其为墟。易曰：‘履霜坚冰至。’云所从来久矣。今迹其所以，亦岂一朝一夕哉？”①赞曰：“任失无小，过用则违，况乃巷职，远参天机，舞文巧态，作惠作威，凶家害国，夫岂异归。”②此论赞从宦者自身的生理条件、人生观念，谈到他们参政的原因，并把他们划分不同的类型，论述他们对东汉政治的影响，是关于宦者的一段精辟论述。其后的正史，如《三国志》篇末论赞称“评曰”，《隋书》篇末评论称为“史臣曰”等，都不乏篇末述评的论赞。

论赞是对历史人物与事件的评论，其内容非常丰富，清人牛运震在评说“太史公曰”的发论形式时指出：“太史论赞，或隐扣全篇，或偏举一事，或考诸涉历亲见，或证诸典记所参合，或于类传中摘一人以例其余，或于正传之外摭佚事以补其漏，皆有深义远神，诚为千古绝笔。”③张大可则对《史记》论赞进行了专门研究，他认为：“‘太史公曰’议论宏阔，笔势纵横，言辞精炼，旨义深微，或考证古史，或叙游离所得，或提示取材义例，或明述作之旨，或褒贬人物，或纵论史事，或隐微讥刺，皆直抒胸臆，观点鲜明，并构成了系统的史学理论。”④张研究指出，褒贬历史人物是《史记》论赞的最主要的一项内容，他把这些褒贬之言归纳为论个人立名及生死之节与论为国者治政之得失两方面，每一方面又分细点分别举例说明。同时他认为《史记》论赞提示书法义例是其内容之一，并把它们归结为五项：(1)阐明五体结构义例；(2)提示立篇旨意；(3)阐明附记之法；(4)阐明互见、对比义例；(5)体式微词讽喻义例，亦各举《史记》中相应的论赞进行说明阐释。李瑞华通过研究得出：“《宋史》论赞261篇的主要内容大致可以分为三个方面。一是志序、表序、类传序，总括宋代典章制度沿革发展变化之特点，主述类传分立之缘由……二是标明纪、传、志、表取材与宋旧国史的关系……三是贯彻元顺帝《修三史诏》提出的取治乱兴亡之由，垂鉴后世，做一代盛典的编撰宗旨，评论有宋一代300余年治乱兴亡、臧否人物、劝善戒恶。”⑤这些有关论赞的内容只是针对个别史书的研究，对于庞大的纪传体史书体系还有待更多的学者继续探讨。

---

① (宋)范晔．后汉书：卷108[M]．《四库全书》原文及全文检索版．

② (宋)范晔．后汉书：卷108[M]．《四库全书》原文及全文检索版．

③ (清)牛运震．史记评注[M]二十五史三编本．长沙：岳麓书社，1997：631.

④ 张大可．史记研究[M]．兰州：甘肃人民出版社，1985：274.

⑤ 李瑞华．《宋史》论赞评析[J]．史学集刊，2007，(3)：48~55.

三、纪事本末体

纪事本末体是史籍的第三大体裁，其基本特征是以事为纲，按类聚事，并因事标目。每一事件自为标题，自具首尾；每一标题概括出事件的中心，标题下集中相关史料，完整叙述各重要历史事件的全过程，各有始末。其产生之后，即为历代史家相沿采用，成为史书的又一大体裁，与原有的编年、纪传二体“鼎足而三”①，封建社会史籍的编纂方法再次得到提高。

纪事本末体的产生

纪事本末之前，史家主要采用编年体或纪传体来书写历史，二体在记载史事方面各有其优点，但同时在记事方面存在共同的不足：前者记一事往往要跨越数卷，事件首尾不相连属，脉络不清；后者记一事又多分散于各人列传之中，不免支离和重复。正如后人所指：

> 年不一事，事不一人，端绪既繁，引申非易。学者欲求一事之始末，原始而要终，则编年者患其前后隔越，纪传者患其彼此错陈。②

也就是说编年、纪传都不能完整地展示历史事件的首尾本末，不能将某一历史事件的整个面貌集中地反映出来。为了弥补编年、纪传的上述缺陷，南宋袁枢因司马光《资治通鉴》撰《通鉴纪事本末》，创纪事本末之体。袁枢(1131~1205年)，字机仲，建州建安人(今福建建瓯人)，宋孝宗龙兴元年进士。其书根据司马光《资治通鉴》改编，将其史料删削排比，把战国至五代1300年中的308件大事按类编为239个题目，按时间顺序分别叙述，先秦史用了“三家分晋”、“秦并六国”、“豪桀亡秦”3个题目，西汉史用了26个题目，东汉史用了19个题目，三国史用了13个题目，西晋史用了4个题目，东晋史用了9个题目，南北朝史用了68个题目，隋唐史用了71个题目，五代史用了20个题目，将各时期每一事件的过程叙述得清晰明了。《四库全书总目》叙述纪事本末体的产生曰：

---

① 苏渊雷．读史举要[M]．北京：中国人民大学出版社，2007：195.

② 闵萃祥．汇刻纪事本末序[M]//郑鹤声．袁枢年谱．上海：商务印书馆，1936：147.

自汉以来，不过纪传、编年两法，乘除互用。然纪传之法，或一事而复见数篇，宾主莫辨；编年之法，或一事而隔越数卷，首尾难稽。枢乃自出新意，因司马光《资治通鉴》区别门目，以类排纂。每事各详起讫，自为标题；每篇各编年月，自为首尾。始于三家之分晋，终于周世宗之征淮南，包括数千年事迹，经纬明晰，节目详具，前后始末，一览了然。遂使纪传、编年贯通为一，实千古之所未见也。①

可见，袁枢所创之纪事本末体，吸取了编年、纪传两种体裁的优点，既避免了编年体的支离破碎，又避免了纪传体的重复矛盾，将历史事件的来龙去脉、前因后果交待得清清楚楚，无疑是对史书编纂的一大贡献。袁氏此书按事件类编史料，事件的过程比较清晰完整，富于故事性，有利于读者看清历史发展的脉络。因此这部新体裁的史籍一问世，就受到众人一致的嘉赏和称赞，南宋孝宗读后嘉叹曰："治道尽在是矣。"②杨万里读后曰：

纪事本末有益见闻，予每读《通鉴》之书，见事之肇于斯，则惜其事之不竟于斯……今读子袁子此书，如生乎其时，亲见乎其事，使人喜，使人悲，使人鼓舞未既，而继之以叹且泣也……此书也，其入迄《通鉴》之户欤。③

清代章学诚更是推崇备至，认为纪事本末体在史书编纂上的突破是"化腐臭为神奇"之举。梁启超也盛赞袁枢的创造精神，指出：

欲求史迹之原因结果，以为鉴往知来之用，非以事为主不可。故纪事本末，于吾侪之理想的新史，最为相近，抑亦旧史界进化之极轨也。④

又说：

---

① (清)永瑢等．四库全书总目：卷49[M]．《四库全书》原文及全文检索版．

② (元)脱脱．宋史：卷389[M]．《四库全书》原文及全文检索版．

③ (宋)杨万里．诚斋集：卷79[M]．《四库全书》原文及全文检索版．

④ 梁启超．中国历史研究法[M]．南京：江苏文艺出版社，2008：25.

> 善钞书者可以成创作。荀悦《汉纪》而后，又见之于宋袁枢之《通鉴纪事本末》……以事为起讫，千六百余年之书，约之为二百三十有九事。其始亦不过感翻检之苦痛，为自己研究此书谋一方便耳。及其既成，则于斯界别辟一蹊径焉。①

可见，纪事本末体史书弥补了编年和纪传两种体裁的缺点，具有它们不具备的优点。

其实，专篇记事，在袁枢之前就已存在。我国先秦时期的《尚书》是记言性质的书籍，但其中"尧、舜二典，直序人事；《禹贡》一篇，唯言地理；《洪范》总序灾祥；《顾命》都陈丧礼"②，《尧典》、《舜典》、《禹贡》、《洪范》、《顾命》等篇都记述了事件的始末，具有纪事本末的特征。又如《武成》记武王伐纣成功，回修文事；《金縢》记周公祈天代武王一事；《顾命》记载成王将崩，命康王即位等诸事。《尚书》中的这些篇目均可见一事本末，故朱熹言："古史之体可见者，《书》、《春秋》而已。《春秋》编年通记，以见事之先后；《书》则每事别记，以具事之首尾。"③章学诚认为纪事本末体滥觞于《尚书》，称纪事本末体"真《尚书》之遗也"④。之后《越绝书》、《吴越春秋》等的许多篇章都采取了本末体的写法。但它们仅仅是个别或部分篇章，还只是包含在全书中的个别形式，没有形成全书的体例。北魏时期，常山王元尊之曾孙元晖主持纂集一部《科录》，《魏书》本传谓"撰录百家要事，以类相从"，据此，许多人认为《科录》是纪事本末体通史，但此书已经亡佚，后人无从细考。直至袁枢《通鉴纪事本末》，发展了这古已有之的个别形式，使这种形式成为全书的义例，于是，一个新的史书体裁——纪事本末体便随之出现了。

由于纪事本末体在叙事上的优越性，后代史家纷纷接踵，写出多部纪事本末体史籍。《四库全书总目》史书纪事本末类正式著录 22 种，存目 4 种；《续四库全书总目》著录有 106 部之多。这些纪事本末体史书中有 13 部，连同袁枢《通鉴纪事本末》在内，其记叙历史在时间内容上是前后连贯的，自成一套通史体系，形成了史籍编纂学方面的一大流派。兹将其列

---

① 梁启超．中国历史研究法［M］．南京：江苏文艺出版社，2008：25.

② （唐）刘知幾．史通通释［M］．（清）浦起龙，释．上海：上海古籍出版社，1978：2.

③ （宋）朱熹．晦庵集：卷 81［M］．《四库全书》原文及全文检索版．

④ （清）章学诚．文史通义新编新注［M］．仓修良，编注．浙江：浙江古籍出版社，2005：38.

表介绍于下(见表4-5)：

表4-5　　　　**14部自成体系纪事本末体史书**

书　名	编著者	卷数	记史范围
《左传纪事本末》	(清)高士奇	53	春秋史事
《通鉴前编纪事本末》	沈朝阳	100	唐尧~周威烈王二十三年
《通鉴纪事本末》	(宋)袁枢	239	周威烈王二十三年~五代末
《续资治通鉴纪事本末》	(清)李铭汉	110	宋~明末
《皇宋通鉴长编纪事本末》	(宋)杨仲良	150	北宋太祖~钦宗
《宋史纪事本末》	(明)冯琦编，陈邦瞻补	26	太祖~文天祥谢枋得之死
《辽史纪事本末》	(清)李有棠	40	太祖~西辽
《金史纪事本末》	(清)李有棠	52	有金一代
《西夏纪事本末》	(明)张鉴	36	李思恭~李睍
《元史纪事本末》	(明)陈邦瞻	4	世祖至元中~顺帝末
《明史纪事本末》	(清)谷应泰	80	太祖起兵~清兵入关
《续明史纪事本末》	(清)倪在田	18	南明史事
《三藩纪事本末》	(清)杨陆荣	4	明末福王、唐王、桂王事
《清史纪事本末》	黄鸿寿	80	太祖~德宗

明至清前期的纪事本末体

袁枢《通鉴纪事本末》以历史事件为主轴，将众多的史料条分缕析，使每一历史事件独立成篇，每篇又按时间顺序编写，完整地叙述了历史事件的起因、过程及结果，达到了“文省于纪传，事豁于编年”的记述效果。但其也有明显的不足。

其一，该书各事件之间缺乏联系。《通鉴纪事本末》将《通鉴》的材料归纳为许多条目，将各历史事件单独撰写成篇。此举固可以使单一历史事件的始末过程清晰了然，但同时也使得事件各自孤立，彼此缺乏必然的联系，同一时期各历史事件的关联不能表明。

其二，该书史料价值有限。《通鉴纪事本末》乃因《资治通鉴》改编而成，内容全系抄录《通鉴》而成，史料价值非常有限。《资治通鉴》以记载政治、军事为主，有关经济、文化等其他方面的记载很少，《通鉴纪事本末》又重在表现历史的治乱兴衰，对政治之外的其他记载则更少，局限性更为突出。正如梁启超所说：

> 枢所述仅局于政治，其于社会他部分之事项，多付阙如，其分目又仍涉琐碎，未及贯通之能事。①

《资治通鉴》虽侧重"治乱之迹"，但不能系统论述古今历史的各个方面，对政治、经济、军事、文化等各方面的反映并不充分，有所欠缺。因此以后各代编撰的纪事本末体史书注意弥补这些缺陷，在《通鉴纪事本末》基础上有所创新和发展，使得纪事本末体更加完善。

明至清前期有较大发展的纪事本末体史书主要有《宋史纪事本末》、《元史纪事本末》、《明史纪事本末》、《左传纪事本末》、《辽史纪事本末》、《金史纪事本末》及方略等。

(一)《宋史纪事本末》与《元史纪事本末》

《宋史纪事本末》与《元史纪事本末》是明代陈邦瞻所撰的两部纪事本末体史书。陈邦瞻(？~1623年)，字德远，江西高安人。明万历二十六年(1598年)进士，曾任南京吏部稽勋司郎中，后官至兵部左侍郎。在他之前，明冯琦《宋史纪事本末》、沈越《事纪》都尝试用纪事本末体编写宋代史事，但均未完成。陈邦瞻在冯琦同名遗稿的基础上，参考沈越《事纪》，综括《宋史》，成《宋史纪事本末》。此书共计26卷，将宋代300多年间之事概括为109个题目，起于"太祖代周"，迄于"文(天祥)谢(枋得)之死"，使"一代兴废治乱之迹梗概略具"。《元史纪事本末》4卷，凡列标题27个。《宋史纪事本末》"论次宋事而比之，以续袁氏《通鉴》之编"②。既以续袁书为目的，则其体例与袁书基本相同，但仍有发展。

其一，取材范围由编年体史书变为纪传体史书。袁枢《通鉴纪事本末》取材司马光《资治通鉴》，之后同时仿其作者有宋代章冲的《春秋左传事类始末》、杨仲良《续资治通鉴长编纪事本末》等，也均以编年体裁的《左传》与李焘《续资治通鉴长编》为史料来源；而《宋史纪事本末》则取资《宋史》，是第一部取材于纪传体史书的纪事本末体著述，这扩大了纪事本末体史书的取材范围，推动了纪事本末体史书的发展。

---

① 梁启超．中国历史研究法[M]．南京：江苏文艺出版社，2008：28.

② (明)陈邦瞻．宋史纪事本末：原序[M]．《四库全书》原文及全文检索版．

其二，记叙的内容范围更大。《宋史纪事本末》承用袁枢之例，每事各有起讫，自为标题。但记载内容除政治事件外，还记载了宋代的典章制度、农民起义、工程设施、民族外患、天文历法等内容；《元史纪事本末》对元代推步之法、科举学校之制、漕运河渠、天文历法等内容也都有专题叙述。这是较之于《通鉴纪事本末》的又一个发展。

其三，加入史评史论。对于关键性史事，陈氏在叙述之后都直接发表评论或意见，虽然并非每篇都有，但相对于《通鉴纪事本末》而言，是对纪事本末体的又一发展。《二十四史》中，《宋史》篇幅最大，内容庞杂；《元史》由于编写仓促，内容也较杂乱。陈邦瞻的这两部纪事本末体史书选题立目、编排史实，都较精当，叙述清晰，条理分明，被认为是继《通鉴纪事本末》后编写得较为成功的著作。《四库总目提要》评《宋史纪事本末》说："于记载冗杂之内，实有披榛得路之功。读《通鉴》者，不可无袁枢之书，读《宋史》者，亦不可无此一编也。"①评《元史纪事本末》说："记载颇为明晰，其他治乱之迹，亦尚能撮举大概，揽其指要，固未尝不可以资考镜也。"②

(二)《明史纪事本末》

《明史纪事本末》80卷，清谷应泰(1620~1690年)等撰。谷应泰，字庚虞，号霖仓，直隶丰润(河北丰润县)人。顺治四年进士，官至浙江提学佥学。《明史纪事本末》即是他在官任浙江时聘请陆圻、徐倬等共同编撰的。《明史纪事本末》叙有明一代300多年的历史，上起朱元璋起兵，下迄李自成进北京，共选取80件大事，每事为一卷。此书对纪事本末体的发展贡献良多。

其一，取材范围更加扩大，史料价值增加。前朝诸纪事本末体史书无论采自何书，均来源于一部史书。但《明史纪事本末》编写之时并未有一部可供独据取资的明史，《明史纪事本末》则打破这种单资一书的惯例，"广稽博采，勒成一编"③，其主要史源有谈迁的《国榷》、张岱的《石匮藏书》、《鸿猷录》以及其他稗史等，是一部集众家之长编撰而成的纪事本末体史书。广泛的材料来源在一定程度上克服了前代诸纪事本末体史书独取一书而史料价值非常有限的缺点，从而受到后人的重视。清人王颂蔚《明

① (清)永瑢等．四库全书总目：卷49[M]．《四库全书》原文及全文检索版．
② (清)永瑢等．四库全书总目：卷49[M]．《四库全书》原文及全文检索版．
③ (清)谷应泰．明史纪事本末：原序[M]．《四库全书》原文及全文检索版．

史考证捃逸》，卷 9 考证列传第四十二共 34 条，引证《明史纪事本末》多达 20 余条，占将近百分之六十；卷 36 考证宦官、阉党传共有 98 条，其中有 39 条引证《明史纪事本末》，占将近百分之四十。① 博采众书是此书的一个显著特点，把纪事本末体史书的发展推到了一个新阶段，从此，纪事本末体史书不再单单是研读某一正史的“门户”。

其二，史论较前纪事本末体史书更有发展。陈邦瞻宋、元二史纪事本末加入了史评史论，但只是少数篇章有之。《明史纪事本末》全书 80 卷，除了《亲征漠北》与《俺答封贡》两卷外，“每篇各附论断”②，其写法仿《晋书》论赞，用骈俪之文。这些史论，多为谷氏自己所作，间有直接引用他人之语者，表达了作者的历史见解和观点。有学者指出，至《明史纪事本末》，纪事本末体史书臻于完善。《四库总目》评价此书云：“排比纂次，详略得中，首尾井然，于一代事实，极为淹贯。”③

(三)《左传纪事本末》

《左传纪事本末》53 卷，清高士奇撰。高士奇(1645～1704 年)，字澹人，号江村，浙江钱塘(今浙江杭州)人，官至礼部侍郎。此书正文取自《左传》，编写上基本继承袁枢的纪事本末体例，但又有相当的增益和发展。

其一，事件排列方式改变。以往的纪事本末体史书将历史大事以事标目，各历史大事按时间顺序排列；而《左传纪事本末》“列国大事，各从其类，不以时序而以国序”。即各重大历史事件先按国排序，分国之后再立目纪事。全书大事按周、鲁、齐、晋、宋、卫、郑、楚、吴、秦列国的顺序排列，将战国时期纷乱琐碎的史事清晰呈现。

其二，正文之外，还增添了“补逸”、“考异”、“辨误”、“考证”、“发明”诸项内容。高士奇在此书“凡例”中解释说：“三代、秦、汉之书，经史诸子，杂出繁多，其与《左氏》相表里者，皆博取而附载之，谓之‘补逸’；其与《左氏》异同迥别者，并存其说，以备参伍，谓之‘考异’；其有踳驳不伦、传闻失实者，为厘辨之，谓之‘辨误’；其有证据明白，可为典要者，别而志之，谓之‘考证’；参以管见，聊附臆说，谓之‘发明’云。”由此可见，高氏编写此书时，正文虽全自《左传》，但就全书而言，

---

① 崔文印．纪事本末体史书的特点及其发展[J]．史学史研究，1981(3)：9～13.

② (清)永瑢等．四库全书总目：卷 49[M]．《四库全书》原文及全文检索版．

③ (清)永瑢等．四库全书总目：卷 49[M]．《四库全书》原文及全文检索版．

则参考了经、史、子等各类书籍，这种做法一方面弥补了简单抄录一书而史料价值不高的缺陷；另一方面，所增诸项，“补逸”补传文之不足，“考异”列他书与传文异同，“辨误”指出传文记载之讹，“考证”备史事之佐证或提供补充，“发明”示作者之看法，这些都是编撰者的研究成果，体现出学术研究的特点，纪事本末体史书不再是简单的“钞书”，而具有了较高的学术参考价值。与学术研究相结合是《明史纪事本末》及其以后纪事本末体史书的一个显著特点，也是对纪事本末体裁的又一贡献、创新和发展。

(四)《辽史纪事本末》与《金史纪事本末》

《辽史纪事本末》40卷、《金史纪事本末》40卷，清末李有棠撰。李有棠(1837~1905年)，字芾生，萍乡(今江西萍乡)人，光绪间曾任峡江训导，此二书即是他在峡江任上编撰的。此二书是晚期纪事本末的代表作，与之前的纪事本末体史书相比，其最大特色是作者所撰学术色彩更强的“考异”。辽、金纪事本末正文“俱本正史”，但“其或事有异同，词有详略，兼仿裴世期补注《三国志》及胡身之注《通鉴》，取温公所著《考异》三十卷散入各条例，小注分行，分载每条之下，名曰‘考异’，以便浏览，而资参证”①。“考异”是作者用力最著的部分，分别占全书的一半以上；“考异”征引书目近百种，涉及范围十分广泛，有同名异名考、地理沿革考、史实异同考等多种类型；“考异”注意吸收前人的研究成果，汪祖辉《辽史同名录》和《金史同名录》多用于考订同名异名，厉鹗、施国祁等人的有关著作也多有征引，其史料价值在《辽史》、《金史》之上，具有相当的学术水平。虽然二书也有不足，但“编撰者力图增加该书的资料性和学术性的用心还是十分清楚的，它反映了这一时期纪事本末体史书在编撰方面所追求的目标，足以说明后期本末的特色”②。

(五)方略

以上所述纪事本末体史书，均为一书备多事之本末者，称为传统的纪事本末体。另外还有一种纪事本末体史书，为一书只具一事之本末的战争专史，即方略，是一种特殊形式的纪事本末体史书，有人称为“别体”。方略产生于明代，当时就有记载朱元璋翦除群雄的专史问世，如《平蜀

---

① (清)李有棠．金史纪事本末[M]．北京：中华书局，1980.

② 崔文印．纪事本末体史书的特点及其发展[J]．史学史研究，1981(3)：9~13.

记》、《平淮记》等。到了清代，“每次军功告蒇及遇有政事之大者，皆奏奉谕旨纪其始末，纂辑成书，或曰方略，或曰纪略，随时奏请钦定，亦有他书奉旨交辑者，均率在馆人员承办”①。方略在清代的编纂颇为兴盛，其始于康熙时，在乾隆年间则设专修方略的方略馆。据统计，从康熙至光绪，官修方略共25部，总计2480卷，可谓卷帙浩繁。清代的方略仍属于纪事本末体，但已不同于传统的纪事本末体史书。

其一，取材不同。传统的纪事本末体史书多是据旧有的编年或纪传体史书改编抄录而成，如袁枢《通鉴纪事本末》改编自司马光《资治通鉴》，杨仲良《续资治通鉴长编纪事本末》改编自李焘《续资治通鉴长编》，章冲《春秋左氏传事类始末》改编自《左传》。后来谷应泰的《明史纪事本末》及李有棠的《辽史纪事本末》与《金史纪事本末》等，不再是简单的抄录旧文，而是杂采众书，扩大了史料来源；但总体而言，其正文仍是以一部或几部著作为主，史料价值虽有提高但仍有限。清代的方略则是一种资料汇编性质的纪事本末体史书，它是将军前和各地官员有关战事的奏折和皇帝批复的上谕按时间顺序编排比次而成，其资料来源是当朝相关战争的档案材料，而不同于传统纪事本末的旧史遗文。

其二，史料价值高于传统纪事本末体史书。方略的史料来源于当时官员的奏折和皇帝的上谕，是对原始档案材料的汇编和排比，具有当代史的性质，现实性非常强，这决定了其史料价值明显要高于主据一部或几部史书而成的传统纪事本末体史书。

其三，记录上“一事一书”的特点鲜明。传统的纪事本末体史书，无论通代或断代，所载都是若干或众多的历史事件，记述内容均侧重于政治方面，而经济、文化、制度等其他方面涉及较少；方略则专记某一战争之过程，是军事专史，为“一事一书”之作。② 如康熙到光绪所编的25部方略中，除《开国方略》外，其他24部分别记述了这段时期内所发生的24次重要战争。康熙朝所编的《平定三逆方略》、《平定察哈尔方略》、《平定海寇方略》、《平定罗刹方略》和《平定朔漠方略》5部方略，分别记述了平定“三藩”、察哈尔叛乱、统一台湾、抗击罗刹入侵黑龙江流域和征讨噶尔丹这5次战争，都是有关本朝军事战争的专门记载。

晚清的纪事本末体

经过乾嘉时期的繁盛，由于仍然沿袭前代的编撰方法，而不能为晚清

① 梁章钜，朱智．枢垣记略[M]．北京：中华书局，1984：110.

② 冯尔康．清史史料学[M]．台湾：“商务印书馆”股份有限公司，1993：377.

以来内忧外患的局面提供切实可行的参考，方略至同光二朝渐趋衰落。这个时期的史家为了更好地适应此时社会形势的需要，对纪事本末体史书加以不同程度的变通和改进，从而促进了纪事本末这一体裁的继续发展。如魏源所撰《圣武记》14 卷，此书对纪事本末体的发展表现在：

其一，史料来源广泛。如前所述，方略一般以各地官员汇报战事的奏折和皇帝批复的上谕为采撰对象，而《圣武记》在取材上则更为广泛，除却实录、诏令等档案材料外，还有大量的私人著述以及实地调查得来的一手资料。材料来源的广泛性使得《圣武记》比前代方略的记载更加完整、充实，其史料价值也更高。

其二，史论突出。袁枢《通鉴纪事本末》中史论均系抄录司马光原文；陈邦瞻《宋史纪事本末》、《元史纪事本末》间有评论；谷应泰《明史纪事本末》虽每篇都有，但多系卷末。而《圣武记》的史论则有三种形式，正文前有序论，论述了作者编撰此书的原因、史料来源及旨趣；前 10 卷关于清开国至道光年间的重大历史事件的叙事中有“臣源曰”的评论，阐述了作者的政治见解和历史观点；后 4 卷《武事余记》则为史论专篇，对军事制度、战守形势、人才培养等问题进行了论述。可见，史论是《圣武记》重要组成部分，其分量之大、形式之多、内容之广均超越了前史。

其三，史书的组织方式有所改变。传统的纪事本末体史书以时间为序排列众多的历史事件；清高士奇《左传纪事本末》有所变化，采取以国为序的方法；而《圣武记》则结合当时的时代特点，确定“以地为序”的组织方式，把清朝的军事活动事件放到广阔的地域范围内进行叙述。正是由于魏源对于以往纪事本末的发展，其书问世后得到了广泛的关注和好评。

魏源之后，以事件为中心的纪事本末体著述中都注意加大人物叙述的分量，增加人物事迹的记载，使纪事本末体只重叙事不重叙人的弊端得到改观。夏燮著《中西纪事》，是把序录和纪事本末体相结合的典范。他在《海疆靖难记》中说：“是编纪殉难之臣，不论文武，不叙官阶，悉以死事年月之先后为次，其兵勇、绅民、妇女之死难者附注于后，仿序录之例，兼备纪事之体，俾后之蒐八史志者，得以考见其本末。”①通过有意识的撰写序录，作者把在定海战役中遇难的非官之人物事迹记录下来，相当于是他们的人物传记。这种方法把人物事迹和事件始末结合，有效地纠正了纪事本末体重视叙事而忽视人的精神的弊端，是对纪事本末体的改造与创新。王闿运《湘军志》则吸收纪传体的优点，特别注意有关人物的描述与

① 夏燮．中西纪事[M]．长沙：岳麓书社，1988：297.

记载，其曾军篇和曾军后篇均以人物命篇，重点记载曾国藩创建湘军的历史背景，湘军的建制分合，以及成军后所经历的战役，突出了曾国藩创建湘军的历史功绩。篇中还记载了胡林翼、彭玉麟、罗泽南、左宗棠、李鸿章等人在战争中的表现，彰显了纪事本末体中的人物形象。这些对后世纪事本末体史书的编撰具有重要的借鉴意义。

梁启超认为以往的纪事本末体记事范围过于狭窄，“对于集团的分合未能十分圆满”①。梁启超对史迹“集团”解释为：“史迹集团之名，吾所自创，与一段之‘纪事本末’，意义略相近(本末仅函时间观念，集团兼函空间观念；但此名似仍未妥，容更订定)。”②可见梁启超十分重视历史事件之间的联系，这种联系包括纵向和横向两个方面，因而其所著《戊戌政变记》注意从时、空两方面整体把握事件的发展，使纪事本末体史书的记述面大大拓展，是对扩大纪事本末体史书记载范围进行改造的成功尝试。

20 世纪初，“史界革命”的浪潮开始冲击传统史学，章节体的优点为越来越多的史学家所认可。郭孝成 1912 年编撰的《中国革命纪事本末》，借鉴章节体叙述的优点，编撰出新式纪事本末体史书。商务印书馆刊印序言中说：“郭君孝成有鉴于是，乃荟萃见闻所得，详加纂定，成《中国革命纪事本末》一书，都凡三编：第一编曰中国革命缘起及湖北革命始末；第二编曰各省革命志略；第三编曰民清议和及共和立国。一编之中，各分章节，措辞浅显，叙事翔实……后之欲考革命信史者，当以是书为源汇矣。”③郭孝成于总体以本末为体的各编之中又各分别章节来记叙这段历史，将纪事本末体与章节体有机地融合在一起，显示出纪事本末体因时制宜的发展趋势。

总之，晚清纪事本末体史书的发展是当时的史学家们于现实的历史环境之中不断探索的结果，其对本末体史书的改造与创新已不仅仅停留在对既有史书的改编、补充或考证，而是尽量吸收各种史体的长处，力图用新的史书形式来探求解决民族危亡从而振兴家国的方法。它反映了客观的社会现实和时代要求，使纪事本末体由传统型向近代型过渡，史书的编撰方式因此得到进一步发展、成熟和完备。

---

① 梁启超．中国历史研究法[M]．上海：上海古籍出版社，1998：174.
② 梁启超．中国历史研究法[M]．上海：上海古籍出版社，1998：126.
③ 郭孝成．中国革命纪事本末[M]．上海：商务印书馆，1912.

四、方志编例

方志，又叫地方志，是以行政区划为范围，记载自然和社会各个方面历史和现状的综合性资料著述，举凡一地的天文、地理、政治、经济、军事、文化、人物、风俗、灾异等，皆包括在内。编修地方志是中华民族的优良传统，历史悠久。据统计，我国现存方志8500余种、10万卷以上，约占现存古籍的1/10，是先人留给我们的一项宝贵的精神财富和文化遗产。

方志的种类

在长期的发展过程中，方志形成了不同的种类，依据不同标准划分出来的不同种类的方志，体现着其在名称形式、记录范围、时间断限、内容详略、撰写方式、编排结构等编例方面的区别。

(一)根据名称形式划分

根据名称形式，方志可划分为以下种类：

记：即文字记录或记载事物的著述，是盛行于汉晋时期的方志形式，隋唐时逐渐衰落，被图经所代替。如《吴地记》、《十州记》、《三秦记》、《太平寰宇记》等。

图经：即地图加上说明，图指地图，经指文字说明，也叫图记、图志、图副等。最初以图为主，后来图退居其次，而以经为主。图经始于汉而盛于唐，南宋以后，图经这一名称逐渐减少消失；图志是隋、唐、宋、元时代对方志的叫法。如唐代的《沙州图经》、《巴郡图经》、《元和郡县图志》等。

传：主要是记人物、风俗，始于东汉光武帝时的《南阳风俗传》，流行于魏晋。如东汉的《海内先贤传》、北齐宋孝王的《关东风俗传》等。

志："志者，记也"，亦即文字记录或记载事物的著述，南宋时代替图经而成为方志的主要形式，元明继续发展，清代达到鼎盛。

录：始于魏晋，以后历代都有，但数量不多。如吴韦昭《吴兴录》、后魏刘芳的《徐地录》等，其中宋代程大昌的《雍录》和高似孙的《剡录》最为著名。

乘：为载录历史之意，因袭春秋战国时国别史晋《乘》之名而来。始于元代于钦的《齐乘》，明代有王齐、唐功的两种《雄乘》、谢肇淛的《西吴支乘》，清代有陈弘绪的《南昌郡乘》等。

此外，历代方志还有以书、考、鉴、览、簿、论、谱、志略、志稿、志余、备志、志补、补遗、补乘、纪略、述略、要略、识略、辑要、旧闻、故、掌故等命名的，但数量不多，影响不大。如东汉袁康、吴平等人的《越绝书》，明陈沂的《金陵古今图考》、谢肇淛的《滇略》，清乾隆官修的《日下旧闻考》、王先谦的《日本源流考》、傅椝的《成都通览》、袁昶的《吉林志略》、杨宾的《柳边纪略》、徐宗亮的《黑龙江述略》、祁韵士的《西陲要略》、徐松原的《新疆识略》、王志沂的《陕西志辑要》、彭遵泗的《蜀故》等。

(二)根据记录范围划分

根据记录范围的不同，方志可划分为以下种类：

全国性总志：即记载全国范围的方志，要求高度概括，贵在于约。比较著名的全国性总志有晋《畿服经》，南陈《舆地志》，唐《括地志》、《元和郡县志》，宋《太平寰宇记》、《元丰九域志》等。自元代始至清代，全国性总志发展成为一统志，编有《大元一统志》、《大明一统志》和《大清一统志》等。

通志：即记述一省范围的方志。省志贵在于通，即合全省各府、州、县及布政司、按察使司、都指挥司而通纪之。有的省志亦称“大志”，如明代《江西省大志》；有的称“总志”，如明代《湖广总志》、《四川总志》、《河南总志》等。中华人民共和国成立后，通志改称为省志。

府志：即记述一府范围的方志。府是省以下、县以上的行政区划，管辖范围相当于现在的地区。府志多由府的长官主持修纂。如明正德《松江府志》，明天启《云间志略》，明崇祯《松江府志》等。

州志：即记述一州范围的方志。如唐代《沙州图经》、《西州图经》，宋代《新安志》，明弘治《太仓州志》，清康熙《高邮州志》等。

厅志：即记述一厅范围的方志。清代于新开发的地区设厅，散厅与县平级，直隶厅与府平级。如在清道光年间修《定南厅志》、《川沙抚民厅志》，光绪年间编《川沙厅志》等。

县志：即记述一县范围的方志。县志是历代方志的基本部分，全国几乎县县有志，所以县志在所有方志中所占比重最大。如上海市上海县先后有明弘治《上海志》、明嘉靖《上海县志》、明万历《上海县志》、清康熙《上海县志》、清乾隆《上海县志》、清嘉庆《上海县志》、清同治《上海县志》、清光绪《上海县志札记》、民国《上海县志》、民国《上海县续志》等。县志中有两种比较特殊：一是分县志，即由附属于大县的分县所编的县志，如甘肃在清光绪年间编有《陇西分县武阳志》，由于此种方志大都由县丞主修，故又称县丞志，如清光绪间甘肃修有《打拉池县丞志》。二是合志，即相邻的两个县因民情风俗相似，许多事情连在一起，故合编一部县志，如清同治年间，江苏上元、江宁两县合编有《上江两县志》，清宣统年又合编有《上元江宁乡土合志》。

都邑志：旧志中指都城志、大城市志，现统一称城市志。现存最早的都邑志是宋代宋敏求所撰《长安志》，其他如杭州曾有乾道《临安志》、淳佑《临安志》和咸淳《临安志》等。

乡镇志：记县以下一乡一镇范围的方志，始见于宋代，明清时期数量大增。如宋常棠《澉水志》，明清《黎里志》、《颜神镇志》、《张秋志》等。有的乡镇志称小志，如《甘棠小志》、《杨柳青小志》等。

边关志：即记述边防要塞情况的方志，包括关志、镇志等。明代重视北方防务，于是兴起边关志，多由镇守武臣及兵部职方官修，如《四镇三关志》、《山海关志》等。此外还有和边关志近似的卫志、所志、道志等，如《天津卫志》、《威海卫志》、《三江所志》等。

土司司所志：明清时期，在边远少数民族地区任命土司为招讨使、千户、百户等，由其管辖本地区，便有了土司司所。如明代有《天全六番招讨使司志》，清代有《白山司志》等。

盐井志：即由专理盐务的盐井长官提举所修的方志，其内容除记盐务外，还涉及一般州县志内容，盐井志始于清康熙年间，如云南有《黑盐井志》、《琅盐井志》等。

乡土志：清末光绪年间开始出现的一种内容和文字都比较浅显的志书，如《打牲乌拉地方乡土志》、《三姓乡土志》、《伯都讷乡土志》等。

此外还有只记某一特定内容的专志，根据特定内容的不同，有军志、监志、山志、水志、湖志、堤志、桥志、泉志、亭志、寺志、观志、祠志、书院志、金石志、风俗志、时令志、物产志等。

(三)根据时间断限划分

根据记事的时间断限来分，方志有断代志和通纪志之别。

所谓断代志，就是只记某地某一时期内情况的志书，一般是前志的续志，以“续志”标名，记前志断修后至续修时的情况或记某一特定历史时期内该地的情况。如宋《景定严州续志》，主要续接前志《淳熙严州图经》

以后70余年之人事。

通纪志，就是记述内容贯通古今的志书，以一地建置之初或事物发端为记述之始，至志书编写或搁笔之时为终。方志中的绝大多数都为通纪体式的志书，即既记今亦追古，既叙现状也述历史。

（四）根据内容详略划分

根据内容详略，方志可分为详志和简志。详志也称繁体志，指内容多、类目细、篇幅长、容量大的方志。简志也称简体志，其内容概括、类目稀少、篇幅简短。繁体志书如明代《句容县志》，全志有124目，其中单“人物”一门就有25目。简体志的代表是明代的《武功县志》和《朝邑县志》，分别为3卷和2卷，前者2万余字，后者仅5700余字。

（五）根据撰写方式划分

根据撰写方式划分，方志有著述体志和编纂体（纂辑体）志的区别。著述体方志，指志书的内容是由编纂者查看大量资料，经过自己分析综合和创造性劳动，并用自己的语言编写而成。编纂体方志，指一部志书主要是通过整理、纂辑他人的记述和材料而成，其语言不出自编纂者本人。如清嘉庆《广西通志》，即用大量资料剪辑排比而成。

（六）根据编排结构划分

根据全书的编排结构划分，方志主要有以下几种：

平目体：或称为平列诸目体、平分列目体、无纲并列体等。其特征是将全书内容分为若干类，各类目相互独立，平行排列，无所统属。

纲目体：其特征是全书内容不是平列为若干门类，而是先设置总纲（亦称大类），各纲之下再分细目，目以纲聚，以纲统目，故称为纲目体，又称门目体、分纲列目体。纲目体志书的优点是纲有所领，目有所归，结构严谨，层次清晰，便于反映事物之间的内在联系，在总体上比平目体结构优越。

纪传体：又称史志体，其仿正史纪传体史书，以纪、表、志、传、考、录、略、谱等为大类，然后再立纲分目编排全书内容。南宋周应合在编纂《景定建康志》时，仿纪传体史书撰写方志，从而为后世所推崇。

政书体：这种结构的志书借鉴和运用政书体例，注重实用，多记载地方政事典章，分纲列目，分类记述。采用这种类型的志书不多，如明代《弘治兴化府志》、《正德漳州府志》、《嘉靖临武志》等。

三宝体：这种结构形式是根据《孟子》中“诸侯之宝三：土地、人民、政事”之句命名的，一般是先设置土地、人民、政事三大类，或加文献成四大类，各门类之下再设子目，又称总纲系目体。三宝体结构比较简明，但纲少目多，结构过于简单，难以包括一地纷杂的社会现实，所以清嘉庆以后用者就很少了，因此流行不广。

编年体：是仿照《春秋》、《竹书纪年》、《资治通鉴》等编年体史书，纵向记述一地历史与现实的篇目体式。

经纬体：又称两部体，是指在设定全书篇目结构时，先将整部志书分为两大部类，部类之下再设各志的体式。明代（嘉靖）《广平府志》首创此例。

三书体：这种体例的倡导者是清代学者章学诚，他主张一部志书应立“三书”，即志、掌故、文征。三书之中，志是最主要的部分，采用纪传体写法。三书体对后世的影响很大。

章节体：大致产生于清末民初，它不是中国方志固有的传统结构形式，而是19世纪末在西方著作体裁影响下逐渐发展而成的。章节体志书将纲目体志书的大类改为篇，中类改为章，小类改为节，具体事物改为目，形成以章节为层次编排内容的篇目结构，其篇目层次一般在三级及三级以上，有的甚至可达六七级。较早运用章节体结构形式的是《光绪莲花厅志稿》，该志设地理、风俗、物产、赋役、存往、建置、武备、学校、杂类、名宦传、秩官表等门，门下设章节，共57章。

不同时期方志编例的发展

中国方志源远流长，历史悠久。春秋战国时期的《国语》等国别体史书，《山海经》、《禹贡》等地理书以及《周礼》等著作即是其导源。秦汉时期，方志产生，经过魏晋南北朝的发展、充实，到隋唐时期形成雏形，并在赵宋完成定型，至明清则达到鼎盛。在方志发展的过程中，其编例不断完善，成为方志发展程度的一个重要体现。

（一）秦汉魏晋南北朝时期

秦汉南北朝时期是方志初步发展的时期，其在编例方面的发展主要表现在以下几个方面：

第一，方志的各种形式都初现端倪。方志至宋代才得以定型，而其早期的各种形式，如地记、地志、图经、传、谱等在秦汉时期均已出现。

地记、地志，即有关地理的记载，主要记载内容为地方的疆域山川、古迹、物产、风俗等情况。地记最早出现于西汉，东汉开始繁盛，魏晋南北朝时极为盛行，成为当时方志的主要形式。地记多围绕某一地区进行记述，以地命名，内容较为单一，但记述重点不同，有记地理的，如汉东方朔《十州记》、辛氏《三秦记》，三国魏张晏《地理记》、阮籍《宜阳记》，晋陆机《洛阳记》、潘岳《关中记》，南北朝谢灵运《永嘉记》等；有的记风俗，如汉佚名《诸番风俗记》、《北荒风俗记》，北齐宋孝王《关东风俗传》等；有的记岁时节令，如南朝梁宗懔《荆楚岁时记》等；有的记物产，如东汉杨孚《异物志》和《交州异物志》，三国吴万震《南州异物志》等；有的记山水，如晋宗居士《衡山记》、庾仲雍《汉水记》等；有的记都邑，如《西京记》、《洛阳记》等；有的记寺庙，如佚名《庙记》，后魏杨衒之《洛阳伽蓝记》等；有的记道里，如《西京道里记》。隋唐时候，地记逐渐与地图合为一体形成图经，而成为志书的主要形式。

图经，是以图为主或图文并重的形式记述地方情况的专门著作，又称图志、图记。图经由地图发展而来，我国战国时期各诸侯国就已经有了各自的舆地图，如秦绘有《秦地图》，至汉代出现了图经。图，是指地图，用绘制技术标示一个地区的疆域、沿革、山川、土地等情况；经，是对图的文字说明。由于古代绘图技术的限制，有些内容仅靠图面难以表达清楚，必须借助文字进行说明，而图像以外的内容则更非文字不能标示，图经于是应运而生。现知最早的图经是东汉的《巴郡图经》，其书已佚，据《华阳国志》记载，汉桓帝永兴二年(154 年)三月，巴郡太守但望上疏云："谨按《巴郡图经》，境界南北四千，东西五千，周余万里。属县十四，盐、铁五官各有丞、史。户四十六万四千七百八十，口百八十七万五千五百三十五。远县去郡千二百至千五百里，乡亭去县或三、四百，或及千里。"这段文字记述了巴郡的建置、疆域、户口等情况，由此可推知此时图经的记载内容。南北朝时期，图经渐多，主要有《广陵郡图经》、《幽州图经》、《冀州图经》、《齐州图经》、《荆州图经》等。

此外，汉魏时期的方志，有以"传"命名的，多记人物事迹，如汉代的《沛国耆旧传》、《巴蜀耆旧传》、《益州耆旧杂传记》、《三辅耆旧传》、《鲁国先贤传》、《京兆耆旧传》、《陈留风俗传》、《南阳风俗传》等，魏晋时期的《广州先贤传》、《汝南先贤传》、《豫章烈士传》、《益部耆旧传》等；有以"录"命名的，如三国末虞预的《会稽典录》；有以"谱"命名的，主要记谱牒，如《冀州姓族谱》；有以"簿"命名的，如《会稽贡举簿》，等等。

第二，综合性志书出现。无论是地记或图经，秦汉魏晋时期的志书多侧重某一方面的记述，或地理，或人物，或风俗，或历史。与此同时，这个时期也出现了少数几部内容较为全面的志书，其代表是袁康、吴平的《越绝书》和晋常璩的《华阳国志》。此二书在编写上统合古今，兼述史地，与后世方志记述有相同之处，故而清代洪亮吉曾云"一方之志，始于《越绝》，后有常璩《华阳国志》"①，它们被视为我国现存最早的方志。

《越绝书》25卷，现存15卷，是记载我国早期吴越历史的重要典籍，上自吴太伯，下至汉代，记载了这一时期吴越地区的地理沿革、城市建设、山川、生产和风俗等，其中《吴内传》、《外传记范伯》、《外传计倪》、《外传春申君》详细叙述了吴王夫差、越王勾践、伍子胥、范蠡、文种等人物的事迹。由于此书兼及人物、历史和地理，在体例上已经初具后世方志的规模，当代方志学家傅振伦认为："《越绝书》先记山川、城郭、冢墓，次及纪传，独传于今。后世方志，实仿于此。"②朱士嘉甚至认为"这部书已具有地方志的雏形"③。可见，《越绝书》影响之大。

《华阳国志》，一称《华阳国记》，东晋常璩撰写。全书12卷，附录1卷，其篇目依次为巴志，汉中志，蜀志，南中志，公孙述、刘二牧志，刘先主志，刘后主志，大同志，李特、雄、期、寿志，先贤士女总赞，后贤志，序志及梁益宁三州先汉以来士女目录。全书记载了从远古到东晋穆帝永和三年(347年)间梁、益、宁三州，即今四川、陕西汉中及云南部分地区的史事，内容涉及地理、历史、风俗、史迹、人物、少数民族等情况。全书由三大部分组成：卷一至卷四以地域为纲，着重记载巴、蜀、汉中、南中地区自然、经济、人文等各方面地理状况，类似于正史中地理志；卷五至卷九以年代为纲，主要叙述汉晋期间据蜀各政权统治者之政治兴亡，体裁属编年体，与正史中本纪相仿；卷十至卷十二以人物为纲，重点介绍西汉至东晋初蜀中各方面名人，相当于正史中人物列传。该书在内容上将地理、历史、人物相结合，体裁上综合了地理志、编年史、人物传，这种编纂方法成为方志史上的创举，对后代方志产生了很大的影响。唐代刘知幾、南宋李壁等对《华阳国志》都有很高评价。清文献学家王谟所编《汉唐地理书钞》受此书影响甚巨，他说："昔常氏之志华阳也，于一方人物丁宁反复，如恐有遗，虽蛮髦之民，井臼之妇，苟有可纪，必著于书。谟尝三复其书而矜其志，亦发愤思网罗乡里放失旧闻。"梁启超亦称赞其"有义

---

① (清)洪亮吉．重修澄城县志序．清乾隆癸卯本．

② 傅振伦．中国方志学通论[M]．上海：商务印书馆，民国24(1935)．

③ 朱士嘉．中国地方志浅说[J]．文献，1979(1)：33.

法，有条贯，卓然著作之林”①。

第三，全国性总志产生。西汉汉武帝时，为掌握全国经济、地理和贡赋情况，下令各地将记载当地物产、贡赋和交通情况的资料送到太史处保存；汉成帝时，刘向将全国的行政区划和分野资料进行了整理，丞相张禹掌管全国财赋，搜集了许多资料，令属官朱赣编写地理书。汉明帝时，作为兰台令史的班固利用兰台收藏的大量资料和图书，在吸收刘向和朱赣成果的基础上，写成了全国性总志《汉书·地理志》。此志以西汉的103个政区郡国所属的1314个县邑、32个道、241个侯国为纲，分别记述了户口、山川、物产、水泽、水利设施、关塞、名胜、物产等。《汉书·地理志》之后，历代正史必列地理一志，其内容和体例为后世全国性总志的编写创立了模式。

之后，以全国区域为范围编纂的总志有东汉应劭的《十三州记》、晋挚虞的《畿服经》、陈顾野王的《舆地志》、北魏阚骃的《十三州志》等，其中，以《畿服经》的体例较为完备。该书170卷，仿《禹贡》、《周官》而作，其“州郡及县分野、封略、事业、国邑、山陵、水泉、乡、亭、城、道里、土田、民物、风俗、先贤旧好，靡不俱悉”②。与《汉书·地理志》相比，《畿服经》增加了社会与人文的内容，其体例又前进了一步，已经初具后世总志的雏形。

(二)隋唐五代时期

隋唐时期，政治统一，经济繁荣，文化昌盛，中央政府建立了一套完整的定期编呈图经版籍的制度，为方志编例的进一步完善创立了条件。这个时期，图经、图志已成为方志的主流，汉晋时盛行的地记退居其后，此时的图经，内容更加丰富，文字已摆脱了附于地图之后的地位，而与地图同列并举。图经地位不断提高，并且与图、志日趋融会，为方志日后的繁荣和定型奠定了基础。

第一，图经的繁盛。汉魏虽有图经，但由于地记盛行，其发展缓慢。到隋唐，图经开始繁盛，唐政府命令各州郡每三年编修一次(后改为五年一次)图经上报朝廷，这一举措极大地促进了图经的发展，图经代替地记而成为隋唐方志的主要形式。唐代州县图经，有《润州图经》、《夷陵图经》、《茶陵图经》、《岳州图经》、《邵阳图经》、《湘阴图经》、《汉阳图

① 梁启超．中国近三百年学术史[M]．北京：东方出版社，1996：267.
② (唐)魏徵等．隋书[M]．《四库全书》原文及全文检索版．

经》、《夔州图经》等约十几种。这一时期的图经，在编例上也有了进一步的发展。我国现存最早的图经是编修于唐开元年间的《沙州图经》，于清末在甘肃敦煌石室中发现，仅有残卷。从残余部分看，该书记述分门别类，图文并茂，内容涉及行政机构及区划、官署、河流、学校、驿道、寺庙、古迹、天象、歌谣等，虽然内容仍然主要是地理方面，但较前有所创新，其增加歌谣的记载，开方志记载艺文的先例，具有重要的价值。

唐朝时期的图经，已开始称为“图志”或“志”，且文字说明部分的比重开始加大，而原为主体的图的比例逐渐减少，图经开始出现图少文多的发展趋势。

第二，全国性总志的发展。唐代出现了大量的地区性图经，这为全国性图经的编纂奠定了基础。主要有《贞观郡国志》、《括地志》、《职方记》、《长安四年十道图》、《开元三年十道图》、《十道录》、《古今郡国县道四夷述》、《贞元十道录》、《元和郡县图志》、《十道图》、《郡国志》、《域中郡国山川图经》、《郡道山河地名要略》、《十道四蕃志》等。

唐代最早纂成的地理总志是《括地志》，由唐初魏王李泰招集著作郎萧德言、秘书郎顾胤、记室蒋亚卿、功曹谢偃等所编写，历时四年而成。全书正文550卷，序略5卷。它以贞观10道为纲，以所领360州、1557县为目，全面记录了贞观年间全国各政区的建置沿革、山川形势、河流湖泊、风俗物产、历史遗迹、地名渊源、历史人物掌故等。该志吸收了班固《汉书·地理志》和顾野王《舆地志》编纂上的特点，创立了一种新的总志形式，打破了汉魏以来地记类著作以山川为纲的传统惯例，采取以州县二级政区为主体，详细记载各政区情况的编纂方法，为唐代地理总志的编纂提供了一个可资参照的范式，后来李吉甫的《元和郡县图志》在全书结构、记事侧重甚至行文方面均受其影响。

《元和郡县图志》是我国现存最早的较为完整的全国性总志，全书40卷，目录2卷，唐宪宗元和八年(813年)宰相李吉甫撰。该书以当时全国一级行政区划的10道和安史之乱后形成的一级行政兼容区划的47镇为纲，记述各府州县的情况。每府、州首记治城、地方等级、户数、乡数、沿革、疆域、八到、贡赋，次分县记等级、沿革、山川、古迹、道里、关塞等。因每镇篇首有图，故称《元和郡县图志》，南宋以后图亡佚，书名随之改称为《元和郡县志》。《元和郡县图志》的编写继承了《汉书·地理志》以一朝疆域为范围，以州郡为纲、县为目，记叙地理沿革、户口、山川、古迹、物产等情况的方式，并有所创新。《元和郡县图志》中，府(州)境、八到、贡赋等目均为其首次开创，而在对各地户口进行记载时，则兼记不同时代的户口数。方志对户口的记载始于《汉书·地理志》，但其对西汉一代的户口，只记平帝元始二年(2年)的数字；而《元和郡县图志》不仅记载开元年间的户数，也记载元和时的户数，为后世提供了安史之乱前后各地户口变动的资料。由于体例的完善，《元和郡县图志》影响深远，为后世总志的编写奠定了基础。宋《太平寰宇记》、《舆地纪胜》及元明清一统志，在体例上即是《元和郡县图志》的继承和发展。故而《四库全书总目》评价说："舆地图经，隋唐志所著录者，率散佚无存；其传于今者，惟此书为最古，其体例亦为最善，后来虽递相损益，无能出其范围。"①

(三)宋代方志

北宋结束五代十国的分裂局面，统一了全国，为了巩固和加强封建统治，宋代皇帝多次下诏修志，并设立了专门的修志机构——九域图志局。这一时期，由于朝廷的重视，经济文化的发展，方志亦空前发达，不仅数量众多，而且编例也日趋完善。方志的研究者们因此普遍认为，宋代是我国方志的定型时期。这个时期，方志已初步形成了平目体、纲目体和纪传体三种结构形式；图经、图志与方志已融合为一，内容不仅包括山川地理、疆域沿革等，也兼记人文历史。正如张国淦所云："方志之书，至赵宋而体例始备。举凡舆图、疆域、山川、名胜、建置、职官、赋税、物产、乡里、风俗、人物、方技、金石、艺文、灾异无不汇于一编。隋唐以前，则多分别单行，各自为书，其门类亦不过地图、山川、风土、人物、物产数种而已。"②

第一，记载范围的扩大。宋代方志，其记载范围扩大，不再像隋唐以前志书重地理而轻人文，类目的设置体现了由地理向人文的转变。《太平寰宇记》，北宋太宗太平兴国年间乐史纂。全书200卷，仿效唐《元和郡县志》十三道区划列目，包括河南道、关西道、河东道、河北道、剑南西道、剑南东道、江南东道、江南西道、江南道、山南西道、山南东道、陇右道、岭南道以及四夷，即东夷17国、南蛮59国、西戎83国、北狄44国。除此之外，《太平寰宇记》中，乐史增加了土产、风俗、古迹、人物、姓氏、艺文等门类，还仿郦道元《水经注》列诗文、碑记之法，引用了不少诗赋和碑文，使志书的体例更为完善。《太平寰宇记》扩大了方志记载的范围，改变了我国方志只记沿革地理，轻视经济文化的习惯，为后世方

① (清)永瑢等．四库全书总目提要：卷68[M]．《四库全书》原文及全文检索版．
② 张国淦．中国古方志考：叙例[M]．北京：中华书局，1962.

志确立史、地、文并重的内容形式，提供了范例，在方志发展史上具有重要意义。四库馆臣评价云：“其书采摭繁富，惟取赅博。于列朝人物，一一并登。至于题咏古迹，若张祐《金山诗》之类，亦皆并录。后来方志必列人物艺文者，其体皆始于史。盖地理之书，记载至是而始详，体例亦至是而大变。”①清人周中孚说：“有宋一代志舆地者，当以子正为巨擘。”②

《吴郡图经续记》，北宋朱长文编纂，书成于元丰七年(1084年)。该书3卷，上卷分封域、城邑、户口、坊市、物产、风俗、门名、学校、州宅、南园、仓务、海道、亭馆、牧守、人物15门，中卷分桥梁、祠庙、宫观、寺院、山、水6门，下卷分治水、往迹、园第、冢墓、碑碣、事志、杂录7门。从其所分门类可以看出，其内容已不限于传统图经的地理风俗物产等，而是兼叙诸般人物政事，其内容和体例已经较为完备。此外，宋敏求纂修的《长安志》也表现了记载内容由偏重地理向兼记人文转变的这一特点，对南宋方志编纂具有较大的影响。

第二，平目体志书的产生。平目体是在旧图经门类的基础上加以扩充而形成的多门类结构形式。最著名的是南宋范成大的《吴郡志》，是书成于绍熙三年(1192年)，共50卷。全书分列39目，分沿革、分野、户口税租、土贡、风俗、城郭、学校、营寨、官宇、仓库、坊市、古迹、封爵、牧守、题名、官吏、祠庙、园亭、山、虎丘、桥梁、水利、川、人物、进士题名、土物、宫观、府郭寺、郭外寺、县记、冢墓、仙事、浮屠、方技、奇事、异闻、考证、杂咏、杂志等，并设场务、列女、武举3个附目。该志是宋代方志体例结构定型化的代表作，后世之作多有仿效。四库馆臣称其“征引浩博，而叙述简赅，为地方志之善本”③。

此外，南宋杨潜《云间志》3卷，并列设置36目；南宋施宿《嘉泰会稽志》设置117个门类，这些都是平目体的典型代表。

第三，纲目体志书的产生。纲目体是先设总纲(即大类)，再分细目的结构形式。《新安志》，南宋罗愿纂，成书于淳熙二年(1175年)。该书共10卷，采用纲目体，先分为州郡、物产、贡赋、歙、黟、祁门、休宁、婺源、绩溪、先达、进士题名、义民、仙释、牧守、杂录15大类，下又详列子目，子目划分甚细，如第一卷州郡下分沿革、分野、风俗、封建、境土、治所、城社、道路、户口、姓氏、坊市、官府、庙学、贡院、放生

---

① (清)永瑢等．四库全书总目提要：卷68[M]．《四库全书》原文及全文检索版．

② (清)周中孚．郑堂读书记[M]．北京：中华书局，1993．

③ (清)永瑢等．四库全书总目提要：卷68[M]．《四库全书》原文及全文检索版．

池、馆驿、仓库、刑狱、营寨、邮传、祠庙；第二卷物产分谷粟、蔬茹、药物、水果、水族、羽族、兽类、货贿等；第十卷杂录分人事、诗话、杂艺、砚、纸、墨、定数、神异、记闻9门。有些门类撰有小序，叙说写作的原委与主旨，使方志的体例更加完备。《新安志》分纲设目，以纲统目的编纂形式，层次分明，结构谨严，加之“叙述简括，引据亦极典核”，因而成为宋代方志定型的又一代表佳作，多为后来者所效法。此外，南宋梁克家《三山志》、潜说友《咸淳临安志》等都是采用纲目体形式来安排全书内容的。

第四，纪传体志书的产生。纪传体是以人物为中心来记述历史的史书体裁，由司马迁《史记》所创。南宋周应合将这一正史体裁应用到方志中编纂而成《景定建康志》，为后世所推崇。《景定建康志》共50卷，包括有录、图、表、志、传、拾遗等体裁，各类下再分细目。全书卷一至卷四为《留都录》；卷五为《建康图》，包括图序、虎踞形势图、历代城郭互见图、建康府境方括图、建康开阃所部图、府城图、府志图、上元县图、江宁县图、句容县图、溧水县图、溧阳县图、府学图、明道书院图、青溪先贤堂图、辨丹阳、辨扬州、辨金陵、辨建邺、辨越台、辨马鞍山；卷六至卷十四为《建康总序》、《建康表》；卷十五至卷四十六为志，包括志总序和十志，其中卷十五、卷十六为疆域志，卷十七至卷十九为山川志，卷二十至卷二十三为城阙志，卷二十四至卷二十七为官守志，卷二十八至卷三十二为儒学志，卷三十三至卷三十七为文籍志，卷三十八、卷三十九为武卫志，卷四十、卷四十一为田赋志，卷四十二、卷四十三为风土志，卷四十四至卷四十六为祠祀志，各志均有志序，下均分细目；卷四十七至卷四十九为古今人表、古今人传，传又分为正学传、孝悌传、节义传、忠勋传、直臣传、治行传、耆旧传、隐德传、儒雅传、贞女传等目；卷五十为拾遗，有6类。《景定建康志》的纪传体结构能够容纳较多的记叙内容，资料丰富，后世多有效法。孙星衍在该书重刻时作序云：“建康志体例最佳，各表纪年隶事，备一方掌故，山川古迹，加之考证，俱载出处。”

第五，其他编例。主要有以下几个方面：(1)方志设大事记与载地方书目。南宋高似孙纂有《剡录》，书成于宁宗嘉定七年(1214年)。全书10卷，共分28门，首卷列有“县纪年”一篇，按编年体记载本县大事，开方志设大事记之先河；第五卷收录阮裕、王羲之、谢灵运等14人的著述及三氏家谱等书42种，各列卷数，开方志记载本地人著述书目之端。大事记的设立与地方书目的记载在方志发展史上均有开创之功，对后世方志的编纂均有一定的影响。(2)重视地方掌故的记录与表体的应用。《三山志》，梁克家纂，为福州第一部地方志。因福州曾在唐天宝元年(742 年)名为长乐郡，故明代以前曾名《长乐志》。原书 40 卷，后人增订 2 卷，现为 42 卷，分为地理、公廨、版籍、财赋、兵防、秩官、人物、寺观、土俗九大类，各类之下又有细目。其类目设置与其他方志无异，唯其记载当时政事，则详录地方档案材料，如户口、税赋二志都分记祖额、今额及诸县数字；公廨类的子目有 47 个，不惮其详；土俗类岁时目记述节令，仅元日就有祈年、饮屠酥、序拜、却荤食、上冢等项，极为详尽。因其"主纪录掌故，而不在夸耀乡贤、侈陈名胜"，固"自成志乘之一体"。这种重视地方掌故制度的纪述形式，深得明代志家的推崇和效法。同时，《三山志》还把"表"这一体裁应用于方志，首创表体移史于志之功能。(3)乡镇志的创立。乡镇志是记述县以下一乡一镇各种情况的方志，创始于宋代。南宋常棠所撰《澉水志》8 卷，是我国第一部镇志。全书分 15 门：地理门(卷一)，山门(卷二)，水门(卷三)，廨舍门、坊巷门、坊场门、军寨门、亭堂门(卷四)；学校门、寺庙门、古迹门(卷五)，物产门(卷六)，碑记门(卷七)，诗咏门(卷八)，书前绘有"澉浦全图"一幅，《四库全书总目提要》称其"叙述简核，纲目该备"，并赞之为"绝特之作"。

宋代方志编例不但多有创新，并且已经出现了对全书编例进行统一规定的文字。南宋理宗淳祐年间纂成的《玉峰志》即有凡例若干则，如下：

> 凡事旧在昆山，而今在嘉定者，以今不逮本邑，今昔不载。
> 凡碑记现存者，书其名不载其文，不存者载其文。
> 凡事有《吴郡志》所载，与今所修不同者，以今所闻见无异者修。
> 凡叙人物有本邑而今居他所，本非邑人而今寓居者，今皆载。
> 凡事有重见者，止载一处，余书见某门，更不重载。

《玉峰志》之后，周应合在编纂《景定建康志》时，提出了修志四事，第一即为定凡例，指出凡例对全书编纂的重要性。周氏在《景定建康志》的凡例中，对于方志写什么，如何写，写作的顺序等问题都提出了自己的见解，这些都是对方志编例的探讨。

总之，两宋时期，方志得到巨大发展，逐渐成型并固定下来，此后各代所编纂的方志，基本都遵循这一时期的体例结构。

(四)元朝时期

较之宋代，元代方志发展缓慢，但在继承宋代成果的基础上，出现了一些为后世推崇和效法的传世佳作，方志编例也有进一步发展。

第一，创立一统志。元代方志最大的成就就是编纂了《大元一统志》，从而开创了全国性总志的新形式。元朝疆域，空前辽阔，为巩固蒙古族的统治和标榜版图的扩大，元世祖至元二十三年(1286 年)诏修全国一统志，至元二十八年(1291 年)书成，名《大一统志》，共 755 卷。元成宗大德年间，又命大学士岳铉等重修，至大德七年(1303 年)修成，共 1300 卷，定名《大元一统志》。此书以路和行省所辖的府、州为纲，分建置沿革、坊郭、乡镇、里至、山川、土产、风俗、形胜、古迹、宦迹、人物、仙释等目，内容极为丰富，材料详备。《四库全书总目》评曰："考舆地之书出自官撰者，自唐《元和郡县图志》、宋《元丰九域志》外，惟元岳铉等所修《大元一统志》最称繁博。"①元代之前，全国性的总志称为地理总志，元代创修"一统志"，开创了编纂一统志的先河。明清两代都效法其例，来编纂本朝的一统志。

第二，对旧志体例的创新改易。元代方志多是对宋代方志的续修，因而其体例多因袭宋志，但也不拘旧例，有所创新和改易，代表性的著作有《至元嘉禾志》、《至正金陵新志》、《延祐四明志》和《至正昆山郡志》。

《至元嘉禾志》，单庆、徐硕编修。此书系在宋代岳珂、关栻纂修未成的《嘉定嘉禾志》的基础上续补而成。全书 32 卷，主要沿用宋志旧例，平列各个门目。但具体分类则根据地方特点，有所创新，岳、关所修旧志仅 25 门，而《至元嘉禾志》则有 43 门，内容涉及沿革、乡镇、江海、户口、物产、学校、楼阁、寺院、古迹、题咏等，分类较细，改动较大。《四库全书总目》称其"序次甚详"，而"江海、湖泖、浦溆、溪潭、陂塘、河港、泾沟、牐堰分为八类，使源流支络，开卷井然，体例甚当"②。

《至正金陵新志》，张铉纂。该志是对宋《景定建康志》的续修，亦沿用其纪传体结构，全书 15 卷，有图、通纪、世年、表、志、谱、传、摭遗、论辨等类。但相对于《景定建康志》，《至正金陵新志》在类目中有不少损益，作了较多变化。主要有：删去留都录；删去田赋志的营租、沙租、圩租、蠲赋、杂录等目，将其内容并入历代沿革中；将城阙志并于古迹志中；将儒学、文籍两志合并为学校志；改武卫志为兵防志；析风土志(有 10 子目)为古迹、民俗二志，民俗志只设古今户口、风俗 2 目，古迹志则辖城阙、官署、第宅、陵墓、碑碣等项；在疆域志中增加历代沿革、

---

① (清)永瑢等．四库全书总目提要：卷 68[M]．《四库全书》原文及全文检索版．

② (清)永瑢等．四库全书总目提要：卷 68[M]．《四库全书》原文及全文检索版．

历代废县名、圩岸3目；删去正学传与直臣传，增加迁释、方技2传；又改忠勋为志勋，儒雅为儒林，隐德为隐逸，贞女为烈女，等等。《至正金陵新志》还新设“论辨”1门，下分诸图论、奏议、辨考3目，置于卷末。虽然《至正金陵新志》的体例也有不尽合理之处，但总体来看，其门类的设置较前志更为合理，“荟萃损益，本末灿然，无后来地志家附会丛杂之病”。①

《延祐四明志》，袁桷、王厚孙等纂。全书20卷，分为沿革考、风土考、职官考、人物考、山川考、城邑考、河渠考、赋役考、学校考、祠祀考、释道考、集古考12考。每考均有小序述著作要旨，先总考州郡，再分考各县，将所属鄞、慈溪、定海、象山四县及奉化、昌国二州的内容，列于总目之下。受马端临《文献通考》的影响，《延祐四明志》以“考”为类目名称，这种模仿史志、政书的形式，以书、志、考、略、典为名设置类目的方志，自元代出现后，到明代逐渐发展成为政书体方志。《延祐四明志》是宋元四明六志的第四种，但其体例则与前三种迥然不同，之前的《乾道四明图经》、《宝庆四明志》把郡事与县事分列分述，《开庆四明志》虽郡县合编，但设目混乱，《延祐四明志》则不仅将郡县合述，并且分类列目合理恰当，义例谨严，故四库馆臣认为该志“条理简明，最有体要”。至正年间，时任庆元路总管王元恭聘王原孙修续补《延祐四明志》，成《四明续志》12卷，亦基本沿用原书体例，仅增补延祐以后事及前志之所缺略，增土产一门。

此外，在撰述形式上，元代完全实现了由图经、地记等向方志的转变，据统计，元代编纂的志书近190种，其中图经6种，地记9种，方志有140多种，在名称上，志书已基本统一称“志”。

(五)明朝时期

中国地方志书发展到明代进入了兴盛时期，从洪武到崇祯(建文除外)，从内地到边远地区都有志书修纂。而且多数地区往往多次编修，每每十年或数十年一修，出现了连续纂修、代代相传的盛况。② 据有关学者统计，明代编修的地方志约达3470种。③ 明代方志编例的发展有以下几个方面。

① (清)永瑢等．四库全书总目提要：卷68[M]．《四库全书》原文及全文检索版．

② 巴兆祥．明代地方志述略[J]．文献，1988(3)．

③ 巴兆祥．方志学新论[M]．北京：学林出版社，2006：73.

第一，官定细则，统一编例。明代极为重视方志的编纂，洪武九年(1376年)，明太祖诏天下州郡县纂修志书，十一年(1378年)，又下令命天下郡县纂修图志。永乐十年(1412年)，朝廷为修《一统志》颁降《修志凡例》16则，这是迄今为止发现的最早由朝廷颁布的修志凡例。此《凡例》规定，所修志书采用平目体，一般设置建置沿革、分野、疆域、城池、里至、山川、坊郭、乡镇、土产、贡赋、风俗形势、户口、学校、军卫、廨舍、寺观、祠庙、桥梁、古迹、宦绩、人物、仙释、杂志、诗文24个门类，强调各门类既要叙述历史演变，又要重视现状。之后六年，朝廷又诏令天下郡县卫修志，并对原来颁布的《修志凡例》进行修订，调整门类，重新颁布《纂修志书凡例》，令各地遵照执行。时人明言，“敕内臣分行天下，颁降《凡例》，监督郡邑纂修志书，要在详悉，以成一代之令典”①。由朝廷颁定修志凡例，对于全国地方志书编纂起了积极的促进作用。自此之后，府、州、县志书的类目设置或悉依《凡例》所定，或在此基础上略做变通。如(永乐)《乐清县志》分设建置沿革、分野、疆域、城池、里至、山川、坊郭、乡镇、土产、贡赋、田土、风俗、形势、户口、学校、廨舍、军卫、坛场、铺舍、寺院、宫观、祠庙、桥梁、古迹、宦迹、人物、仙释、杂志、诗文29门，全依永乐十六年(1418年)所颁的修志凡例。永乐年间所修《普安州志》与《潮阳县志》亦是如此。明中叶以后所修志书，如《弘治易州志》、《嘉靖昆山县志》、《万历丹徒县志》等也是参酌此《凡例》拟定的篇目。

明代不但有全国性的修志凡例，亦有全省性的修志凡例。受朝廷颁布志书的影响和推动，一些省份为指导本省志书的修纂，也颁布了适用于本省的修志细则。嘉靖间，湖广布政司左参政丁明颁布《修志凡例》26则，这是我国已知最早由地方政府所拟定颁布的修志凡例。湖广《修志凡例》对照永乐《修志凡例》，沿用其钦定的平目体，但在类目的设置上有所扩展，具体为图考、建置沿革、星野、郡名、城池、疆域、关梁、形胜、山川、名迹、风俗、物产、户口、田赋、徭役、藩封、秩官、公署、铺舍、水利、惠政、学校、社学、书院、选举、荐举、恩荫、兵防、秩祀、祠庙、陵墓、名宦、宦迹、乡贤、人物、孝义、贞节、逸士、侨寓、灾祥、方外、艺文等。而在具体的编纂细节上，湖广《修志凡例》则更为具体，如关于地图的绘制，永乐《修志凡例》未作规定，湖广《凡例》规定：“府、州、县各列画图，城池内备画各衙门、各城门及楼庙、仓铺之类。府图城

① (明)林大春．潮阳县志旧序．《天一阁选刊》本．

外，备列所属州、县城池，并境内名山大川。州、县图城外，凡境内山川备列所在，各备书山水名目，及去州、县若干里，并大小险夷之状。图外各备书界至、里至。”①此凡例颁布之后，嘉靖、万历年间的湖广志书多依此而作。

明代中央与地方政府颁布修纂志书的凡例，对志书编纂的细则进行了规定，改变了洪武年间志书杂乱不一的弊病，有利于整齐各地志书的编例。

第二，政书体志书的创立。政书体是将政书的结构形式运用到志书编纂中的编纂方法，弘治、正德年间，周瑛纂《兴化府志》、《漳州府志》，创立了“政书体”。此体志书以记载典章制度为主，并以“吏、户、礼、兵、刑、工”分类，下设细目。之后，采用“政书体”进行编纂的志书还有(嘉靖)《临武志》和李作舟纂《庄浪汇纪》等。

第三，经纬体志书的创立。嘉靖二十九年(1550年)，陈棐纂修《广平府志》，创立了“经纬体”。此志以经纬分为两部，经集包括封域志、郡邑志、山川志、建置志、学校志、版籍志、坛宇志、古迹志，皆“形质疑定之目，所列者在物，乃主也，静也”；纬集包括官秩志、选举志、宦业志、贤业志、列淑志、恩泽志、经历志、风俗志，皆“运动推行之号，所取者在事，乃宾也，动也”。②

第四，三宝体志书的创立。万历间，唐枢纂《湖州府志》，以土地、人民、政事为总纲，纲下各立分目，土地类下列郡建、疆域、山川、乡镇、区亩、形胜、津梁、物产、古迹、陵庙10目，人民类下设户口、功贵、风俗、辟召、甲科、贡荫、逸遗、列女、流寓、方艺等目，政事类下分守令、赋役、学校、修筑、恤录、刑禁、兵屯、廨署、邮递、坛祠等目，创立了“三宝体”。其后，万历王一龙《广平县志》继用此体，并稍作变化，分为土地、人民、政事、文献四志，各志下再分门目，如人民志分版籍和赋役两门，版籍又分里社、户口、风俗、方言、流寓、保甲等目，赋役又分夏税、秋粮、马草、均徭、里甲、驿传、马政、盐课等目。之后，三宝体自成一家，清代康熙间李元仲《宁化县志》、赵弘化《密云县志》及乾隆时《河间府新志》等都是仿此体纂修而成。

第五，简体志书的出现。简体志书篇幅短、类目少、容量小，明代著名的有(洪武)《无锡县志》、徐一夔《杭州府志》、黄润玉(天顺)《宁波府

① (明)周瑶等.(嘉靖)蕲水县志.《天一阁选刊》本.
② (明)陈棐.(嘉靖)广平府志序.《天一阁选刊》本.

简要志》、祝允明(正德)《兴化县志》、何景明(嘉靖)《雍大记》、赵时春(嘉靖)《平凉府志》、闻人诠(嘉靖)《宝应县志略》、毛凤韶(嘉靖)《浦江志略》、汪来《北地纪》、张光孝(隆庆)《华州志》、万廷谦(万历)《龙游县志》、孙丕扬(万历)《富平县志》、冯梦龙《寿宁待志》等。而其中最具代表性的是康海《武功县志》和韩邦靖《朝邑县志》。

《武功县志》,正德年间康海纂。针对当时有些志书类目划分过细,内容过于芜杂的弊端,康海认为,方志应该简明扼要,保留对封建统治最有用的内容,这样才能更好地发挥其"资治"的作用。在这种思想的指导下,他所编纂的《武功县志》仅两万多字,记录了上下千余年的内容。全书分为3卷,包括地理、建置、祠祀、田赋、官师、人物、选举7篇。凡山川、城郭、古迹、宅墓皆归地理篇,官署、学校、津梁、市集归建置篇,祠庙、寺观归祠祀篇,户口、物产归田赋篇,艺文散附各条之下。问世之后,《武功县志》以"简而有体"、"文简事赅"而得到后人的称道。《四库全书总目》评价曰:"体例谨严……乡国之志,莫良于此……后来志乘,多以康氏为宗。"①民国时期寿鹏飞亦称赞说:"文字虽简,而体用悉赅。"②而正德间韩邦靖纂《朝邑县志》则更简。全志2卷,分总志、风俗、物产、田赋、人物、杂记等7篇,全书不过六七千字,"志乘之简,无有过于此者"。③《四库全书总目》赞其曰:"上卷仅七页,下卷仅十七页,古今志乘之简,无有过于是书者。而宏纲细目,包括略备。盖他志多夸饰风土,而此志能提起要,故文省而事不漏也。"④

自康海、韩邦靖《武功县志》、《朝邑县志》之后,简体志书的影响增大,后来修志多有仿效继承。董谷(嘉靖)《海宁县志·凡例》称:"自武功志出,一变体裁……遂使继之者,各出己见,自成一家。"清(道光)《大定府志》林则徐序亦云:"自明武功、朝邑二志以简洁称,嗣是载笔之儒,竟尚体要。"但是有些志书刻意求简,忽略内容,以致一地的记载过于简略,失去其使用价值,因此简体志书也遭到一些学者的否定和反对。章学诚就曾批评《武功县志》"芜秽特甚",《朝邑县志》"庇谬百出"。

第六,其他编例。主要有:(1)创修卫所志、边关志等。明代由于军事和边防的需要,创修了一定数量的卫所志和边关志。卫所志由卫所长或

---

① (清)永瑢等.四库全书总目提要:卷68[M].《四库全书》原文及全文检索版.
② 寿鹏飞.方志本义管窥[J].国学丛刊,1994(14).
③ (清)章学诚.文史通义新编新注:书《朝邑志》后[M].仓修良,编注.杭州:浙江古籍出版社,2005.
④ (清)永瑢等.四库全书总目提要:卷68[M].《四库全书》原文及全文检索版.

兵部官员主修，内容主要是兵事、武备，有(洪武)《靖海卫志》、《金齿军民指挥司志》、《松潘军民指挥司志》、(天顺)《大田所志》等。边关志多由镇守将领或兵部职方官纂修，侧重记载军备、险要、兵火等，如(永乐)《辽东志》、《山海关志》等。(2)类目方面的创新。明代方志在类目设置方面多有创新，如(成化)《新昌县志》新设“氏族”类，(弘治)《抚州府志》增“版册”、“文教”、“幽怪”、“兵氛”类目，(正德)《中牟县志》新立“乡保”、“镇集”、“村寨”之目，《怀庆府志》设“稽古”、“英华”二目，《琼台志》设“气候”、“平乱”、“海道”、“破荒启土”之目，(嘉靖)《泗志备遗》立“帝运”、“礼教”之目，《崇义县志》设“礼乐志”、“利泽志”、“崇表志”三目，(万历)《上虞县志》列“矿务”、“渔税”、“军政”、“匠班”、“地名”、“遗构”之目，《漳州府志》置“狱囚”、“词讼”、“赦宥”之目，(万历)《绍兴府志》专设记载本地志书编修历史的“序志”1卷，(景泰)《建阳县志》增设人物画像，等等。

(六)清朝时期

清代，全国社会稳定，经济发展，文化繁荣，加之统治阶级的重视，中国古代方志进入了鼎盛时期，并且高度成熟。这个时期所编纂的方志，数量众多，种类齐全，据统计，我国现存的八千多种方志中，清代方志占约百分之七十。清代方志编例的发展主要体现于在前代的基础上更加谨严，更臻完善。

第一，一统志的编修。清代曾三修一统志，最后成《嘉庆重修一统志》。此志系在乾隆八年(1743年)和乾隆四十九年(1784年)编修的《大清一统志》的基础上重修而成，嘉庆十六年(1811年)由穆彰阿等主持编修，历时三十四年，至道光二十二年(1842年)修成。全书560卷，另有凡例、目录2卷，其编次首京师，次直隶，次盛京，次江苏、安徽、山西、山东、河南、陕西、甘肃、浙江、江西、湖北、湖南、四川、福建、广东、广西、云南、贵州，次新疆，次蒙古各藩部，次朝贡各国。自京师以下，每省有统部，总叙一省大要。各统部下设总图、总表、总叙，边疆各统部另增设属境、关邮、台站、营塘、卡伦等，京师及盛京统部另增设坛庙、皇城、山陵、宫殿、行宫、苑囿等项目，青海、西藏无总图、总表、总述，直接记述各部情况。总述下叙述各省的分野、建置沿革、形势、文职官、武职官、税课、户口、田赋、名宦等。边疆统部另在总述下增叙属部、旗分、封爵、驿站、山川等。各省之下，再以府、厅、直隶州分卷，各以其所领之县归入，列有图、表，分叙疆域、分野、人物、列女、土产等25目。蒙古各藩统部，分卷则均与各省之例相同。由于时间迁移，社会各方面的内容较之以前均有变化，因而《嘉庆重修一统志》对前志的内容进行了补充，增加了乾隆《大清一统志》以后至嘉庆二十五年之间的内容，其门类也在前两志的基础上进行了一些增补，如在直隶承德府增加了“行宫”门类，在各省统部“田赋”之后，增加了“税课”门类，等等。而对于新增补者，《嘉庆重修一统志》都一一进行说明。《嘉庆重修一统志》是我国封建政府所修的质量最高的一部全国性总志，其体例在历代全国总志中最为完善，具有很高的学术价值。①

第二，三书体的创立。三书体的创始人为清代乾隆时期史学家章学诚，他认为，一部志书应当由志、掌故、文征三部分组成。其中，“志”为最主要部分，采用纪传体，包括纪、谱、考、传等体裁，包括便能、方舆、建置、民政、秩官、选举、人物、艺文等门类；“掌故”和“文征”为资料汇编，“掌故”按类选编当地政府的文献文件，“文征”收集各类诗文名篇。三书之外，再设“丛谈”，汇集异闻杂说。三书体最典型的代表即为章学诚所主持编写的《湖北通志》，正文由湖北通志、湖北掌故和湖北文征三部分组成，末附湖北丛谈。其中，“湖北通志”包括皇言、皇朝编年2纪，方舆、沿革、水道3图，职官、封建、选举、族望、人物5表，府县、舆地、食货、水利、艺文等53传；“湖北掌故”分为吏、户、礼、兵、刑、工六科；“湖北文征”分甲乙丙丁四集，分别裒录正史列传、经济策画、词章诗赋、近人诗文等。另附“湖北丛谈”，包括考据、轶事、琐语、异闻4类。方志分立三书，是章学诚的创见，它对旧时方志的内容和体例革新起了很大作用，影响较大。

第三，方志体例益臻完善。发展到清代，方志的各种结构形式已经基本具备，这个时期方志的体例在前代的基础上发展得更加完善，代表性志书是《河南通志》与《广西通志》。《河南通志》，贾汉复修，沈荃纂。河南旧省志修于明嘉靖年间，至清顺治已有百余年。顺治十四年(1657年)，贾汉复任河南巡抚，设置馆局，锐意修志，并聘请沈荃总领其事。该志以明嘉靖年间所修《河南通志》为基础，增删门目，弥漏补缺，纠谬正讹，并“网罗旧闻，搜采散佚”，参稽各府州县新志。历时三年，顺治十七年(1660年)秋，全书告成，成为清代最早修成的省志。全书共50卷，有图31幅，“凡例”20条，采用平目体形式，横排各目，有图考、沿革、星野、疆域、山川、风俗、城池、河防、封建、户口、田赋、物产、职官、

① 曹子西，朱明德．中国现代方志学[M]．北京：方志出版社，2005：181.

公署、学校、选举、祠祀、陵墓、古迹、帝王、名宦、人物、孝义、列女、流寓、隐逸、仙释、方技、艺文、杂辨共30个门目。《四库全书总目》称其“条例粗备”。

康熙十一年(1672年)诏令各省“纂辑通志”，并将《河南通志》“颁诸天下以为式”。康熙二十二年(1683年)，礼部奉旨檄催各省设局纂修通志，又再次强调“遵照《河南通志》例”。当时，各省、府、州、县所修方志，多仿该志体例，影响很大。这种细目并列的体例，力求全面，但无所统摄，随着门目不断地增繁，其杂乱无章的弊端愈显。

《广西通志》，谢启昆修，胡虔纂。全书280卷，前有谢作叙例一篇，共有“凡例”24则，涉及了方志的源流、性质、体例、功用、编纂等问题。此志采用纪传体来编排全书内容，全书分为一典、二录、四表、六列传、九略，即《训典》、《宦绩录》、《谪宦录》、《郡县沿革表》、《职官表》、《选举表》、《封建表》、《人物传》、《土司传》、《列女传》、《流寓传》、《仙释传》、《诸蛮传》、《舆地略》、《山川略》、《关隘略》、《建置略》、《经政略》、《前事略》、《艺文略》、《金石略》、《胜迹略》。其后，阮元所纂(道光)《广东通志》和(道光)《云南通志稿》均沿用其体例，亦受到后人的称道。梁启超称之“其价值与章氏鄂志，且未经点污，较鄂志更完好也。卷首列《叙例》23则，偏征晋、唐、宋、明诸家门类体制，设短取长，说明其所以因革之由，诸志序例，或未能先也。故后之作者，皆奉为楷模焉”①。

① 梁启超．说方志[M]//绿林书房．梁启超书话．杭州：浙江人民出版社，1998：143.

第五章　文集编例

一、别集编例

别集，是收录一人全部或部分作品的集子，它是前人留下的珍贵的精神财富和文化遗产。在长期发展的过程中，别集形成了丰富的编撰方法，对其编例加以归纳和总结，有助于促进当代文献编辑学的发展。

别集编者

就编辑者而言，别集有自编与他编两种。

(一)自编

自编就是作者亲自编订自己的作品成集。自编别集在唐代以后较多，现据《四库全书总目》与《清人文集别录》所录，将历代自编别集之作列表举例于下(见表5-1)：

表5-1　　历代自编别集举例①

朝代	著者	书　名	卷数	著者	书　名	卷数
唐代	崔道融	《东浮集》		白居易	《白氏文集》	10
	卢照邻	《庐昇之集》		陆龟蒙	《笠泽丛书》	4
	王贞白	《灵溪集》		司空图	《一鸣集》	10
	皮日休	《皮子文薮》		郑谷	《云台编》	3
	李贺	《昌谷集》	4	杜荀鹤	《唐风集》	3

① 未标卷数者，为《四库全书总目》与《清人文集别录》未明言者。

续表

朝代	著者	书　名	卷数	著者	书　名	卷数
宋代	邵雍	《击壤集》	20	陆游	《渭南文集》	50
	寇准	《巴东集》		韩元吉	《焦尾集》	1
	杨亿	《武夷新集》	20	程公许	《沧州尘缶编》	
	李觏	《退居类稿、皇祐续稿》		岳珂	《玉楮集》	8
	欧阳修	《六一居士集》		文天祥	《指南录》	
	苏辙	《栾城集》	50	吴锡畴	《兰皋集》	3
	黄庭坚	《敝帚集、精华录》		包恢	《敝帚稿略》	
	秦观	《淮海集》	40	邓牧	《伯牙琴》	1
	范成大	《石湖诗集》	34	郑刚中	《北山集(初集、中集)》	30
金代	赵秉文	《滏水集》				
元代	张宏范	《归田类稿》		胡助	《纯白斋类稿》	20
	赵孟頫	《松雪斋集》	10	郑玉	《师山文集》	8
	刘因	《丁亥诗集》	5	张养浩	《归田类稿》	
	宋无	《翠寒集》	1			
明代	梁潜	《泊庵集》	16	高启	《缶鸣集》	12
	程敏政	篁墩集	93	顾清	《东江家藏集》	42
	吴宽	《家藏集》	77	黄佐	《泰泉集》	10
	徐祯卿	《迪功集》	6	曹履吉	《博望山人稿》	20
	许相卿	《云村文集》	14	卢柟	《蠛蠓集》	5
	皇甫汸	《皇甫司勋集》	60			
清代	王士祯	《精华录》		王鸣盛	《西庄始存稿》	30
	叶方谒	《读书斋偶存稿》	4	王昶	《春融堂集》	68
	宋荦	《西陂类稿》		吴省钦	《白华前稿》	60
	张尔岐	《蒿庵集》	3	鲁九皋	《鲁山木先生文集》	12
	钱大昕	《潜研堂文集》	50	陈鹤	《桂门自订初稿》	10
	徐枋	《居易堂集》	12	阮元	《揅经室一集、二集、三集、四集》	61
	钱陈群	《香树斋文集》	28			

(二)他编

他编就是著者的作品由本人以外的其他人编次成集，一般是作者的亲属、朋友、门人、乡人等。亲属所编者，如唐杜牧《樊川文集》为其外甥裴延翰所编，宋刘黻《蒙川遗稿》为其弟刘应奎所编，明李贤《古穰集》为其女婿程敏政所编，明梁兰《畦乐诗集》为其姻家杨士奇所编，明归有光《震川文集》为其曾孙归庄所编，清朱筠《笥河文集》为其子朱锡庚编。朋友所编者，如唐代柳宗元《柳河东集》为友人刘禹锡所编，宋代张栻《南轩集》为其好友朱熹所编。门人所编者，如唐释齐己《白莲集》为其门人西文所编，宋张九成《横浦集》为门人郎昱所编，清顾炎武《亭林文集》为门人潘耒所编。乡人所编者，如南朝江淹《江文通集》为乡人梁宾所编，清戴名世《潜虚先生集》为乡人戴钧衡所编。有些别集非赖一人之力，而是由多人共同编辑或先后相续而成，有亲属与好友同编者，如清章学诚《文史通义》由其友王宗炎、其子相续编成；有亲属与乡人同编者，如明解缙《文毅集》由邑人罗洪先与从孙罗相同编；有亲属与门人同编者，如清彭启丰《艺庭先生集》由其子彭绍升和门人汪元量合编；有门人与乡人同编者，如明代胡翰《胡仲子集》由门人刘刚与乡人王懋温同编。

有些别集由于作者名重文坛，编次者较多，这样，由于编者的不同而形成了不同的版本。如中国诗坛上被誉为“诗仙”的唐代诗人李白，其集在唐宋时期先后曾经多人编次，最初由其友魏颢整理成集；之后，受李白临终之托，李阳冰编集成 10 卷本，到元和十二年(817 年)年范正重加编辑为 20 卷本。此三本至宋代均失传，咸平元年(998 年)乐史重新搜集整理成正集 20 卷，别集 10 卷；熙平元年(1068 年)，宋敏求又广收遗逸，重加编辑；其后，曾巩又据宋敏求之本重新编年排次为 30 卷本，这是宋代对李白文集的三次编辑。李白的文集前后凡经六编，方成今之定本。

(三)他编原因

为什么著者不亲自编辑自己的作品，而由他人代劳呢？原因有三。

其一，作者生前政治环境不允许。如明初著名学者方孝孺，由于拒绝为永乐皇帝撰写即位诏书，被诛杀十族。方殉节之后，文禁甚严，门人王稔藏其生前遗稿，至明宣宗宣德年间才开始公开传播。

其二，著者态度严谨，为人谦逊，不轻易将作品刊刻流传，恐贻误后人。如宋代史学家宋祁，生前曾多次深切告诫他的儿子不要编集自己的作品，以免被后人耻笑批评。然而由于名重当世，当时已有多种集子流传，自不能禁。有的是跟著者个人喜好和性格有关，如宋代林光朝，平生不喜著书，虽有作品，也不自编，去世后，族孙裒辑遗文成《艾轩集》10卷。

其三，著者生前无暇编次。如元代苏天爵《滋溪文集》就是由于著者政务繁忙，没有时间亲自编定，便委托其友编次。有的是由于作者自编之集年久散佚或书版毁坏，后人又重新编订，如元胡助《纯白斋类稿》、明沈鲤《亦玉堂稿》就属于这种情况。

一般说来，自编别集质量较他编别集质量高，因为自编别集时，编者态度非常审慎，宁缺毋滥，选择自己的上乘之作入集，因而质量能够得到保证；他编别集则求全求备，贪多炫博，加上编者水平有限，内容往往良莠杂陈，真伪相混，编排上也错误多出，体例不精。但无论自编、他编，都使著者的作品得以保存流传，对文献学的发展都有不可磨灭的贡献。

别集的命名

别集的命名纷繁多样，多与作者有关，其次与作品本身相关。归纳起来，主要有以下类型：

(一)与作者称谓有关的命名

与作者称谓相关的别集命名，有多种情况。

第一，以作者的姓氏命名。先秦诸子的作品多以著者姓氏命名，称“某某子”，如《庄子》、《孙子》、《管子》、《墨子》、《孟子》、《荀子》、《吴子》等，宋代金君卿的文集亦以姓氏命名为《金氏文集》。

第二，以作者的名命名。以作者之名为文集命名，比较明了，使人一望而知系谁之著作。如《孟浩然集》即是用唐代大诗人孟浩然的名命名的，其他如《鲍溶诗集》、《常建诗》、《储光义诗》、《李群玉集》等也都是以作者之名为书名的。

第三，以作者的字命名。古代别集用作者字命名的例子比较常见，如东汉著名辞赋家扬雄，字子云，其集因名《扬子云集》；晋代陆云，字士龙，其集名《陆士龙集》；唐代大诗人李白，字太白，其集因名《李太白集》。古人常有一个以上的字，其别字也被用来命名其文集，如朱熹之父朱松，字乔年，别字韦斋，其集因名《韦斋集》。其他如《陶渊明集》、《曹子建集》、《萧茂挺文集》、《李遐叔文集》、《次山集》、《钱仲文集》、《沈下贤集》、《拙斋文集》等也都是以作者之字命名的例子。

第四，以作者的号命名。古人标识自己的符号除了姓、名、字之外，还有号；古人的号有自号、封号、谥号之分，谥号又有私谥、官谥之别。

私谥是古人死后，由其亲友、门生、故吏所加的谥号，官谥则是死后由朝廷颁赐的谥号。唐代王绩，自号“东皋子”，其集因名《东皋子集》，其他如《华阳集》、《滏水集》、《墙东类稿》、《西岩集》、《可闲老人集》等也都是以作者自号命名的；宋代大词人陆游，晚年曾封渭南伯，其集因名《渭南文集》，其他如《南阳集》、《张燕公集》等也都是以作者封号命名的；宋代范仲淹，朝廷赐谥“文正”，其集名曰《文正集》，其他如《文恭集》、《于忠肃集》、《忠肃集》、《舒文靖集》等也都是以作者的官谥命名的；唐代吴均，其弟子私谥曰“宗元先生”，其集因名《宗元集》，其他如《元英集》、《忠惠集》、《康范诗集》、《渊颖集》等都是以作者的私谥命名。

（二）与作者相关的地名命名

与作者相关的地名命名，情况更为复杂。

第一，以作者的籍贯命名。如宋代王珪是成都华阳人，其集因名《华阳集》；宋代曾巩是建昌南丰人，其集名曰《元丰类稿》；王安石是江西临川人，其集因名《临川集》。其他如《冯安岳集》、《鄱阳集》、《钱塘集》等也都是以作者的籍贯命名的。

第二，以作者的郡望命名。郡望与籍贯有时并不一致，籍贯通常是指祖居地，也就是祖父的出生地；郡望则表示某一地域或范围内的名门大族，它标明了一个人的出身门第贵贱及社会地位和影响。唐代文学大家韩愈，虽系河内河阳(今河南孟县)人，但因昌黎(今辽宁义县)韩氏为唐代望族，故韩愈常以“昌黎韩愈”自称，其集因称《昌黎先生集》；北宋史学名家刘攽，籍贯在临川新喻(今江西新余)，因彭城为刘氏郡望，其集因称《彭城集》；明代郑真本是浙江鄞县人，其别集却题为《荥阳外史集》，正是因为荥阳为郑氏郡望。

第三，以作者的里居之地命名。如唐代僧人皎然，居住在杼山，其集因名《杼山集》；宋刘子翚因病归里，筑室屏山，其集因名《屏山集》。作者的居住之地不一定是其籍贯，如宋代綦崇礼本是高密人，后迁到潍之北海，因名其集为《北海集》。宋曹彦约，世为都昌村落人，后迁于城下昌谷巷，其集因名《昌谷集》。

第四，以作者的居住环境命名。如唐代许浑所居之别墅在润州，润州有丁卯桥，因名其集曰《丁卯集》；明代崔铣家在安阳，其境有洹水，其集因名《洹词》。

第五，以作者的斋堂室名命名。古人附标风雅，常以堂、室、斋、居、轩、亭、庵、馆、楼、阁、山房、精舍等名其寓所、住处、读书或藏书的地方，后人编集时常以此命名。以堂名者，如明代汤显祖家有“玉茗堂”，其集因名《玉茗堂全集》；以室名者，如清代阮元有“揅经室”，其集因名《揅经室集》；以斋名者，如元代吴海有“闻过斋”，其集因名《闻过斋集》；以轩名者，如宋代黄公绍所居曰“在轩”，其集因名《在轩集》；以亭名者，如元代吕诚筑有“来鹤亭”，其集因名《来鹤亭集》；以楼名者，如元代城钜附寓所名“雪楼”，其集因名《雪楼集》；以阁命名者，如宋代詹初，读书处曰“寒松阁”，其集因名《寒松阁集》；以山房名者，如清代厉鄂所居之处曰“樊谢山房”，其集因名《樊谢山房集》；也有同时以斋名与堂名命名的，如宋代米芾《宝晋英光集》，“宝晋”乃其斋名，“英光”乃其堂名，“合二名以名一书，古无是例”①。其他如《默堂集》、《贞素斋集》、《居竹轩集》、《月洞》、《嫁村类稿》、《云溪集》、《初寮集》等也都是以作者的斋堂室名命名的。

第六，以作者的归老之地命名。如白居易晚年居住于香山，汪立名编其诗成集名为《白香山诗集》；宋韩元吉归老于南涧，其集因名《南涧甲乙稿》。

第七，以作者的归隐之地命名。宋代王廷珪弃官归隐于庐溪，因名其集《庐溪集》。

第八，以作者逝世之地命名，如唐代吕温卒于衡州，其集因名为《吕衡州集》。

(三)与作者官职有关的命名

一人一生之中可能历任多职，有多个官衔，所以因官职为文集命名有多种情况。有的以作者曾任官职中最高的官衔命名，如杜甫一生最高曾任检校工部员外郎，其集名《杜工部诗集》；有的以作者最初之官命名，如宋代穆修，初授泰州司理参军，其集命名从其初官曰《穆参军集》；有的以作者致仕之官命名，如宋代蒋堂以尚书吏部侍郎致仕，其集因名《春卿遗稿》(《周礼》以春官宗伯为六卿之一，掌典礼，后世因以春卿为礼部尚书习称)；有的以作者所终之官命名，如唐代姚合，于开成末以秘书少监之职而终，其集因名《姚少监诗集》；有的以朝廷追赠之官命名，如宋代欧阳澈曾被追赠“秘阁修撰”，其集因名《欧阳修撰集》；有的则只是以作者所曾任之职命名，如南朝宋鲍照曾为临川王子项参军，其集因名《鲍参军集》。其他如《礼部集》、《何水部集》、《王右丞集》、《刘宾客文集》、

① (清)永瑢等．四库全书总目：卷154[M]．《四库全书》原文及全文检索版．

《王司马集》等都是以作者的官职命名的例子。以作者所官之地命名，如唐刘长卿，官终随州刺史，其集因名《刘随州集》；唐代诗人贾岛曾被贬任遂州长江县主簿，其集名曰《长江集》；宋代尹洙曾在河南做官，其集因名《河南集》。

(四)以作者的志向、情趣、喜好等命名

如陆游曾在四川做官近十年，“乐其风土，有终焉之志”①，后被宋孝宗召见东下，然其心念巴蜀，未尝一日忘怀，其集因名《剑南诗稿》，表现了他对川地的怀念热爱之情；宋代吴锡性喜艺兰，自号“兰皋子”，并用以名集，曰《兰皋集》；元代萧道源，居家闲居之日为多，其集因曰《闲居丛稿》；元代陈樵常穿鹿皮衣服，自号“鹿皮子”，其集名曰《鹿皮子集》。《牧莱脞语》、《指南录》也都是表现作者志趣的题名。

(五)与作品有关的命名

与作品有关的命名，也有几种情况。

第一，以与作品有关的时间命名。有以写作时间命名的，如《归田稿》，所收录的作品都是作者辞官归里之后所作，因称“归田”；清代孙承泽之集所收均是顺治乙亥解官退居后的作品，因称《乙亥存稿》。以成书时间命名的，如唐代白居易和元稹的诗文集编于穆宗长庆年间，其名分别为《白氏长庆集》、《元氏长庆集》。

第二，以撰书之地命名。如宋代陶弼之《邕州小集》中所收诗文，皆是陶弼官知邕州时在湖南所作，非湖南所作者，皆不在此集内。

第三，以作品的特点命名。如唐代陆龟蒙自编其诗文杂著为《笠泽丛书》，他在自序中说：“丛书者，丛脞之书也。丛脞，犹细碎也。”可见，作者是因作品丛脞、细碎的特点而名其集的。元代杨维桢所作诗文多编琴操、冶春、游仙、香奁等作，其体皆时俗所置而不为者，因以“复古”为名，曰《复古诗集》。

此外，别集还有以作品的体裁、著作方式命名的，参见第三章第一节。

(六)以诗文典故命名

以诗文典故命名往往含有一定的寓意。以诗文命名者，如韩愈曾有赠

① (清)永瑢等．四库全书总目：卷160[M].《四库全书》原文及全文检索版．

孟郊诗句曰："作诗三百首，窅默咸池音。"①孟郊诗集因名曰《咸池集》。元代刘鄂祖训有"以诗道贵实"之语，其集因名《惟实集》。元代朱晞颜《鲸背吟集》，因集中末章有"早知鲸背推敲险，悔不来时只跨牛"句，故名。以典故命名者，如《三余集》就是因三国董遇三余读书的故事而命名的。董遇是古代三国时的大学问家，从小就酷爱读书，与其兄上山打柴也拿着经书，随时而读，曾对《老子》作过注释，著有《朱墨别异》；别人向他请教学习方法，他回答说平时要利用"三余"的时间来读书，所谓"三余"是指："冬者，岁之余也；夜者，日之余也；雨者，月之余也。"也就是说学习要分秒必争，抓紧时间。《文泉子集》、《麟角集》、《金濑集》等也是用诗文典故命名的别集。

别集的内容

别集所收为一人之作品，但它们并非只是单纯的文学著作，其内容五彩缤纷，包罗万象，似一部部百科全书。

(一)内容范围

唐代以前，别集大多收辞章诗赋等文学类作品，之后，别集收录范围不断扩大，经、史、子等内容无所不包。章学诚曾总结说：

> 自唐以前，子史著述专家，故立言(入子)与记事(入史)之文，不入于集，辞章诗赋，所以擅集之称也。自唐以后，子不专家，而文集有议论，史不专家，而文集有传记，亦著述之异大变也。②

别集的内容除集部之作外，还有经、史、子等方面的内容。

(1)经部内容。春秋战国时期，"六经"就已成为人们公认的宝典，别集中包含了众多的经学文章。如北宋游酢《游廌山集》4卷，其中卷一为论语杂解、中庸义、孟子杂解，卷二为易说、诗二南义，卷三为师语、师训，诗文之作仅有1卷，经学论文则占四分之三。

(2)史部内容。别集中所含史的内容以诏令奏议、碑传墓志之类为多，这些都属于史的范围。如唐陆贽《翰苑集》22卷，卷一到卷十为制诰，

---

① (清)曹寅等．全唐诗：卷340[M]．《四库全书》原文及全文检索版．

② (清)章学诚．文史通义新编新注[M]．仓修良，编注．杭州：浙江古籍出版社，2005：440.

卷十一到卷十六为奏草，卷十七到卷二十二为中书奏议，全为史类之文；明于谦《于忠肃集》13 卷，奏议占 10 卷；清袁枚《小仓山房文集》，碑志、传状之文占了十之七八。这些内容具有重要的史料价值，可补正史之不足，编撰国史亦可取证。

(3)子部内容。别集中也有不少子部的内容，故而章学诚认为，“文集者，诸子衰而后起也”①；余嘉锡则更明确提出“古之诸子即后世之文集”②。清铁保《梅庵文钞》6 卷，有不少医学论文，如卷三《集古成方序》、卷五《医说》、卷六《与止斋司空论药书》；清梁同书《频罗庵遗集》则有较多讨论书法的内容。

(二)内容多彩的原因

别集内容如此丰富多彩，有多种原因。首先，古代的学科划分并不像我们现在这样细化与分明，我国素有文史哲不分家的传统；而古代的知识分子也往往是通才之士，他们既是文学家，也是史学家、哲学家；既精于文学，也通晓经史甚至天文地理，正所谓“经学不专家，而文集有经义；史学不专家，而文集有传记；立言不专家，而文集有辩论”③。著者的博学多才必然使其论著之文广涉多科。其次，古代学者虽然博涉多科，但往往也学有专长，其文集的内容常常与其专长有关，如清储大文潜心古学，尤其究心于地理，所以其集《存砚楼文集》16 卷，而论形势者多达 7 卷；铁保精于医学，其文集《梅庵文钞》便多医说之文。再次，别集内容与作者生平所任之官有关，唐宋时候设有“两制官”，是专门负责起草诏令的官职，宋代许应龙在理宗之时曾先后掌内外制，因而其集《东涧集》制诰一类的文章尤多。最后，与别集的编刻者也有关，文集的成书与出版分别要由其编者与刻印者完成，而编者与刻书者的水平参差不齐，去取原则各异，也会影响文集内容的收录。

编排体例

编排体例，是编者在编辑文集时对收录作品进行排列组织的方式、方

① (清)章学诚．文史通义新编新注[M]．仓修良，编注．杭州：浙江古籍出版社，2005：785.

② 余嘉锡．古书通例[M]//余嘉锡．余嘉锡说文献学．上海：上海古籍出版社，2001：209.

③ (清)章学诚．文史通义新编新注[M]．仓修良，编注．杭州：浙江古籍出版社，2005：46.

法，它将繁多无章的诗文篇目依次排列，使之有序井然，便于读者阅读学习。别集内容的组织排列大体有以下几种方式。

（一）分体编排

分体编排，就是根据作品的体裁进行编排。别集所录多为文学作品，因而按文体编排的方式最为普遍常见。如唐代元稹《元氏长庆集》以古诗、伤悼诗、律诗、古乐府、新乐府、赋、策、书、表状、制诰、序记、碑志、告祭文为序编排；宋汪莘《方壶存稿》按书、辨、序、说、颂、赋、歌行、古今体诗、诗余的文体顺序排列。

（二）分类编排

分类编排，就是按照作品的主题内容编排。《四库全书总目》云："分类编次，唐无此例，殆宋人重编。"①盖此种编排方式于宋代为多。华汝德所编明沈周《石田诗选》10卷，此集不标体制，不谱年月，但按内容分为天文、时令、山川、居室、寺观、祠庙、宗族、杂流、僧道、古迹、怀古、时事、述怀、感兴、忠孝、闲适、庆寿、会晤、投赠、题号、送别、伤悼、图像、图画、文词、花竹、鸟兽、器用、咏物、杂咏等31类。

（三）分集编排

分集编排，就是先将著者的作品汇编成若干集，然后再把这些集子编排在一起。如宋杨万里《诚斋集》132卷，内含《江湖集》、《荆溪集》、《西归集》、《南海集》、《朝天集》、《江西道院集》、《朝天续集》、《江东集》、《退休集》9集。清查慎行《敬业堂集》编裒其生平之诗随所游历各为一集，凡53集，颇为繁琐，《四库全书总目》因言："自古喜立集名者以杨万里为最多，慎行此集，随笔立名，殆数倍之。其中有以二十四首为一集者，殊病其伤于烦碎。"②

古代别集所分诸集标准不一，其中以写作时间归集的比较多，如明顾清《东江家藏集》"凡《山中稿》四卷为初集，乃未仕时作；《北游稿》二十九卷为中集，乃既仕后作；《归来稿》九卷为后集，乃致仕后作"③。也有以多种标准归集的，如唐李德裕文集20卷分三集，《会昌一品集》皆武宗

---

① （清）永瑢等．四库全书总目：卷151[M]．《四库全书》原文及全文检索版．

② （清）永瑢等．四库全书总目：卷173[M]．《四库全书》原文及全文检索版．

③ （清）永瑢等．四库全书总目：卷171[M]．《四库全书》原文及全文检索版．

时所作制诰，《别集》皆诗、赋、杂文，《外集》则迁谪以后闲居论史之文，前两集是按文体收录，后一集则以内容为准专收论史文章。

(四)按时间编排

按时间编排，就是按照作品的写作时间编排。如宋范成大《石湖诗集》34卷，“诗不分体，亦不分立名目，惟编年为次”①。按时间编排，就需要考证诗文所作时间，由于编者学识不足、态度不严谨或资料有限，有些作品的时间难于精确，别集的编排不免有误，因而以时间顺序编次别集，对编者的素质要求较高。

(五)综合编排

以上四种方式是别集最基本的编排方式，为了把著者积一生的作品有条不紊、井然有序地呈现给读者，编者往往综合采用多种编排方式，使全书的组织结构清晰了然。如明崔铣《洹词》12卷，先分为《馆集》、《退集》、《雍集》、《休集》4集，各集之作再按时间排次，不分体裁；清宋荦《西陂类稿》39卷，先按文体分为诗、词、序、记等12类，其诗22卷又分25集；清朱彝尊《曝书亭集》先按文体分为赋、诗、词、书、序、跋、考、论、议、颂、传、记、题名、碑、墓表、墓志铭、行状等，其中赋与诗又按写作时间先后排列。

古代别集的编辑大多采用一定的排列方式，但有些别集不拘程式，并无一定的编排方法，如清叶方蔼自编《读书斋偶存稿》4卷，不分体，不编年，但由于是自选之文，“篇什虽少，而已足尽其佳胜”②。

卷首与附录

卷首与附录是别集的重要组成部分，它们提供了著者和著作的相关信息，因此不可忽视。

(一)卷首

卷首是正文之前独立成卷的部分，其内容主要有：

序文。序的产生由来已久，早期的序文放在正文之后，后来置于正文之前，成为卷首的一部分。别集的序也有自序、他序，有初刻序、重刻

① (清)永瑢等．四库全书总目：卷160[M]．《四库全书》原文及全文检索版．

② (清)永瑢等．四库全书总目：卷173[M]．《四库全书》原文及全文检索版．

序，有一序，也有多序，主要介绍别集的编纂过程、作品特色、刊刻情况等。自序体出现之后，几乎所有的书籍都有序文，别集亦是如此，且多冠于正文之前，其例不胜枚举。

进表、圣谕等。卷首冠以进表、圣谕，以示所受恩宠之隆。清赵殿成作《王右丞集笺注》，卷首有王维之弟王缙《进王右丞集表》，表明王缙是奉旨编录并进呈王维文集，紧接其后是代宗皇帝的批答手敕，展现了对王维作品的倍加赞赏与推许；明戴鱀等编刘基《诚意伯文集》卷首有其孙刘廌所编《翊运录》1卷，中载皇帝御书诏旨、制敕、祭文等内容。这些内容展现了作者生前所受的殊荣，可以使读者因其人而重其书。

先人著述。宋戴复古《石屏集》卷首载其父戴敏诗10首；清程鸿诏《有恒心斋文》卷首有《有恒心斋前集》，专录先人文字，表示了对先辈的尊敬与孝心。

作者生平资料。包括本传、年谱、神道碑文、墓志铭、行状等，这些资料有助于读者了解作者的生平及写作背景，从而更好地理解作品内容。宋文同《丹渊集》、苏轼《东坡全集》、清吴兆宜注庾信《庾子山集笺注》卷首都载有作者年谱；《王右丞集笺注》卷首有作者本传、世系、遗事等文；宋杜范《清献集》卷首有行状、本传；元吴澄《吴文正集》卷首有作者年谱、神道碑、行状、国史传。

目录。目录的历史源远流长，从书序脱离之后，单书的目录便置于正文之前单独成篇，之后，凡成书，多有目录，且不尽是此书之篇名目录。明汪道昆《太函集》卷首有自序及目录6卷；清胡世安《秀岩集》卷首别载所著书名，分逸目、存目，其中逸目16种，存目19种。

(二)附录

附录一般附于正文之后，是作为正文的参考性内容或补充，篇幅不大。其内容主要有：

作者生平资料。这类内容在别集的附录中占较大比例，较卷首生平资料为多，有本传、年谱、神道碑文、墓志铭、行状、遗闻逸事、谥议、像赞等。如唐杨炯《盈川集》、宋綦崇礼《北海集》附有作者本传；唐颜真卿《颜鲁公集》、元贡师泰《玩斋集》附有年谱；宋梅尧臣《宛陵集》、清彭启丰《芝庭先生集》附有他人所作墓志碑文；宋葛胜仲《丹阳集》、清胡赓善《新城伯子文集》附有他人所撰行状；宋林光朝《艾轩集》、明朱存理《楼居杂著》附录有作者生前的遗闻逸事；宋郑侠《西塘集》、葛胜《丹阳集》附有商定作者谥号的谥议；元许衡《鲁斋遗书》、曹伯启《曹文贞诗集》附有像赞。

他人作品。在古代，他人的作品经常附在本集正文之后，以求流传，称“附骥而行”。《四库全书总目》云：“传刻先集者多因祖父以附子孙，自宋元以来即往往以文集为家牒，陋例相沿，亦不自是集始。”①可见，文集附录他人著作由来已久，并不是自宋元开始，且附录而行者亦不仅限于子孙的作品。具体说来有：附录晚辈之作，如唐代顾况《华阳集》附录其子顾非熊诗一卷十余首，唐代黄滔《黄御史集》附载其裔孙黄补遗文一篇；附录同辈之作，如南朝梁何逊《何水部集》附录其友人范云、刘孝绰二人之诗，明孙升《孙文恪集》附录其继室杨文俪著作 1 卷；附录长辈之作，如宋黄庭坚《山谷集》附刻其父《伐檀集》，元代洪希文《续轩渠集》附录其父洪岩虎诗 1 卷。对于后辈附录长辈作品的现象四库馆臣认为不合礼仪：“子虽其圣，不先父食，古有明训。列父诗于子集之末，于义终为未协。”②因而《总目》在著录之时，把《伐檀集》从《山谷集》析离出来，分别著录。同辈、后辈著作同时附骥而行，如宋代罗愿《鄂州集》附录其兄罗颂、弟罗颀、侄罗似臣之文；清代曹一士《四焉斋诗集》附录其妻著作 1 卷，其女著作 2 卷；长辈、同辈著作同时附骥而行，如宋孙应时《烛湖集》附录其父与其兄之诗；长辈、同辈、晚辈著作同时附骥而行，如宋代祖无择《龙学文集》附有《家集》4 卷，中有其叔祖士衡、其弟祖无颇、其侄祖德恭的著作。

他人所作题识性文字。这类文字主要是对作品的品题、鉴赏和评论，有助于读者对作品的阅读、理解和选择。如《王右丞集笺注》附《诗评》52 则，集合了时人与后人对王维诗作的品评之语。

不同文体作品。主要是著者的异于正集的其他文体之作。如元代张宏范《淮阳集》是一本诗集，而把文集四卷作为附录；明代张宇《岘泉集》所录皆为杂文，其后则附录歌行数十首。

著者的其他著作。这些作品一般不属于文学范畴。如唐李邕《李北海集》，文后附录了《文苑英华》所载邕作《贺岁表》六篇；明代张宁诗文集《方洲集》则附录了著者的读史笔记。

除了以上内容外，有些别集还附录有其他一些内容。有的附录他人与作者往来的酬唱赠答文字，这些人多是有名之士，附录此类文字可以彰显著者的身份、名望或地位；有的附录他人在作者死后所作的表示哀悼怀念

---

① (清)永瑢等．四库全书总目：卷 169[M]．《四库全书》原文及全文检索版．
② (清)永瑢等．四库全书总目：卷 152[M]．《四库全书》原文及全文检索版．

的祭诔文；有的附录诰词，一般是著者除授官职的文件。总之，别集附录的内容因作品而异，但较卷首相对广泛。

二、总集编例

总集是收录多人作品的集子，其编例相对于只收一人作品的别集来说较为复杂。

收录范围

在编辑总集时，编者先要确定编选的原则，以此来确定收录的范围。总体而言，总集一般按照以下标准对作品进行选录。

(一)时间标准

按照总集收录作品的时间范围划分，总集有一代总集和通代总集。所谓一代总集，就是只收录某一个朝代作品的总集。例如《全唐诗》、《唐人万首绝句选》、《唐文粹》、《万首唐人绝句》、《唐御览诗》、《唐诗鼓吹》、《唐音》、《唐诗品汇》、《全唐文》、《才调集》、《搜玉小集》、《众妙集》等都是只收录唐代作品的总集；《全宋词》、《宋诗钞》、《宋文鉴》、《五百家播芳大全文粹》等都是只收录宋代作品的总集；《中州集》、《金文最》等都是只收录金代作品的总集；《乾坤清气集》、《元诗体要》、《元诗选》、《大雅集》、《元文类》等都是只收录元代作品的总集；《明诗综》、《明文海》、《明诗别裁》等都是只收录明代作品的总集；《皇清文颖》、《清诗别裁》等都是只收录清代作品的总集。所谓通代总集，就是收录历代或数代作品的总集。如《文选》、《玉台新咏》、《文苑英华》、《文章正宗》、《乐府诗集》、《古今岁时杂咏》、《文编》、《古今诗删》、《汉魏六朝百三名家集》、《古文集成》、《石仓历代诗选》、《文章辨体汇选》、《古今禅藻集》、《御定题画诗》、《历代赋汇》、《翰墨选注》等都收录了以往各代的作品；《瀛奎律髓》、《唐宋文醇》、《声画集》、《宋元诗会》等都只收录了特定的两个朝代的作品，其中《瀛奎律髓》、《唐宋文醇》、《声画集》都是收录唐、宋两代作品的总集；《宋元诗会》则是收录宋、元两代作品的总集。

（二）体裁标准

按照总集收录作品的体裁划分，总集有一体总集和多体总集。所谓一体总集，是指专门收录一种文体的作品的总集，具体又可分为诗总集、赋总集和文总集等。诗总集，是只收录诗作的总集，如《玉台新咏》、《中州集》、《全唐诗》、《唐诗三百首》、《明诗综》、《全金诗》、《国秀集》、《才调集》、《搜玉小集》、《唐音》、《古今诗删》、《古今禅藻集》、《御选唐诗》、《宋诗钞》、《宋元诗会》、《元诗选》、《唐诗品汇》、《元诗体要》、《元诗选》、《石仓历代诗选》等。诗又有各种诗体，因此诗总集又可细分为各种诗体总集，总的来说有古体诗总集和近体诗总集。如《唐文粹》、《古乐府》、《乐府诗集》等属于古体诗总集，其中《古乐府》、《乐府诗集》专收乐府诗歌；《四六法海》、《唐诗鼓吹》、《万首唐人绝句诗》、《众妙集》、《唐御览诗》、《瀛奎律髓》等属于近体诗总集，其中《四六法海》专收四六骈文，《唐诗鼓吹》专收七言律诗，《万首唐人绝句诗》专收五言和七言绝句，《众妙集》专收五言和七言律诗。赋总集，是专门收录赋这一文体作品的总集。如《古赋辨体》、《历代赋汇》等。文总集，是专门收录各种散文体裁作品的总集，如《全唐文》、《古文观止》、《唐宋八大家文钞》、《文章辨体汇选》、《唐宋文醇》、《古文雅正》、《古文集成》等。所谓多体总集，是指收录多种文体作品的总集。如《文选》、《唐文粹》、《宋文鉴》、《文章正宗》、《元文类》、《文苑英华》等都是诗文并收的总集。

（三）地域标准

地域性总集收录的作品有鲜明的地域性特征，或者作品的著者悉为此地之人，或者作品的内容悉与此地有关。前者中，著者都是本地之人；后者中，作品内容都有关此地，而著者则不必尽是本地之人。前者如《丹阳集》、《会稽掇英总集》、《严陵集》、《全蜀艺文志》、《吴都文粹续集》、《鄱阳五家集》、《三台文献录》、《檇李诗系》分别收录了今镇江、绍兴、严州、四川、苏州、波县、台州、嘉兴各郡县之人的作品。《成都文粹》、《新安文献志》、《粤西诗载》、《郴州文志》、《吴兴绝唱集》等属于后者，著者有的是本地之人，有的非本地之人。如《新安文献志》“于南北朝以后文章、事迹，凡有关于新安者，悉采录之”①，“六十卷以前……皆其先达

① （清）永瑢等．四库全书总目：卷189[M]．《四库全书》原文及全文检索版．

诗文……其六十一卷以后则皆先达行实，不必尽出郡人所论撰”①；《吴兴绝唱集》所录“其乡元明两代之诗，间及流寓，其人非吴兴而诗为吴兴作者亦附著焉”②。

(四)著者特征标准

按总集所收录作者的特征划分，总集有族姓总集、僧人总集、女子总集等。族姓总集，就是专门收录某一姓氏家族作品的总集，如《窦氏联珠集》辑录了窦常、窦牟、窦群、窦庠、窦巩兄弟5人之诗；《文氏五家诗》辑录了长洲文氏四世五人之诗；《吴越钱氏传芳集》收录了吴越钱氏一家之诗，历代62人；《来苏吴氏原泉诗集》则收录了“先世以来之诗，始宋迄明”③，时间绵远，收罗宏富；《二黄甫集》、《三刘家集》、《三苏文粹》、《三朱遗编》、《六李集》、《世玉集》等都属于族姓总集。族姓总集多为后世同姓族人所辑，如《文氏五家诗》、《吴越钱氏传芳集》、《来苏吴氏原泉诗集》、《三刘家集》、《世玉集》等都是如此；但《窦氏联珠集》则为他姓所辑。僧人总集，是专门收录僧人作品的总集，如《唐四僧诗》、《唐僧宏秀集》、《释文纪》、《古今禅藻集》等。女子总集，是专门收录女子闺阁之作的总集，如《诗女史》、《历朝闺阁》、《国朝闺秀正始集》、《吴中女士诗抄》等。

(五)内容标准

根据总集收录作品的不同内容划分，总集有唱和、题咏、应试、专史、书信、寓言、金石等各种专题性的总集。唱和总集，是收录著者与他人互相赠答诗文的总集。唱和也作“酬唱”、“唱酬”，本是指唱歌时一方唱、彼方和，后来也作为彼此以诗词赠答的代词，如《同文馆唱和诗》、《西昆酬唱集》、《坡门酬唱集》、《荆南倡和诗集》、《松陵集》、《梅花百咏》、《海岱会集》、《草堂雅集》、《玉山游记》等。题咏总集，是收录题写咏叹事物作品的总集。有题咏时令的诗集，如《古今岁时杂咏》；有题咏园林的诗文集，如《玉山名胜集》；有题咏画作的诗集，如《声画集》、《历代题画诗类》；有题咏各类事物的诗选集，如《佩文斋咏物诗选》。应试总集，是专门收录与科举考试有关作品的总集，相当于我们今天的试题

① (清)永瑢等．四库全书总目：卷189[M]．《四库全书》原文及全文检索版．
② (清)永瑢等．四库全书总目：卷192[M]．《四库全书》原文及全文检索版．
③ (清)永瑢等．四库全书总目：卷192[M]．《四库全书》原文及全文检索版．

汇编，如《论学绳尺》、《经义模范》、《唐宋元名表四志》等。专史总集，是只收录某一史书中诗文作品的总集，这类总集不多见。如唐柳宗直《西汉文类》，其文皆采自《汉书》；宋无名氏编《三国文类》，其文皆采自《三国志》。书信总集，是收录书信之文的总集，如《翰墨选注》、《名公翰藻》等。寓言总集，是专门收录寓言故事的总集，如《文府滑稽》、《滑耀编》等。金石总集，是专门收录金石铭文的总集，如《金石古文》。

编排体例

总集主要以四种标准分目编排所录作品：以体分、以人分、以时分、以题分。

(一) 以体分

以体分，就是按照文体分类编排，采用这种编排方式的总集较多。《文章流别集》虽不能考其原书，但据《艺文类聚》中散见记载可知其是分体编录。《玉台新咏》虽不明标类目，但卷一至卷八为五言多韵诗，卷九为歌行，卷十为五言两韵诗，亦可以看出其为分体编排。元代诗集《乾坤清气集》分五言古诗、七言古诗、古乐府、五言绝句、五言律诗、五言长律、六言诗 7 类，每类再按时代排列。通代文集《四六法海》依文体排列入选的骈文，其类有敕、诏、册文、赦文、制、手书、德音、令、教、策问、表、章、札子、状、弹事、笺、启、书、颂、移文、檄、露布、牒、序、记、论、碑文、志铭、行状、铭、赞、七、联珠、志、哀册文、祭文、判、杂著 38 类。此外，《元文类》、《大雅集》、《海岱会集》、《明文海》、《文翰类选》、《诗学正宗》、《文章辨体汇选》等也都是分体编排。

(二) 以人分

以人分，就是以作者分类标目进行编排。如唐姚合《极玄集》2 卷，选收王维、祖咏及戴叔伦等 21 人的诗歌，以作者姓名分目，各人的作品连排在姓名之后。元傅存吾《元风雅》前集 36 卷，选录元代 280 位诗人的诗作，以作者姓名为类目，排列入选诗歌，其他如明沐昂《沧海遗珠》、孙原理《元音》、《江湖后集》、无名氏《唐四僧诗》、无名氏《宋文选》等均属此类。采用此类编排方式的总集，其收录的作者数量大多有限，因而容易按人分目编排。

（三）以时分

以时分，就是按时间先后排列收录的作品。如宋赵师秀《众妙集》选录唐代76位诗人的律诗为一集，其不分类目，阴按作者年代先后排列诗作，始于沈佺期《塞北》，止于王贞白《金陵》。清蔡世远《古文雅正》选录两汉至元朝历代古文，亦不分类，依作品写作的时间先后依次排列，起于汉高帝，终于虞集。宋代汤汉《妙绝古今》也属此类。

（四）以题分

以题分，就是按照作品内容涉及的主题分类编排，与类书有些相似。明张之象《唐诗类苑》"凡分三十六部，以类隶诗……盖类书流也"①，其所编《古诗类苑》也是以题编次。《历代赋汇》依题分目，《正集》分天象、岁时、地理、都邑、鸟兽、鳞虫等30类，《外集》分言志至人事等8类，《补遗》分天象、岁时、情感、人事等36类，有关的诗歌入于各类之下。蒲积中《古今岁时杂咏》、陈邦彦等《历代题画诗类》也属此类。

以上四种编排方式是总集常用的排列序次作品的方法，可以说是编排体例里最基本的元素，但由于总集收录多个著者的作品，其文体繁多、内容丰富、数量较大，因而多数总集并非只按一种标准编排，往往兼采数种，分多级类目，有多个层次。如《文选》按体分为赋、诗、骚、七、诏、册、令、教、文、表、上书、启、弹事、笺、书、檄、对向、设论、辞、序、颂、赞、符命、史论、史述赞、论、连珠、箴、铭、诔、哀、碑文、墓志、行状、吊文、祭文等38类，此为一级类目。其中赋类一级标目下再按主题分为京都、郊祀、耕籍、畋猎、纪行、游览、宫殿、江海、物色、鸟兽、志、哀伤、论文、音乐、情15类，为二级类目。诗类一级标目之下则按主题与诗体混合分类，有补亡、述德、劝励、献诗、公宴、祖饯、咏史、百一、游仙、招隐、反招隐、游览、咏怀、哀伤、赠答、行旅、军戎、郊庙、乐府、挽歌、杂歌、杂诗、杂拟23类，为二级类目。每个类目之下又依时代先后排列作者的入选诗文。《唐文粹》、《成都文类》、《全蜀艺文志》、《明文海》、《粤西文载》等都与《文选》相似，一级标目以文体为区分标准，二级标目以内容为区分标准，各类又以时代先后排列收录作品。其他如《全上古三代秦汉三国六朝文》先以朝代分一级类目，又以主题分二级类目，再依年代先后，以作者姓名标分三级类目；《古今禅藻集》"以朝代编次，每朝

① （清）永瑢等．四库全书总目：卷192[M]．《四库全书》原文及全文检索版．

之中自分诸体"①；《皇霸文纪》先以时代及政区分大类，再以作者姓名分目；《唐诗品汇》先按诗体区分一级类目，每类下各分相同的二级类目，然后再各以作者姓名标目，将作品分系其下。

以上所举采用多种编排方法的总集，其各级类目的划分均采用同一个标准，也就是说所有的一级类目都是依据同一个标准，所有的二级类目都是依据同一个标准，以此类推。但还有少数总集虽也采用多种划分标准，但全书体例颇不划一，每一级类目的划分并不使用同一标准，每一级类目所属的子类目各采用不同的标准再进行划分。如《全唐诗》900 卷，前 9 卷略按唐史顺序，依次编排皇帝、后妃、宗室诸王、公主嫔妃的诗作，以各人爵号为目。卷 10 至卷 30 收录郊庙乐章和乐府，以诗体分类标目，编排有关诗歌。卷 30 至卷 900，基本上依年代先后，以作者姓名为目，编排所作诗歌。但中间也有按文体所分类目，如联句、歌、谣、酒令之类。作者姓名之下所列诗作，或按体编排，或按主题编排，或按写作年代编排，没有统一体例。《古诗纪》、《元诗体要》、《全唐诗录》等均属此类，各级划分标准不一，体例较乱。

其他编例

(一)著者称谓

编辑总集时，对于一般著者，大部分都是称其姓名，现存总集大多如此，但也有例外情况。如有著者称字的，此例始于萧统《文选》，该书"于作者皆书其字"②。之后，宋魏齐贤、叶菜合编《五百家播芳大全文萃》"仿《文选》之例，于作者止书其字"③，并不书作者之名；而明吴讷《文章辨体》所录作品除帝王之外，其余人皆称字称号，若不知作者字号，则称其名。有些总集由于特定原因，于作者大多称名，个别人称字，如元好问《唐诗鼓吹》于"作者各题其名，惟柳宗元、杜牧题其字"④；明程敏政《明文衡》皆"题作者姓名，惟方孝孺则书字"⑤。总集对于帝王多称其谥号或庙号，如《文章辨体》"卷中文辞，凡古帝王所作，则称谥号"⑥；清顾嗣

① (清)永瑢等. 四库全书总目：卷 189[M].《四库全书》原文及全文检索版.
② (清)永瑢等. 四库全书总目：卷 186[M].《四库全书》原文及全文检索版.
③ (清)永瑢等. 四库全书总目：卷 133[M].《四库全书》原文及全文检索版.
④ (清)永瑢等. 四库全书总目：卷 188[M].《四库全书》原文及全文检索版.
⑤ (清)永瑢等. 四库全书总目：卷 189[M].《四库全书》原文及全文检索版.
⑥ (明)吴讷. 文章辨体序说[M]. 北京：人民文学出版社，1962：2.

立《元诗选》有“元文宗”、“顺帝”所作之诗，此是以庙号称；《皇清文颖》首列本朝列圣宸章，称康熙皇帝为“圣祖仁皇帝”，称雍正皇帝为“世宗宪皇帝”，这是谥号与庙号并用，“圣祖”、“世宗”是庙号，“仁皇帝”、“宪皇帝”是谥号。

(二)己作入选

在编录总集时，有些编者把自己的作品也编入集内，以广流传。此例最早见于西汉刘向辑录的《楚辞》。《楚辞》主要收录战国楚人屈原、宋玉的骚体诗，同时也收录汉代的一些仿骚作品，刘向将自己所作《九叹》一篇附入集内。东汉王逸注《楚辞》成《楚辞章句》，在原收楚人屈原、宋玉及汉代淮南小山、东方朔、王褒、刘向等人的辞赋共16篇后，增入己作《九思》，成17篇。其后，仿此例者代不乏人，且录入己作之数量与日俱增。南朝陈徐陵在《玉台新咏》中附入己作杂曲2首；唐芮挺章在《国秀集》中收己诗2首；南宋黄昇编《花庵词选》末附己词38首；元顾瑛《草堂雅集》所收为唱和之作，其人若与顾瑛有赠答者，瑛即把己作附于该人作品之后；明代风气虚浮，编者自录己作，例不鲜见，刘仔肩在《雅颂正音》末录己诗14首，胥文相编《洞庭君山集》有己诗2首，陈有守、汪淮、李敏全合编《徽郡诗》三人之作均有附入，其他如吴宗周《来苏吴氏原泉诗集》、黄鲁会《南华合璧集》、李元弼《江皋小筑集》等都附录自己作品；清王之珩《东皋诗存》收录己作竟达二百余首，总集编录以来，自录己作，“未如是之繁富”①；清代张应昌《清诗铎》(当时名《国朝诗铎》)，所选不限名家及已故作者，生人及编者自己的作品也选入附录。

关于总集入选己作之例的起源，《四库全书总目》所述前后不一。其于《国秀集》题下曰：“唐以前编辑总集，以己作入选者，始见于王逸之录《楚辞》，再见于徐陵之撰《玉台新咏》，挺章亦录己作二篇，盖仿其例。”②于此看来，总集选录己作应始于王逸之《楚辞章句》。而又于《雅颂正音》题下曰：“而仔肩所作亦附焉，用刘向、王逸、徐陵之例。”③据此看来，则总集有此例应始于刘向，王逸循其例于后。盖王逸之《楚辞章句》因刘向《楚辞》注解而成，《总目》不甚区分，但其确有先后之别。

但是，关于总集的起源，《四库全书总目》前后亦有矛盾之处。《四库

① (清)永瑢等．四库全书总目：卷194[M]．《四库全书》原文及全文检索版．
② (清)永瑢等．四库全书总目：卷186[M]．《四库全书》原文及全文检索版．
③ (清)永瑢等．四库全书总目：卷189[M]．《四库全书》原文及全文检索版．

全书总目》云："初，刘向裒集屈原《离骚》、《九歌》、《天问》、《远游》、《卜居》、《渔父》，宋玉《九辨》、《招魂》，景差《大招》，而以贾谊《惜誓》、淮南小山《招隐士》、东方朔《七谏》、严忌《哀时命》、王褒《九怀》及向所作《九叹》共为楚辞十六篇，是为总集之祖。逸又益以己作《九思》与班固二叙为十七卷，而各为之注。"①此处，《总目》以刘向所编《楚辞》为总集之祖，若依此为准，那么总集入选己作之例实应始于刘向之编《楚辞》，王逸稍在其后。而《总目》于总集类小序又云："文集日兴，散无统纪，于是总集作焉……三百篇既列为经，王逸所裒又仅楚辞一家，故体例所成，以挚虞《流别》为始。"②此处，《总目》又以挚虞《文章流别集》为总集之始，若依此为准，则刘向之《楚辞》及王逸注均不在总集之列，他们更无可创总集入选己作之例。此书暂以前者为准。

(三)作者小传

总集对收录作品的著者常常附有人物小传，对作者加以介绍。此例为唐姚合《极玄集》所开创，其书收录的"二十一人之中，惟僧灵一、法振、皎然、清江四人不著始末，祖泳不著其字……其余则字及爵里与登科之年，一一详载……总集之兼具小传，实自此始，亦足资考证也"。③ 其后，无名氏编《唐四僧诗》，金元好问编《中州集》，元杜本编《谷音》、赖良编《大雅集》、孙原理编《元音》，明程敏政编《唐氏三先生集》、沐昂编《沧海遗珠》、高棅编《唐诗品汇》、梅鼎祚编历代《文纪》，清沈季友编《檇李诗系》、胡文学编《甬上耆旧诗》、朱彝尊编《明诗综》与《词综》、张豫章等奉敕编《御定四朝诗》、吴之振编《宋诗钞》、陈焯编《宋元诗会》、《全唐诗》、《全金诗》、《全唐文》等均仿其例，集内都附有介绍作者概况的小传。小传的内容或详或略，长短不一。如《中州集》"每人各为小传，详具始末"④，《全唐诗》对作者的字号、爵里、事迹、著述等一一加以介绍，至为详细。《元音》则"每人之下，略注字号爵里"⑤，《西汉文纪》则三言两语，撮其大要，极为简略，有的甚至不注作者字号。

总集内小传有集中式与分散式两种。集中式就是将集内多个作者的小传集中在一处，分散式就是对各个作者分别介绍，其小传分散不在一处。

① (清)永瑢等．四库全书总目：卷148[M].《四库全书》原文及全文检索版．
② (清)永瑢等．四库全书总目：卷148[M].《四库全书》原文及全文检索版．
③ (清)永瑢等．四库全书总目：卷186[M].《四库全书》原文及全文检索版．
④ (清)永瑢等．四库全书总目：卷188[M].《四库全书》原文及全文检索版．
⑤ (清)永瑢等．四库全书总目：卷189[M].《四库全书》原文及全文检索版．

集中式小传根据所处位置不同又有几种情况。大多数总集对作者的介绍置于作者姓名之后，但还有另外三种情况。第一，小传集中置于卷首，如《唐诗品汇》书首有《姓氏爵里详节》，对入选作者的字号、地望、官爵、经历、生卒年及其他情况作了总括性的介绍；清张应昌所编《清诗铎》选入清初(包括明代遗民)至同治年间诗人 911 家，卷首有《诗人名氏爵里著作目》，也是对作者概况的总要介绍。第二，集中附在书后，如《唐氏三先生集》收录唐元、唐桂芳、唐文凤三人著作 28 卷，有附录 3 卷，其附录即为三人之传记；《古乐苑》后四卷为《衍录》，其卷三题为《历代名氏》，总述作者字号、地望、官爵等。第三，集中于集内某类之前，如《御定四朝诗》选录宋、金、元、明四朝之诗，全书先按朝代编次，于“每代之前，各详叙作者之爵里”①，这样就将各代著者的传记文字集中在一起。

分散式小传，最常见的就是将作者情况分别附于作者姓名之下，小传随作者贯穿于作品的始终，《甬上耆旧诗》、《明诗综》、《中州集》、《谷音》、《大雅集》、《沧海遗珠》、《唐诗品汇》等都是如此。另外一种分散式小传，是将传记文字分别附于卷末，如无名氏编《唐四僧诗》6 卷，以人分卷编排，每人著作之卷末则附其传记，如卷一为灵澈诗，卷末附《会稽云门寺灵澈传》；卷二、卷三为灵一诗，卷三末附《余杭宜丰寺灵一传》；卷六为常达诗，卷末附《吴郡破山寺常达传》。

(四)作品评论

编者编辑总集时，往往对选录作品加以品评，载入评论之语。此例始于唐殷璠《河岳英灵集》和高仲武《中兴间气集》。《河岳英灵集》“姓名之下各著品题，仿钟嵘《诗品》之体”②，《中兴间气集》“姓名之下各有品题，拈其警句，如《河岳英灵集》例”③。其后，仿其例者有《文章轨范》、《唐诗品汇》、《唐宋八大家文钞》、《全金诗》、《明诗综》、《元诗选》、《国雅品》、《古文集成前集》、《御选古文渊鉴》、清蔡世远《古文雅正》等，《词综》、《四六法海》等亦间有评论之语。

按照评论人的不同，评语可分为自评和引评。自评，就是编集者本人对收录作品所做的评论，如开总集品评之例的《河岳英灵集》与《中兴间气集》即是编者自己所作的评述，《文章轨范》中的评语亦是编者谢枋得对文

---

① (清)永瑢等. 四库全书总目：卷 190[M].《四库全书》原文及全文检索版.

② (清)永瑢等. 四库全书总目：卷 186[M].《四库全书》原文及全文检索版.

③ (清)永瑢等. 四库全书总目：卷 186[M].《四库全书》原文及全文检索版.

章所作的品题，《古文雅正》也属于自评之例。引评，就是编者引录他人有关的评语对作品内容加以评述，如《唐宋八大家文钞》，茅坤在其《序例》中即“明言以顺之及王慎中评语标入”①，《词综》、《四六法海》等也都是引述前人的评语对作品进行评论。引评中有一种情况，即备列他人之评点，就是把前人有关的点评之语全部列出，编入集内，此例始于旧题宋王霆震《古文集成前集》，该书“卷端题‘新刊诸儒评点’字，凡吕祖谦之《古文关键》、真德秀之《文章正宗》、楼昉之《迂斋古文标注》，一圈一点，无不具载”②。其后继之者有《明诗综》，该集“备载诸家评论”③，《御选古文渊鉴》也是如此。近人龙榆生所编《唐宋名家词选》承用其例，不但于每篇词作之后引述前人对该词的评论，还在某些词篇较多的著者的作品之后，专标《集评》一目，集中了各家对作者词风的评论。有的总集是自评与他评兼而有之，如《明诗综》既备载诸家评论，又“以所作《静志居诗话》分附于后”④，《全金诗》也是既有前人诸家评论，亦有编者见解附入。有的总集为了区分品评之人，缮写时用不同的颜色加以区别，《唐宋文醇》中的作品，“其文有经圣祖仁皇帝御评者，以黄色恭书篇首，皇上御评则朱书篇后，至前人评跋有所发明，及姓名事迹有资考证者，亦各以紫色、绿色分系于篇后”⑤，其标示鲜明，一目了然。

按照评语的位置，评论又可分以下几种情况：(1)于姓名下品评。如《河岳英灵集》与《中兴间气集》都是“姓名之下各著品题”⑥；而《中州集》与《元诗选》亦是于诸家姓氏下列入评语，但与前二集稍有不同，《中州集》“其例每人各为小传，详其始末，兼评其诗”⑦，《元诗选》“每人下各存原集之名，前列小传，兼品其诗”⑧，也就是说，《中州集》与《元诗选》的品评之语融于对作者介绍的小传之中，并未像其他总集的评语一样单独列出，此类文字具有传记与评语的双重性质，是为传中夹评、评传结合；而《明诗综》则是在姓名之下、小传之后作点评，评语与小传分别列出。(2)篇题后品评，即在题目下评论，如《唐宋八大家文钞》在题目之下，列有短语，揭示该文要旨及特色，此外《古文集成前集》也属此类。(3)文章

① (清)永瑢等．四库全书总目：卷189[M]．《四库全书》原文及全文检索版．
② (清)永瑢等．四库全书总目：卷187[M]．《四库全书》原文及全文检索版．
③ (清)永瑢等．四库全书总目：卷190[M]．《四库全书》原文及全文检索版．
④ (清)永瑢等．四库全书总目：卷190[M]．《四库全书》原文及全文检索版．
⑤ (清)永瑢等．四库全书总目：卷190[M]．《四库全书》原文及全文检索版．
⑥ (清)永瑢等．四库全书总目：卷186[M]．《四库全书》原文及全文检索版．
⑦ (清)永瑢等．四库全书总目：卷188[M]．《四库全书》原文及全文检索版．
⑧ (清)永瑢等．四库全书总目：卷190[M]．《四库全书》原文及全文检索版．

后点评，如《四六法海》、《古文雅正》等。(4)随文品评，如《古文集成前集》、《文章轨范》有其例。(5)眉评，如《古文渊鉴》卷一在所选《左·隐·三年》文《卫石碏谏宠州吁》之上有三节眉评。(6)卷首品评，如明顾起纶所编《国雅》首列品目一卷，就是将品评之语总冠于卷首，《国雅品》也是将评语冠于卷首。有的总集则不拘一格，有感则发，各种品评兼备，如《文章轨范》既有随文小评，也有题后加评，还有文章后之总评；《唐诗品汇》则对繁多的诸家评论做这样的处理，"其有评论本人诗者则附于姓氏之后，有评论本诗者则附于本诗之前后，有评论本句者则附于本句之下"①。

三、《文选》编例

《文选》是我国现存最早的一部诗文总集，由南朝梁萧统编著。萧统(501~531年)，字德施，梁武帝萧衍长子。天监元年(502年)立为皇太子，未及即位而卒，谥号昭明，故后人习惯上也称《文选》为《昭明文选》。一般认为，《文选》编于梁武帝普通七年(526年)至中大通三年(531年)之间，由萧统组织当时的学士集体编纂而成。《文选》之前亦有选集存在，但均没有传世。此书所选录的诗文多为名篇佳作，基本囊括了当时的文章精华，故在文学史上有着无可替代的重要地位。《四库全书简明目录》称之为"文章之渊薮"，章学诚称其为"词章之圭臬，集部之准绳"②，宋代流传着"《文选》烂，秀才半"③的谚语。因此在其编成后不久就有人对其进行研究，《隋书·何妥传》记载："兰陵萧该者，鄱阳王恢之孙也。少封攸侯，梁荆州陷，与何妥同至长安。性笃学，《诗》、《书》、《春秋》、《礼记》并通大义，尤精《汉书》，甚为贵游所礼。开皇初，赐爵阴悬公，拜国子博士。奉诏书与何妥正定经史，然各执己见，递相是非，久而不能就。上遣而罢之。该撰《汉书》及《文选》音义，咸为当时所贵。"④鄱阳王乃梁武帝之弟，则萧该即萧统之侄，他是最早研究《文选》的人。有唐一代，曹宪、李善等人精研《文选》，广为注解，影响渐广，蔚为大观，于

① (清)永瑢等．四库全书总目：卷189[M].《四库全书》原文及全文检索版．
② (清)章学诚．文史通义新编新注：书教下[M]．仓修良，编注．杭州：浙江古籍出版社，2005.
③ (宋)陆游．老学庵笔记：卷8[M].《四库全书》原文及全文检索版．
④ (唐)魏徵．隋书：卷75[M].《四库全书》原文及全文检索版．

是形成了一门专学："文选学"。后世研学者，代有其人。钱锺书指出：

> 词章中一书而得为"学"，堪比"易学"、"诗学"等或《说文解字》之蔚成"许学"者，惟"选学"与"红学"耳。①

《文选》不仅是世人学习词章的重要书籍，其本身所具有的编例对后代也产生了深远的影响。

编选范围

此指《文选》收录作品的时间范围。关于此书的编纂，《文选》原序有云：

> 自姬汉以来，眇焉悠邈。时更七代，数逾千祀。词人才子，则名溢于缥囊；飞文染翰，则卷盈乎缃帙。自非略其芜秽，集其清英，盖欲兼功，太半难矣！

可见，《文选》不是泛泛的选本，而是从周秦以来将近千年的文章中选择出精华之篇，即所谓"略其芜秽，集其清英"。以今传诸本验之，全书选录上起子夏(书中《毛诗序》所署作者)、屈原，下迄该书编定当时。书中所录的作家，最晚的陆倕卒于南朝宋普通七年(526年)，《文选》不录生人，且萧统卒于南朝梁中大通三年(531年)，故全书收录了古今共约七八百年间、包括130余位作者760余篇的作品。《诗经》之后萧统以前我国古代文献的精华，已经基本综录其中。今人倪其心评论曰：

> 在思想上不拘一格，在艺术上不限一体，历史纵向呈现发展变化，时代横向表现各种差别，因而尽管萧统的识见不免存在若干不足，但大体做到了选取各时代有代表性有影响的好的比较好的各体文章。②

---

① 钱锺书．管锥编[M]．北京：中华书局，1979：383.

② 转引自：宋恪震．选学最早几部撰著试述[M]//中国文选学研究会，郑州大学古籍整理研究所．文选学新论．郑州：中州古籍出版社，1997：472.

选文特点

《文选》的选录标准在其序文中有说明，为说明方便，转录于下：

> 余监抚余闲，居多暇日。历观文囿，泛览辞林，未尝不心游目想，移晷忘倦。自姬汉以来，眇焉悠邈。时更七代，数逾千祀。词人才子，则名溢于缥囊；飞文染翰，则卷盈乎缃帙。自非略其芜秽，集其清英，盖欲兼功，太半难矣！若夫姬公之籍，孔父之书，与日月俱悬，鬼神争奥，孝敬之准式，人伦之师友，岂可重以芟夷，加之剪截？老、庄之作，管、孟之流，盖以立意为宗，不以能文为本，今之所撰，又以略诸。若贤人之美辞，忠臣之抗直，谋夫之话，辨士之端，冰释泉涌，金相玉振。所谓坐狙丘，议稷下，仲连之却秦军，食其之下齐国，留侯之发八难，曲逆之吐六奇，盖乃事美一时，语流千载，概见坟籍，旁出子史。若斯之流，又亦繁博。虽传之简牍，而事异篇章，今之所集，亦所不取。至于记事之史，系年之书，所以褒贬是非，纪别异同，方之篇翰，亦已不同。若其赞论之综缉辞采，序述之错比文华，事出于深思，义归乎翰藻，故与夫篇什杂而集之。远自周室，迄于圣代，都为三十卷，名曰《文选》云耳。

关于《文选》的选录标准，学术界见仁见智，说法不一，但主要集中于《文选》序“事出于沉思，义归乎翰藻”的理解和解释。从清代的阮元开始，到近代的章炳麟、黄侃、朱自清，以及今之国内外众多学者等都对《文选》的选文标准进行了探讨。无论各位学者所持何种观点，从《文选》本身来看，其在选录文章上，有如下特点：

第一，不录经、子、史。在序文中，萧统说明了《文选》不录经、子、史等文章，并对其原因进行了解释。经书乃是圣人周公、孔子所定，地位至高无上，不能随意删定；老、庄、管、孟等子书，主要是为表达思想见解，所重不在文辞，故而不选；其他如贤人、忠臣、谋夫、辩士的言论多见于《左传》、《战国策》及一些子书、史书中，但这些文章内容繁博，且非单篇之文，所以不予选录；而记载历史事件的编年纪传类史书，因为是褒贬之文，亦不录选。

第二，不录生人，即现存在世人的作品不入选。晁公武《郡斋读书志》曰：

> 窦常谓统著《文选》，以何逊在世，不录其文。盖其人既往，而后其文克定，故所录皆前人作也。①

古人有盖棺定论之说，人一生要死后才会有公允的评定论断，《文选》选文亦是如此。不录生人之例由《文选》所创，此后继其例者不乏其人。

第三，形式上，偏向于华美的有韵之文。萧统在序文中叙其不选子书的原因是其书"以立意为宗，不以能文为本"，故所选之作品要"能文"方可；一般史书均不入选，但其中之赞、论、序、述等若是"综辑辞采"、"错比文华"者则予以收录。虽然学术界对《文选》选文标准的认识并不统一，但"辞采"、"文华"、"翰藻"等都是说明文章文采的词语，这是得到共识的。因此，作品具有文采是萧统选录文章的必要条件和重要标准。故而在整部《文选》中，多选辞藻华丽、声律谐婉的汉赋与六朝骈文，诗歌也主要选对偶严谨的作品，《文选》录文倾向于有韵之文，而自然平抑的作品则较少。这也可以从《文选》选录作家的作品数量情况反映出来。《文选》于汉代作家，司马相如选 7 篇，扬雄选 6 篇，班固选 9 篇，张衡选 6 题 9 篇，在汉代作者中数量是最多的。贾谊 3 篇，蔡邕 2 篇，较少。建安文人中选录最多的有 4 人，即曹丕 7 题 9 篇，曹植 32 题 32 篇，王粲 9 题 14 篇，刘桢 5 题 10 篇。曹魏后期的阮籍，选 3 题 19 篇，亦较多。西晋文人，潘岳 19 题 22 篇，陆机 28 题 61 篇(《演连珠》50 首作 1 篇计)；其次为左思 4 题 15 篇，张协 3 题 12 篇。刘宋谢、颜最多，谢灵运 32 题 39 篇，颜延之 22 题 27 篇；其次鲍照，11 题 20 篇。南齐最多的 3 人，谢朓 24 题 24 篇，任昉 19 题 21 篇，沈约 17 题 17 篇。在中国文学史上，汉代是辞赋发达的时代，其特点是句式整齐，重排偶，辞藻富丽，已开骈体文学的先河，其代表作家，西汉为司马相如、扬雄，东汉为班固、张衡；而西汉的贾谊辞赋外兼长论文，东汉蔡邕特长碑文，两人的散文亦富文采，为后人所推重。建安时代，文人五言诗大为发展，语言也由过去民歌式的质朴趋向华美，同时文、赋也更加注重辞藻与对偶，这个时期的代表作家是曹植、王粲等。西晋太康时代，以陆机、潘岳为代表的一群作家，沿着曹植、王粲的轨迹前进，文采却更加繁缛。刘宋元嘉时代，谢灵运、颜延之等作家扭转了玄言诗泛滥的局面，但他们的作品虽然重视日常生活与环境的描写，但在艺术上也更加重视华美细致，注意字句的雕琢新奇。南宋

---

① (宋)晁公武．郡斋读书志：卷 4[M]．《四库全书》原文及全文检索版．

永明年间，沈约、谢朓在过去注重声韵之美的基础上提倡严格的声律论。其后到梁代庾信、徐陵，兼长诗、赋、骈文，对作品的辞藻、对偶、用典、声调等都很重视，刻意雕饰，使南朝长期发展的骈体文学达到高峰。从以上所举数字可以看出，《文选》中选篇最多的作家，大致上是骈体文学发展过程中的主要代表人物，而对其他作品则收录较少。如被称为"无韵之离骚"的《史记》，其文学成就无可置疑，但其中无一篇入选，这是因为《史记》是用散体文写成，缺少骈文文采之美；汉乐府民歌，《文选》中仅选《饮马长城窟行》("青青河边草"篇)、《伤歌行》("昭昭素明月"篇)、《长歌行》("青青园中葵"篇)，对思想艺术价值颇高的《东门行》、《孤儿行》、《妇病行》、《孔雀东南飞》等均置之不论；对于语言质朴平淡、不尚辞藻的陶渊明诗歌，《文选》只选其中的8首。总体而言，《文选》在选录上偏向于有韵之文。

第四，内容上，注重典雅。虽然《文选》在选录上强调文章的形式美，但并没有因此忽视文章的内容。有研究者认为"事出于沉思，义归乎翰藻"本身就反映了文质并重的文学观点。① 骆鸿凯《文选学·义例第二》云：

> 昭明芟次七代，荟萃群言，择其文之尤典雅者，勒为一书，用以切劘时趋，标指先正。迹其所录，高文典册十之七，清辞秀句十之五，纤靡之音百不得一。以致班、张、潘、陆、颜、谢之文，班班在列，而齐梁有名文士若吴均、柳恽之流，概从刊落，崇雅黜靡，昭然可见。

这是从内容上对《文选》所录之文的分析与评介。就所录文章实际情况来看，《文选》中确实几乎找不到描写女性淫艳色彩的宫体诗，这与专门收录"艳歌"的《玉台新咏》形成鲜明对比，雅俗之别，判然分明。《文选》基本不收汉乐府民歌及南朝乐府民歌，不收弥漫于南朝诗坛的咏物诗，这也是其重雅轻俗的表现。

《文选》在选录标准上具有这样的特点，是由当时的文学风尚和主持者萧统的文学主张所决定的。六朝是骈文发达、骈体文学昌盛的时代，"在这期间，骈文几乎没有遇到任何有力的抵抗，就轻而易举地占领了传

---

① 马正学．从《文选》看萧统的文学观[J]．西北大学学报：社会科学版．1996，33(2)：31~35.

统散文的阵地”①。当时的文人几乎都是骈文的拥护者和创造者，而一般的读者对骈文也都是普遍肯定和接受的态度，在这样的文学氛围中，《文选》选录的文章对骈文具有倾向性也是很自然的事情。与此同时，主持编纂《文选》的萧统由于从小所受儒家教育的影响，具有比较正统的文学思想，他认为文章的内容要“有益于风教”，主张“文典则累野，丽亦伤浮；能丽而不浮，典而不野，文质彬彬，有君子之致”的文质观。正是由于此，《文选》选录文章重视形式美的同时也注重文章内容的教化功能和典雅性。

虽然在文章的选录上《文选》总体呈现出以上特点，但后代研究者们对其去取标准仍议论纷纷，意见不同。骆鸿凯《文选学·义例第二》列举了众人认为《文选》选文的多种不妥之处，分“入选之文有为赝品者”、“入选之文有事与人不足录者”、“入选之文道理事理文理俱无者”、“入选之文失于滑泽者”、“未选之文有宜取者”、“未选之文从而为之词者”6类，条列了古今诸家的意见。虽然骆鸿凯已为其一一辩白，但这些确实说明了《文选》在选文上的不足之处，可供以后的研究者们作为参考。

编排体例

萧统在序文中也对全书的编排作了说明：

> 凡次文之体，各以汇聚。诗赋体既不一，又以类分；类分之中，各以时代相次。

《文选》全书按文体划分为赋、诗、骚、七、诏、册、令、教、策文、表、上书、启、弹事、笺、奏记、书、移、对问、设论、辞、序、颂、赞、符命、史论、史述赞、论、连珠、箴、铭、诔、哀、碑文、墓志、行状、吊文、祭文，共38体，此所谓“次文之体，各以汇聚”。赋、诗所占比重最多，又按内容分类，赋依次细分为京都、郊祀、耕籍、畋猎、纪行、游览、宫殿、江海、物色、鸟兽、志、哀伤、论文、音乐、情，共15小类；诗依次划分为补亡、述德、劝励、献诗、公宴、祖饯、咏史、百一、游仙、招隐、反招隐、游览、咏怀、哀伤、赠答、行旅、军戎、郊庙、乐府、挽歌、杂歌、杂诗、杂拟，共23小类，此即所谓“又以类

① 钟涛．论骈文在六朝及初盛唐的地位[M]//中国文选学研究会，郑州大学古籍整理研究所．文选学新论．郑州：中州古籍出版社，1997：499.

分”。每类之中，所选录的文章按照时代的先后进行排列，如“赋”之“京都”类中，先列班固的作品，次列张子长的作品，其他各类亦是如此，此即所谓“类分之中，各以时代相次”。

（一）文体分类

对于《文选》的分类，后世学者以其过于琐碎而多有批评。宋吴子良云：“太史公言：‘离骚者，遭忧也。’离训遭，骚训忧，屈原以此命名，其文则赋也。故班固《艺文志》有屈原赋二十五篇。梁昭明集《文选》，并不归赋门，而别命之曰骚。后人沿袭，皆以骚称，可谓无义。篇题名义且不知，况文乎？”①浦铣《复小斋赋话》卷上：“赋始于兰陵而屈宋为之增华，故班固《艺文志》云：屈原赋二十五篇。予尝谓集赋者当以骚列于首，自来选家从不归并赋门，可谓数典忘祖。”②姚鼐《古文辞类纂》序云：“汉世校书，有《辞赋略》，其所列者甚当。昭明《文选》分体碎杂，其立名多可笑者，后之编集者或不知其陋而仍之。余今编辞赋，一以汉《略》为法。”③章学诚云：“赋先于诗，骚别于赋，赋有问答发端，误为赋序，前人之议《文选》，其显然者也。若夫《封禅》、《美新》、《典引》皆颂也，称符命以颂功德，而别类其体为符命，则王子渊以圣主得贤臣而颂嘉会，亦当别类其体为主臣矣。班固次韵，乃《汉书》之自序也，其云‘述《高帝纪》第一’，‘述《陈项传》第一’者，所以自序撰书之本意，史迁有作于先，故已退居于述尔。今于史论之外，别出一体为史赞，则迁书自序所谓‘作《五帝纪》第一’、‘作伯夷传第一’者，又当别立一体为史作赞矣。汉武《诏策贤良》即策问也，进以出于帝制，遂于策问之外别名曰诏，然则制策之对，当离诸策而别名为表矣。贾谊《过秦》盖《贾子》之篇目也，因陆机《辨亡》之论，规仿《过秦》，遂援左思‘著论准《过秦》’之说，而标体为论；魏文《典论》，盖犹桓谭《新论》、王充《论衡》之以论名书耳，《论文》其篇目也；今与《六代》、《辨亡》诸篇同次于论，然则昭明自序所谓‘老庄之作，管孟之流，立意为宗，补遗能文为本’，其例不收诸子篇次者，岂以有取斯文，即可裁篇题论而改子为集乎？《七林》之文，皆设问也。今以枚生发问有七，而遂标为七，则《九歌》、《九章》、《九辨》，亦可标为九乎？《难蜀父老》，亦设问也。今以篇题为难，而别为难体，则《客难》

① （宋）吴子良．林下偶谈[M]．《四库全书》原文及全文检索版．

② （清）浦铣．复小斋赋话[M]．丛书集成续编本．

③ （清）姚鼐．古文辞类纂[M]．北京：西苑出版社，2003.

当与同编，而《解嘲》当别为嘲体，《宾戏》当别为戏体矣。"①俞樾《第一楼丛书·湖楼笔谈六》对萧统赋类之下为单篇立目甚有意见："《文选》一书，辞章家奉为准绳，乃其体例，实多可讥。如赋、诗宜以时代为次，多为标目，反或拘牵。且特立耕籍之目，而所录止潘安仁《藉田赋》一首，特立论文之目，而所录止陆士衡《文赋》一首，然则耕籍即潘赋之正名，论文乃陆赋之本义，题前立题，犹屋上架屋矣。又如风、月、雪赋之物色，义即不通，而《秋兴》一赋，又非其伦，斯亦义例之未安者乎？"

上述众人的批评，都是因为《文选》分类琐碎而致，其中吴子良、浦铣与姚鼐三人都认为《文选》不应将赋与骚分为二体。先秦时期，赋作为文体名称被明确标示出来，《汉书·艺文志》将骚归入赋类之下，因此很多人主张骚、赋一体。其实，《文选》之前，已有明确将骚别于赋者。南朝宋齐之间的孔逭与当时文士看法不同，据现存文献，他是视骚、赋为不同文体的最早学者。② 据《隋书·经籍志》集部总集类载其《文苑》百卷，此书今佚，但《中兴书目》记其情况云："逭集汉以后诸儒文章，今存十九卷，赋、颂、骚、铭、诔、吊、典、书、表、论，凡十属目。"③可见，在他所编的总集中，赋与骚是两种并列的不同的文体。骆鸿凯说：

> 不知赋出于骚，骚为赋之祖，究可自为一类。彦和析论文体，以《辨骚》与《诠赋》分篇，是亦别骚于赋矣。《隋书·经籍志》集部特立《楚辞》一类，后世仍之，尤见推崇骚体，不与其它文辞同列之意。审是，可无疑于昭明之失当矣。④

可见，赋、骚分立二体于萧统之前即已存在，《文选》如此立类体现了当时文体分类的现实，是当时文体观念的客观反映。

章学诚的批评中，有对《文选》将七体、设问分体的指责。枚乘《七发》之后，模仿创作者甚众，形成了一个七体系列，这类文章都分为七个部分，内容多是关于宫室、音乐、田猎、饮食等之感官享受，终归劝谏之义。由于这类作品数量众多，引起当时文人的注意，他们将"七"类著作独立于赋体之外的意识渐渐增强。晋初傅玄是现可考知最早独立"七"体并为之编集的学者，其《七谟序》中连续开列了自枚乘到晋初十六家十六

① (清)章学诚. 文史通义新编新注[M]. 仓修良，编注. 杭州：浙江古籍出版社，2005.
② 力之.《楚辞》与中古文献考说[M]. 成都：巴蜀书社，2005：218.
③ (宋)王应麟. 玉海：卷54[M].《四库全书》原文及全文检索版.
④ 骆鸿凯. 文选学[M]. 北京：中华书局，1989：26~27.

篇"七"体作品，几乎包括了此体当时所有作家的作品，并结合文体特征对这些作品进行了简短精当的评论，其"七"体意识已相当自觉。① 其后之范晔《后汉书》在记述传主生平著述时，便将赋与"七"体、设论分开，如《崔骃传》云："所著诗、赋、铭、颂、书、记、表、《七依》、《婚礼结言》、《达旨》、《酒警》合二十一篇。"②《张衡传》云："所著诗、赋、铭、七言、《灵宪》、《应间》、《七辩》、巡诰、《悬图》，凡三十二篇。"③《文心雕龙·杂文》将七体、设问、应对、连珠等归为杂文一类。可见，《文选》将七体、设问著作单独分列成类也是有根据的，并非妄意立目。

《文选》分体细碎，前人的批评有一定道理，但同时我们也要考虑到《文选》编纂时的客观环境与当时文学发展的现状。对此，骆鸿凯总结说："章氏以昭明论文，惟拘形貌，而昧于文学之流别，斯言诚中其失。然夷考尔时刘氏《文心》，列体亦繁。世传任昉《文章缘起》，屡举八十五种，杂碎尤甚。任以专书辨析众制，尚复如此，知昭明分体，亦仍前规耳。《文心·诠赋篇》云：'夫京殿、苑猎、述行、序志，体国经野，义尚广大。至于草区禽族，庶品杂类，触兴致情，因便取会。'据此，是赋之分类，昭明仍前贤也。《颂赞篇》云：'迁、固著书，托赞褒贬。又纪传后评，亦同其名。而仲洽《流别》，谬称为述，失之远矣。'颜师古《匡谬正俗》亦云：'挚虞《流别集》全取孟坚书序为一卷，谓之汉述。'是史述赞之名，昭明亦承仲洽之误者也。又《吴志·阚泽传》有《过秦论》之称，则此篇称论已旧，非始昭明明矣。至物色之名，本六朝常语，延年取以入咏，《雕龙》亦用题篇，其义犹汉人言云雾，今人言光景，远出郑君，词非晦解。俞氏诮为不通，何耶？"④骆氏这段话回答了章学诚与俞樾的批评，同时也从历史的角度分析解释了《文选》分体琐碎的缘由。总之，"《文选》文体分类方面的历史贡献是巨大的，这是常识。尽管平心而论，这一贡献多的只是继承而非其新的建树，然而，这一继承从某种意义上说，与建树同，即其在客观上使被继承过来的东西有了许多新的生长点"⑤。

---

① 韩晖．从《文选》分类看萧统对赋体的体认[J]．广西师范大学学报：哲学社会科学版．2008，44(4)：33~38.

② (宋)范晔．后汉书：卷 82[M]．《四库全书》原文及全文检索版．

③ (宋)范晔．后汉书：卷 89[M]．《四库全书》原文及全文检索版．

④ 骆鸿凯．文选学[M]．北京：中华书局，1989：27.

⑤ 力之．关于姚鼐章学诚批评《文选》分类之得失问题：兼论"七"、"设论"与赋的关系[J]．江汉大学学报：人文科学版，2004，23(3)：85.

（二）编目次第

《文选》全书各篇目的具体编次，按照序文所言“凡次文之体，各以汇聚……类分之中，各以时代相次”的原则进行。大体上，全书各类文章依此进行排列，但也有不少“失序”之处。《文选》卷20“公宴”之“曹子建”下，李善注云：“‘赠答’、‘杂诗’，子建在仲宣之后，而此在前，疑误。”①卷22“招隐”之“左太冲”下，李善注云：“‘杂诗’，左居陆后，而此在前，误也。”卷23“哀伤”（诗）之“曹子建”下，李善注云：“‘赠答’，子建在仲宣之后，而此在前，误也。”卷26“行旅”之“潘安仁”下，李善云：“‘哀伤’（诗）、‘赠答’，皆潘居陆后，而此在前，疑误也。”卷29“杂诗”之“何敬祖”下，李善云：“‘赠答’何在陆前，而此居后，误也。”可见，在唐代，李善为《文选》作注时就发现了其排序方面存在的问题。后世研究者们则发现了更多的“失序”之处。骆鸿凯《文选学》除了列举上述李善所述几处外，又有：“书类朱叔元《为幽州牧与彭宠书》一首，何屺瞻曰：‘此书在建武中兴之初，而列七子之伍，误矣。’论类李萧远《运命论》一首，文列《养生论》后。按：叔夜卒于魏常道乡公景元三年，而萧远为魏明帝时人，前后倒置，亦误。”②而据王晓东“粗略统计”，“《文选》对所录作品的编次存在问题计有十八处”③。《文选》在编次上之所以出现诸多的“失序”问题，主要是由于它的成书是多人编纂的结果，故而一书之中同样作家的排序前后出现了不一致。傅刚对此分析说：“《文选》由多人参加编纂，在其作家作品排列的不同顺序中表现得非常清楚……关于建安诗人曹植、王粲、刘桢的排列，‘公宴’、‘哀伤’与‘咏史’、‘杂史’不同，前者顺序为曹、王、刘，后者则为王、刘、曹；关于西晋诗人陆机、潘岳的排列，‘赠答’与‘行旅’不同”，前者为陆、潘，后者为潘、陆；关于左思、陆机的排列，‘招隐’与‘杂诗’不同，前者为左、陆，后者为陆、左。……上述作家顺序排列的矛盾情况，说明了《文选》并非由一人编纂。”④《文选》在排序上确实存在上述缺陷，但此种现象在古代文集的编选中普遍存在，像《元文类》、《明文衡》、《骈体文钞》等都有类似问题，

① （梁）萧统．文选[M]．（唐）李善，注．《四库全书》原文及全文检索版．此段中所引李善语均同此。

② 骆鸿凯．文选学[M]．北京：中华书局，1989：40~41.

③ 转引自：力之．关于《文选》编目次第的“失序”问题：《文选》编次作家“失序”与“彼此失照”现象研究之一[J]．中国社会科学院研究生院学报，2004，（1）：90.

④ 傅刚．《昭明文选》研究[M]．北京：中国社会科学出版社，2000：162~163.

即使在今时亦所难免，所以我们不能苛求于《文选》。

《文选》编例对后世的影响

《文选》因其文学价值在成书后不久就受到世人关注，其编例本身也对后世产生了深远影响。

第一，分类方法为后世所效仿。如前所述，《文选》是先按文体分类，再以题材列目来编次全书的，后世的许多总集也都效仿这种方法进行编集，甚至在具体类目上也很相似。例如，宋初李昉等奉敕编纂《文苑英华》，将所收诗文按文体分为38类，其分类数目与《文选》同，只不过《文苑英华》在这些文体之下的部分二级类目又分出三级类目，划分更加细琐。其书虽各类目名称不尽同于《文选》，但基本上遵循了昭明之格局，故四库馆臣以为："其分类编辑体例亦略(与《文选》)相同，而门目更为烦碎，则后来文体日增，非旧目所能括也。"①《文苑英华》编纂的目的有绍继《文选》的考虑，明胡维新《重刻文苑英华序》就以为："坟经义貌，词华郁蔓，延刘汉而接萧梁，昭明之《选》备矣。《苑》之集始于梁，而部系类分悉宗《选》例，非嗣文以承统乎?"②两书虽文体类目名称及数量有别，然所用的方法却是一致的。又如真宗年间姚铉编纂的《唐文粹》，全书分文体为22类，共设子目316类，其文体分类在《文选》的基础上进行了删并改进，例如符命、诔、哀文、吊文、祭文归于文；移并于檄，史论归于论，墓志并于碑，笺归于书；新增状、露布、文、议、故、记、诫、物铭8类等，其情况与《文苑英华》相似。此后宋吕祖谦所编《宋文鉴》、元苏天爵所编《元文类》等皆沿其波，收文范围及其文体分类都受到《文选》的影响。

第二，列赋为首为后世所承用。按照文学发展的先后来说，诗骚之体应该先于赋体，但《文选》在排列上则以赋体为首，置于诗骚之前。有研究者认为，"《文选》序文，以赋为首，诗骚反列于后，此乃萧统之创格也"③。此种编次方式，后世文集，无论总集或别集，承之者不乏其例。总集如宋李昉《文苑英华》、姚铉《唐文粹》、吕祖谦《宋文鉴》，元苏天爵《元文类》，明张溥《汉魏六朝百三名家集》，清张金吾《金文最》、严可均《全上古三代秦汉三国六朝文》、乾隆御定《唐宋文醇》等；别集如陆机《陆

---

① (清)永瑢等．四库全书总目：卷69[M]．《四库全书》原文及全文检索版．

② (宋)李昉．文苑英华：卷首[M]．上海：上海古籍出版社，1987.

③ 何沛雄．《文选》选赋义例论略[M]//俞绍初，许逸民．中外学者文选学论集．北京：中华书局，1998：697.

士衡文集》，唐王维《王右丞集》、韩愈《昌黎先生集》、杜牧《樊川文集》，宋司马光《温国文正司马公集》、王安石《荆川先生文集》，清朱彝尊《曝书亭集》、钱大昕《潜研堂文集》等，均是以赋为首。

第三，著者称字为后世所沿袭。古代称字是对对方的尊重，《文选》中对所采作品的作者只称其字，后世文集多有沿用者，如《圣宋名贤五百家播芳大全文粹》“仿《文选》之例，于作者止书其字”①，《名公书判清明集》“辑宋元人案牍判语，分类编次，皆署其人之别号，盖用《文选》称字之例”②。虽然这种称谓方式会湮没名声不显者的作品，但《文选》此例对后代的影响是客观存在的。

总之，《文选》的影响是深远的，后世文集无论是断代还是通代，它们在分体次文上都受到了《文选》一书编例的影响。

① （清）永瑢等．四库全书总目：卷187[M]．《四库全书》原文及全文检索版．

② （清）永瑢等．四库全书总目：卷101[M]．《四库全书》原文及全文检索版．

第六章　古书编例总汇、特点与影响因素

古书编例是一笔宝贵的文化遗产，是无比丰富的图书编撰资源，我们应当认真总结。

一、古书编例总汇

如前所述，根据不同的标准，古代图书的编例可以划分为不同的类型；而对于不同种类的图书，又各有其具体的编例。笔者兹据所查资料，将古书编例的种类列简表如下(见表6-1)：

表6-1　**古籍编例种类表**

类别	编　例	代表著作			备注
		时代	编著者	书　名	
经书	词书以字义分类			《尔雅》	首创
	字书以字形分类	汉	许慎	《说文解字》	首创
	注	汉	郑玄	《周礼注》等	
经书	章句	汉	杨终	《春秋章句》	
	集解	曹魏	何晏	《论语集解》	
	疏(义疏)	南朝梁	皇侃	《论语义疏》	
	字书以音韵分类	隋	陆法言	《切韵》	
	正义	唐	孔颖达	《五经正义》	
	经注合一	宋		《十三经注疏》	首创

续表

类别	编例	代表著作			备注
		时代	编著者	书名	
编年体	编年体			《春秋》	现存最早
	史论			《左传》	首创
	连类列举法	汉	荀悦	《汉纪》	
	起居注	汉		《禁中起居注》	首创
	以类相从	晋	袁宏	《后汉纪》	
	谱注	晋	干宝	《晋纪》	首创
	总论	晋	干宝	《晋纪》	首创
	实录	南朝梁	周兴嗣	《梁皇帝实录》	首创
	纲目体	宋	朱熹	《通鉴纲目》	首创
	通史	宋	司马光	《资治通鉴》	首创
	自注自考	宋	司马光	《资治通鉴》	首创
	史书兼用目录之体	宋	司马光	《资治通鉴目录》	首创
	各署姓名	宋	欧阳修	《新唐书》	
	年谱	宋	赵子栎	《杜工部年谱》	
纪传	纪传体	汉	司马迁	《史记》	首创
	本纪	汉	司马迁	《史记》	首创
	世家	汉	司马迁	《史记》	首创
	书	汉	司马迁	《史记》	首创
	单传	汉	司马迁	《史记》	首创
	合传	汉	司马迁	《史记》	首创
	类传	汉	司马迁	《史记》	首创
	附传	汉	司马迁	《史记》	首创
	年表	汉	司马迁	《史记·六国年表》	首创
	月表	汉	司马迁	《史记·秦汉之际月表》	首创
	通史	汉	司马迁	《史记》	首创
	天文志	汉	司马迁	《史记·天官书》	首创
	河渠志	汉	司马迁	《史记·河渠书》	首创
	食货志	汉	司马迁	《史记·平准书》	首创

续表

类别	编例	代表著作			备注
		时代	编著者	书名	
纪传	循吏传	汉	司马迁	《史记》	首创
	酷吏传	汉	司马迁	《史记》	首创
	佞幸传	汉	司马迁	《史记》	首创
	儒林传	汉	司马迁	《史记》	首创
	日者传	汉	司马迁	《史记》	首创
	龟策传	汉	司马迁	《史记》	首创
	非帝王入纪	汉	司马迁	《史记·项羽本纪》	首创
	艺文志	汉	班固	《汉书》	首创
	刑法志	汉	班固	《汉书》	首创
	五行志	汉	班固	《汉书》	首创
	地理志	汉	班固	《汉书》	首创
	宗室传	汉	班固	《汉书》	首创
	外戚传	汉	班固	《汉书》	首创
	帝王无纪	汉	班固	《汉书》	
	改“书”为“志”	汉	班固	《汉书》	首创
	百官志	南朝宋	范晔	《后汉书》	首创
	舆服志	南朝宋	范晔	《后汉书》	首创
	皇后纪	南朝宋	范晔	《后汉书》	首创
	宦者传	南朝宋	范晔	《后汉书》	首创
	独行传	南朝宋	范晔	《后汉书》	首创
	逸民传	南朝宋	范晔	《后汉书》	首创
	文苑传	南朝宋	范晔	《后汉书》	首创
	列女传	南朝宋	范晔	《后汉书》	首创
	诗体论赞	南朝宋	范晔	《后汉书》	
	符瑞志	南朝梁	沈约	《宋书》	首创
	释老志	北魏	魏收	《魏书》	首创
	追尊立纪	晋	陈寿	《三国志》	首创
	后妃传	晋	陈寿	《三国志》	首创

续表

类别	编例	代表著作			备注
		时代	编著者	书名	
纪传	缺表	晋	陈寿	《三国志》	首创
	无书志	晋	陈寿	《三国志》	首创
	孝友传	唐	房玄龄	《晋书》	首创
	忠义传	唐	房玄龄	《晋书》	
	叛逆传	唐	房玄龄	《晋书》	
	骈偶行文	唐	房玄龄	《晋书》	
	论称“制曰”	唐	房玄龄	《晋书》	
	备述所引书目次	唐	张守节	《史记正义》	
	家族传	唐	李延寿	《北史》	
	仪卫志	宋	宋祁、欧阳修	《新唐书》	
	选举志	宋	宋祁、欧阳修	《新唐书》	
	兵志	宋	宋祁、欧阳修	《新唐书》	
	奸臣传	宋	宋祁、欧阳修	《新唐书》	
	叛臣传	宋	宋祁、欧阳修	《新唐书》	
	论赞以“呜呼”发端	宋	薛居正	《旧五代史》	
	书志称“考”	宋	欧阳修	《新五代史》	
	书志称“略”	宋	郑樵	《通志》	
	营卫志	元	脱脱等	《辽史》	
	艺文志惟载一代人之著述	清	张廷玉	《明史》	
	纪事本末体	宋	袁枢	《通鉴纪事本末》	
	以四字标题	明	高岱	《鸿猷录》	
	以三字标题	清	吴伟业	《绥寇纪略》	

续表

类别	编　例	代表著作			备注
		时代	编著者	书　名	
纪传	以国为序	清	高士奇	《左传纪事本末》	
	以地为序	清	魏源	《圣武记》	
	撰有序录	清	夏燮	《中西纪事》	
别史	载记之体	汉	班固	《东观汉记》	首创
	兼用纪传、实录之体	唐	许嵩	《建康实录》	
	立传以官为类			《隆平集》	
	氏族略	宋	郑樵	《通志》	
	六书略	宋	郑樵	《通志》	
	七音略	宋	郑樵	《通志》	
	都邑略	宋	郑樵	《通志》	
	草木昆虫略	宋	郑樵	《通志》	
	传后附载其作品	宋	王偁	《东都事略》	
	本纪称帝典	明	刘振	《识大录》	
	本纪列传皆以类分	明	刘振	《识大录》	
	宦者侯表	清	万斯同	《历代史表》	首创
	大事年表	清	万斯同	《历代史表》	首创
	旧文排比成书	清	李错	《尚史》	首创
	专设载文之志	清	傅维麟	《明书》	
杂史	以“集”名史	明	王世贞	《山堂别集》	
	标题分记	明	宋濂	《洪武圣政记》	
诏令奏议	篇末俱标年月日	明	杨士奇	《代言录》	
传记	附录传主诗文	元	吴师道	《敬乡录》	
	传末注所据书	明	区大任	《百越先贤志》	
	以“志”名传	明	李桢	《濂溪志》	
	传末附四言诗			《靖康小雅》	
	附列本传	明	焦竑	《熙朝名臣实录》	
	不录生人	明	王兆云	《明词林人物考》	

续表

类别	编例	代表著作			备注
		时代	编著者	书名	
史钞	抄撰一史	晋	葛洪	《汉书钞》	
	抄撰众史	南朝梁	阮孝绪	《正史削繁》	
	离析而编之	宋	沈枢	《通鉴总类》	
	简汰而刊削之	宋	吕祖谦	《十七史详节》	
	割裂辞藻而次之	宋	杨侃	《两汉博闻》	
	采摭文句而存之	宋		《史汉精语》	
方志	以“图经”为名	汉		《巴郡图经》	现知最早
	以“传”为名	汉		《沛国耆旧传》	
	以“录”为名	三国	虞预	《会稽典录》	
	全国性总志	汉	应劭	《畿服经》	
	以政区为纲	唐	李泰	《括地志》	首创
	府(州)境类	唐	李吉甫	《元和郡县图志》	首创
	八到类	唐	李吉甫	《元和郡县图志》	首创
	贡赋类	唐	李吉甫	《元和郡县图志》	首创
	记不同时代户口数	唐	李吉甫	《元和郡县图志》	首创
	人物类	宋	乐史	《太平寰宇记》	首创
	艺文类	宋	乐史	《太平寰宇记》	首创
	平目体	宋	范成大	《吴郡志》	有目无纲
	夹注中又有夹注	宋	范成大	《吴郡志》	
	纲目体	宋	罗愿	《新安志》	
	纪传体	宋	周应合	《景定建康志》	首创
	大事记	宋	高似孙	《剡录》	首创
	地方书目	宋	高似孙	《剡录》	首创
	运用表体	宋	梁克家	《三山志》	首创
	乡镇志	宋	常棠	《澉水志》	首创
	一统志	元		《大元一统志》	首创
	每门以二字为题	元	刘大彬	《茅山志》	
	以“考”命名类目	元	袁桷等	《延祐四明志》	

续表

类别	编 例	代表著作			备注
		时代	编著者	书 名	
方志	政书体	明	周瑛	《兴化府志》	首创
	经纬体	明	陈棐	《广平府志》	首创
	三宝体	明	唐枢	《湖州府志》	首创，土地、人民、政事谓之“三宝”
	志书题古地名	明	王鏊	《姑苏志》	
	艺文散附各条之下	明	康海	《武功县志》	
	艺文仅存篇题，而文不录	明	黄润玉	《宁波府简要志》	
	标题夹注	明	汪舜民	《徽州府志》	
	道学类	明	戴璟	《广西通志初稿》	
	人物表	明	史朝富等	《隆庆永州府志》	
	志名史体	明	胡松	《滁州志》	
	三书体	清	章学诚	《湖北通志》	首创
	引书列原文	清	周城	《宋东京考》	
	音乐类	清	官修	《皇舆西域图志》	首创
	经籍类	清	罗石麟等	《山西通志》	
	撰著体	清	章学诚	《永清县志》	无一语不出于己
	纂辑体	清	贾汉复等	《河南通志》	无一语不出于人
	章节体	清	洪汝仲	《昌图府志》	
目录	单书目录	汉	胡广	《百官箴》	
	群书目录	汉	刘向、刘歆	《七略》	
	全国综合性目录	汉	刘向、刘歆	《七略》	首创
	六分法	汉	刘向、刘歆	《七略》	首创

续表

类别	编　例	代表著作			备注
		时代	编著者	书　　名	
目录	解题目录	汉	刘向、刘歆	《七略》	首创
	类序	汉	刘向、刘歆	《七略》	
	军事专科目录	汉	杨仆	《兵录》	
	史志目录	汉	班固	《汉书·艺文志》	首创
	四分法	晋	荀勖	《中经新簿》	首创，以甲、乙、丙、丁命名四部
	史学专科目录	南朝宋	裴松之	《史目》	
	七分法	南朝齐	王俭	《七志》	首创
	传录体	南朝齐	王俭	《七志》	首创
	图谱类	南朝齐	王俭	《七志》	首创
	五分法	南朝梁	祖暅	《五部书目》	首创，经史子集之外，“数术”别为一类
	佛经专科目录	南朝梁	释僧佑	《出三藏记集》	
	楚辞类	南朝梁	阮孝绪	《七录》	首创
	别集类	南朝梁	阮孝绪	《七录》	首创
	总集类	南朝梁	阮孝绪	《七录》	首创
	四分法	唐	魏徵等	《隋书·经籍志》	正式以经、史、子、集命名四部
	杂史类	唐	魏徵等	《隋书·经籍志》	
	诗文评类	宋	王尧臣	《崇文总目》	
	八分法	宋	李淑	《邯郸书目》	首创
	十二大类	宋	郑樵	《郑樵·艺文略》	首创
	著录版本	宋	尤袤	《遂初堂书目》	首创

续表

类别	编　例	代表著作			备注
		时代	编著者	书　　名	
目录	谱录类	宋	尤袤	《遂初堂书目》	
	政书类	宋	钱溥	《秘阁书目》	首创
	金石目录	宋	欧阳修	《集古录》	
	备列碑文	宋	洪适	《隶续》	
	史钞类	元	脱脱等	《宋史·艺文志》	首创
	目录类	元	脱脱等	《宋史·艺文志》	首创
	互著	元	马端临	《文献通考·经籍考》	
	别裁	元	马端临	《文献通考·经籍考》	
	辑录体	元	马端临	《文献通考·经籍考》	
	千字文排次	明	杨士奇	《文渊阁书目》	
	十四大类	明	陆深	《江东藏书目》	首创
	十八大类	明	孙能传等	《内阁书目》	首创
	十分法	清	孙星衍	《孙氏祠堂书目》	首创
	记一朝著述	清	黄虞稷	《明史·艺文志稿》	
	四书类	清	倪灿	《明史·艺文志》	首创
	五经总义类	清	纪昀等	《四库全书总目》	首创
	案语	清	纪昀等	《四库全书总目》	
	存目	清	纪昀等	《四库全书总目》	首创
	经学专科目录	清	朱彝尊	《经义考》	
	以“表”名目录	清	曹溶	《金石表》	
别集	同辈著作附骥而行	梁	何逊	《何水部集》	
	词于集外别行	唐	韩偓	《香奁集》	
	以甲乙分卷	唐	陆龟蒙	《笠泽丛书》	首创
	以“丛书”名集	唐	陆龟蒙	《笠泽丛书》	
	杂体别为一卷	唐	皮日休	《松陵集》	
	卷首冠以圣谕	唐	李群玉	《李群玉集》	
	晚辈著作附骥而行	唐	黄滔	《黄御史集》	
	外集收录补遗之作	唐	刘禹锡	《刘宾客文集》	

续表

类别	编例	代表著作			备注
		时代	编著者	书名	
别集	附录著者生平资料	唐	杨炯	《盈川集》	
	唐诗分类编排	唐	韦应物	《韦苏州集》	
	卷首载先人著述	宋	戴复古	《石屏集》	
	长辈著作附骥而行	宋	黄庭坚	《山谷集》	
	方志序言入集	宋	罗愿	《鄂州小集》	首创
	释道入集	宋	杨杰	《无为集》	
	长辈、同辈著作同时附录	宋	孙应时	《烛湖集》	
	长辈、同辈、晚辈著作同时附录	宋	祖无择	《龙学文集》	
	附录多于正文	宋	王蘋	《王著作集》	
	卷末附录生平资料	宋	穆修	《穆参军集》	
	不分卷，但以体编次	元	李孝光	《五峰集》	
	卷首载著者生平资料	元	吴澄	《吴文正集》	
	附录不同文体之作	元	张宏范	《淮阳集》	
	附录著者其他著述	明	张宁	《方洲集》	
	唐诗分体编排	明		《孟襄阳集》	
	外集收录不同文体之作	明	郑心材	《郑京兆集》	
	卷首冠以进表	清	赵殿成注	《王右丞集笺注》	
	附录题识性文字	清	赵殿成注	《王右丞集笺注》	
	妻女著作附骥而行	清	曹一士	《四焉斋诗集》	
	每篇自为序	清	黄钟	《蘧庐集》	首创
	杜诗分类例			《集千家注杜工部诗集》	首创
总集	仅收一体著作	汉	刘向	《楚辞》	首创
	己作入选	汉	刘向	《楚辞》	首创
	选录历代著作	南朝梁	萧统	《文选》	
	诗文并收	南朝梁	萧统	《文选》	

续表

类别	编　例	代表著作			备注
		时代	编著者	书　　名	
总集	以文体编排	南朝梁	萧统	《文选》	
	以甲乙标目	南朝梁	萧统	《文选》	首创
	类下又有子目	南朝梁	萧统	《文选》	首创
	著者称字	南朝梁	萧统	《文选》	首创
	生人不录	南朝梁	萧统	《文选》	
	诸臣附论，各列其名			《五臣注文选》	
	名物训诂，各有笺释	唐	李善	《文选》李善注	
	附作者小传	唐	姚合	《极玄集》	首创
	以作者分类标目	唐	姚合	《极玄集》	
	姓氏之下有品题	唐	殷璠	《河岳英灵集》	首创
	专录唱和之作	唐	段成式	《汉上题襟集》	首创
	专录某史书之诗文	唐	柳宗直	《西汉文类》	
	专收乐府诗歌	宋	郭茂倩	《乐府诗集》	
	专录题咏时令之作	宋	蒲积中	《古今岁时杂咏》	
	专录有关科举之文	宋	魏天应	《论学绳尺》	
	以理择文	宋	真德秀	《文章正宗》	
	收录时艺著作	宋	吕祖谦	《宋文鉴》	
	每篇各有评点	宋	楼昉	《古文标注》	
	备列他人之评点	宋	王霆震	《古文集成》	
	各体皆有小序	宋	方回	《瀛奎律髓》	
	以时间先后编次	宋	赵师秀	《众妙集》	
	仅收录诗作	金	元好问	《中州集》	
	专收赋作	元	祝尧	《古赋辨体》	
	专录题咏园林之作	元	顾瑛	《玉山名胜集》	
	以题材分类编次	明	张之象	《唐诗类苑》	
	专录书信之文	明	凌迪知	《名公翰藻》	
	专录寓言故事	明	邹迪	《文府滑稽》	
	专录金石铭文	明	杨慎	《金石古文》	

续表

类别	编例	代表著作			备注
		时代	编著者	书名	
总集	专收四六骈文	明	王志坚	《四六法海》	
	全录一代之诗	明	胡震亨	《唐音统签》	首创
	或分体，或不分体	明	胡震亨	《唐音统签》	
	专收有关某地之作	明	程敏政	《新安文献志》	
	专录某一族氏之作	明	吴宗周	《来苏吴氏原泉诗集》	
	专录僧人之作	明	梅鼎祚	《释文纪》	
	专录女子之作	明	田艺蘅	《诗女史》	
	全录历代著作	清	严可均	《全上古三代秦汉三国六朝文》	
	全录一代著作	清	官修	《全唐文》	
	选录一代著作	清	顾嗣立	《元诗选》	
	专录散文	清	官修	《唐宋文醇》	
	专收某地人之作	清	沈季友	《槜李诗系》	
	御评品题	清	徐乾学等	《古文渊鉴》	首创
	以甲乙而移时代	清	曹庭栋	《宋百家诗存》	首创
诗文评	探索源流	南朝梁	刘勰	《文心雕龙》	
	探索师承关系	南朝梁	钟嵘	《诗品》	
	备陈法式	唐	皎然	《诗式》	
	旁采故实	唐	孟棨	《本事诗》	
	体兼说部	宋	欧阳修	《六一诗话》	
类书	分类编排	曹魏	王象等	《皇览》	首创
	类事	隋	虞世南	《北堂书钞》	
	分韵编排	唐	颜真卿	《韵海镜源》	首创
	事文合一	唐	欧阳询	《艺文类聚》	首创
	叙事、事对、文选兼具	唐	徐坚	《初学记》	首创

续表

类别	编　例	代表著作			备注
		时代	编著者	书　　名	
其他	插图	先秦		《孔子徒人图法》	
	自序	汉	司马迁	《太史公自序》	
	自注	汉	班固	《汉书》	首创
	他序	晋	皇甫谧	《三都赋序》	
	书目广告	宋	眉山万卷堂	《新编近时十便良方》	
	版权声明	宋	王称	《东都事略》	
	丛书	宋	俞鼎孙等	《儒学警语》	首创
	彩色插图	明	吴发祥	《萝轩变古笺谱》	首创
	自撰书名			《吕氏春秋》	

经历长期的发展，古代图书形成了不胜其多的编例。以上编例只是其中较有代表性的，更多的编例还有待我们继续总结。在这个过程中，古书编例的发展具有显著的特点，同时，其发展也受到诸多因素的影响。

二、古书编例的发展特点

古书编例的发展呈现明显的特点，兹将其分述如下。

由隐到显，由合到独

由编例发展的历史可以看出，其发展是一个由隐到显、由合到独的过程。早期图书的编例都是隐含于正文之中，并未明言。顾炎武曾云古书编例“随事载之书中”①，张舜徽亦云“古人著述不言例，而例自散见于全书之中”②。因此，编例需要读者自己去研究才能发现。《春秋》乃圣人孔子所定，是几千年来所奉之经典，其微言大义，一字褒贬，所用“书法”成为历代学者孜孜不倦致力研究的内容，这正是《春秋》编例隐而不明、含

① (清)顾炎武．日知录校注[M]．陈垣，校注．合肥：安徽大学出版社，2007：1138.

② 张舜徽．广校雠略[M]．武汉：华中师范大学出版社，2004：4.

而不露以至于后世研究者们众说纷纭、莫衷一是的结果。序言出现之后，图书著者会在序言中言及本书编例，编例便与序文合而为一，寓含在序言之中。西汉司马迁《史记》、东汉班固《汉书》、许慎《说文解字》的序言中均有关于本书编例的内容。由于序文中包含了编例的内容，不少图书的序言标名称“序(叙)例”，兼具序文和编例两重意义和功能，这表示著书者的编例意识渐趋增强，编例作为图书的组成部分开始外显。至于唐代，陆淳《春秋集传辨疑》卷首明确冠以“春秋集传辨疑凡例”一篇，条列编例17则，每则均以“凡”字开头，对全书撰写的原则、方法、格式等作了详细的说明，至此编例作为专篇独立出现，正式与序文分离。与此对应，唐代出现了对编例研究的理论专著，即刘知幾的《史通》，对编例进行了专题研究，并对唐以前的史书编例作了总结，这是编例发展史上的第一次。与序文的分离和《史通》的问世标志着编例走向成熟，编例从此开始独立成篇，并且引起研究者的关注和重视。之后，著者著述多有编例，并且单独成篇冠于书首，成为图书编撰者编写的依据和原则，亦是读者阅读的向导和指南。

由少到多，由简到繁

事物总是遵循由低级到高级、由简单到复杂的发展规律，图书编例也不例外，其总体呈现出由少到多、由简到繁的发展趋势。图书编例的多少与图书的种类和数量是成正比的，每个朝代都在前代发展的基础上编撰出新的图书，图书的数量和种类都较之前代有所增加，如汉代产生了纪传体史书，三国时期产生了类书，唐代产生了典制体政书，宋代产生了纪事本末体和纲目体史书，明清产生了学案体史书和索引，等等。而在具体写作技术上又会出现新的编撰方式，如在先秦就有开始对经书进行注解的章句、传、训、诂等，汉代图书出现了序言，西晋出现他序，隋唐又出现书跋，宋代经注合一，等等。这些新产生的图书类型和具体的编撰方式，使得图书的编例更趋完善，同时也使图书编例不断地由少及多，由简到繁。

有因有革，有破有立

编例发展的过程也是一个有因有革、有破有立的过程。古人在长期的图书编撰实践中，积累了丰富的编撰经验，创立了无数的图书编例；但是，每种编例都不是著者凿空独创，每种编例都不是横空出世，而是经历了漫长的酝酿孕育过程。如史学三大体裁的产生：有关学者通过研究认为，中国的编年史可以追源溯流到甲骨卜辞，因为现存最早的编年体史书

《春秋》的记事方式和甲骨卜辞的记事方式有许多相似甚至相同之处，它们具有一脉相承的特点；西汉司马迁《史记》所创的纪传体，由纪、表、书、世家、列传五种体裁组成，而这五种体裁在《史记》之前都已经存在；纪事本末体在南宋由袁枢《通鉴纪事本末》创立，但早在《尚书》之中就有了记事的篇章。可见，三大体裁的产生都渊源有自，各有因承。但是，它们的因承并非照搬不动、一成不变，而是寓因于革。甲骨卜辞虽然已有按时间记述历史事件的方式，但远不规范系统；《春秋》则将这种记事方式用于全书，统一规范，正式标志了编年体裁的创立。虽然《史记》之前，纪、表、书、世家、列传五种体裁的图书均已存在，但将这五种体裁匠心独运地加工整合成一个有机的整体，把上下三千年间纷繁复杂的历史有条不紊地组织起来，使之相辅相成、相得益彰，却是司马迁的独创，从此"后之作史者，递相祖述，莫能出其范围"①。《尚书》中虽有记事的篇章，但就《尚书》整体的记言性质来说，只是个别特例；《通鉴纪事本末》则就《资治通鉴》取材，将一千三百多年间的事件按类编目叙述得清清楚楚，成为与编年、纪传鼎足而立的第三大史书体裁。在以后的发展中，三种体裁的史书各自亦是有因有革，有破有立。清康熙年间官修《古文渊鉴》：

> 所录上起《春秋左传》，下迨于宋，用真德秀《文章正宗》例，而睿鉴精深、别裁至当，不同德秀之拘迂；名物训诂各有笺释，用李善注《文选》例，而考证明确详略得宜，不同善之烦碎；每篇各有评点，用楼昉《古文标注》例，而批导款要、阐发精微，不同昉之简略；备载前人评语，用王霆震《古文集成》例，而搜罗赅备、去取谨严，不同霆震之芜杂；诸臣附论，各列其名，用五臣注《文选》例，而夙承圣训，语见根源，不同五臣之疏陋；至于甲乙品题，亲挥奎藻，别百家之工拙，穷三准之精微，则自有总集以来历代帝王未闻斯著，无可援以为例者。②

《古文渊鉴》的编撰借鉴并承用了《文章正宗》、《文选》李善注、《古文标注》、《古文集成》、《文选》五臣注等多书的编写方式，但在其基础上又有所发展，并自创御评品题之新例。可见，古书编例的发展是因革结合，破立并列。

---

① （清）王鸣盛．十七史商榷：卷1[M]．北京：商务印书馆，1958.

② （清）永瑢等．四库全书总目：卷190[M]．《四库全书》原文及全文检索版．

因时而异，与时俱进

任何著作都产生于一定的时代，每个时代的图书编撰都有其各自的特点，其编例因此也具有了时代性，余嘉锡曾言：

> 然天下书纵不可遍观，而一时有一时之文体，一代有一代之通例。参互考较，可以得其情；排比钩稽，可以知其意。①

避讳是我国长久以来的习俗，古书中避讳的方法有多种，但具体到各朝代，其采用的方法又有所不同，如唐以前多采用改字法，用其他的字代替需要避讳之字；宋代则普遍采用缺笔法，将所需避讳之字少写其中某个笔画。而在书写格式上，宋代刻本遇到帝王名字，则跳行书之，《铁琴铜剑楼藏书目录》多有记载，如《孙真人备急千金要方》30卷"前列高保衡等进书序，遇明圣主上等字俱跳行，当仍宋刻旧式"②；《周髀英经》2卷"跋语中遇国家及中兴字目俱跳行顶格，知此本从宋椠传录也"③；《琴史》6卷"卷中遇帝字皆跳行，犹依宋本式也"④。这种书写格式是宋代特有的，故钱大昕"读欧阳文忠公集五十卷，每卷首题'临江后学唐鲁得之考异'，卷末题'熙宁五年秋七月南发等编定，绍兴二年三月郡人孙谦益校正'……此书于宋诸帝不跳行，知为元刻矣"⑤。再如，由于受《太平御览》、《太平广记》、《册府元龟》等官修类书分类编排的影响，宋编唐诗别集多分类编次；而由于文坛的复古运动，明编唐诗别集则往往将内容分体编排。同是唐诗别集，但在不同时代其编排方式也不相同，这正体现了编例因时而异、与时俱进的特点。

三、影响古书编例的因素

古书编例的产生与发展受到社会、政治、学术、编撰者、出版等多种

① 余嘉锡．古书通例[M]//余嘉锡．余嘉锡说文献学．上海：上海古籍出版社，2001：166.

② (清)瞿镛．铁琴铜剑楼藏书目录．北京：中华书局，1990：16.

③ (清)瞿镛．铁琴铜剑楼藏书目录．北京：中华书局，1990：23.

④ (清)瞿镛．铁琴铜剑楼藏书目录．北京：中华书局，1990：23.

⑤ (清)钱大昕．竹汀先生日记抄[M]．北京：中华书局，1985：10.

因素的影响。

社会因素

(一)社会现实的影响

社会存在决定社会意识，社会意识反映社会存在。图书是一种精神产品，属于社会意识的范畴，其采用的编写方式归根结底是由当时的社会现实所决定的。由司马迁《史记》创造、后代史学相沿不废的纪传体体裁就是与当时社会现实相适应的，司马迁《太史公自序》中叙述曰：

> 罔罗天下放失旧闻，王迹所兴，原始察终，见盛观衰，论考之行事，略推三代，录秦汉，上记轩辕，下至于兹，著十二本纪，既科条之矣。并时时异，年差不明，作十表。礼乐损益律历改易，兵权山川鬼神，天人之际，承敝通变，作八书。二十八宿环北辰，三十辐共一毂，运行无穷，辅拂股肱之臣配焉，忠信行道，以奉主上，作三十世家。扶义俶傥，不令己失时，立功名于天下，作七十列传。①

本纪、世家、表、书(志)、列传五种体裁的组合构成了一个整体，它突出了以帝王将相为中心的历史，形象地映照了封建社会的等级秩序，适应了封建统治者的思想体制，是当时汉代封建统一社会的反映。② 纪传体确立之后，为历代正史所采用，各史根据各代具体的社会现实，其具体类目的设置也有改换或创新，如北魏政治组织源于部落，其氏族多与官职有关，《魏书》因并为官氏志；辽代兵制与各代不同，故《辽史》在兵卫志之外，又立营卫志；兵卫志与前代各史之兵志相近，而营卫志则是辽代所特有。再如国别体是以国家为单位，分别记叙历史事件的史书体裁，《国语》记述了由周穆王到鲁悼公大约五百年间有关周、鲁、齐、晋、郑、楚、吴、越八国的历史，这正反映了奴隶制社会向封建社会转化的过程中周王室衰微，诸侯国林立，诸侯群起称雄争霸的社会现实；此后，陈寿《三国志》也采取国别史的形式记述魏、蜀、吴三国的历史，这正反映了东汉之后西晋以前我国历史上三国鼎立的历史事实。清浦起龙曰："此是

---

① (汉)司马迁．史记[M]．长沙：岳麓书社，1988：751.

② 张大可．史记研究[M]．兰州：甘肃人民出版社，1985：20~21.

国别家，惟分封分割之代有之。”①准确地概括了国别体书籍产生的社会根源。

(二)社会风气的影响

社会风气是一时的社会习惯，也会影响图书的编例。如清朝初期所编辑的文集，其序跋多不记编纂时间，刘声木记载这种现象说：

> 国初名人为人撰诗文集或杂著序，素无年月日，专喜自称‘同学弟’或‘同学友’。如新城王文简公士祯，长洲汪苕文太史琬，宣城施愚山学士闰章，萧山毛西河太史奇龄，泽州陈文贞公廷敬，无锡严荪友□□绳孙，江都顾书宣太史图河等所撰诸书皆是。亦一时风会所趣，有不知然而然者。②

政治因素

图书编例也受到当时的政治环境、时势情况的影响。如史书本应据事直书，但历代史书都有回护之处，这除了修撰者的主观因素外，还有政治因素。作史者出于自身利益的考虑，不得不使用“曲笔”，避免触犯当权者，惹来杀身之祸，陈寿《三国志》就是很好的一例。陈寿生于西晋，其书必不敢得罪西晋统治者，而西晋乃是司马氏篡魏所得，这与曹魏篡汉一脉相承、异曲同工，故陈寿所作三国之史在书法上不得不先为魏国回护隐讳。赵翼《廿二史劄记》论《三国志》书法云：

> 自左氏、司马迁以来，作史者皆自成一家言，非如后世官修之书也。陈寿《三国志》亦系私史……然其体例则已开后世国史记载之法。盖寿修书在晋时，故于魏晋革易之处，不得不多所回护。而魏之承汉，与晋之承魏，一也，既欲为晋回护，不得不先为魏回护。③

为此，陈寿在全书编例上特别加意者有多处，“如《魏纪》书天子以公令冀州牧，为丞相，为魏公，为魏王之类，一似皆出于汉帝之酬庸让德，

① (唐)刘知幾．史通通释[M]．(清)浦起龙，释．上海：上海古籍出版社，1978：14.

② (清)刘声木．苌楚斋随笔、续笔、三笔、四笔、五笔[M]．北京：中华书局，1998：929.

③ (清)赵翼．廿二史劄记校证[M]．王树民，校证．北京：中华书局，1998：121.

而非曹氏之攘者，此例一定，则齐王芳之进司马懿为丞相，高贵乡公之加司马师黄钺，加司马昭衮冕、赤舃、八命、九锡，封晋公，位相国，陈留王之封昭为晋王，冕十二旒、建天子旌旗，以及禅位于司马炎等事，自可一例叙述，不烦另改书法，此陈寿创例之本意也……曹魏则立本纪，蜀、吴二主则但立传，以魏为正统，二国皆僭窃也。《魏志》称操曰太祖，封武平侯后称公，封魏王后称王，曹丕受禅后称帝，而于蜀、吴二主则直书曰刘备，曰孙权，不以邻国待之也。蜀、吴二志，凡与曹魏相涉者，必曰曹公，曰魏文帝，曰魏明帝，以见魏非其与国也。《魏书》于蜀、吴二主之死与袭，皆不书……其于魏帝之死与袭，虽亦不书，而于本国之君之即位，必记明魏之年号……此亦何与于魏，而必系以魏年，更欲以见正统之在魏也。正统在魏，则晋之承魏为正统，自不待言。此陈寿仕于晋，不得不尊晋也。"①虽然史书的回护书法掩盖甚至歪曲了历史，实不该为，但从修史者的角度看，却也是时势所迫，不得已而为之。

学术因素

历史上各朝各代均出现过著名的学者，他们对图书编撰发表过各自的见解，这些理论有的为后人所采用，从而影响了古书的编例。如唐代史学家刘知幾《史通》对唐以前史书修撰中的各种问题进行了总结，其中对史书编例的论述占据了大半的篇幅，史书编撰中本纪、世家、列传、表、志五种体裁及论赞、序例、题目、断限、编次、称谓、序传等各种问题均有涉及，对纪传体史书的修撰提出了自己的观点和看法，对后来史书的编例产生了影响。如对正史中载言问题，《史记》、《汉书》等纪传体史书中都是既记言又记事，叙事中夹杂着大量的诏议、奏疏，“方述一事，得其纲纪，而隔以大篇，分其次序，遂令批阅之者有所懵然”②，给阅读者造成很大麻烦。刘知幾因此主张把纪、传中的诏令、奏议抽出，按类区分，于纪传表志之外专设记言的篇章，称之为“制册章表书”，他说：

> 若人主之制典诏令，群臣之章表移檄，收之纪传，悉如书部，题为制册章表书，以类区别。他皆仿此，亦犹志之有礼乐志、刑法志者也。又诗人之什，自成一家，故风雅比兴非三传所取。自六义不作，文章生焉。若韦孟讽谏之诗，扬雄出师之颂，马卿之书封禅，贾谊之

---

① (清)赵翼．廿二史劄记校证[M]．王树民，校证．北京：中华书局，1998：121~122.

② (唐)刘知幾．史通通释[M]．(清)浦起龙，释．上海：上海古籍出版社，1978：34.

论过秦，诸如此文皆施纪传。窃谓宜从古诗例，断入书中。亦犹《舜典》列元首之歌，《夏书》包五子之咏者也。夫能使史体如是，庶几《春秋》、《尚书》之道备矣。①

这种设想因为割裂史书中的言事，后代正史并未采纳，但此种观点由此为世人所注意，后来宋代叶隆礼的《契丹国志》和宇文懋昭的《大金国志》，则采纳了这种建议，采用了这种编写方式。前者把石晋降契丹表，后者把金朝封伪楚、伪齐的册文以及南北往来盟书，别自编录成篇，不入正文叙事之中，正好实践了刘知幾的主张。章学诚虽然认为这两书史料价值并不高，但同时也肯定其创新："诸家杂纂，不局于纪传成规，而因事立例，时有得于法外之意，可以补马、班义例之不及者。"②后来章学诚倡议方志立三书，"仿纪传正史之体作志，仿律令典例之体而作掌故，仿《文选》、《文苑》之体而作文征"③，章学诚所提倡的"文征"就是刘知幾所倡议的"书"在方志中的运用和发展。刘知幾还提出在纪传体史书中编都邑志、氏族志与方物志，后来宋代郑樵所撰《通志》，在二十略中创立了"氏族略"、"都邑略"和"昆虫草木略"，就是实现了刘知幾的创议，也为史书的编撰作出了新的贡献。

编撰者因素

编撰者因素主要是指主观方面的因素，包括编撰者本身的才能素质、思想见解、私人情感、个人偏好等。

（一）编撰者的才能素质

编撰者本身的才能素质决定着一书质量的高低好坏，同样的书籍由才识不同的人主持编撰其质量必然有别；才识高者图书编例悉然于心，其编著的图书则必然较为完善，质量也较高。刘知幾曾言修史者要具备史才、史学和史识，就是对编撰者本身才能与素质的要求。明代撰修《元史》，存在许多不足之处，遭到诸多学者的非难，钱大昕就是其中之一。他认为《元史》质量不高的一个重要原因就是修史者不具备应有的修史素质，缺

① （唐）刘知幾．史通通释[M]．（清）浦起龙，释．上海：上海古籍出版社，1978：34.

② （清）章学诚．文史通义新编新注[M]．仓修良，编注．杭州：浙江古籍出版社，2005：1156.

③ （清）章学诚．文史通义新编新注[M]．仓修良，编注．杭州：浙江古籍出版社，2005：1028.

少史学和史才。他说：

> 而文之陋劣，亦无如《元史》者。盖史为传信之书，时日促迫，则考订必不审，有草创而无讨论，虽班马难以见长，况宋王词华之士，挣辟诸子皆起自草泽，迂腐不谙掌故者乎？开国功臣，首称四杰，而赤老温无传；尚主世胄不过数家，而郓国亦无传。丞相见于表者五十有九人，而立传者不及其半。本纪或一事而再书，列传或一人而两传。《宰相表》或有封号无人名。此义例之显然者，且纰缪若此，固无暇论其文之工拙矣。①

"不谙掌故"是说修史者不具史学，列传无例与文字工拙则是就史才而言。历史上官修书的编撰，其编例的确定常常要历经多次、反复商议探讨，这是因为官修人手众多，观点往往不易统一。宋代吕夏卿有《唐书直笔新例》1卷，书中条列了预修《新唐书》的诸条编例，但与今之《新唐书》并不完全相符。钱大昕对此事记载说：

> 《唐书直笔新例》一卷，宋吕夏卿撰，夏卿于仁宗朝预修《唐书》，故作此例。今以《新书》考之，殊不相应。如书母，书内禅，书立皇太子，书立皇后，书命将征伐诸条，按之《本纪》，无一同者。又谓仆固怀恩不当立传，宜见于《铁勒传》；李白、杜甫同传，不入《文苑》；李适之当附《恒山王传》，今本皆不尔。是夏卿虽有此议，而欧、宋两公未之许也。②

可见，欧阳修与宋祁两主撰官没有采纳吕夏卿关于《新唐书》编例的建议，如若《新唐书》由吕主持，其编例必然与今之《新唐书》有别，此是史家史识不同所致。

(二)编撰者的个人偏好

图书的编例还受到编撰者私人情感、个人偏好习惯等的影响。清代学者曾记录古人编选文集云：

---

① (清)钱大昕．十驾斋养新录[M]．南京：江苏古籍出版社，2000：183.

② (清)钱大昕．十驾斋养新录[M]．南京：江苏古籍出版社，2000：275.

林艺老不喜南海李子虎诗，作诗话时，人有以李集示之者。则曰："吾头可断，诗不可选也。"①

林艺老此举不免武断，只因个人偏好便将李子虎之诗作排除在收录范围之外，可见个人感情对图书编例的影响。历代史书的修撰中都存在"假人之美，藉为私惠"、"诬人之恶，持报己仇"的现象，撰修者根据自己的意志选取于己有利的编例，任意褒贬、随性抑扬。宋王懋论当时修史工作中存在的主观现象说：

今之撰大臣列传者，俱系翰林，翰林中又多江浙人，往往秉笔多存党翼。大率重汉人轻满人，重文臣轻武臣，重翰林轻他途，种近省轻边省也。积习相沿，虽贤者不免。同一满人，则分文武；同一汉人，则分边内；同一边省，则分出身；同一江浙，则分中外。甚至饰终之典，撰拟纶音者，亦存轩轾，满人、边人、武人不过四五行，翰林、台阁必历叙官阶，详其恩遇，连篇累牍，洋洋千言。撰拟列传，于爱之者，则删其谴责，著其褒嘉；恶之者，则略其褒嘉，详其谴责。凡略褒词者，不叙全文，而曰褒之；略其贬词者，亦不叙全文，仅曰责之或切责之而已。史臣之体，据事直书，功罪自见。况史为万事公器，岂容去取抑扬？深愿秉笔者，一空积习，传信后人，庶乎犹存是非之公也。②

可见，编撰者的情感与偏好是影响图书编例的一个重要因素。

出版因素

(一)图书载体与装订形式的影响

从古至今，在社会发展的不同阶段，图书的载体经历了甲骨、竹简、缣帛、碑石、纸张等多种形式；与各种载体形式相适应，图书的装订形式在各个时期也不相同。所有图书都是依托于一定的载体而存在，而载体不同，图书的装订形式也会相应地变化；因此图书载体与装订形式对图书的编例也有影响。如前所述图书的计量单位，篇是竹简图书时期的计量单

① (清)方濬师．蕉轩随录[M]．北京：中华书局，1995：481.
② (清)福格．听雨丛谈[M]．北京：中华书局，1997：154~155.

位，卷是帛书出现之后才用于图书的计量；篇、编、卷、轴等是与卷轴装对应的图书计量单位，册则是图书采用册叶形式装订之后才作为图书的计量单位的。

(二)刊刻出版者的影响

印刷术的发明改进了图书的制作方式，使得图书的传播更为便利，但书商出于商业和经济利益或其他方面的考虑，在出版图书时常常会对图书作出改动，致使编例与其最初有所不同。最好的例子就是宋代刻书者将经书之注与疏合而为一，宋代之前，经注与经疏是分别而行，宋代书商在出版时将二者合成一书，致使原来图书的卷第不可考见，钱大昕对此论述云："唐人撰《九经疏》本与《注》别行，故其分卷不与经注同。自宋以后刊本欲省两读，合《注》与《疏》一书，而《疏》之卷第，遂不可考矣。"①

总之，影响图书编例的因素是多方面的，除了上述几种因素外，学术的发展、自然的流传等，都会对图书的编例产生影响。

① (清)钱大昕．十驾斋养新录[M]．南京：江苏古籍出版社，2000：59.

附　　录

附图 1　《此木轩四书说》“凡例”

凡例

一先君子四書說手録成帙者什之六其什之四或在
他書或在散紙今並鈔入成九卷

一先君子自康熙己巳志弘聖學大指見刻陸清獻公
稿序及所著述志賦中當時已有論撰今之所輯斷
自康熙辛巳迄於乙卯從手録本以為據也

一先君子心如淨水有觸斯動有見則書茲之所録有
一意而再三言之者固以非一時所書故今以叠見

欽定四庫全書　此木軒四書說　凡例

則意益明顯故惟全同則刪小異則並存之以俟當
代君子折衷焉

一間有與集註小異或集註未有明文而與今刻文異
解者皆載于篇廣異聞求的義固學者之事也唯舉
業試場或不必依用耳

一間有但引彼文未自下語如周禮以賓射之禮親故
舊朋友云云周禮疏四月正雩云云之類蓋博引經
籍以為佐證則意自明也故並鈔入

一是編據先君子手定纂録而決疑辨誤多有在時文
跋語者嗣當搜輯續刊以補未及

欽定四庫全書　此木軒四書說　凡例

附图 2 《书法正传》“凡例”

攷也

一余之所見得之先伯鈍吟公者居多先伯所教專以用筆結構二法今散見於他說者言言中的字字採微録成一編另為一卷俾學者知所入云

一古今書評皆所當留意如庾肩吾李嗣真書品張懷瓘書斷梁武袁昂書評朱長文續書斷皆不可不閲書多難載擬另刻數種並行之

一著書之難難於眼目不廣余腹笥寡寡家藏散佚雖

欽定四庫全書 書法正傳 凡例 二

有臆解苦無證佐幸文子藏書甚富交遊假借不惜筆舌商酌去取惟我二人焉

簡緣子再識

一是書編次成帙係先簡緣手定中間標目處用記認摘出以醒目也句讀點斷便披覽也至密圈尖圈密點處為書之喫緊關目所宜留意此先簡緣點定時所斟酌指迷開示後學者今皆仍之其大小圖目尤係法程所在悉取先簡緣手書者付梓

姪孫武謹識

欽定四庫全書 書法正傳 凡例 三

附图3 《资治通鉴释例》

欽定四庫全書
資治通鑑釋例
宋 司馬光 撰
用天子例
周秦漢晉隋唐皆嘗混一九州傳祚於後子孫雖微
弱播遷四方皆其故臣故全用天子之禮以臨之帝
后稱崩王公稱薨
書列國例

三國南北五代與諸國本非君臣從列國之例帝后
稱殂王公稱卒秦隋未併天下亦依列國之例
書帝王未即位及受禪例
帝王未即位皆名自贊拜不名以後不書名
書稱號例
天子近出稱還宮遠出稱還京師列國曰還某都
凡新君即位必曰某宗後皆曰上 太上皇止稱上
皇 上太上皇太后號曰尊（尊為太上皇太后之類） 皇后太

子曰立改封曰徙公侯有國邑曰封無曰賜爵 列
國非臣下之言不稱乘輿車駕行在京師天下及崩
臣下所稱仍其舊文
書官名例
節度使赴鎮曰為使相曰充遙授曰領 凡官名可
省者不必備書 公相以善去曰罷以罪去曰免
書事同日例
兩國事同日不可中斷者以日先序一國事已更以

其日起之如齊建武元年十月辛亥魏主發平城云
云辛亥太后廢帝為海陵王云云
書兩國相涉例
凡兩國事相涉則稱某主兩君相涉則稱謚號不相
涉而事首已見則稱上稱帝
書斬獲例
凡戰偽走而設伏殺之曰斬首千餘級千級以下不
書獲輜重兵械雜畜非極多不書

附图 4　《数学钥》"凡例"

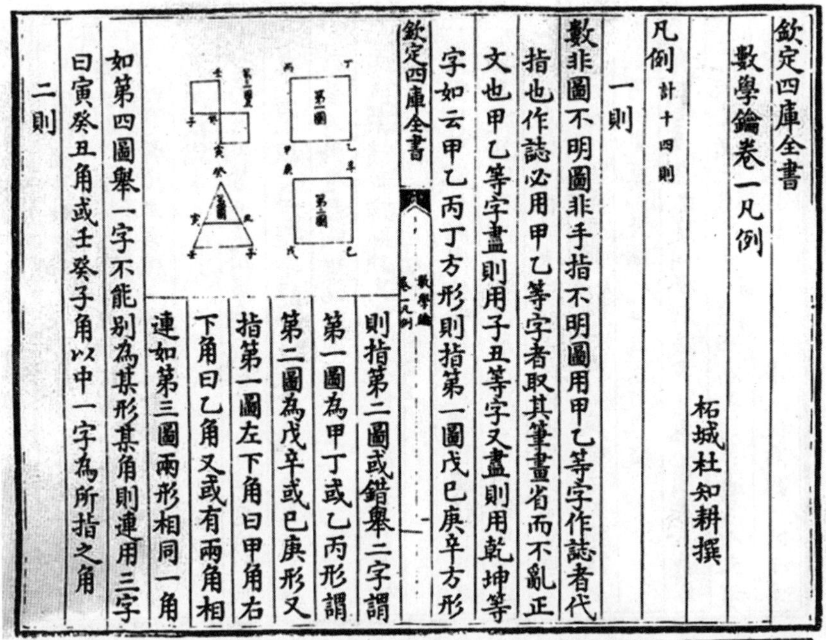

欽定四庫全書

數學鑰卷一凡例

柘城杜知耕撰

凡例 計十四則

一則

數非圖不明圖非手指不明圖用甲乙等字作誌者代指也作誌必用甲乙等字者取其筆畫省而不亂正文也甲乙等字盡則用子丑等字又盡則用乾坤等字如云甲乙丙丁方形則指第一圖戊巳庚辛方形則指第二圖或錯舉二字謂第一圖為甲丁或乙丙形謂第二圖為戊辛或巳庚形又指第一圖左下角曰甲角右下角曰乙角又或有兩角相連如第三圖兩形相同一角如第四圖舉一字不能別為其形其角則連用三字曰寅癸丑角或壬癸子角以中一字為所指之角

二則

欽定四庫全書　數學鑰　卷一凡例

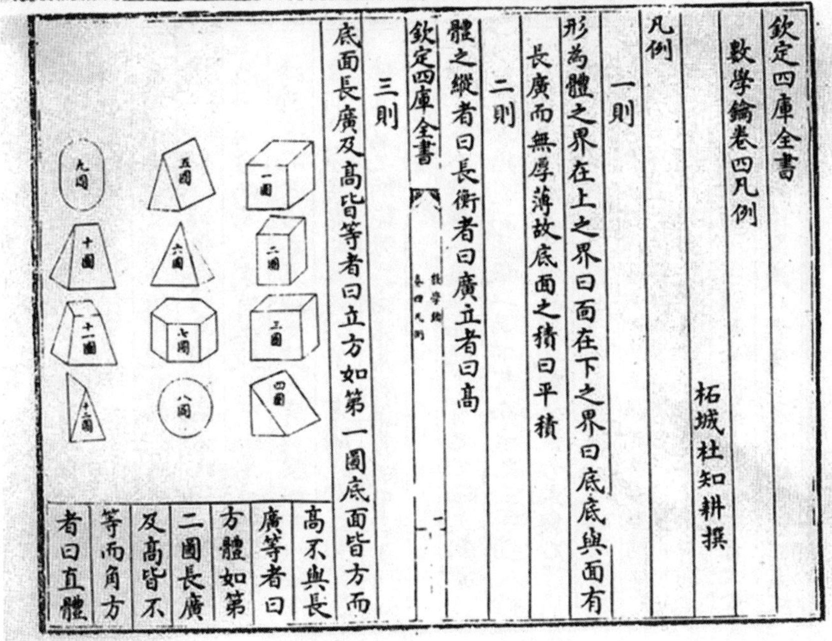

欽定四庫全書

數學鑰卷四凡例

柘城杜知耕撰

凡例

一則

形為體之界在上之界曰面在下之界曰底底與面有長廣而無厚薄故底面之積曰平積

二則

體之縱者曰長衡者曰廣立者曰高

三則

底面長廣及高皆等者曰立方如第一圖底面皆方而高不與長廣等者曰方體如第二圖長廣及高皆不等而角方者曰直體

欽定四庫全書　數學鑰　卷四凡例

附图5 《七经孟子考文补遗》“凡例”

多係強補甚難信用故今據宋板別摘其字稱某作
某又別標補闕目亢其原所闕字以朱圍（今係重圍）別之
一以見崇禎本妄作一以為補諸本闕漏者之便爾
一其所校諸本
有曰宋板者迺足利學所藏五經正義一通所以識
其為宋板者字體平穩如錢大欵格寬廣每行字數
參差不齊絕無明世諸刻輕佻務整齊者之態且凡
字遇宋諸帝諱輒缺其點畫如殷作殷弘作弘亂作

欽定四庫全書　七經孟子考文補遺　凡例　三

亂敦作敦眩作眩徵作徵敬作敬讓作讓慎作慎之
類各避其所諱也臣向得唐九成宮石刻穀梁傳殘
本髙祖諱淵作渊太宗諱世民作世民又嘗閱唐玄
宗八分書墨刻孝經（所謂石臺孝經）亦爾唐宋之際避諱之
例可以見也以此驗之其為宋板無疑
有曰古本者亦足利學所藏書寫本也周易三通各
三本畧例一通尚書一通三本毛詩二通各十本禮
記一通十本論語二通各二本皇侃義疏一通十本

古文孝經一通孟子一通七本皆此方古博士家所
傳也所以識者其禮記書尾猶存永和年中清原良
賢句讀舊跋又活字板禮記其和訓用朱點別有一
法（世所謂於古止點）非復今時專用假名者比皆古博士家
所授受者而每卷末有落款之可徵焉蓋亦儼然古
時物也而凡古本其經文註文皆與宋板明板頗有
異同助字甚夥而其體例不一者間或有之豈亦展
轉書寫之所輸歟其論語集解與義疏中者全同如

欽定四庫全書　七經孟子考文補遺　凡例　四

適莫章今註疏本無註而此本有之又按文獻通攷
石經論語述而篇舉一隅下有而示之三字三人行
必有我師焉上又有我字之類今校古本與石經同
亦足以證古本可據也孟子有題辭（註疏本或無之）及章指
矣（初修考文時疑孫奭刪去之後閱文獻通考唐陸善經刪去之也其說具於孟子考文）古文
孝經今所梓行者文字多誤而此本頗佳序有劉炫
釋尚書孔安國傳字體太奇多古文今別為古文考
且如晉書杜預奏議引書傳云亮信也陰默也宋板

附图 6　《田间易学》“凡例”

時論則吾鄉方中丞白鹿公所著而吾佐密之參訂
而成者也故三書引據尤多密之别號藥地亦時引
其說
一吾家自融堂先生以來家世學易先君子究心五十
餘年臨沒之年乃有所得口授意指命不孝爲之詮
次錄諸簡端不孝亦間有已見爲先君子所首肯者
亦併載之名曰見易左國材曰先生諱志立字爾卓講學垂三十年里中稱爲敬修先生

欽定四庫全書　田間易學　凡例

一南渡時予罹黨禍變姓名逃諸吳市遇漳浦黄先生
舟過吳門遂識之名使前慇勉之餘教令學易不數
月吳下大亂家室喪亡竄身入閩田閩山者三年每
念先生教輒思讀易其見易舊解遺亡殆盡又無書
可借惟記誦章句默尋經義時有所獲久之成帙目
曰火傳蓋以家國屢經兵火所藏故本應付灰燼矣
又以薪盡火傳即此猶是先君子之遺教也既歸里
諸集散失而見易一編巋然獨存因取與火傳詮之

前後雷同居多乃盡刪後說唯微有異者則存之
一是書未脫稿即付兒子瀶祖藏諸笥中初不意其能
讀也戊申冬兒隕於盜藏書塵封不忍檢視久之啓
其笥則業已詮次成集而又得其問易堂私識一編
問易堂者瀶祖讀書處也間有可采聊存十數則於
集中不忍沒其苦心也問易載有予兄伯玉湘之幼安所說數條今併存之
一是書集既成携至都門爲老友嚴顥亭所賞留諸行
笈欲爲付梓予既歸顥亭病歿其書遂不知所在會

欽定四庫全書　田間易學　凡例

崑山徐健菴昆仲要予談易既无副本又老而善忘
乃取所存舊稿重加編輯因考證諸書凡吾昔所矜
爲獨獲而業爲前人所已說者皆削去已見一歸諸
前人寧爲述者可也或因讀諸書偶有觸發出於見
易火傳之外者謂之今按凡圖象卦爻之義覺今按
尤詳其專書按者皆係攷詳非已說也
一引用諸書或因辭章冗複稍加刪削或因文句晦澁
改竄數字令讀者易於通曉僭竊之罪所不敢辭也

附图 7　《尚书埤传》"凡例"

尚書埤傳凡例

經文不全解故不全載昔趙子常(汸)說春秋有杜氏補注一書專取杜注之闕畧舛譌者訂正之予此書實倣其體學者先讀蔡傳然後參觀此書斯本末畢見矣

漢唐二孔氏去古未遠名物度數之學多得其真蔡氏訓釋義理誠迥出注疏之上然稽古却疎又一事而前後異解往往有之今備加剖析取注疏為主參以諸儒之說其二孔舛誤已經朱蔡改定者不更述焉

欽定四庫全書　尚書埤傳 凡例　二

書以道政事故先儒說書多援後代事為左證予竊取其意於諸家參論古今之說多從采摭至禹貢一篇賦稅漕渠田功水利所載特詳

書解自注疏而外有蘇文忠(軾)書傳黃宣憲(度)書說呂成公(祖謙)書說他如王介甫(安石)林少穎(之奇)葉少蘊(夢得)鄭漁仲(樵)吳才老(棫)晁以道(說之)程泰之(大昌)吳斗南(仁傑)蔡季通(元定)諸家之說皆為朱子所稱蔡傳既行諸家盡廢又如章俊卿(如愚)黃東發(震)王伯厚(應麟)吳幼清(澄)金吉甫(履祥)鄒晉昭(季友)王魯齋(柏)近代如王恭簡(樵)鄭端簡(曉)袁坤儀(黃)諸家皆能發明古義為仲默功臣余蒐緝雖勤僅存梗概學者當求全本讀之(先儒之說已引入蔡傳者今不重出)

唐宋以來諸名家文集中其論說有與書義相證發者多節鈔之以備觀覽

仲默所解天文歷律得之家傳其粹義精言又多得之朱子今人盡讀蔡傳蔡傳實未易讀也今於其難解處特詮釋一二

欽定四庫全書　尚書埤傳 凡例　二

書句難點朱子嘗言之矣今俗師斷句多不古諸說中有更正者附載焉

附图 8　《十国春秋》“凡例”

代通史梁編遺録九國志五國故事十國紀年宋史東
都事略李燾續資治通鑑長編吳録稽神録江淮異人
録妖亂志淝上英雄録范成大吳郡考馬令南唐書陸
游南唐書陳彭年江南别録龍衮江南野史鄭文寶南
唐近事唐餘紀傳江表志釣磯立談史外小録耿先生
傳南唐拾遺記蜀檮杌錦里耆舊傳李昊蜀書蜀國春
秋全蜀藝文志成都見聞録何光遠鑑戒録北夢瑣言
三楚新録湖湘故事楚紀吳越備史順存録錢氏家乘

條光録吳越攺元辨兩朝貢奉録家王故事吳興藝文
志兩浙名賢録武林舊事楓牕小牘閩王事蹟何氏閩
書林諝閩中記晉安逸志閩海叢書榕陰新簡陳鳴鶴
閩中考章仔鈞族譜金鳳外傳嶺南文獻吳萊南海古
蹟記江陵志餘晉陽見聞録遼史郡縣釋名歐陽忞
輿地廣記樂史太平寰宇記祝穆方輿勝覽茅山志洞
霄宮志兩廣名勝志金陵志一統志廣輿記湖廣通志
八閩通誌梁克寬三山志廣東通志浙江通志杭州府

志西湖志餘紹興府志嚴州府志淳安縣志肇慶府志
海鹽圖經中都志武林梵志名山記合璧事類海録碎
事七修類藁職官分紀鄭氏書目國史經籍志日涉編
天下碑記王象之碑目五燈會元高僧傳列仙通鑑劒
俠傳圖繪寶鑑宣和畫譜譚子化書彭曉參同契註東
國通鑑馭交記輟耕録實賓録容齋三録太平廣記青
箱雜記二老堂雜志玉壺清話太平清話廣博物志清
異録洪遵泉志文苑英華宋文鑑宋文選計敏夫唐詩

紀事金荃集花間集詞品花蕊夫人宮詞有二本所載略異徐
散騎集徐寅集黄滔集羅昭諫集韋莊集杜光庭集貫
休集齊己集方蛟峰集曾子固集王荆公集宋潛溪集
升菴外集愚輒會粹成書都為一部倘臆說杜撰率爾
無徵實所未敢

十國典故散佚捃摭滋艱卷中偶獲瑣事纖語不忍遽
棄時復登載用資見聞雖延壽繁猥之譏知所不免而
心期廣搜珍惜片羽後有同志當鑒微懷吳任臣識

附图 9 《康熙字典》“凡例”

欽定四庫全書　御定康熙字典　凡例　四

一集內所載古文除說文玉篇廣韻集韻韻會諸書外兼采經史音釋及凡子集字書於本字下旣竝載古文復照古文之偏旁筆畫分載各部各書詳註所出何書便於考證

一正字通音訓每多繁冗重複今於音義相同之字止云註見某字不載音義庶幾詳略得宜不眩心目

一引用訓義各以次第經之後次史史之後次子子之後次以雜書而於經史之中仍依年代先後不致舛錯倒置亦無層見叠出之獘

一正字通所載諸字多有未盡今備采字書韻書經史子集來歷典確者竝行編入分載各部各畫之後上加增字以別新舊

一正字通承字彙之譌有兩部叠見者如垔字則西土兼存罳字則网火互見他若虍部已收虒虓而斤日二部重載舌部竝列甛憩而甘心二部已收

欽定四庫全書　御定康熙字典　凡例　五

又有一部叠見者如酉部之酴邑部之鄉後先矛盾不可殫陳今俱考校精詳併歸一處

一字有形體微分訓義各別者佩觿正譌等書辨之詳矣顧尚有譌以承譌諸家蒙混者如大部之奕與廾部之弈說文點畫迥殊舊註不加考校徒費推詳今俱細為辨析庶指事瞭然不滋偽誤

一正字通援引諸書不載篇名考之古本譌舛甚多今俱窮流溯源備載某書某篇根據確鑿如史記則索隱正義兼陳漢書則師古如淳竝列他若郭象註莊高誘註呂悉從原本不敢妄增其閒字有兩音音有兩義則竝采無遺如或有音無義有義無音則又寧缺無偽偶有參酌必用按字標明古書具在不可誣也

一字彙補一書考校各書補諸家之所未載頗稱博雅但有字彙所收誤行增入者亦有正字通所增仍為補綴者其餘則專從海篇大成文房心鏡五

附图 10 《五礼通考》"凡例"

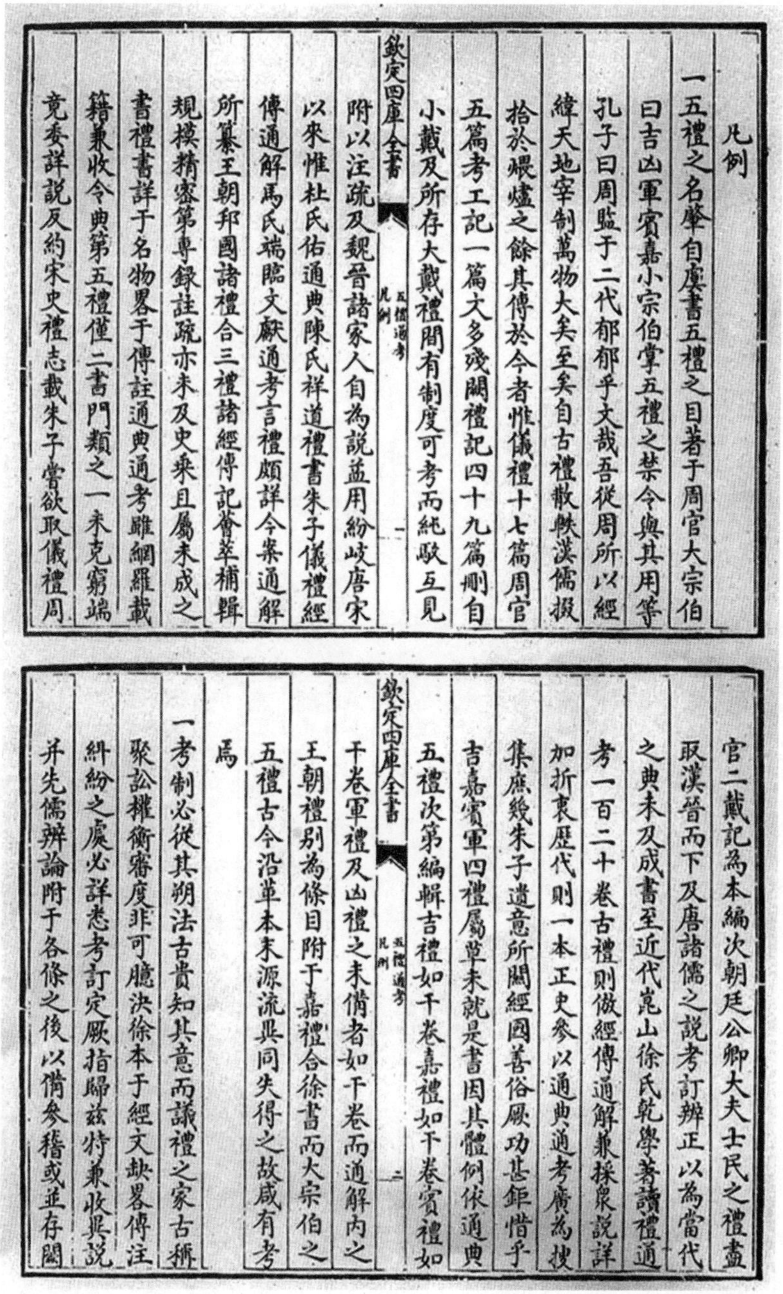

凡例

一五禮之名肇自虞書五禮之目著于周官大宗伯曰吉凶軍賓嘉小宗伯掌五禮之禁令與其用等孔子曰周監于二代郁郁乎文哉吾從周所以經緯天地宰制萬物大矣至矣自古禮散軼漢儒掇拾於煨燼之餘其傳於今者惟儀禮十七篇周官五篇考工記一篇大多殘闕禮記四十九篇删自小戴及所存大戴禮閒有制度可考而純駁互見

欽定四庫全書 五禮通考 凡例 一

附以注疏及魏晉諸家人自為說益用紛岐唐宋以來惟杜氏佑通典陳氏祥道禮書朱子儀禮經傳通解馬氏端臨文獻通考言禮頗詳今案通解所纂王朝邦國諸禮合三禮諸經傳記薈萃補輯規模精密第專録註疏亦未及史乘且屬未成之書禮書詳于名物畧于傳註通典通考雖網羅載籍兼收令典第五禮僅二書門類之一未克窮端竟委詳說及約宋史禮志載朱子嘗欲取儀禮周官二戴記為本編次朝廷公卿大夫士民之禮盡取漢晉而下及唐諸儒之說考訂辨正以為當代之典未及成書至近代崑山徐氏乾學著讀禮通考一百二十卷古禮則倣經傳通解兼採衆說詳加折衷歷代則一本正史參以通典通考廣為搜集庶幾朱子遺意所闕經國善俗厥功甚鉅惜乎吉嘉賓軍四禮屬草未就是書因其體例依通典五禮次第編輯吉禮如干卷嘉禮如干卷賓禮如干卷軍禮及凶禮之未備者如干卷而通解内之

欽定四庫全書 五禮通考 凡例 二

王朝禮别為條目附于嘉禮合徐書而大宗伯之五禮古今沿革本末源流異同失得之故咸有考焉

一考制必從其朔法古貴知其意而議禮之家古稱聚訟權衡審度非可臆決徐本于經文缺畧傳注糾紛之處必詳悉考訂定厥指歸茲特兼收異說并先儒辨論附于各條之後以備參稽或並存闕

附图 11 《春秋集传辨疑》"凡例"

春秋集傳辨疑凡例

集傳取舍三傳之義可入條例者於纂例諸篇言之備矣其有隨文解釋非例可舉者恐有疑難故纂啖趙之說著辯疑有三傳繁文可以例包者則但舉例如復不復繁釋學者將覽辯疑宜先觀纂例取舍義及此卷首諸凡之意

凡三傳敘事有先後於經者今皆移於本經之下

凡三傳釋經之例或移於事首發之或趙氏纂之入總

欽定四庫全書　春秋集傳辨疑　凡例

傳其當否各於纂例本條中論之備矣

凡三傳敘事不主於經文又無別意可通者皆不入

凡三傳釋經文義皆同者則唯舉左氏而注云公穀同者省文之義也公穀同者但舉公羊

凡三傳敘事雖同而穀梁文義尤備者亦但舉穀梁而注云左氏公羊之意同

凡三傳說事迹雖與經通其文義繁冗者皆畧取其要

凡左氏敘戰滅及奔殺等事委曲繁碎今悉畧其文舉成敗大綱而已

凡左氏無經之傳今皆不取其有因盟會征伐等事而說忠臣義士及有讜言嘉謨與經相接者畧取其要若說事迹與經符而無益於教者則亦不取

凡公穀日月時例一切不取其說已見日月譜

凡公穀曷為何以何也之類悉皆繁文於理不安今皆刪之時有取者以便屬文之義爾無他意焉

凡公穀發例皆事事言之今或發於事首或移於事終

欽定四庫全書　春秋集傳辨疑　凡例　二

而注云例見某年皆不重出

凡公羊云託始焉爾既始於隱公則從始者書之何云託乎故皆不取

凡公羊無傳之經或云此事無聞焉爾今以此語無義徒為繁文悉不取

凡公羊於灾異之下一一皆云記異也今但以灾異之首總論記事之意後皆隨事注中言之省文之義也

凡公羊解經事理雖不相當其文義有可存者則移於

修志凡例

永乐十年颁布

一、建置沿革、分野　凡各布政司及各府、州、县治□，自《禹贡》、《周职方》及历代相承建置废兴所隶之分，古今名号之更易，以及国朝之初叛乱僭据，归附先后，俱各详述始末，仍载天文所属之次。

一、疆域、城池、里至　凡府、州、县所隶地理之广袤，索道疆域界限之远近，城池之大小高深，及历代修筑之由，俱合详载。至于里至所到，旧志多止本府、州、县所极之处，今合备载本处地理所至南京、北京之远近，及各府、县四至八到，与邻境州、县之相接，而路可通者载之，仍具各府、县城池、山川图。

一、山川　古志所载诸处山川，有与今图册所载名号差异者，或前代所载小山、小水之有名，而所收有未尽者，当据见今名目补收之。或古今名人有所题咏，并宜附见。

一、城郭、乡镇　据见在所有坊巷、街市、乡都、村镇、保社之名收载之。若古有其名，而今已无者，则于古迹下收之，仍要见其今在某处。

一、土产、贡赋　凡诸处所产之物，俱载某州、某县之下，仍取《禹贡》所赋者收之。有供贡者，则载上贡之数。或前代曾有所产而后遂无者，或古所无而今有充贡者，皆据实备载之。若有所赋田亩、税粮，以洪武二十四年及永乐十年《黄册》田赋、贡额为准，仍载前代税额，以见古今多寡之数。

一、风俗形势　凡天下州、县所定疆域、山川，既有间隔，习尚嗜好，民情风俗，不能无异，宜参以古人之所论，与近日好尚习俗之可见者书之。若其形势，如诸葛亮论金陵云："钟山龙蟠，石城虎踞"之类。

一、户口　取前代所载本处户口之数，国朝洪武二十四年《黄册》所报，至永乐十年见在书之。

一、学校　前代建设学校，兴废不一，须考旧志所载，其始因何人而立，后因何而废，及今之见立者在某处。如有名人贤士碑记所存，则备录之。或学所出有何人物，与其学之规模、制度、斋堂、射圃，并收录之。

一、军卫　据见今治所在某郡县某处，创始于何年、月、日，中间有无更改，及前代并国朝守御将臣攻战勋绩之显著者，俱要收录。其有演武之处，亦宜详载。

一、廨舍　自布政司、按察司、都司、盐运司、府州县及市舶司、馆驿、巡检司、仓场、库务、河泊所等衙门，及坛场、铺舍皆是，俱今始于何年、月、日，起自何人，在郡邑某处，凡更易制度，俱宜详载。其有前代已废而不存者，俱于古迹下收之。古今碑记有见存者，亦详录无遗。

一、寺观、祠庙、桥梁　天下寺观、祠庙、桥梁，兴废不一，□遗迹、故址及见存者，宜详考收载。其有碑记亦□□之。有新创建者，则载其始自何人、何时。其寺观洪武年间有并归丛林而后兴复者，亦详载其由。

一、古迹　城郭故址、宫室、台榭、□墓、关塞、岩洞、园池、井泉、陂堰、景物，旧志图册所载有未尽者，并收录之。有虽载其名，而无事实及无其地者，须询究其详收录。

一、宦绩　自郡县建设以来至于国朝，宰佐、贰幕，官居任而有政绩及声望者，后或升擢显要，为郡邑之所称颂者，并收录之。其布政司、按察司、都司、盐运司等衙门，官有善政者，亦宜收录。

一、人物　凡郡、县名人、贤士、忠臣、孝子、义夫、节妇、文人、才子、科第、仕宦、隐逸之士，仗义以为保障乡闾，尝有功德于民者，自古至今皆备录其始末。其有虽非本处之人，后或徙居其地者，亦附收之。

一、仙释　凡自古所传神仙、异人、名僧、高道、方俗之流，及有奇术、异行显迹可见者，或非本处之人，而尝游历止息于此，时有显验可证者，皆备录之。

一、杂志　如山林、岩穴、物产、祥瑞，及花木、鸟兽、人事、幽怪之类，乡人所传诵，有征验者，并收载之。

一、诗文　自前代至国朝词人题咏山川、景物，有关风俗、人事者，并收录之。

纂修志书凡例

永乐十六年颁降

一、建置沿革。历叙郡县建置之由，自《禹贡》、《周职方氏》所属某州，并历代分合废置与夫僭伪所据，逮国朝平定属某府所营。

一、分野。属某州天文，某宿之次。

一、疆域。在郡之上下左右，四方所抵界分若干里，广若干，袤若干。四至，叙邻县界府地各若干里。八到，叙到邻近府州县治若干里。陆路、水路皆叙其至本府若干、布政司若干、南京若干、北京若干。陆路言几里，水路言几驿。

一、城池。所建何时，续后增筑何人，有碑文者收录，及城楼、垛堞、吊桥之类悉录之。

一、山川。叙境内山岭、江河、溪涧之类所从来者。旧有事迹及名山大川有碑文者皆录，其余虽小山小水，有名者亦录。

一、坊郭镇市。其坊厢都里，分镇市录其见(现)存者。如古有其名而今废者，于古迹下收之。

一、土产、贡赋、田地、税粮、课程、税钞。自前代至本朝洪武二十四年，并永乐十年之数，并悉录之。

一、风俗。叙前代至今习俗异同。形势，论其山川雄险。如诸葛亮论钟山龙蟠、石城虎踞之类。

一、户口。自前代至本朝洪武二十四年、永乐十年，版籍所载，并详其数目。

一、学校。叙建置之由，续修理者何人。廨舍堂斋、书籍碑记并收录。学官、科贡人才并详收录。有碑记者亦录之。

一、军卫。叙置建何代，衙门、廨舍、教场、屯田、去处田亩、岁纳子粒之数、武臣功绩，并悉录之。碑记之类亦收。

一、郡县廨舍。自前代建置，以至本朝见(现)在者详叙之。古时所建不在此及废者，于古迹下收之。所属衙门，如馆驿、镇所、仓场、库务、申明旌喜亭、壇场、铺舍，并详录。有碑文者，亦录之。

一、寺观。叙其创建何时，续修若何，及有碑文者，并录之。如废，收古迹下。

一、祠庙。如文庙详录其创建，祭器、乐器、碑记，悉录无遗。其他祠庙，亦叙创建，因何而立。封敕、制诰、碑记之类，并收录之。

一、桥梁。叙创建之由，在于何处，继后何人修建。有碑记者亦收录之。

一、古迹。凡前代城垒、公廨、驿铺、山寨、仓场、库务，古有而今无或改移他处者，基础亦收录之。亭馆、台榭、楼阁、书院之类，或存或废，有碑记者，亦备录于后。津渡见(现)在何处，路通何方。岩洞井泉之有名者亦收录。龙湫亦载何处，或有灵异可验者。前代园池何由而建，本朝桑枣备载各都某处。陂堰、圩塘之类何代开渠。如无考者，止书见(现)存某处，废者亦见(现)因何而废。寺观、庵庙虽废亦录。墟巷之类，凡废者俱收录之。

一、宦迹。自前代开创政绩相传者，有题名者，备录之。至本朝某人有政绩者悉录之。见(现)任者止书事迹，不可谀颂。

一、人物。俱自前代至今。本朝圣人、烈士、忠臣、名将、仕宦、孝子、贤孙、义夫、节妇、隐逸、儒士、方技及有能保障乡闾者并录。

一、仙释。自前代至今有名者有灵异者，收录之。

一、杂志。记其本处古今事迹难入前项条目，如人事、风俗可为劝戒，草木虫兽之妖祥、水火荒旱幽怪之类可收者，录之，以备观考。

一、诗文。先以圣朝制诰别汇一卷，所以尊崇也。其次，古今名公诗篇记序之类，其有关于政教风俗、题咏山川者，并收录之。浮文不醇正者，勿录。

原载正德《莘县志》卷首

《汉书艺文志举例》

元和孙德谦隘堪撰

所据书不用条注例

史家载笔不能无所依据。司马迁作《史记》所据者为《世本》、《国语》、《战国策》、《楚汉春秋》诸书，其自序则云“厥协六经异传，整齐百家杂语”，不闻于纪传中言其出自某书也。盖作史自有体裁，其书为我采取即足成我一家言，不必重为注明也。班固《汉书》孝武以前全同《史记》，或讥其因袭成文，不知《汉书》断代之史，以汉为主，与子长之通史异。凡本纪、列传有可载入《汉书》者不得不据《史记》为本，据《史记》为本不明言录之《史记》者，以其各自为书也。且班彪先作后传以续迁书，孟坚实踵成父业，今书中不列彪名，或又有斥其攘亲之美者，此亦非也。《汉书》者，一代指国史，非班氏私家之著述，既非私家著述，则据后传以成书，固无烦标注矣。(譬如，子孙为史官，其稿则本之祖父，书成，后只能署其子孙姓名，祖父不得预焉。盖当时任修史之职乃其子若孙，岂可谓其没亲所长乎？此可为孟坚辨谤。)史之有艺文志创始于班氏，观其首序，是所据者为刘歆《七略》，乃每一书下则不复用条注，然则后之编订艺文于所引书目必为详注之者，诚未合乎史例也。夫史家之作志所重者在辩章学术、考镜源流，与类书、辑佚书有别。类书中事实若不注出典则近于乡壁虚造，搜辑佚书往往于援引书籍并卷数亦注记之，所以不厌其详者，以为原书虽亡，今所辑存皆其散见于他说者也。艺文一志，班氏若因所据《七略》逐条加注，斯实类书、辑佚书矣。勒成信史以垂不刊之盛典，奚取乎？是乃自史学不明，近世为人作传者据他人所撰行状、墓志剪裁为文，而行状、墓志则一一注于其下。此虽为博采通人、信而有征之义，然施之史道则非是，何也？史臣操笔削之权，作为一传，期于劝善惩恶，以昭法戒，所用志状之文一经删录，则弁髦弃之可也，又何庸条举以为之注哉？艺文之入史志为目录之初祖，亦读经及群书之纲要，以传体比类观之，修史者但求部次确当，得失详明，引据之书无取条注，此汉志之旧例然也。或曰班氏此志仅据刘《略》而作，书名之下自可从略，使必繁称博引不将所据书分别注之，则没所从来，其弊也，必至假立名目而无从稽核矣。曰：不读《隋书·经籍志》乎？序云“远览马《史》、班《书》，近观王阮《志》、《录》”。今考各书下或间注，阮孝绪《七录》既非为本书而注，若王俭今书《七志》诸目皆未之见也，岂非隋志所据书种类虽多，其不用条注一如班《志》乎？抑又考之后汉以降，史书不立表、志，艺文固有阙而不备者，然隋书而外，如两唐、宋、明各志以及辽金元补葺之作，苟志艺文，无有取所据书籍而兼注其出处者。然后知史家目录宗守汉书成例，历代皆然矣。（近见省府州县志凡所据书皆条注于下，此实未知志书之体，须合史裁也。）

删 要 例

班《志》用刘歆《七略》，而于《辑略》一种则不之载，首序则云“今删其要，以备篇籍”。所谓删要者，颜师古注：“删去浮冗，取其指要是也。”夫刘氏之《辑略》所以辑诸书之总要也，顾既为诸书之总要，自应录而存之用备后人之览观，使知作书者之意；且《七略》虽不可见，刘向所作《别录》虽亦亡佚，然《荀子》、《管子》诸家有向《书录》一篇，皆钩玄提要以明其立言之旨。《书录》者，《别录》之遗文，是其序说犹可考见歆之《七略》继父而作，则《辑略》者，亦必语多扼要，有不可节删者。吾尝求班氏所以删要之故，而不能得其解，及今思之，知史家作志异于专家目录者在此：专家目录于一书也不惮反复推详；若史家者，其于此书之义理只示人以崖略，在乎要言而不烦。是故以刘氏之《辑略》虽提纲挈要，犹取其至要之言，其余则毅然删之而无所顾惜。尝读马贵舆《文献通考》矣，其“经籍”一考虽列晁、陈诸氏之说，搜采不可谓不勤，然昔人以类书视之，岂非以夸多务得、虚占篇幅、未达史家有删要之例乎？自马氏不达删要之例，后之为郡县志者则尤往往沿其误，吾见郡县志中载《四库全书》而不敢增损者多矣！不知郡县志者，一方之史，为国史之具体，即以“四库”为凭藉，亦可择要而书，其辩别是非之语不妨由我。删之，初非谓“四库”辨别是非不足甄采也。盖彼为专家之学，言乎史体，讨论得失，不必在书目之下（汉《志》辞章得失在后论中下有专条可参观），因而删之，又复何疑？不宁唯是书有序跋焉。作序跋者或穷溯源流，或寄慨时事，居官者则纪其功绩，隐逸者则高其性行，振笔而言，无乎不可至，于其人撰述此书之意不过用一二语以赞叹之而已，编艺文者但当采此一二语揭明要指，彼繁辞缛说则皆可就删也。夫序跋之文，为用至宽，甚且有彼我交情称说于其间者，吾试问，此而不删，于本书有何关系乎？总之，史家目录贵乎简要有法，以汉志之删《辑略》，则一切无关要义者竟删之可也。

一书下挈大旨例

目录之学，有藏书家焉，有读书家焉，向谓此二家足以尽之。今观于班《志》，则知又有史家也，试言其分别之故。藏书家编纂目录，于其书之为宋、为元，或批、或校，皆著明之，甚者篇页之行款、收藏之图记，亦纤悉无遗，至一书之宗旨则不之辨也，盖彼以典籍为玩好之具而已。读书家者，加以考据，斯固善矣，如晁公武《读书志》、陈直斋《书录解题》，每一书下，各有论说，使承学之士藉以晓此书之得失，未尝不可；然即谓其宗旨如此，犹未足奉为定评者也。若史家则何如？史家者，凡一类之中是非异同别为议论以发明之，其于一书之下则但挈大旨可耳。汉志“易家”《古五子》云“自甲子至壬子，说《易阴阳》”；“春秋家”《世本》云“古史官记皇帝以来讫春秋时诸侯大夫”；“儒家”《周政》云“周时法度政教”，《周法》云“法天地，立百官”，《谰言》云“陈人君法度”，《公孙固》云“齐闵王失国，问之，因为陈古今成败也”；“小说家”《周考》云“考周事也”，《青史子》云“古史官记事也”。虽班氏于六略中未必一一注明，而此数书者，欲究其旨意何在，即可以得其大略矣。夫作为一史，于纪传之中，若国事之盛衰与其人之贤否，所以据直而书，垂示鉴戒已。苦心经营、再三审慎，而后出其他礼、乐、刑、法各志，关于政教之大，又必详考其沿革，故艺文一志固已挈其大旨，不仅为簿记之书，是亦足矣。虽然，古人立言自有其宗旨可以贯澈全书，如周秦诸子是也，后世学不专门，杂糅而无归宿者比比皆然，使欲挈其大旨，恐非易。《易》曰：“是不难，说经必有家法，作文必有宗派。”即或无可辨识，将其人征之碑传，其书考之序论，则在彼著书之大旨又岂难为标之举哉？

辩章得失见后论例

《四库提要》载录诸书，皆为之论列得失，所以示人知所去取也。然以汉志观之史体，则异乎是，何也？《提要》者，专家目录之书也，汉志于一书下不过略述大旨，或仅记姓名，其辩章得失则于后论中见之，如“诸子略”云：“儒家者流，盖出于司徒之官，助人君顺阴阳、明教化者也。游文于六经之中，留意于仁义之际，祖述尧舜，宪章文武，宗师仲尼，以重其言，于道最为高。”孔子曰，如有所誉，其有所试。唐虞之隆，殷周之盛，仲尼之业已试之效者也，然惑者既失，精微而辟者又随时抑扬，远离道本，苟以哗众取宠，后进循之，是以五经乖析，.儒学寖衰，此辟儒之患，所言得失昭然。此外，道墨诸家凡所谓此其所长及放者，为之云云，皆辩章得失之大较也。治诸子学者，苟即是求之，其宗旨不难测识矣。虽然，辩章得失而必见之后论者，何哉？史以记事为主，秉笔之时，胥关于朝章国典、可以考见一代之治乱兴衰，志艺文者亦用以探讨学术，不徒沾沾为一书的是计也。且史之作列传也，其后必加论赞。论赞者，或广异闻，或述轶事，而吾所以褒贬之意亦即寓乎此，诚以列传为叙事体，论赞则皆史官评骘得失之语也。修《元史》者乃谓："据事具文，善恶自见。"此岂然乎？艺文志之辩章得失于后论，见之者亦犹列传之有论赞，其义相同也。盖专家目录于一书之得失可以畅所欲言，史志而亦若是，则不免失之繁，故班氏于一类中别作论说以附于后，非务简略也，以为举其大纲，如斯焉可矣。后世用此例者惟隋志为然，宋王钦若等《崇文总目》、明焦竑《国史经籍志》尚皆有之，其余则不多见也。彼方州志乘，或猥录诗文，或不立部目，何足与语史学哉？

每类后用总论例

班志于一类后既作后论以究学术之得失矣，其于一略之中再用总论者，何哉？盖后论只及一家，总论则包举全体也。"六艺略"云"五者，五常之道，相须而备，而《易》为之原"，"诸子略"云"合其要归，亦六经之支与流裔"，一则明《易》为六经之原，一则明诸子之学，其要皆本于经。是其于一家之中有不能言者，故复作总论以发挥之。虽然，此有其学识在焉，吾观后之史志，惟唐修《隋书》尚承此例，其他皆无之者，非不为也，殆其学识之未至乎。夫艺文一志，仅仅分别部目，无关宏指，则如刘子玄所云"凡撰志者，宜除此篇"，奚不可者？然而非也，何则？修史者贵具学识，如使今日编勒成书，试以经部言之，其于诗书各家固宜胪陈诸目著论，以评其得失，若经学之盛衰以及元和阳湖高邮之派别，当别为总论以伸明之。如是，则史家目录有一代之学术寓乎其中，固不同藏家编目徒取记数而已。且班氏于"易"、"书"二家皆有刘向以中古文，云云；"乐"家又言刘向校书得《乐记》二十三篇，至"小学"类中则谓"臣复续扬雄作十三章"，然则志中后论与夫总论所言，为其所加不出刘氏之旧，吾于此叹孟坚学识之大也。

一类中分子目例

《文选》一书分别文体，于一体之中如赋有京都、郊祀，诗有补亡、述德，各分子目，使之以类相从，此选家之创例，后人因之，是也。史家之艺文志，余尝谓区立门类在乎辨明家学，子目之分则近琐碎，似不必也。往见一省志中于史部传记类分析名臣、名士诸目，以为传记昉自《隋志》，《隋志》凡忠臣、文士，各传并不更立名目，则作志者亦可悟其故矣。乃今观班《志》，则不然。班《志》于兵书则有权谋、形势、阴阳、技巧，数术则有天文、历谱、五行、蓍龟、杂占、形法，方伎则有医经、经方、房中、神仙。若是，此三略中未尝不分子目，推斯例焉，其书足成一类，苟欲规画疆界，虽立子目以分析之，可矣。

分类不尽立子目例

《汉志》诗赋一略，其别有五，杂赋、诗歌而类则标立子目，至屈原以下二十家、陆贾以下二十一家、孙卿以下二十五家，并不有所论说，初不知何以为之区分。且其赋亡者甚多，亦无以考其剖析之故。吾谓此正班氏之不规规于尽立子目也，试再以《文选》言之。《文选》于赋体中若京都、郊祀，且不必论其他，幽通思玄则称之曰志，高唐神女则称之曰情，可谓其细已甚矣，岂作为艺文而可同其繁碎乎？即如列传一体，文苑、逸民后史屡有增益，而班氏无之，可见撰史者不在纷立名目已也。此三家之赋在当日各为分类，班氏必能辨别体裁，其不复如杂赋、歌诗再立子目者，以为门类既分，唐勒诸赋自从屈原而出，枚皋诸赋自从陆贾而出，秦时杂赋诸赋自从孙卿而出，吾但使之类聚相处，子目固无容设立也。不然，杂赋之中禽兽、六畜、昆虫赋，器械、草木赋将亦如《文选》之物色鸟兽，重为编目乎？是则非复史书将成文集，必为知幾所诮矣。夫何可哉？要子，艺文一志，其于子目也，可分则分之，若不知学问之流别而强为分合之，则非慎言之道也。（卢文弨补宋艺文志以名、法诸家说附杂家，此当分不分，实失之。）

分别标题例

郑樵《通志・艺文略》于每一类中皆分别标题，以易类言之，如古易石经章句传注集注义疏论说类例谱考正数图音谶纬，拟易分十二目，可谓不厌精详矣。其实，《汉志》早有此例。试观“六艺略”中易家易经十二篇，易传周氏二篇，古五子十八篇，古杂八十篇，章句施、孟、梁、邱氏各二篇，曰经、曰传、曰古、曰古杂、曰章句均分别标题之法也。盖如此则治易学者始知若者为经、若者为传、若者为古、若者为古杂、若者为章句，虽不必读其书，即就标题观之，而书之大体可瞭然心目矣。至礼家之司马法，则以“军礼”二字标题于上，乐家之赵氏、师氏、龙氏，则以“雅琴”二字标题于上，亦所以分别著明之也。其余如春秋一家于古经后，先左氏、公羊、谷梁、邹氏、夹氏、五传，次左氏微三种，次虞氏微传，次公羊外传三种，次公羊章句二种，次公羊杂记、公羊颜氏记，其分别或传、或微、或微传、或外传、或章句、或记者，但使门类相从，不与标题同例矣。(《通志》以标题列目录后，与《汉志》不同。然郑氏之细心分别，虽为子目，其法亦良可用也。)

称出入例

《论语》曰：“大德不踰闲，小德出入可也。”吾观班氏《艺文志》，其于刘歆《七略》，则颇有出入矣。书家云“入刘向稽疑一篇”，礼家云“入司马法一家，百五十五篇”，乐家云“出淮南刘向等《琴颂》七篇”，小学家云“入扬雄、杜林二家三篇”，儒家云“入扬雄一家三十八篇”，杂家云“入兵家法”，赋家云“入扬雄八篇”，兵权谋家云“出司马法，入礼也”，兵技巧家云“入蹴鞠也”，而于每略总数后又重言以申明之，在班氏亦可谓不惮烦矣。然班氏既有此例，可知依据他书而其编次未尽得宜者不妨由我出入，之如《四库提要》岂不为后来修史者作志之准则？顾其中《论语》、《尔雅》不列为经名，墨、纵横为诸子，专家之业则概入杂家，要不得不重加厘订，何可拘守成法而不为之出彼入此，以求其变通尽利乎？《隋志》云：“古者史官既司典籍，盖有目录以为纲纪。”是目录之学原本史官，则为史官者，撰述艺文自当使之纲举目张，一出一入权自我操譬之。马迁《史记》，项羽入本纪，陈涉入世家，孟坚则俱出之，次之列传之中，彼岂好事更张哉？盖迁为通史，《汉书》讬始高祖，断代为编，使亦入之本纪、世家，直自乱其例矣。艺文志者，古人学术赖以彰明，不仅著书名目，幸而获传已也。若如晏子有墨氏明鬼诸说，因出之于儒家(《郡斋读书志》始以晏子入墨)；神仙本医家之一种，乃入之于道家(《唐书·艺文志》以丹砂诀等书列入道家)，则是派别不明尚得谓之知言乎？故据《汉志》出入之例，凡目录书中区分门类有未精当者，进退出入可由我辩白而审定之也。

称并时例

编艺文者于其人所生时世必为详考之，苟无可考，则付之阙疑可也。

《汉志》于农家宰氏、尹都尉、赵氏、王氏四家注云："不知何世，是其义也。"(下有专条别论)其间又有虽无可考而取一人与之同时者为之论定，则并时之例生焉。《汉志》道家文子云"与孔子并时"，老莱子云"与孔子同时"；名家邓析云"与子产并时"，成公生云"与黄公等同时"，惠子云"与庄子同时"；赋家宋玉云"与唐勒并时，在屈原后"，张子儒云"与王褒同时也"，庄忽奇云"枚皋同时"。观其所称"并时"，或变文言"同时"，皆世所共知者以定著书之人。孟子曰："诵其诗，读其书，不知其人，可乎?"是以论其世也。夫时世不明，则作者所言将无以窥其命意矣，故班氏称并时者，实知人论世之资也。援此为例，其人不见于记载，书中序录或仅题甲子，无年月之可稽，吾谓诗文别集可将集中投赠篇什，择其为世称述者以著录之。如是，则时代先后可得排比之法而不相杂厕矣。

称省例

《汉志》之于刘《略》凡称出入者，前篇已论之矣。其中又有称省者，再为条举之。春秋家云"省太史公四篇"，兵权谋家云"省伊尹、太公、管子、孙卿子、鹖冠子、苏子、蒯通、陆贾、淮南王三百五十九种"，兵技巧家云"省墨子"，重则书为刘氏，两载者班氏从而省去之也。夫一人著述扼其宗旨录之于此，复可录之于彼，是不妨重复互见；苟于全书之内又足自成一类，更不妨裁篇别出(别裁互著说本之于会稽章实斋先生，下有两篇专论之)。盖不如此，则学术流别无由发明，然则班氏何以省去之?吾尝推求其故。殆以伊尹、太公诸书已入专家之内，并有重见于他家者，不必过事分析乎，乃复注出省字者，可知孟坚之意，盖欲使读者知兵家之中，虽不登其目，伊尹诸贤其学实兼长于兵耳，否则竟删削之可也。则谓之为省者，亦《汉志》之一例矣。惟《太史公书》本为百三十篇，今于春秋家亦以是著录，所省者四篇不言是何篇名，吾不敢强为之说。然班氏编纂之例又有称省者，此不可不知者也。(惟班氏只凭刘《略》，故凡异同之处若出入也者也，皆须注明，后人论艺文引书或多，则不必沿此例。)

称等例

书有撰著之人不可枚举、及载入艺文则只署一二人姓名而其余皆从略者，盖事必有主，牵连并书则不胜其烦矣。然一书也，或出同时所修，或为数人所作，仅录主名，此外则一切掩没之，于心何安。惟以等字该之，则辞尚体要，后之人亦可博访周咨，不致有文辞不少概见之患。吾观后世目录家多用此例，今《汉志》于赋家云"黄门倡车忠等歌诗十三篇"，则有开必先实肇自班氏矣。

称各例

一人之书，其卷数相等者，分言之则嫌其繁，重合言之则又恐不能清晰其道，如何？曰：当加一各字以识别之。《书录解题》诗集类中于施注东坡集下云"年谱、目录各一卷"，是盖权衡于分合之间而得易简之理也。《汉志》易家章句施孟梁、邱氏各二篇，书家大小夏侯章句各二十九卷，然则陈氏其本此为例乎？

称所加例

班《志》道家太公二百三十七篇，注云："或有近世又以为太公术者所增加也。"鬻子十九篇，注云："后世所加。"则书为后人加入者必标明之，盖可知矣。惟此类至多，固不可殚述，吾今取《唐书·艺文志》证之。正史类高峻高氏小史一百二十卷，其下则云："初六十卷，其子迥厘益之。"据是以观，非即循《汉志》之例乎？不特此也，一人著作当时付之刊刻，不能无遗漏，且有自经删削者，其后或友朋为之广事搜罗，或子孙为之重行辑补，较已行传世之本，卷数、篇数增多于前。使非言某某所加，其启后学之疑焉必矣，是亦当详细辨析者也。虽班氏于太公、鬻子两家不云原书若干篇，于所加者亦不复分别篇名，然志艺文者通其义例，庶几界画井然乎。

称所续例

《史通》云："《史记》所书，年止孝武，太初以后，阙而不录。其后，刘向、向子歆及诸好事者若冯商、卫衡、扬雄、史岑、梁审、肆仁、晋冯、段肃、金丹、冯衍、韦融、萧奋、刘恂等相次撰续。"若是，续《史记》者不仅冯商一人，仅见《汉志》者但载冯商所续《太史公》七篇而已，虽然冯商以外书均散佚，吾姑不具论。观孟坚特用"所续"二字，则志艺文者，苟其书系后人赓续为之，亦当遵从此例矣。夫续补之书，如《隋志》史部司马彪《续汉书》、檀道鸾《续晋阳秋》、臧荣绪《续洞纪》，以及吴筠《续齐谐记》、王曼颖《补续冥祥记》、傅亮《续文章志》，此则各自为篇，与前书并列，固可览录而知之。若同在一书，其中或篇或卷不出一人撰著，据班《志》例，不当言某某所续乎。盖著录之法，理所当然者也。《唐志》史诏令类，《高宗后修实录》三十卷，注云："初，令狐德棻撰，止乾封，刘知幾、吴兢续成。"非谓此实录者，乾封以下出于刘、吴所续乎。

如宋书艺文志只列二人姓名，而称之为“撰”，则所以续令狐之故莫由知之矣。是故书有作之于前与续之于后，不可不叙述者也。

书有别名称一曰例

古人著书有两人相同者，如桓谭《新论》、华谭《新论》，扬雄《太玄经》、杨泉《太玄经》。是又有一人撰述而其名转易者，若为艺文作志不记其别称，则如郑樵《通志》既有《班昭集》，复有《曹大家集》，将一书而误作两书矣。《汉志》于儒家王孙子云：“一曰《巧心》。”可知书有别名者，应称“一曰某某”也。夫书名歧出，或其人自为更定，而后人不知，从其最初者而言；抑或原书名目经后人之补辑，因而易其旧称。世多有之，此而不用班氏“一曰”之例，岂不令人滋疑乎？《隋志》史部霸史类《赵书》十卷，注云：“一曰《二石集》。”《唐志》史部谱牒类柳芳《永泰新谱》二十卷，注云：“一作《皇室新谱》。”子部小说类刘餗《传记》三卷，注云：“一作《国史异纂》。”然则《汉志》之称“一曰”者，其史家之通例与。且考之《唐志》，殷系《英藩可录事》则言“一作张万贤撰”，桑钦《水经》则言“一作郭璞撰”，是作者姓名所闻异词，亦当由“一曰”之例推广之也。

此书与彼书同称相似例

一书有一书之宗旨，彼此必不相同，往往有共引一事而用意各别者，此古人所以有专家之学也。然亦有相似者，何以言其然，征之《汉志》而可见矣。《汉志》于道家《黄帝君臣》云：“起六国时，与《老子》相似。”杂家《子晚子》云：“齐人好议，兵与《司马法》相似。”则此两书者，班氏不明言其相似乎？夫老子为道家之祖，其原出于黄帝，故后世并称之曰“黄老”。今《黄帝君臣》虽不传，有老子《道德经》在，其宗旨自可概见。若《子晚子》者，书亦散佚久矣，然《司马法》者，古之军礼也，以《司马法》之为军礼，则《子晚子》之宗旨必亦详于军礼明矣。且杂家之中，若伍子胥，若尉缭，若吴子，皆互见兵家《子晚子》者，以《子墨子》证之。盖兵家大师也，列之杂家者，以其学术博通，而所长则在兵耳。由是以观，此书与彼书宗旨相似，编艺文者不可不表出之，盖一经表出，而后读其书者较易领悟也。

尊师承例

《法言》曰：“诧诧者，各习其师。”刘歆《移太常博士书》亦言是末师而非传记，岂恶学者墨守师说蔽所见闻，而不能旁通博采乎？然汉儒传经最重师承，班氏盖审知之，不特儒林一传叙经学之授受，以见诗礼诸家俱有师法也，即于列传中凡其人师事某某，亦必记载之。今观艺文志，如易家《蔡公》云："事周王孙。"礼家《记》百三十一篇云："七十子后学者所记也。"《王史氏》云："七十子后学者。"儒家《曾子》云："孔子弟子。"《宓子》云："孔子弟子。"《景子》云："说《宓子》，语似其弟子。"《世子》云："七十子之弟子。"《孟子》云："子思弟子。"道家则于《文子》、《蜎子》皆云："老子弟子。"墨家则于《随巢子》、《胡非子》皆云："墨翟弟子。"于此知孟坚撰述此志，盖尊崇师承之至矣。后之志艺文者于其人学有师承不当注之曰"为某氏弟子"乎？诚以史家目录须明乎学术源流，固不徒专司簿籍已也，尝考之《书录解题》而得其证焉。易类《易证坠简》，范谔昌撰，世言刘牧之学出于谔昌，谔昌之学亦出种放。又《周易》言《象外传》王洙原叔撰，其序言学易于处士赵期。又《易解》，皇甫泌撰，其学得于常山抱犊山人，而蒲阳游中传之。又《太极传》，晁说之以道撰，其学本之邵康节。又《皇极经世》，邵雍尧夫撰，其学出于李之才挺之，之才受之穆修伯长，修受之种放明逸，放受之陈抟。又沙随《易章句》，程迥可久撰，尝从玉泉喻樗子才学。即以此类言之，如陈氏者非犹知师承之可贵乎。

重家学例

古人为学，以世其家，往往父子相传，至其后而术业益精者，即就史学言之，司马迁之《史记》，李延寿之南、北史，非皆继承先志乎？孟坚之为《汉书》，亦犹是也。艺文志中乐家《雅琴师氏》云："传言师旷后。"论语家《鲁王骏说》云："王吉子。"儒家《漆雕子》云："仲尼弟子漆雕启后。"《芊子》云："七十子之后。"赋家《车郎张丰赋》云："张子侨子。"或言后，或言子，必叙述之者，所以敦重家学也。夫史家于列传之中详著其家世，艺文志者为学术之所关，其人亲禀家学又可阙而不书乎？后人于编订时应用其例，曰"某氏后"、"某氏子"，如是，则学有本原，而其书益足重也。《读书志》云，《周易开元关》，唐苏鹗撰，自序云："五代祖晋，官至吏部侍郎，学兼天人，尝著八卦论，为世所传，遭乱遗坠，而编简尚有存者，鹗乃略演其旨于此。"又《东坡易传》，苏轼子瞻撰，自言其学出于其父洵。此虽仅举易类言，晁氏之于家学固亦未敢忽略者也。

书有传例

撰著之人、目录家考其里居、职官与生平之行事，所以为读者计，使之备知颠末也。史家则异是，于有传者但书有列传而已。《汉志》儒家如晏子、孟子、孙卿子、鲁仲连子，道家如管子，法家如商君，纵横家如苏子、张子，赋家如屈原，兵家如吴起、魏公子，皆注之曰："有列传。"可知，人有专传者，仅以此三字标明于下，治其书者自可参证于列传，吾不必一再言之也。虽然就诸子一略而论，其中陆贾、刘敬诸贤以《汉书》观之，各有本传，今乃或详或略者，何也？曰，师古注云："有列传者谓《太史公书》。"若是，晏子各家但以传载《史记》，故注明之乎？吾谓不尽然也。盖迁史有传者尚大书特书，陆贾诸人载在本书，文可从省，非以无传而略之也。如以不书有传而谓之为略，老、庄、申、韩《史记》有列传矣，今于老子、庄子、申子、韩子亦不备书，此岂班氏之略乎？《孟子》曰："故说诗者不以文害辞，不以辞害志，以意逆志，是为得之。"是故读古人书，贵乎我之能以意会也。傥不知触类引伸，凡义见于此而可通于彼者，必无冥悟之时矣。或曰，其无传者若何？曰，无传者则详其出处可也。且吾于此又知艺文一志与列传有相资为用之道也，何则？史传之中于其人所作何书不皆胪列篇末乎？乃录其名目，或不明其所以作书之意者。殆以记事记言，史有二体，传为记事，志则惟以记言与。然志虽记言，傥于人之事实均从盖阙，诚非知人论世之义，故有传者则必书出之，不第执简以御繁，并寓左右逢原之理也。后世史不专家，设官分任，《隋志》而下遂不循此例。呜呼，岂不悖哉！

书为后人编定者可并载例

《汉志》春秋家《国语》二十一篇，其下并载《新国语》五十四篇，注云："刘向分《国语》。"书虽不可见，是《新国语》者，为刘向分析篇目、重行编定之书，可知矣。往尝见藏书家目录，凡宋元善本，其名相同者，往往备载无遗，以为此特矜其搜罗之宏富耳。史家则无取乎是。其后又见《提要》载黄宗羲《剡源文钞》，谓戴表元《剡源文集》，原本三十卷，至今尚存。修一朝之史志，在文献若如黄氏选录之篇，亦兼收并列，不免失之冗蔓。乃今观班氏以《新国语》一种即厕《国语》之后，然后知书为后人编定，要可与原书并载者也。

书名与篇数可从后人所定著录例

昔刘向校书中秘，凡书之名目皆为其更定，《别录》云："所校雠中易传《淮南九师道训》，除复重，定著十二篇。淮南王聘善为《易》者九人，从之采获，故中书署曰《淮南九师书》。"（见王应麟《汉艺文志考证一》）是《汉志》之易家《淮南道训》，本名《淮南九师书》，由向所定也。又《战国策书录》云："中书本号或曰《国策》，或曰《国事》，或曰《短长》，或曰《事语》，或曰《长书》，或曰《修书》，臣向以为，战国时游士辅所用之国，为之筴谋，宜为《战国策》。"是《汉志》之春秋家《战国策》亦由向所定也。抑不惟书名为然，以言篇数，何独不然，不观《晏子春秋》乎？其书录云："所校中书《晏子》十一篇，臣向谨与长社尉臣参校雠。太史书五篇，臣向书一篇，参书十三篇，凡中外书三十篇，为八百三十八章。除复重二十二篇六百三十八章，定著八篇二百一十五章。"则《汉志》儒家之《晏子》八篇，其篇数为向所定也。且其下复云："其书六篇，皆忠谏其君，文章可观，义理可法，皆合六经之义。又有复重文辞颇异，复列以为一篇。又有颇不合经术，似非晏子言，疑后世辩士所为者，故亦不敢失，复以为一篇。"若是六篇以外，其两篇者，一则以文辞颇异，一则以不合经术，退置于下，则排比前后亦由向所定也。今班书著录，直书之曰《淮南道训》、《战国策》、《晏子》八篇，可见，书名与篇数，志艺文者可从后人所定著录矣。夫书有原名不如此，经后人改定者，此类甚多；并古书散亡，后人搜集成编，如秦汉以降，历朝著作，近儒均有从他书辑出者（如马国翰玉函山房等书）。余向谓原书卷数载之史志及诸家目录书，应从其前辑本，则不足为据。今依《汉志》例，是书名、篇数著录之法，实不妨用后人编定登目者也。且四库馆臣从《永乐大典》缀葺诸书，于篇卷之中，其先后次第惟取以类相从，不必尽见旧籍，以《晏子》末二篇例之，志艺文者记奉为定本可也。

学派不同者可并列一类例

余治诸子学久矣，见诸子中不但百家异术，即一家之内，其流派亦不同。如孟、荀，儒家也，孟子法先王，荀子法后王；孟子言性善，荀子言性恶，非不同之一证乎？《吕氏春秋》曰："老聃贵柔，关尹贵清，子列子贵虚。"若老若关若列，皆道家也，而不同又若此。其他申子、商君同为法家，乃一则言法，一则言术（《韩非子·定法篇》：申不害言法，公孙鞅言术）。苏秦、张仪同为纵横家，乃一则为纵，一则为横（刘向《战国策书录》："苏秦为纵，张仪为横。"），非又为道之不同乎？《易》曰："天下同归而殊途，一致而百虑。"诚以凡为学者固自有其派别也。今观之班《志》，孟、荀则并列儒家，老、关、列子则并列道家，申、商则并列法家，苏、张则并列纵横家，可知如班《志》例，学派不同者，要可并列一类也。虽然彼诸家之学派，苟非深于丙簿者，且不知其有异同也，吾请举其显然者明之。班史于儒家《虞邱说》云："难孙卿也。"夫孙卿为大儒，虞卿不应诘难之，既知其说惟以诘难孙卿矣，仍复入之儒家者，是知一类之中，学派虽不同，不妨并列也。后世为理学者，有程朱、陆王两派，陆王之徒往往杂以禅学，然不可谓非儒家也。若屏之儒家以外，岂不傎乎？（明朱得之作《宵练匣》提倡心学，此为阳明支派，《提要》入之杂家，未为得当。）夫以儒家流裔而不列儒家，然则王弼注《易》，空言义理，将不得与治汉学者同列易类耶？甚矣其陋也。

书无撰人定名可言似例

书有撰人者，则直署其姓名。若无撰人定名，而知其必出于某，非他人所能为者，以《汉志》考之，则有言"似之"一例也，其言"似者"有二。儒家《河间周制》十八篇注曰："似河间献王所述也。"阴阳家《五曹官制》五篇注曰："汉制，似贾谊所条。"此二书今已不传，然献王好儒，尝与毛生等共采《周官》及诸子言乐事者以作《乐记》（见《六艺略·乐类》），则是明于周制者也。若贾谊者，本传谓谊以为宜"改正朔、易服色制度、定官名、兴礼乐，乃草具其仪法、色上黄、数用五、为官名悉更，奏之"。则官名、用五，谊曾拟议及此矣。今谓之为"似"，知孟坚虽不定为撰人，实谛审而后乃敢言也。后之志艺文者于其书无撰人姓氏，苟能细辨文字，以意窥测之，则亦可言似某氏所作矣。《书录解题》《金国志》一卷，不著名氏，曰："似节略张棣书。"虽为用不同，而其言似则一也。

书中篇章须注明例

《汉志》书家《尚书古文经》四十六卷，为五十七篇。论语家《论语古》二十一篇，出孔子壁中，两子张；又《齐》二十二篇，多问王，知道。孝经家《孝经古孔氏》一篇，二十二章；又《孝经》一篇，十八章。小学家《仓颉》一篇，上七章，秦丞相李斯作，爰历六章，车府令赵高作，博学七章，太史令胡母敬作。儒家《公孙固》一篇，十八章；又《羊子》四篇，百章。观其于书中篇章皆为注明者，不但为如《公孙固》、《羊子》两家，其章数可稽，于《尚书》则有篇卷多寡之分，《论语》、《孝经》则又有今古文之不同，至《仓颉》一篇中，都凡二十章，又为三人所作，使非有以注明之，读其书者不生疑虑，必茫然莫解其故矣。是故志艺文者于一书为若干篇、若干章，及同一刻本此与彼异者，均须详注以阐明之。又有一人文集，其中分立名目，或为家居作，或为在官作，或为纪行作，亦当援《仓颉》篇例，注明于其下。如是，则每亩清矣。子贡曰："不得其门而入，不见宗庙之美，百官之富。"目录家言非示人门径之书哉？

书有图者须注出例

古人之为学业，图、书并重。盖书者，只载文辞，有文辞所不能达者，必藉图以为之标识，然后乃能了如指掌也。《汉志》兵书一略，于权谋之吴、孙子兵法、齐《孙子》，形势之《楚兵法》、《孙轸》、《王孙》、《魏公子》，阴阳之《黄帝》、《风后》、《鹓冶子》、《鬼容区》、《别成子望军气》，技巧之《鲍子兵法》、《伍子胥》、《苗子》，皆云图若干卷，是书之有图者，班氏均为注出之。夫图之为用，若天之星辰，地之山川，以及宫室、舆服、草木、虫鱼，使其无图，必将恍惚迷离，虽文辞亦不克涣然理解矣。昔郑樵作《通志》，于艺文以外，别创图谱略，盖深知图之足重也。后史编辑艺文，凡其书有图者，须记其卷数，注之曰“若干卷”，即或散入篇中，亦必以其为图之数而载出之，夫图、书固交资为功也。

一书为数人作者其姓名并署例

目录家于作者姓名必记载之，其称“某某等”者，如《汉志》《车忠》等歌诗是已(说已见前)。其间复有数人所作而姓名得并署者，观小学家之《仓颉》一篇可知。《仓颉》下注云：“上七章，秦丞相李斯作，爰历六章，车府令赵高作，博学七章，太史令胡母敬作。”则是此一书兼署三人姓名矣。虽然，吾有一说焉。郡县志与国史异，何则？郡县志中凡两人共撰之书，则当考其里贯，以生于他邦者附著于后，非过为此疆彼界，示人以不广也。盖名从主人，断限不可不严耳，否则，如以吾吴地志乘，而一书之中与彼都人士牵连并署，斯直为例不纯矣。若国史者，一民尺土俱在覆载之内，则一书而为数人作者，依班《志》例，其姓名则并署之，所以谓理各有当也。

一人之书得连举不分类例

丛书之名始于唐陆龟蒙，如《笠泽丛书》是其后一人著述汇成一编，因亦有丛书之目，实则班《志》儒家刘向所序六十七篇，扬雄所序三十八篇，虽无丛书之称，已具丛书之体也。何以明其然哉？刘向之《新序》、《说苑》，史部古史类也；《世说》者，子部小说类也；《列女传》者，史部传记类也。扬雄之《太玄》，子部术数类也；《法言》，子部儒家类也；乐则不入经部，乐类常入子部艺术类；箴则集部总集类也。今班氏于刘向但注云：“《新序》、《说苑》、《世说》、《列女传》，颂图也。”于扬雄但注云：“《太玄》十九，《法言》十三，乐四，箴二。”虽《汉志》无史、集两部，而子部又不立艺术，然总题之曰“所序是一人之书”，得连举，不分类，其为丛书无疑矣。夫班氏作此志，其分类也以书不以人(如邓析造竹刑，而其书则惟综核名实，仍入名家是)，观于此则似又以人为定矣。盖向、雄两家俱儒家也，若然后之为儒者，可援其例，列之于儒家，某书某书但剖别种类，次于其人之下，不必再归他部者也。

别 裁 例

《中庸》者，今《礼记》之一篇，《汉志》于礼家载《中庸说》二篇；《孔子三朝记》者，今《大戴礼》之一篇，《汉志》《孔子三朝》七篇，则载之于论语家；《弟子职》者，为管子作，今即在其书中，《汉志》于此一篇于孝经家又载之，是皆裁篇别出而著录之乎，未可知也。观于此，则书有单行本者，不必以既录全书于此，而彼一类中遂阙其目。又或一人著述已入集部，名其书曰“某某全集”，乃其中一种为彼专门之学，并可摘出别行，次诸他部之内，不嫌其割裂也。如《隋志》以《孔丛子》、《小尔雅》别附《论语》，《文献通考》以《大戴记》、《夏小正》别入时令，非其例乎？是故证之班《志》，编厘艺文，吾又得别裁之法也。

互 著 例

《汉志》兵书略云：“省十家，二百七十一篇重。”盖如伊尹、太公诸书，本重列兵家，今为班氏省去之，或谓自班氏删并刘《略》，后人遂不知有互著之法，其说是矣，要亦不尽然也。今考之班《志》，儒家有景子、公孙尼、子孟子，而杂家亦有公孙尼，兵家亦有景子、孟子；道家有伊尹、鬻子、力牧、孙子，而小说家亦有伊尹、鬻子，兵家亦有力牧、孙子；法家有李子、商君，而兵家亦有李子、公孙鞅；纵横家有庞煖，而兵家亦有庞煖；杂家有伍子胥、尉缭、吴子，而兵家亦有伍子胥、尉缭、吴起；小说家有师旷，而兵家亦有师旷，此其重复互见。班氏虽于六略中以其分析太甚，或有称省者(说见前)，然于诸家之学术兼通，仍不废互著之例。若是，编艺文者苟知也人所著书可互载他类，则宜率而行之矣。夫书之贵互著犹列传之贵互见也，《史记》以子贡入《仲尼弟子》，于《货殖传》中则又列其名，不可心知其意乎？要之，艺文一志，苟不达互著之例，凡书可两通者将有举此遗彼之患，夫何可哉！

引古人称说以见重例

《礼中庸记》曰：“上焉者，虽善无征，无征不信，不信民弗从。”《汉志》于儒家《晏子》云："孔子称善与人交。"道家《列子》、《公子牟》云："庄子称之。"又《郑长者》云："韩子称之。"阴阳家《将钜子》云："南公称之。"法家《慎子》云："申韩称之。"小说家《宋子》云："孙卿道宋子，其言黄老意。"是班氏盖恐无征不信，故引古人称说，并以见此书之足重也。夫著书者之为人与所以立言之意得他人为之称说，既可考见生平，并读其书亦易以窥其宗旨。否则，如晏子之善与人交、宋子之其言黄老意，使无孔子、孙卿称说，将何以知之乎。由是观之，载录书目，凡其自序及同时后世之人，苟有序跋皆可举要以注于下(若全录序跋原文，而不知删要之意，则非是)。即不然，其人平日为学群籍中或有称说，实与所作书无涉，亦得征引以为评论，盖如此，则书益见重也。

引或说以存疑例

《论语》子曰："多闻阙疑。"许叔重《说文》序则曰："闻疑载疑。"可知，义有可疑者，应存其说，而并载之也。班《志》儒家《周史六弢》云："惠、襄之间或曰显王时，或曰孔子问焉。"杂家《孔甲盘盂》云："黄帝之史，或曰夏帝。"《孔甲》似皆非，皆引或者之说，而不敢论定者，盖所以存疑也。尝读《韩非子》矣，其《储说篇》中述春秋时事，每引"或曰"云云。至《史记》之中，《老子列传》："或曰儋即老子，或曰非也，世莫知其然否。"《孟荀列传》："墨翟，宋之大夫，善守御，为节用。或曰并孔子时，或曰在其后。"是异说两存自古然矣。虽然，著书之体不贵在有断制乎，使备列诸家之说，而我不为之决疑焉，后人将无所适从矣。不知所闻异词，苟非敬，谨书之以供来学之探讨，不免师心自用矣。传曰："与其过而废之，毋宁过而存之。"孟坚之引或说以存疑，正其慎之至也。世之志艺文者，如于其人姓、字、里居以及书名异同，当守存疑之例，乌可胸驰臆断也哉！

其书后出言依托例

古人学术以口耳相授，受不尽，著之竹帛，至周末而其书始出，非取以欺世盗名也。盖攻其业者，据所闻以笔之于书耳。《汉志》道家《文子》云："老子弟子，与孔子并时。而称周平王问，似依托者也。"又《力牧》云："六国时所作，托之力牧。"农家《神农》云："六国时，诸子疾，时怠于农业，道耕农事，托之神农。"小说家《师旷》云："见春秋。其言浅薄，本与此同，似因托也。"又《天乙》云："天乙谓汤，其言非殷时，皆依托也。"又《黄帝说》云："迂诞，依托。"兵家《封胡》、《风后》、《力牧》、

《鬼容区》则皆云："黄帝臣依托。"观其明言依托，不直斥之为伪者，以上世初无著述，此晚出之书，乃后人所依托者也，然必辨明之者，何哉？史家目录原不徒分别部居，使之不相杂厕而已，诸家之书为后世依托，使默然不言，不将疑其真出于文子诸贤乎。且于《师旷》，则但曰"浅薄"，《黄帝说》则但曰"迂诞"，止加此一二字，不复反复讨论者，又可见史家之尚简(尚简之说出《史通》)，而于是非得失，所以别为后论也。虽然自汉以降，如《连山》、《三坟》书之伪造者多矣，以此例推之，凡经伪造者，尤必辨明之。

不知作者例

《论语·子路》篇子曰："君子于其所不知，盖阙如也。"诚以强不知为知，则必有穿凿附会之弊。目录家于书无作者，姓名往往阙之，所见甚正，而其例实自《汉志》创之。《汉志》儒家如《内业》、《谰言》、《功议》及《儒家言》四种，道家如《道家言》，阴阳家如《卫侯官》、《杂阴阳》，法家如《燕十事》、《法家言》，杂家如《杂家言》，皆注云"不知作者"，即是阙所不知之义也。或谓其中《内业》一篇载管子书，当为管仲作；《谰言》者，据师古注党委孔穿作，恐未必然，何也？《内业》果出管仲，《谰言》果出孔穿，班氏时代较近，见闻极博，岂不能详著之？今曰"不知作者"，必以此二书并未有撰人也。呜呼！何后人之不善阙疑焉！

不知何世例

夫厘订艺文，亦綦难亦。一类之中即排比先后，苟于其人所生何世无从考核，必至混然淆乱矣。昔圣人有言"知之为知之，不知为不知"，则有所不知亦势之莫可如何者也，故《汉志》于莫可如何之中，既立一并时之例(说见前)，其于农家《宰氏》、《尹都尉》、《赵氏》、《王氏》则直云"不知何世"而已矣。亦有明知其朝代而无由决定者，如儒家之《周史六弢》，班氏云"惠、襄之间，或曰显王时，或曰孔子问焉"，则备引异说，用以存疑。墨家之《尹佚》，班氏云"周臣，在成、康时也"，则又兼称两朝以浑言之，凡此皆可见考古之难也。至农家之《董安国》，班氏始云"汉代内史"，是知其为汉世官也，继之曰"不知何帝时"，然则知其世矣，或不知当时帝号，亦无以编年矣。或曰目录家于此将若何而部次之？曰，凡所不知者，附录每类之后，倘已确知为某朝人，则附列某朝之末可也。《书录解题》于《周易口诀义》云："河南史之证撰，不详何代人。"盖即本《汉志》为例，以其书载唐陆希声下宋范谔昌上，为之说曰："《三朝史志》

有其书，非唐则五代人。”是陈氏参稽前志，故以厕唐末，其法亦良可从也。

传言例

《汉志》称“传言”者，凡两见，其一《雅琴师氏》云“传言师旷后”，盖谓师旷以知音闻，此师中者能传其家学也；其一杂家《大禹》云“传言禹所作，其文似后世语”，则谓文非夏禹所造，其书名《大禹》者，乃是传言，如是也。吾观古书中有相传为某氏作，不能不据以著录，而其实可疑者多矣，试举《读书志》证之。易类《易乾凿度》云：“旧题仓颉修古籀文。”《坤凿度》云：“题包羲氏先文，轩辕氏演籀，苍颉修。”《卜子夏易》云：“旧题卜子夏传。”春秋类《帝王历纪谱》云：“题曰秦相荀卿撰。”此数书者，或称“旧题”，或省文为“题”，即《汉志》传言之例也。至于小学类《尔雅》云：“世传《释诂》，周公书也，仲尼、子夏、叔孙通、梁文增补之。”其曰“世传”者，则尤彰明较著矣(此就经部言，外三部尚多)。

记书中起讫例

传曰：“物有本末，事有终始。”尝谓志艺文者于书中起讫亦当记之，及读《隋志》，而见其记载甚详，知史家目录固于此深致意焉。其于史部《东观汉记》云：“起光武记注至灵帝。”虞预《晋书》云：“讫明帝。”《晋中兴书》云：“起东晋。”《通史》云：“起三皇，讫梁。”《陈书》云：“讫宣帝。”古史《汉晋阳秋》云：“讫愍帝。”邓粲《晋纪》云：“讫明帝。”孙盛《晋阳秋》云：“讫哀帝。”杂史韦昭《洞纪》云：“记庖羲已来至汉建安二十七年。”《帝王世纪》云：“起三皇，尽汉魏。”《十五代略》云：“起庖羲，至晋。”《周载》云：“略记前代，下至秦。”则于一书中起讫可谓备哉言之矣。乃观班《志》，《世本》云：“古史官记黄帝以来，讫春秋上诸侯大夫。”然则孟坚创例于前，修《隋志》者遂踵而行之耳。

前后叙次不拘例

编艺文者于其人时代前后，自当叙次秩然，不可纷乱者也。余尝以《汉志》墨家之中随巢、胡非皆墨翟弟子，至我子为墨子之学，又后于随巢二家。今偏以墨子居末者，必其书晚出，故不列于前耳。其他道家之老莱子，在田子之后，郑长者在郎中婴齐之后，阴阳家之邹奭子在张苍之后，名家之毛公在黄公之后，杂家之吴子、公孙尼在荆轲论之后，或出传写之误，班氏原书当不至此。及今观之，有以知前后叙次，班氏不甚拘于是也，何以洞其然？于道家列子、公子牟云："先庄子，而庄子则在前。"于阴阳家吕邱子云："在南公前。"又将钜子云："先南公。"而南公转在前。于法家慎子云："先申、韩。"而申子亦在前。夫既知列子诸家而曰"先庄子"、"先南公"、"先申、韩"矣，则《庄子》等书应附于后，乃反列其前者，将孟坚之乱次以济乎？非也。盖班氏表章家学，苟其书或为儒，或为道，或为名、墨、阴阳，或为纵横、小说，入乎其中，无一乖迕，则叙次前后，原不必拘也。虽然，此可为知者道，难与俗人言也。(后世目录家自不必用其例，然不可执此以讥班氏。)

一人事略先后不复注例

著书之法，叙事欲其详，然使他处已载，而此重复见，则转嫌复出，又失之繁矣。《汉书》于列传中往往有"语见某篇"者，所以删除繁复也。乃今于艺文志，不特其人有传者，但书"有列传"三字而已(说详书有传例)；至于一人事略既注于先，而其后则亦从简也，请征之诸子一略。儒家《景子》云："说宓子语，似其弟子。"《公孙尼子》云："七十子之弟子。"《孟子》云："名轲，邹人，子思弟子。"于杂家之《公孙尼》，兵家之景子、孟子，不再注。道家伊尹云："汤相。"《鬻子》云："名熊，为周师，自文王以下问焉。周封为楚祖。"《孙子》云："六国时。"于小说家之伊尹、鬻子，兵家之孙子，不再注。名家李子云："名悝，相魏文侯，富国强兵。"于兵家之李子不再注。纵横家庞煖云："为燕将。"于兵家之庞煖不再注。杂家伍子胥云："名员，春秋时为吴将，忠直遇谗死。"尉缭云："六国时。"于兵家之伍子胥、尉缭不再注。岂非《汉志》体例先后之间，其事略，无有复注者乎？或曰小说家之师旷既云"见春秋"，而于兵家复云"晋平公臣"，将为其变例与？曰，此亦非也。小说中六篇，班氏称"其言浅薄，似因托也"，殆以书非旷作，故特于兵家注之，且所谓"见春秋"者，实以明旷为春秋时人，今乃其假托者耳。若力牧之或称"黄帝相"，或称"黄帝臣"，先后似用复注者，然其书均出依托，遂不惮一再辨正之，何尝稍乱起例哉。《四库提要》凡某人撰述录入前篇者，其下则曰"某有某书，已著录"，虽亦得参证互观之意，与史家目录则异矣。

书缺标注例

书有原本若干卷，流传至今有缺佚者，则必注明之。《汉志》春秋家《太史公》百三十篇，注云："十篇有录无书。"无书者，张晏注所谓"十篇迁殁后亡失"是也。是班氏以十篇已缺，特标注之矣。又小学家《史籀》十五篇注云："周宣王太史作大篆十五篇，建武时亡六篇矣。"则《史籀》之书虽仍以十五篇著录，其六篇既缺，亦为标注之也。吾观《隋志》尝用其例矣，试举易类言之。《周易》二卷，魏文侯卜子夏传，残缺，梁六卷；《周易》八卷，汉曲台长孟喜章句，残缺，梁十卷；《周易》四卷，晋儒林从事黄颖注，梁有十卷，今残缺；《周易》三卷，晋骠骑将军王暠注，残缺，梁有十卷；《周易》八卷，晋著作郎张璠注，残缺，梁有十卷。其于书之残缺必一一注出者，正以见今本所存实异于旧本耳。虽然，此但记书中篇卷之残缺，而与后世目录家分注存佚者不同，何也？夫书之存佚欲以一人见闻强为剖别设佚者尚存，岂非自形谫陋，转不如不注之为愈乎。且《隋志》总序谓"今考见存，分为四部"，于每一类后，如乐家云"今录其见书以备乐章之阙"，《谶纬》云"今录其见存，列于六经之下，以备异说"，吾亦不必悉数之。顾其时称见存者，盖据中秘书而言也。以中秘之见存，故凡梁有而今无者，乃名之为亡；若局于一隅，而或则曰存，或则曰佚，恐失之臆决而不足为典要也。(近见省志以下均注存佚，吾未敢谓然。)即如班氏之志艺文也，郑樵讥其见名不见书，亦岂然哉。其序云"以备篇籍"，夫谓之备者，则是六略之书，当时无不全备也。王应麟作《考证》，于《汉志》未载者补《连山》、《归藏》等书，都二十六种。其间若《星传》、夏氏《日月传》，皆天文志所引，《五纪论》则律历志述之，明明有其书，不为之登目，吾意此必内府未备者耳。不然，岂不可如书家之刘向《稽疑》、小学家之扬雄《杜林》，重为增入乎。由是观之，书之存佚不必注矣。颜之推有言"观天下书未遍，不得妄下雌黄"，其说良可取法，盖所当标注者，亦唯于缺篇缺卷加之意耳。(春秋家《夹氏传》注云"有录无书"，亦谓其目录尚存，非记亡书也。)

人名易混者加注例

人之姓名相同者，自古以来不可枚举，昔梁元帝作《同姓名录》，盖有此专书，使后人易于考订也。《汉志》于儒家平原君注云："朱建也。"是人名易混者，编理艺文须为加注，否则平原君者在战国则有赵胜，使不加以注，将为赵胜乎？抑为朱建乎？莫能识别矣。《唐志》僧彦琮《大唐京寺录》注"隋有二彦琮"，又《宋艺文志补》方岳《深雪偶谈》一卷，"字元善，天台人，与歙秋崖别一人"，殆深恐人名易于混淆，故从班氏加注之例乎，然则史志皆然，其可忽哉。

书名上署职官例

后世目录家于一书之后先列姓名，次其里贯，以及官终何职，亦几相沿成习矣。据《汉志》，则于书名上有署职官者，如儒家太常蓼侯孔臧十篇、钩盾冗从李步昌八篇，道家郎中婴齐十二篇，纵横家秦零陵令信一篇、待诏金马聊苍三篇，杂家博士臣贤封一篇，小说家待诏臣饶心术二十五篇、待诏臣安成未央术一篇(此仅录诸子略)，则班氏于编次之中又一条例之可考者也。

自著书不列入例

昔萧氏《文选》中不录何逊文字，识者谓其以并世也，体例可谓严矣。后人搜缉总集，往往生存人著作概不登载，亦其宜矣。乃吾观于志乘则不能无说也。尝见《畿辅通志》，凡同时人有题咏者，皆散入山川、古迹中，较之名为艺文而籍充卷轴者，岂不彼善于此，然而非也。近又见一寺观小志，将己所造述与友朋诗篇尽行载入，吾不知作志者欲以记寺观之故实乎？抑取声气以为标榜计乎？是直未达前史之例，徒为好事已耳。《汉志》小学家序论云：“臣复续扬雄作十三章。”所谓臣者，韦昭注云：“班固自谓也。”考《隋志》，固所作者为《太甲》，在昔两篇，今其书小学类无之。若是，撰艺文者于自著书籍不当列入也，信矣。

书名省称例

《吕氏春秋》之为《吕览》，《白虎通德论》之为《白虎通》，以书名烦重，因而省称之，后人知其故，亦无有质疑者也。然吾读《书录解题》矣，直斋之于《晏子》也，则振振有辞矣，其言曰：“《晏子》春秋十二卷，齐大夫平仲晏婴撰。《汉志》八篇，但曰《晏子》。《隋》《唐》七卷，始号《晏子春秋》。今书卷数不同，未知果本书否。”盖疑《汉志》省称《晏子》，不加“春秋”之目，遂以今本《晏子春秋》以为非原书矣。不知《晏子春秋》者，《史记》管晏传赞有之，班氏特出省称耳。以陈氏之博，乃不能取征《史记》，何其疏也，且《汉志》之省称者多矣，如《贾山至言》则省称《贾山》，《贾谊新书》则省称《贾谊》；《蒯通》本名《隽永》，则省称《蒯通》；《淮南王》本名《鸿烈解》，则省称《淮南王》；其他屈原之赋不名《离骚》乎，则又省称《屈原赋》；诸如此类，亡者不必言。若《新书》、《离骚》、《鸿烈解》亦将疑其为假托耶。吾故揭省称之例以告后之读《汉志》者。

篇卷并列例

许叔重云："著之竹帛谓之书。"考竹者，篇也；帛者，卷也。是篇卷有分别矣。《汉志》中或以篇计，或以卷计，其于《尚书古文经》四十六卷注云："为五十七篇。"则以卷长篇短，故有此异同耳。要之，班氏此志篇卷固并列者也，后世之书有以册名者，有以帙名者，或有以种为数者，至元人《说郛》甚有从道书称弖者，理董艺文，但如题予之，无须颟然画一者也。盖著录之法贵明乎源流得失，岂徒于此等处斤斤致辨也哉。

用总结例

《汉志》于每一类后必书若干家、若干篇，如"凡《易》十三家，二百九十四篇"，是其云"凡六艺一百三家，三千一百二十三篇"者，则是计六艺一略之数也。至其篇末云"大凡书六略三十八种，五百九十六家，万三千二百六十九卷"，盖又取全志之家数、卷数而为之总结之矣。虽其中详细核算，或有不相符合者，师古注云："每略所条家及篇数，有与总凡不同者，传写脱误，年代久远，无以详知。"此则在唐已然，莫可考矣。然其用总结之法，观隋唐各志亦既相习成例者也，惟宋《崇文总目》移书于前，则其体稍变耳。虽然，吾读《吕氏春秋》而知班氏亦有所本也，《吕氏春秋》云："右为十二纪，凡六十篇"，"又序意一篇"，"右为八览，凡六十篇"，"右为六论，凡三十六篇"，则总结之为用，其由来远矣。

主要参考文献

著 作 类

1. (汉)司马迁．史记[M].《四库全书》原文及全文检索版．
2. (汉)班固．汉书[M].《四库全书》原文及全文检索版．
3. (汉)许慎．说文解字注[M]．(清)段玉裁，注．上海：上海古籍出版社，1981.
4. (魏)何晏．论语注疏[M]．(宋)邢昺，疏．《四库全书》原文及全文检索版．
5. (宋)裴骃．史记集解[M].《四库全书》原文及全文检索版．
6. (宋)范晔．后汉书[M].《四库全书》原文及全文检索版．
7. (梁)刘勰．文心雕龙[M].《四库全书》原文及全文检索版．
8. (晋)杜预．春秋释例[M]．北京：中华书局，1985.
9. (唐)司马贞．史记索隐[M].《四库全书》原文及全文检索版．
10. (唐)刘知幾．史通通释[M]．(清)浦起龙，释．上海：上海古籍出版社，1978.
11. (唐)张守节．史记正义[M].《四库全书》原文及全文检索版．
12. (宋)丁易东．易象义[M]．影印文渊阁四库全书本．
13. (宋)郑樵．通志[M].《四库全书》原文及全文检索版．
14. (宋)王应麟．困学纪闻[M].《四库全书》原文及全文检索版．
15. (宋)林駉．古今源流至论[M].《四库全书》原文及全文检索版．
16. (宋)陆游．老学庵笔记[M].《四库全书》原文及全文检索版．
17. (宋)陈振孙．直斋书录解题[M].《四库全书》原文及全文检索版
18. (明)惠康野叟．识余[M]．扬州：江苏广陵古籍刻印社，1983.
19. (明)朱明镐．史纠[M].《四库全书》原文及全文检索版．
20. (清)全祖望．鲒埼亭文集选注[M]．济南：齐鲁书社，1982：365.
21. (清)顾炎武．日知录校注[M]．陈垣，校注．合肥：安徽大学出版

社，2007.
22. (清)永瑢等．四库全书总目[M].《四库全书》原文及全文检索版．
23. (清)王筠．说文释例[M]. 武汉：武汉市古籍书店，1983.
24. (清)俞樾．古书疑义举例[M]. 北京：中华书局，1954.
25. (清)章学诚．文史通义新编新注[M]. 仓修良，编注．浙江：浙江古籍出版社，2005.
26. (清)沈钦韩．汉书疏证[M]. 影印本．上海：上海古籍出版社，2006.
27. (清)赵翼．廿二史劄记校证[M]. 王树民，校证．北京：中华书局，1984.
28. (清)赵翼．陔余丛考[M]. 石家庄：河北人民出版社，1990.
29. (清)钱大昕．十驾斋养新录[M]. 南京：江苏古籍出版社，2000.
30. (清)刘声木．苌楚斋随笔、续笔、三笔、四笔、五笔[M]. 北京：中华书局，1998.
31. (清)瞿镛．铁琴铜剑楼藏书目录[M]. 北京：中华书局，1990.
32. (清)钱大昕．竹汀先生日记抄[M]. 北京：中华书局，1985.
33. (清)江藩．经解入门[M]. 天津：天津市古籍书店，1990.
34. 白寿彝．史学概论[M]. 银川：宁夏人民出版社，1983.
35. 白寿彝．中国史学史[M]. 北京：北京师范大学出版社，2004.
36. 白寿彝．中国史学史论集．北京：中华书局，1999.
37. 仓修良．史家·史籍·史学[M]. 济南：山东教育出版社，2000.
38. 曹之．中国古籍版本学[M]. 武汉：武汉大学出版社，2007.
39. 曹之．中国古籍编撰史[M]. 武汉：武汉大学出版社，1999.
40. 陈秉才，高德．中国古代的编年体史书[M]. 北京：人民出版社，1987.
41. 陈垣．史讳举例[M]. 北京：中华书局，2004.
42. 程金造．史记管窥[M]. 西安：陕西人民出版社，1985.
43. 董洪利．古籍的阐释[M]. 沈阳：辽宁教育出版社，1993.
44. 杜信孚，王剑．同书异名汇录[M]. 南京：江苏古籍出版社，2000.
45. 范文澜．正史考略[M]//范文澜．范文澜全集．石家庄：河北教育出版社，2002.
46. 冯浩菲．古籍整理体式[M]. 北京：高等教育出版社，2003.
47. 傅刚．《昭明文选》研究[M]. 北京：中国社会科学出版社，2000.
48. 金毓黻．中国史学史[M]. 石家庄：河北教育出版社，2003.
49. 瞿林东．中国简明史学史[M]. 上海：上海人民出版社，2005.

50. 李建国．汉语训诂学史[M]．上海：上海辞书出版社，2002.
51. 李镜池．周易通义[M]．台南：中华出版社，1981.
52. 李钦．中国百科大辞典[M]．北京：中国大百科全书出版社，2005.
53. 李宗侗．中国史学史[M]．台北：中国文化学院出版社，1979.
54. 柳诒徵．国史要义[M]．上海：上海古籍出版社，2007.
55. 陆宗达．训诂简论[M]．北京：北京出版社，2002.
56. 骆鸿凯．文选学[M]．北京：中华书局，1989.
57. 钱穆．中国史学名著[M]．第2版．北京：三联书店，2005.
58. 商务印书馆．辞源[M]．北京：商务印书馆，1975.
59. 孙树松，林人．中国现代编辑学辞典[M]．哈尔滨：黑龙江人民出版社，1991.
60. 汪耀楠．注释学纲要[M]．北京：语文出版社，2006.
61. 王洪，田军．唐诗百科大辞典[M]．北京：光明日报出版社，1990.
62. 王嘉良，张继定．新编文史地辞典[M]．杭州：浙江人民出版社，2001.
63. 王锦贵．中国纪传体文献研究[M]．北京：北京大学出版社，1996.
64. 王绍平．图书情报字典[M]．上海：汉语大词典出版社，1990.
65. 王树民．中国史学史纲要[M]．北京：中华书局，1997.
66. 王余光．中国读书大辞典[M]．南京：南京大学出版社，1999.
67. 闻一多．唐诗杂论[M]．新1版．北京：中华书局，2003.
68. 吴澄学，江永．仪礼逸经传[M]．北京：中华书局，1985.
69. 夏南强．类书通论[M]．武汉：湖北人民出版社，2001.
70. 阎若璩．尚书古文疏证[M]．《四库全书》原文及全文检索版．
71. 杨伯峻．经书浅谈[M]．北京：中华书局，2004.
72. 叶继元．南京大学百年学术精品：图书馆学卷[M]．南京：南京大学出版社，2002.
73. 尹达．中国史学发展史[M]．郑州：中州古籍出版社，1985.
74. 余嘉锡．古书通例[M]．上海：上海古籍出版社，1985.
75. 余嘉锡．四库提要辨证[M]．第2版．北京：中华书局，2007.
76. 张涤华．类书流别[M]．北京：商务印书馆，1985.
77. 张舜徽．广校雠略[M]．武汉：华中师范大学出版社，2004.
78. 张舜徽．说文解字约注[M]．郑州：中州书画社，1983.
79. 张雪庵．古书同名异称举要[M]．济南：山东人民出版社，1980.
80. 赵传仁．中国书名释义大辞典[M]．济南：山东友谊出版社，2007.

81. 中国社会科学院语言研究所词典编辑室 . 现代汉语辞典[M]. 北京：商务印书馆，2002.
82. 周大璞 . 训诂学初稿[M]. 武汉：武汉大学出版社，2002.
83. 朱子南 . 中国文体学辞典[M]. 长沙：湖南教育出版社，1988.
84. 诸伟奇 . 简明古籍整理辞典[M]. 哈尔滨：黑龙江人民出版社，1990.

论 文 类

85. 敖晶 .《论语》释名[J]. 浙江大学学报：人文社会科学版，2002(2).
86. 白放浪，白淑春 . 中国古籍知识漫谈——书名[J]. 当代图书馆，1999(1)：47~51.
87. 白云 . 刘知幾与章学诚历史编纂学思想的比较[J]. 蒙自师范高等专科学校学报，2002(5)：20~25.
88. 白云 . 中国古代纪传体史书编撰三题[J]. 天府新论，2003(4)：113~116.
89. 曹培根 . 清以来中国古籍丛书研究综述[J]. 高校社科信息，1996(3)：11~12.
90. 曹培根 . 中国古籍丛书特征概论[J]. 吴中学刊，1995(4)：1~6.
91. 曹之 . 古书序跋之研究[J]. 图书与情报，1996(2)：27~30.
92. 曹之 . 古书引书考略[J]. 四川图书馆学报，1997(2)：49~53.
93. 曹之 . 经书的著作方式[J]. 图书情报知识，1986(1)：37~40.
94. 曹之 . 唐代别集编撰的特点[J]. 图书馆论坛，2004(6)：278~287.
95. 曹之 . 魏晋南北朝类书成因初探[J]. 古籍整理研究学刊，2001(3)：8~12.
96. 晁岳佩 .《春秋》说例[J]. 古籍整理研究学刊，2000(1)：8~13.
97. 陈卫星 .《世说新语》书名考论[J]. 华中师范大学研究生学报，2005(2)：66~68.
98. 陈晓莉 . 古书册数的命名[J]. 文史杂志，1996(5)：43~44.
99. 陈毓瑾 . 我国古代丛书的派别及分类[J]. 武汉大学学报：哲学社会科学版，1996(5)：122~126.
100. 程宇宏 . 析《汉纪》编年体例的政治学功能[J]. 华南理工大学学报：社会科学版，2006(2)：17~21.
101. 崔凡芝 .《史记》纪传体的重要意义[J]. 重庆教育学院学报，2002(4)：10~11.
102. 崔文印 . 纪事本末体史书的特点及其发展[J]. 史学史研究，1981

(3)：9~13.

103. 邓咏秋．历代简牍形制特点概述[J]. 河南图书馆学刊，2000(2)：89~92.

104. 丁宏．清代方略与纪事本末体史书的比较研究[J]. 青海师范大学学报：哲学社会科学版，2004(5)：83~85.

105. 窦怀永．敦煌文献避讳研究[D]. 浙江大学，2007.

106. 杜泽逊．《四库全书总目·凡例》探补[J]. 古籍整理研究学刊，1993(3)：41~43.

107. 范军．略论古代小说序跋中的出版史料[J]. 华中师范大学学报：人文社会科学版，2004(6)：142~147.

108. 冯莉．试论《文选》赋体的分类原则[J]. 山西大学学报：哲学社会科学版，2007(5)：40~44.

109. 冯宇．对《文选序》审美观的理性思考——兼论《文选》之选文标准[J]. 求是学刊，1993(1)：78~81.

110. 傅刚．论《文选》的编辑宗旨、体例[J]. 郑州大学学报：哲学社会科学版，1997(6)：66~69.

111. 傅朗云，张文喜．司马迁的史才和《史记》的体裁[J]. 古籍整理研究学刊，1986(1)：18~24.

112. 傅满仓．浅谈纪传体中类传的特色[J]. 甘肃高师学报，1999(6)：37~38.

113. 耿玉生．避讳古今说[J]. 盐城师专学报，1993(3)：83~85.

114. 郭人民．中国古代书籍制度的演变[J]. 商丘师专学报：社会科学版，1985(1)：28~31.

115. 郭英德．论“文选”类总集文体排序的规则与体例[J]. 北京师范大学学报：社会科学版，2005(3)：62~72.

116. 郭在贻．漫谈古书的注释[J]. 学术月刊，1980(1)：66~70.

117. 郭争鸣．略论《资治通鉴》对编年体史籍的传承[J]. 济宁师专学报，2001(2)：63~64.

118. 韩晖．从《文选》分类看萧统对赋体的体认[J]. 广西师范大学学报：哲学社会科学版，2008(4)：31~38.

119. 何梅琴．清代别集研究的成就及其在清代学术史中的失落[J]. 唐都学刊，2005(3)：129~133.

120. 何忠礼．略论历史上的避讳[J]. 浙江大学学报：人文社会科学版，2002(1)：82~88.

121. 胡春年．简论明清时期目录学的发展[J]．图书馆学刊，2002(6)：92~93.
122. 胡建次．古代文学评点体例与方式的承传[J]．咸阳师范学院学报，2006(1)：36~40.
123. 胡建次．中国古代诗文评点体例的承传[J]．河西学院学报，2006(3)：57~60.
124. 黄觉弘．《周易》经文著作体例略论[J]．江汉大学学报，1999(4)：114~118.
125. 吉家友．《资治通鉴》在历史编纂学上的贡献[J]．信阳师范学院学报：哲学社会科学版，1999(4)：95~98.
126. 嘉琪．古书书名与篇名[J]．长沙理工大学学报：社会科学版，1992(3)：64.
127. 黎仕培．《资治通鉴》和我国古代编年体史书[J]．安顺师范高等专科学校学报，1994(3)：56~60.
128. 黎子耀．魏晋南北朝时期的历史编纂学[J]．杭州大学学报，1981(3)：119~125.
129. 李冰燕．古书序跋及作用[J]．河南教育学院学报：哲学社会科学版，2004(6)：54~56.
130. 李峰．中国古代的丛书[J]．图书馆，2000(2)：75~77.
131. 李海祁．唐代类书中的目录学方法[J]．图书馆工作与研究，2001(4)：50~51.
132. 李建宏．中国古代实录编纂研究[J]．档案学通讯，2003(2)：53~57.
133. 李乔．说“论赞”[J]．中国图书评论，2004(3)：38~39.
134. 李绍平．纪传体史籍发展变化新论[J]．湘潭师范学院学报，1992(1)：12~16.
135. 李兴宁．《左传》中的纪事本末体[J]．中国文化研究，2006(1)：66~75.
136. 梁平．中国古代类书编撰简史要略[J]．图书与情报，2004(3)：23~27.
137. 林德春．历代避讳特点浅议．松辽学刊：人文社会科学版，1994(2).
138. 林蓉．《汉志》的体例特点及其学术价值[J]．江西社会科学，2002(6)：37~38.
139. 刘建民．释“史体”“史例”[J]．北京师范大学学报：社会科学版，

2007(1)：142~143.
140. 刘建臻．20世纪《周易》书名研究综述[J]．陕西师范大学继续教育学报，2001(2)：88~90.
141. 刘俊熙．批校本的学术性和版本价值[J]．上海大学学报：社会科学版，1997(5)：110~112.
142. 刘烈学．试论古籍丛书书名的择定[J]．图书馆论丛，1999(4)：47~48.
143. 刘墨．关于避讳[J]．中国图书评论，1995(12).
144. 刘云军．20世纪宋代方志研究、出版综述[J]．中国地方志，2008(1)：41~47.
145. 刘治立．清朝的史注体式[J]．图书与情报，2006(6)：118~123.
146. 刘治立．魏晋南北朝时期的史注体式[J]．固原师专学报，2003(1)：45~48.
147. 刘子荣．我国古代的政书——“三通”[J]．河南图书馆学刊，2002(3)：68~69.
148. 路言莉．试析刘知幾、章学诚历史编纂理论的异同[J]．贵州师范大学学报：社会科学版，1997(1)：36~37.
149. 吕志毅．方志起源研究[J]．中国地方志，2003(5)：17~18.
150. 罗炳良，贺南辉．章学诚创新纪传体的理论与实践[J]．湖南教育学院学报，1997(3)：40~44.
151. 罗炳良．论中国古代史书体裁之辩证发展[J]．史学月刊，1997(5)：2~8.
152. 毛东武．试论方志体式的创新[J]．黑龙江史志，2003(6)：12~15.
153. 牟玉亭．漫谈古书作者的署名[J]．文史杂志，1994(5)：22~23.
154. 彭先和．论袁枢《通鉴纪事本末》对历史编纂学的贡献[J]．云南师范大学哲学社会科学学报，1992(1)：59~64.
155. 钱茂伟．实录体起源、发展与特点[J]．史学史研究，2004(2)：33~41.
156. 裘燮君．古书的注释[J]．河池师专学报，1994(2)：66~75.
157. 屈光．别集概念和《四库全书》别集的小类[J]．辽宁师范大学学报：社会科学版，2003(1)：63~67.
158. 任楚威．司马光对编年体史书的创新[J]．零陵学院学报，1999(2)：100~101.
159. 邵晓岚，代瑞娟．从《伯夷列传》看司马迁的著史理念[J]．科教文汇，2007(8)：157.

160. 施建雄．史表设置的变化及其时代特色[J]．山西师大学报：社会科学版，2004(4)：114~119.
161. 舒习龙．略论晚清纪事本末体史书[J]．齐鲁学刊，2005(4)：32~35.
162. 舒习龙．晚清纪事本末体史书的杰作——《圣武记》特点与价值[J]．淮北煤炭师范学院学报：哲学社会科学版，2003(5)：23~27.
163. 舒习龙．晚清纪事本末体史书论析[J]．云南民族大学学报：哲学社会科学版，2005(2).
164. 舒习龙．晚清史家改造纪事本末体史书的成就[J]．东方论坛，2006(3)：97~101.
165. 宋春淑．浅议避讳及其在古籍版本鉴定中的作用[J]．唐山学院学报，2005(2)：45~46.
166. 宋馥香．《资治通鉴》：编年体史书历史叙事发展的高峰[J]．陕西师范大学学报：哲学社会科学版，2004(2).
167. 宋文坤．丛书的起源与发展[J]．沈阳师范学院学报，1995(1)：117~120.
168. 孙文件．浅述方志的体例及篇目问题[J]．新疆地方志，2006(3)：24~27.
169. 谭宝刚．《老子》书名出现时间、异称、分篇和分章考[J]．鄂州大学学报，2007(4)：33~36.
170. 唐朝．从《汉书》的内容看其编纂特点[J]．河南教育学院学报，1999(4)：90~92.
171. 陶晓姗．浅析纪事本末体史籍的发展变化[J]．滁州学院学报，2006(5)：4~76.
172. 佟淑云．谈古代的避讳[J]．辽宁师专学报，2003(5)：16~17.
173. 汪家熔．清人别集概况[J]．出版史料，2006(3)：44~46.
174. 王长顺．“春秋笔法”与“太史公笔法”之比较[J]．宝鸡文理学院学报：社会科学版，2005(5).
175. 王纯．论别集[J]．图书情报知识，1994(4)：30~31.
176. 王纯．论总集[J]．图书情报知识，1994(2)：30~32.
177. 王建．中国文化中的避讳[J]．贵州社会科学，1997(3).
178. 王锦贵．论司马迁在编辑学领域的原创性贡献[J]．中国出版，2005(5)：47~49.
179. 王开彬．书名刍议[J]．编辑之友，1989(6)：29~32.

180. 王利伟．儒家文化对类书编纂之影响[J]．图书与情报，2004(4)：32~34.
181. 王利伟．宋代类书的类目体系[J]．图书情报工作，2007(6)：147~149.
182. 王瑞珍．我国文献学研究方法之探析[J]．新世纪图书馆，2007(5)：63~64.
183. 王晓华．新旧方志体例之我见[J]．吕梁高等专科学校学报，2002(2)：34~35.
184. 王雪萍．《周礼》书名流变考[J]．南京社会科学，2007(2)：77~82.
185. 王毓蔺．魏晋南北朝方志初探[J]．中国历史地理论丛，2007(4)：136~146.
186. 王增群，赵新莉．古籍整理与避讳[J]．云南图书馆季刊，2001(2)：70~72.
187. 王兆鹏．宋代诗文别集的编辑与出版——宋代文学的书册传播研究之一[J]．华中科技大学学报：社会科学版，2004(1)：75~84.
188. 魏立安．编·编辑·编撰·编纂辞义辨析[J]．报刊之友，1998(2)：37~38.
189. 温显贵．丛书在目录学上的地位初探[J]．湖北大学学报：哲学社会科学版，1999(4)：92~93.
190. 翁长松．浅说《史记》书名[J]．上海大学学报：社会科学版，1993(4)：56~60，68.
191. 吴承学．《四库全书》与评点之学[J]．文学评论，2007(1)：5~12.
192. 吴良祚．太平天国避讳方法探略[J]．浙江学刊，1988(2)：106~113.
193. 吴展．明代户贴的史料价值与版本价值[J]．中国史研究动态，2006(9)：20~22.
194. 武丽霞．论古代家传之演变[J]．内蒙古师范大学学报：哲学社会科学版，2006(4)：80~83.
195. 肖锋．百年"春秋笔法"研究述评[J]．文学评论，2006(2)：178~186.
196. 谢才生．略论古籍分卷常用的顺序标识[J]．福建图书馆学刊，2001(4)：57.
197. 谢贵安．《明实录》体裁与体力研究[J]．史学史研究，1997(3)：45~51.
198. 熊辉．历代古书书名与避讳[J]．图书馆学研究，2008(7)：97~98.

199. 徐流．史注体式述论[J]．重庆师范大学学报：哲学社会科学版，1991(4)：81~87.
200. 徐兴海．刘知幾对《史记》体例的研究[J]．西安建筑科技大学学报，1999(1)：33~36.
201. 徐有富．古书名浅谈[J]．新世纪图书馆，1985(1).
202. 徐有富．目录学与中国学术史[J]．新世纪图书馆，2007(2)：3~6.
203. 徐状华．论古书作者的标识与著录[J]．理论探索，1989(4)：52~55.
204. 许殿才．《汉书》的论赞[J]．社会科学辑刊，1996(6)：101~106.
205. 许正文．《汉书》与《史记》相比较在编纂体例上的创新[J]．天水师范学院学报，2001(4)：52~53.
206. 杨翠兰．试论班固对我国历史编纂学的贡献[J]．广西社会科学，2001(3)：102~104.
207. 杨杰．浅谈类书的编排体例[J]．驻马店师专学报，1989(2)：89~91.
208. 杨军．古代文集编辑探源[J]．宝鸡文理学院学报：社会科学版，2003(4)：108~112.
209. 杨溢．中国文献学发展历史轨迹[J]．新世纪图书馆，2005(4)：37~40.
210. 于立君，王安节．诗文评点源流初探[J]．松辽学刊：社会科学版，1998(1)：50~55.
211. 虞舜．《新修本草》体例的研究[J]．南京中医药大学学报：社会科学版，2006(4)：222~224.
212. 张东光．纪事本末体再认识[J]．湘潭师范学院学报，1997(5)：1~8.
213. 张桂萍．《史记》与清人的史表研究[J]．上海大学学报：社会科学版，2007(5)：59~64.
214. 张海明．魏晋清谈与《世说新语》的体例[J]．佳木斯师专学报，1996(3)：45~52.
215. 张金梅．近三十年来国内外"《春秋》笔法"研究的回顾与展望[J]．兰州学刊，2006(8)：54~57.
216. 张京华．一些足以破解疑古思想的论述——现代学者关于古书书体书例的总结[J]．湘南学院学报，2006(6)：31~34.
217. 张可礼．别集述论[J]．山东大学学报：哲学社会科学版，2004(6)：12~17.
218. 张凌霄．类书及其分类思想溯源[J]．沈阳教育学院学报，2002(4)：

95～98.

219. 张文焕．春秋笔法谈[J]．河南师范大学学报：哲学社会科学版，1993(2)：69～70.
220. 张显成．论简帛的文献学研究价值[J]．古籍整理研究学刊，2005(1)：34～40.
221. 张秀芳．浅谈简策制度及其对后世书籍的影响[J]．安阳师范学院学报，2004(2)：139～140.
222. 张煜明．古书的书名[J]．图书馆学刊，1984(1)：61～63.
223. 张之强．古书的注释[J]．人民教育，1963(2)：39～40.
224. 赵彩花．《史记》对“《春秋》笔法”的渊承与创新(下)[J]．湘南学院学报，2004(4)：40～4348.
225. 赵彩花．史的职责与史书论赞之缘起[J]．韶关学院学报·社会科学，2006(1)：79～83.
226. 赵国华．谈范晔《后汉书》的序、论、赞[J]．华中师范大学学报：哲学社会科学版，1988(1)：87～93.
227. 赵继红．简策制度及其在中国文化史上的历史贡献[J]．晋图学刊，1996(1)：56～63.
228. 赵明建．中国古代经典历史著作的编辑方法[J]．河南社会科学，1999(4)：101～103.
229. 钟向群．论目录的辑录体与马端临的《文献通考·经籍考》[J]．大学图书情报学刊，2005(6)：88～89.
230. 周少川．约论会要体史籍[J]．北京师范大学学报，1989(5)：15～22.
231. 周生春．《四库全书总目》补正[J]．浙江大学学报，1996(2)：87～92.
232. 周晓雯．古代文书避讳制度的演变[J]．文教资料，2007(8)：107～108.
233. 周信鸿．论中国古代史书的体例[J]．淮北煤师院学报，2001(3)：88～90.
234. 周源．宋代避讳制度研究[D]．安徽大学，2007.
235. 朱瑞熙．宋代的避讳习俗[J]．上海师范大学学报：哲学社会科学版，1988(4)：89～94.
236. 朱迎平．古籍引书索引的功用和编纂[J]．古籍整理研究学刊，1993(6)：48～49.